北大版普通高等教育"十四五"规划教材

21世纪教师教育系列教材

教育心理学

王晓明 主 编

孙俊才 王园园 副主编

U0361494

北京大学出版社

PEKING UNIVERSITY PRESS

图书在版编目（CIP）数据

教育心理学／王晓明主编. —北京：北京大学出版社，2015.10
（21世纪教师教育系列教材）
ISBN 978-7-301-25484-4

Ⅰ.①教…　Ⅱ.①王…　Ⅲ.①教育心理学—师范大学—教材　Ⅳ.①G44

中国版本图书馆CIP数据核字（2015）第226900号

书　　　名	教育心理学
	Jiaoyu Xinlixue
著作责任者	王晓明　主编
丛书主持	李淑方
责任编辑	邹艳霞　张西娟
标准书号	ISBN 978-7-301-25484-4
出版发行	北京大学出版社
地　　　址	北京市海淀区成府路205号　100871
网　　　址	http://www.pup.cn　新浪微博:@北京大学出版社
微信公众号	通识书苑（微信号：sartspku）　科学元典（微信号：kexueyuandian）
电子邮箱	编辑部 jyzx@pup.cn　总编室 zpup@pup.cn
电　　　话	邮购部 010-62752015　发行部 010-62750672　编辑部 010-62767857
印刷者	北京虎彩文化传播有限公司
经销者	新华书店
	787毫米×1092毫米　16开本　25印张　502千字
	2015年10月第1版　2025年1月第4次印刷
定　　　价	55.00元

前　言

"教育心理学"是教师教育类课程中的一门必修课程。该课程旨在为师范类学生提供必要的理论基础知识和实用策略,使师范类学生明确个体心理发展规律,并在遵循个体身心发展规律及其条件的基础上掌握从师技能,加以实践,从而在未来教学中做出明智的教育决策,以帮助师范类学生成为"有意识的教师",成为优秀的教育者。

教材作为重要的课程资源,是培养学生科学技能和继续学习能力的重要载体,因此教材建设已成为教学改革和教学建设的核心。本教材的编写以《国家中长期教育改革和发展规划纲要(2010—2020年)》为指导思想,紧扣教育部中小学教师资格考试大纲,在编写原则上主要体现两点。一是与"时"俱进。目前,在基本理论、基本规律、基本视角等方面,教育心理学取得了一系列的新进展,本教材在内容上吸纳了这些新研究、新主题、新概念与新材料的成果,以体现科学性、时代性。二是与"实"俱进。本教材力图在系统阐述基本原理的基础上,结合教师教育课程的实践需求,在国际化视野下体现本土化特点,同时为教师参与科研提供方法和范式,引导教师不断反思教学,研究教学,创造性地进行教学,即能做一名"学者型教师"。

本教材在结构上分为十二章。第一章为学科基础;第二～四章讲述学生心理和教师心理;第五～九章讲述学习心理;第十～十二章讲述教学与评估。为便于学生自学,并增加教材的趣味性和信息含量,本教材在各章适当的地方附加了四种内容模块,即拓展阅读、案例分析、走进课堂、经典实验。

本教材编委会成员都是长期从事"教育心理学"教学和研究工作的专业教师,具有丰富的教学经验,在编委分工中也基本立足于每人的研究专长。各章编写者分别是:第一、二章,王园园;第三、四章,孙传波;第五章,薛翠;第六章,李海青;第七章,孙俊才;第八章,张怀春;第九章,刘春雷;第十章,宋其安;第十一章,柳加仁;第十二章,王晓明。最后由王晓明、孙俊才、王园园负责统稿和定稿。

本教材的编写得到了曲阜师范大学教师教育教材建设项目的资助,也得到了教师教育学院领导和全体教师的大力支持,北京大学出版社的编辑同志对本教材的编写也给予了具体的帮助和指导,在此一并致谢。同时,在本书编撰的过程中,各章节都不同程度地借鉴、吸收了同行的一些思想、观点及研究成果,尽管我们已尽力在书中注明出处,每章后面也列有参考书目,但仍有可能挂一漏万,在此谨作说明并表示诚挚的谢意! 另外,限于水平,本书错、漏之处在所难免,敬请师生同仁批评指正。

编 者

2015 年 7 月 8 日

目 录

第一章 绪 论

学习目标

1. 理解教育心理学的科学属性、研究对象和研究任务。
2. 了解教育心理学的发展历程。
3. 理解教育心理学的基本研究方法和特殊研究方法。

桑迪马上要开始他人生中的第一次讲课,尽管她在学校时学习就很刻苦,阅读了大量教育方面的文章,也把这次课准备得很充分,但是当看到学生陆陆续续走进教室时,她还是紧张得要命。

桑迪微笑着和每一个学生打招呼,她调整呼吸,开始了她练习了不下十遍的讲课。但是在上课过程中她发现,后排的一个学生总是在一边偷笑,一边比划着什么;第一排的两名学生穿得像是要去参加晚会,身体坐得笔直,像是训练有素的士兵;中间三排学生的穿着根本不像七年级的学生,更像高中生,其中一个女生还将一包香烟递给了另一个人。

到了下午,桑迪感觉比上午还糟糕。她精疲力竭并且疑惑不解,整个教室乱得就像刚开了晚会一样,接连四个班,感觉每个班都满是"怪物",没几个正常学生。她甚至想,一定是有人雇了些演员来捉弄她。

桑迪回到休息室,一个有20年教学经验的教师丹妮尔向她打招呼并做了自我介绍。丹妮尔表示愿意帮助桑迪,向她提供了一些建议和信息。桑迪说道:"我想靠自己找到解决问题的办法,虽然这会非常困难。"丹妮尔一听笑了:"我想你错了,因为教书是一项艰巨的事业,如果你不向有经验的教师学习,想成为一名好教师需要走很长的路。"

在学校工作中,桑迪遇到了纪律问题、考试焦虑问题等各种各样的问题,丹妮尔给了她很多帮助。经过一年的时间,桑迪明显感觉到自己比去年刚来时能够更好地控制课堂了,处理各种问题时也更灵活了,她感到对从事教师这个职业十分有信心。

(转引自:[美]罗伯特·J.斯滕伯格,温迪·M.威廉姆斯.斯滕伯格教育心理学[M].
姚梅林,张厚粲,等译.北京:机械工业出版社,2012:10.)

与桑迪一样,每个教师在刚开始教师工作时都会有类似的经历,如何有效地解决这些问题,成为一名优秀的教师呢?本书将帮助你掌握作为教师所需要的教育心理学知识,希望你能从本书中获益,早日成为一名优秀的教师。

第一节　教育心理学的科学属性和基本特点

一、教育心理学的科学属性

教育心理学是兼具教育学与心理学两种属性的一门科学。自教育心理学诞生以来,一直存在心理学和学校教育两个取向。前者主要研究个体和群体在教育活动和学习过程中的一般规律,并用心理学中的理论进行解释;后者则侧重于在预设情境下有计划地实施教学活动,以教学目标的完成和学生身心行为的改善为目的。

持心理学取向的人很容易认为教育心理学只是在心理学已有的原理中寻求对教育问题的解释,或者等待普通心理学或者实验心理学建立新的原则后再去借用。无可否认,心理学和教育心理学都是以人的心理及行为为研究对象,然而心理学中以动物为研究对象而得出的规律未必适合人类的学习,同样,在实验室中所进行的人为的学习跟自然环境下学生的学习也是迥然不同的,因此这种简单地认为教育心理学就是将心理学的原理运用到教育中去的观点是不全面的。反之,赞成学校教育取向的人则容易将教育心理学和课程与教学论以及教育技术学混谈在一起。比如,课程与教学论主要研究课程目标、课程内容及组织、课程的实施和课程评价等,教育心理学在这几个方面几乎都有涉及。教育技术学是为了促进学习而对有关的过程和资源进行设计、开发、利用、管理和评价的理论和实践,教育心理学和教育技术学都研究学习过程及其促进问题。

近年来,越来越多的教育心理学家认识到教育心理学是一门独立的学科,有自己的理论基础、研究方法、问题和技术等。他们认识到,教育心理学不只是从普通心理学中分化出来的应用心理学的分支,它还有自身的理论、研究方法。其中的内容涉及对教学和学习过程的理解,以及如何从各方面改进教学过程和学习过程。因而,他们走出实验室,设计了种种在实际教学情境中的实验研究,也做了大量的实地观察和问卷调查,试图从一些现实资料中总结出原理、规律,从而建立起教育心理学自身的理论体系。在这些研究中,既要研究学生是如何学习的,也要研究如何教学生。

二、教育心理学的基本特点

(一)教育心理学的研究对象

教育心理学是研究教育教学情境中学与教的基本心理规律的科学,它主要研究教育教学情境中师生教与学相互作用的心理过程、心理现象,包括学习心理、教学心理、学生心理和教师心理四大部分。

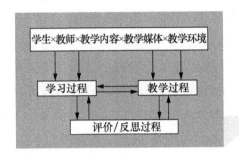

图 1-1　学与教的相互作用模式

关于教育心理学的研究对象,一直没有定论。关于教育心理学的教科书很多,其中对教育心理学研究对象的界定受到作者对教育心理学的理解以及各国的教育背景与文化的影响,往往难以统一。实际上,教育心理学终究是为各国的教育事业服务,所以这种因社会背景不同而产生的不同的界定方式也有其积极意义。下面将主要介绍国内外几种主要的关于教育心理学研究对象的不同观点。

教育心理学起源于国外,美国教育心理学家奥苏贝尔(D. P. Ausubel,1969)认为教育心理学就是研究在学校情景中的教学与学习的心理学规律的探索,且这一情境下应主要以学生为中心,强调教学活动应围绕学生展开,而教师只是起到引导和辅助的作用。这一观点也受到台湾地区张春兴教授的认可,他认为学校的一切教学设计及规章制定都必须考虑到学生的身心发展与个体差异,并以学生的"全人"为对象。然而,由美国教育学家盖奇(Gage)和贝尔林纳(Berliner)等出版的《教育心理学》则强调了教师在教学情境下的主体作用,全书以教师的视角展开。

国内的教育心理学家结合了这两种看法。潘菽于 1980 年主编的《教育心理学》将教育心理学研究对象定义为"教育过程中的种种心理现象及变化"。不过这种看法太过宽泛,皮连生于 1987 年主编的《教育心理学》则将教育心理学的研究对象定义为"应用心理学原理和方法研究学校情景中学习与教学的基本心理学规律"。这一提法不仅强调了教育心理学与心理学的渊源性,也突出了其研究对象的内涵,得到了国内学者的广泛肯定。

(二)教育心理学的研究任务

在明确了教育心理学的研究对象后,下一步则需明确教育心理学的研究内容,或者说研究任务。研究任务是研究对象的具体问题和方面。教育心理学的研究对象是学习和教学过程中的基本心理学规律,对这些规律的研究主要在以下几方面展开。

1. 关于学生心理和教师心理的研究

(1)学生心理

学生心理的研究主要包括三个方面。其一是学生心理发展规律的研究,这一方面的研究与发展心理学的内容有所重叠,主要侧重点包括认知、情感、道德和人格发展水平的研究。不同的发展阶段个体所能接受的教学活动是受到其生理心理发展水平制约的。如皮亚杰的儿童认知发展阶段理论和维果斯基的最近发展区理论都是研究学生心理的著名理论,在实际的教学活动中得到了很好的检验和发展。其二是不同群体和个体之间差异的研究。由于每个人所接触的社会环境和遗传物质不同,所以个体间的差异和群体间的差异是很大的,只有充分把握不同个体和群体的差异性,才能更好地实施教学干预。其三是特殊学生的心理研究。随着社会的不断进步,一些特殊学校也纷纷建立,关于在生理或心理发展上有缺陷或落后的学生的心理研究也划入了教育心理学的研究范围。

(2)教师心理

教师心理的研究一直是当前国内教育心理学忽略的环节,近些年来,社会道德形势颇为严峻,教师不再如以往受到尊敬,经常爆发学生与教师之间的冲突,教师的职业荣誉感有所下降。在教师心理方面,往往注重职业必备的心理品质的研究而忽视教师本身的心理健康和维护,特别是教师在教学的不同阶段心理发展的研究。

2. 关于学习的研究

学习是一种有意识有目的的活动,包含学习过程和结果。教育心理学的主要任务也是围绕学习过程和结果展开的。如学习的本质是什么,学习有哪几种类型,学习过程分为哪些阶段,取得良好的学习成果需要具备哪些条件,学习结果的性质以及学习结果的测量与评估等。这些都是教育心理学家所要解决的问题。

3. 关于教学的研究

教学是有目的、有计划的师生互动作用的过程。关于教学的研究主要包括教学行为的开展和教学活动的评估两方面。总的来说,关于教学的研究从教师的角度出发,包括探讨教学媒介的使用、学生学习动机的激发、课程的设计和授课方式,以及如何对教学结果进行评估等。教育心理学的任务就是对以上的种种问题进行科学的回答。

(三)教育心理学的意义

1. 理论意义

(1)教育心理学的研究有利于促进心理学和教育学的理论发展。教育心理学所揭示的心理学规律充实了心理学的一般理论。教育心理学的研究对教育学(特别是教学论、课程论和德育论)的理论发展起到重要作用。

(2)教育心理学对人类学习过程的了解还将为人工智能的发展提供有益的指导。

2. 教学实践意义

(1)教育心理学为教学实践提供理论知识和研究成果,帮助教师指导和评价自己的教学。

(2)教育心理学为教学实践提供研究方法和角度,教师通过对教学方法进行分析和研究,提出不同的观点,解决实际问题。

(3)教育心理学有助于教师对教育现象形成新的科学认识。

(4)教育心理学对教学实践具有描述、解释、预测和控制的作用,有助于教师预测并干预学生。利用教育心理学原理,教师不仅可以正确分析、了解学生,而且还可以采取相应的干预措施,达到预期的教学效果。

(5)教育心理学为实际教学提供了一般性的原则或技术,教师可结合自己的教学材料将这些原则转变为具体的教学程序或活动。

(6)教育心理学帮助教师进行实际教学的创新。

案例分析

案例 1:如此对联

刚下数学课,老师就拿着一张纸来找班主任。那纸条上是学生上课时写的对联,上联是"分不在高 60 分就行何苦夜以继日",下联则是五花八门。如"女不能丑 60 分不行但愿……",让人看不下去,批语是"妙哉"!也有人唱反调,"分不可低 60 分哪行还得焚膏继晷",批语却是"笨猪"!看样子参与的人数不少,花费时间也不短。老师们见了火冒三丈,连声要求严惩。班主任心中有数,始作俑者十有八九是刚转来的一个男生,他很有才气。班主任不露声色,把事情弄明白之后,第二天没有开班会,也没有在班上公开批评此事,只是请语文老师上了一节对联评析课。该男生在课上评析了对联,更评析了自己。

案例2：中小学生回答阅读理解材料中的问题正确率低的原因

某些中小学生考试过程中回答阅读理解的问题正确率低，但在没有时间限制的情况下他们却能很好地回答这类问题，说明这个问题不是智力障碍造成的，而可能是没有掌握正确的阅读方法和技巧。观察研究发现，这类学生阅读过程中带着唇动（唇读），没有形成先看需要回答的问题，然后再阅读内容的习惯，不能很好地把握阅读材料的中心思想。这样就可以做出解释：某些学生的阅读理解作业困难不是由于脑功能障碍导致的智力低下，而是缺少快速阅读训练，没有形成良好的阅读习惯和技巧。

案例3：上课时学生反复擅自离开座位，教师应该怎么办？

当出现这种情况的时候，如果凭直觉行事，那么每当学生站起的时候，教师都应该提醒他留在座位上，似乎只有这样才能帮助学生记住这条纪律。如果听之任之，学生会以为教师对待这条纪律的态度并不是严肃认真的。

科学研究表明：在低年级，当学生离开座位时教师越要学生坐下，学生就越要离开座位；当教师置这些学生不顾，转而表扬那些坚持坐在自己的座位上不动的学生时，学生的离座率反而下降；而当教师反过来又要求离座的学生坐下时，离座率再次上升。如果教师对学生的这种行为的原因进行一番分析，就知道应该如何应对了。如果学生是为了引起教师和其他同学的注意，那么，教师的批评或者提示正中其下怀，强化了他的不良行为；如果教师表扬其他遵守纪律的同学，则可强化好的课堂行为，抑制课堂不良行为。

（转引自：李新旺.教育心理学[M].北京:科学出版社,2011:9.）

第二节 教育心理学的发展历程

教育心理学作为一门独立的学科，一般认为它产生于20世纪初期，发展至今大致经历了四个时期。

一、初创时期（20世纪20年代之前）

教育心理学作为一门独立的学科诞生于19世纪末20世纪之初。当时，心理学刚刚脱离哲学的怀抱并宣告建立,而正是由于德国著名心理学家冯特(W. Wundt,1832—1920)将自然科学的实验方法引入心理学中,才使得心理学中以往看似模糊不可量化的概念能够通过科学的实验方法进行度量。此后,各种心理学研究在世界各地蓬勃发展。随着心理学的发展,人们将心理统计和实验的方法应用到儿童身心发展和教育方向上,教育心理学开始逐渐成为一门独立的学科。

在19世纪末,出现了第一部以"教育心理学"命名的著作,即俄国教育家兼心理学家卡普捷列夫于1877年出版的《教育心理学》,随后美国的霍普金斯也发表了同名著作《教育心理学》(1886),但被公认为标志着教育心理学成为一门独立学科的是美国心理学家桑代克(E. L. Thorndike)于1903年所著的《教育心理学》一书。这本书随后又发展成三卷本的《教育心理学大纲》,并于1913年至1914年期间出版。桑代克从认识一个生物的存在这个角度建立了自己的教育心理学体系。他的教育心理学分为三部分:第一部分讲人类的本性,第二部分讲学习心理,第三部分讲个体差异及其原因。这一著作奠定了教育心理学发展的基础,西方教育心理学的名称和体系由此确立。桑代克因而被称为"教育心理学之父"。

 拓展阅读

教育心理学的三位主要创始人及其主要贡献

图1-2　威廉·詹姆斯
(1842—1910)

威廉·詹姆斯(William James)是美国本土第一位哲学家和心理学家,也是教育学家,实用主义的倡导者,美国机能主义心理学派创始人之一,以及美国最早的实验心理学家之一。

主要贡献:

①开展一系列名为"致教师"的讲座,在讲座中探讨心理学在儿童教育中的应用。

②指出实验室里的心理实验无法使我们明白如何有效地教育孩子。

③强调为了提高教育质量,应该重视对课堂教学和学习的观察。

④提出为了开发儿童智力,授课内容应该略微超出儿童现有的认识水平。

约翰·杜威(John Dewey)是美国哲学家和教育家,与皮尔士、威廉·詹姆斯一起被认为是美国实用主义哲学的重要代表人物。

主要贡献:

①提出应当把儿童视为积极学习者的观点,倡导了儿童中心运动。

②认为教育的核心是将儿童看成一个整体,并应重视儿童对环境的适应性。反对教育局限于知识的学习,主张向儿童传授思考的方法,使他们成为善于解决实际问题的人。

③极力倡导所有孩子应该受到同等良好的教育。

图1-3 约翰·杜威
(1859—1910)

桑代克是美国心理学家和教育家,动物心理学的鼻祖,联结主义心理学的创始人,创建了教育心理学。与伍德沃斯共同研究学习迁移,并设计了心理测验,为美国教育测验运动的领袖之一。

主要贡献:

①美国教育心理学奠基人,1903年出版《教育心理学》,标志着教育心理学成为一门独立学科。

②最早强调对教学评估和测量,主张加强学习的科学基础。

③促进了美国20世纪20年代的教育科学运动。

图1-4 桑代克
(1874—1949)

二、发展阶段(20世纪20年代到50年代)

在这一阶段,教育心理学汲取儿童心理学和心理测量方面的研究成果,极大扩充了自己的内容。20世纪30年代到40年代,有关儿童的个性和社会适应以及生理卫生问题也进入了教育心理学领域。50年代,程序教学和机器教学兴起,同时信息论的思想为许多心理学家所接受。

在美国,学习理论成为这一时期的主要研究领域。20世纪20年代以后,行为主义在动物和人的学习的研究上,取得了重要的成果,并成为这个时期最兴盛的学派。这些理论和派别之争也反映在教育心理学中。行为主义注重实验客观的实验研究,但是将以动物为研究对象所得出的心理过程,直接推测到人的高级学习过程,这使得在实际课堂教学情境中的学习研究较少,因而对教育实践作用不大。

杜威则以实用主义的"从做中学"为信条,对教学实践活动进行改革,对教育产生了相当深远的影响。

20 世纪 30 年代,苏联教育心理学的发展主要体现在理论观念的探讨方面。维果斯基编写了《教育心理学》一书,并主张把教育心理学作为一门独立的学科的分支来研究,教师的教学活动必须走在儿童发展前面,反对直接把普通心理学的研究成果直接运用到教育心理学,强调教育与教学在儿童发展中的主导作用,并提出了"文化发展论"和"内化论"。20 世纪 40 年代到 50 年代,苏联教育心理学家逐渐重视结合教学与教育实际进行综合性的研究,使得教育心理学获得了大量的成果。

在国内,1924 年廖世承编写了我国第一本《教育心理学》教科书。一些学者进行了一定的科学研究,但研究问题的方法和观点,大都模仿西方,并未形成自己的理论体系。

三、成熟时期(20 世纪 60 年代到 70 年代末)

这个时期,西方教育心理学的内容和体系出现了某些变化,内容日趋集中,如多数教育心理学都开始研究教育与心理发展的关系、学习心理、教学心理、评定与测量、个别差异、课堂管理和教师心理等内容。教育心理学作为一门具有独立理论体系的学科正在形成。

这一时期,西方教育心理学比较重视结合教育实际,注重为学校教育服务。20 世纪 60 年代初,布鲁纳(J. S. Bruner)发起课程改革运动,此后,美国教育心理学开始探讨教育过程和学生心理,重视教材、教法和教学手段的改进。有的教育心理学家甚至希望把教育心理学发展成像工程或医学一样的应用心理学。同时,美国心理学家比较重视研究教学中的社会心理因素。不少教育心理学家开始把学校和课堂看做是社会情境,注重研究其中影响教学的社会心理因素。比如有人用社会心理学理论来研究学习动机,还有人重视教学组织形式中的社会心理问题。

20 世纪 60 年代,以罗杰斯为代表的人本主义学派,提出了"以学生为中心"的主张,提出教师只是一个帮助学生创造良好环境,为学生的学习提供方便的人。人本主义反对把人还原和分割为各种要素,主张研究整体的人,而每个人都具有自我发展和自我实现的潜能,他追求从自我实现的角度来解释学习动机,强调学习者的自我参与、自我激励、自我评价和自我批判。

从 20 世纪五六十年代开始,随着对复杂学习活动以及语言发展等相关问题的研究的深入,同时也由于计算机科学的影响,认知学习理论逐渐进入了发展和兴盛时期。在这一时期,认知学习理论包括两种密切相关的倾向。一是信息加工的学习理论,它主要是受计算机科学的启发,用计算机类比人脑的认知加工过程。其代表人物为加涅和安德森,其中加涅系统总结了已有的学习研究成果,对人类的学习进行系统分类,并阐明了不同类型学习的内部与外部条件。二是认知结构理论,这与早期的格式塔相关,把人的认知看成整体的结构,而学习就是认知结构的形成和重组过程。已有的认知结构在新信息的选择、理解和组织过程中起着重要的作用。此方面的代表人物包括布鲁纳和奥苏贝尔,奥苏贝尔总结了有意义学习的条件、意义的获得与保持的进程。

随着信息科学技术尤其是计算机的发展,心理学家开始逐渐转向教育过程中学生心理的探讨,并重视教学手段的改进。美国心理学家对计算机辅助教学(CAI)的探究方兴未艾,并对计算机辅助教学的教学效果和条件做了大量研究。

从 20 世纪 60 年代以来,苏联教育心理学的发展表现出以下几个方面的特点。第一,与发展心理学相结合,开展了许多针对儿童心理发展的实验研究。最著名的是赞可夫的"教学与发展"的实验研究。第二,发展了不同于西方的学习理论,如巴甫洛夫的联想反射理论和列昂杰夫与加里培林的学习活动理论。第三,重视人际关系在儿童心理发展中的作用。第四,重视教学心理中方法论和具体研究方法的探讨。总之,苏联学者强调教育心理学应该理论联系实际,提倡自然实验法,但是,他们常常把教育和教学作为儿童未来发展的因素,把教育心理学和儿童心理学混在一起,仍然没有形成独立的、范围广泛的教育心理学理论体系。

四、完善时期(20 世纪 80 年代至今)

这一时期,教育心理学体系越来越完善,内容越来越丰富,教学心理得到了较大的发展。教育心理学的理论派别分歧越来越小,一方面认知派理论和行为派理论相互补充,另一方面,东西方心理学相互吸收,从纯理论向综合性的应用项目发展,基础研究课题与应用性研究课题结合。随着皮亚杰(Jean Paul Piaget,1896—1980)和维果斯基的理论被广泛传播,加之认知心理学的深刻影响,人们对学习的理解发生了很大的变化,对学习和教学过程及其条件的研究越来越细致,越来越注重教学为实践服务,发展了很多有效的教学模式,如合作学习等。

在 20 世纪 80 年代,认知革命兴起。布鲁姆(B. Bloom)率先提出对认知技能的分类(记忆、理解、综合、评价等),认为教育行为分析往往不足以解释教育对学习产生的影响。同时许多教育心理学家开始重视威廉·詹姆斯和杜威所关注的学习的认知方面。在认知学习理论的基础上建构主义学习理论逐渐发展起来，这一理论对教育心理学的研究和实践产生了深刻的影响。该理论强调学习不是学生从老师那里接受知识的过程，不是知识由外向内的传递，而是学生主动建构起来的。知识不是一种客观存在的东西，而只是一种解释，不存在脱离情境而独立存在的知识。在 20 世纪 90 年代，教育心理学家越来越关注学生生活中的社会情感方面，把学校作为一个社会情境进行分析，并研究文化在教育中的作用。

布鲁纳在 1994 年美国教育研究会的特邀专题报告中精辟地总结了教育心理学十几年来的成果，主要概括为四个方面：第一，主动性研究，研究如何使学生主动参与教与学的过程，并对自身的心理活动做更多的控制；第二，反思性研究，研究如何使学生从内部理解所学内容的意义，并对学习进行自我调节；第三，合作性研究，研究如何使学生共享教与学所涉及的人类资源，重视在一定背景下组织起来一起学习，如合作学习、交互式学习等，把个人的科学思维与同伴的结合起来；第四，社会文化研究，研究社会文化背景是如何影响学习过程与结果的。

教育心理学发展到今天，有以下几个研究趋势。

一是学习不是机械活动。在 21 世纪，教育心理学研究越来越重视对学习者的主体性和能动性的研究，突出学习过程和加工机制。

二是学习者不是孤立个体。不是孤立地研究学习者，而是将学习者放在一定的环境中研究，重视社会环境、实际环境和文化背景对学习者的影响，重视学习者与环境的互动。

三是重视教育技术手段。随着科技的发展，信息技术在教育中的应用越来越广泛和深入，研究者也开始重视信息技术的利用，及学习环境和有效教学模式的研究。

四是跨学科与跨地域。对教育心理学的研究不再仅仅局限在某一学科、某一地域，而是吸收了脑科学、文化人类学、信息科学等学科领域的思想方法，越来越跨学科化、国际化。

第三节　教育心理学的研究方法

教育心理学作为心理学的分支之一，其研究方法也受到了心理学实证主义的影响，总的来说，教育心理学的研究方法与普通心理学的研究方法既有相通之处，又有特别之处。

一、教育心理学研究的基本方法

教育心理学研究的基本方法可分为两大类：一类是定量研究；一类是定性研究。

(一)定量研究

定量研究也称为量化研究,主要是通过统计与测量的方式,用具体的数字或等级标准来表示最后的结果。其中最著名的当属艾宾浩斯记忆遗忘曲线的研究,以及各种智力和教学测评量表,都是以具体的数值来描述结果。定量研究又可分为实验研究和相关研究。

1. 实验研究

实验研究一般是指通过实验设计,操纵自变量与因变量以获得两者之间的因果关系。实验研究满足了科学研究的客观性、系统性和验证性,能够得到精确的结论并应用到实际的教学活动中,因此被视为一种广泛而可取的研究方法。实验研究依据所处的环境不同,可分为实验室实验和自然实验。前者是在特设的实验室利用一定的仪器进行教育心理学实验,其优点是能够较为严格地控制无关变量的影响,通过比较标准的实验流程提高了实验的可重复性和可验证性。如对记忆的研究和学习迁移的研究都可通过实验室实验来研究。但是实验室研究也有其不足之处,特别是教育心理学的某些研究往往带有很大的情境性,而实验室往往难以模拟真实的学习环境和氛围。特别是涉及社会环境和学校环境对学习影响的规律时,实验室实验往往难以满足研究者的需求。批评者认为在失真的环境下得到的教学规律的可靠性是值得怀疑的。而自然实验法,与此相反,则是在日常的教学过程中,通过控制自变量来检验某种教学规律的方式。自然实验虽然在解释力度上不如实验室实验精确,但却是教育实验领域内研究学生心理最常用和适用的方法。

2. 相关研究

相关研究是多种方法的总称,其中最常用的是相关法与调查法。相关法的主要特征是,对同一群被试的两个变量实施测量,如智力和自制力,然后使用统计学方法计算其相关系数,从而判断两者之间的相关程度。调查法也有两种形式。一种是问卷调查,采用符合教育心理学标准的量表,对所研究的某项特质在选定的对象内进行施测。另一种是访谈调查,访谈调查的特点是采用口述的方式向受访对象进行提问并收集信息。两者通常用百分比表示,如调查高年级和低年级对教师态度的变化,分别统计持各种态度的学生所占总体学生的比例。

(二)定性研究

定性研究也称为质的研究,受心理学实证主义以及学科科学性建设的影响,早期教育心理学重视量化研究。然而,量化研究是否能真正说明所要研究问题的真相呢?自然科学以物为研究对象,其反应与客观是一致的,而教育心理学以人为研究对象,其反应是否与客观一致?基于这些质疑,教育心理学在 20 世纪 60 年代末开始采用定性研究。

定性研究与定量研究在研究方式上有共同之处,都是企图发现变量之间的因果关系和相关关系,从这个层面上说,定性研究也可分为实验研究和相关研究。但与定量研究不同,定性研究结果不以具体的数值表示,而是用描述性的文字来表述。研究者在进行研究时,更希望获得有关被试者更详细、更深入、更有意义的资料。定性研究主要包含个案研究、参与观察、深入访谈和文件分析四种方法。

1. 个案研究

个案研究是针对单独的个案所做的研究。个案研究的对象往往不局限于单个的个体,也可能是某个具有共同特征的团体。个案研究具有的特点包括:对象一般是个体或具有共同特征的团体或是某个事件;个案研究一般是针对某个问题的具体的深入的研究,收集资料时往往涵盖与事件有关的一切;个案研究由于研究范围的狭窄性,所以其结论和应用往往也只能局限在一定范围。

2. 参与观察

参与观察是民俗学家最早用来研究不同民族风俗习惯的常用方法。此法用于教育方面时,通常是指实验者通过参与学生的课内和课外活动时,以参与者的方式同时观察学生们自然表露的某些特征,如人际交往、认知水平以及道德水平。这种方法的缺陷是带有很大的主观性,结果往往会受到观察者自身的观察水平和认知偏差等因素的影响;优点是能够观察到学生真实的特征水平,形成综合的判断,较为适用学校的一般教师。

3. 深入访谈

这里所谈的访谈法与前文所说的访谈调查是不一样的,定量研究中所采用的访谈调查是采用口述的方式按照预先设定的问题进行“是”和“否”的回答,也就是说,访谈调查的问题往往是封闭式的,这类访谈也被称为结构式访谈。而深入访谈则没有固定的问题和固定的答案,在与受访者交谈中,会依据即时的谈话内容拓展,容许受访者按其意愿充分地表达自己的态度和意见。如教师在发现学生存在学习困难时,可以采用深入访谈,了解困难发生的真正原因。这种方法也经常被一般学校教师广泛采用且效果显著。

4. 文件分析

文件分析旨在通过分析与学生学习生活经验有关的文件(包括日记、信件、作文、学校记录、网上博客等内容),通过对这些文件的分析能够发现现在问题形成的原因,也可考察学生的长期表现。文件分析与文献研究有相似之处,但文献研究往往是理论方面的直接相关资料的分析,而文件分析则是对具体问题的所有相关资料的分析。

经典实验

遗传与环境在儿童智力发展上的作用
——双生子的心理学研究

遗传与环境在儿童心理发展上的作用,是儿童心理发展的基本规律之一。但遗传与环境到底是如何影响儿童心理发展,尤其是如何影响智力发展,还不明确。林崇德研究团队在 1978 年开始通过双生子的研究企图探索遗传与环境是如何影响儿童智力发展的。

以 37 对同卵双生子和 43 对异卵双生子为研究对象,主要采用了个案研究法,具体方法:①一般调查法,调查被试的基本情况,包括近两年的各科学习成绩,智力品质——速度、灵活度、抽象度和独创性的差异,气质特点等;②遗传素质的检验,包括被试的身高、体重,长相的异同点,指纹、血型和血清蛋白;③谈话法,与被试交谈;④数学运算测验,检查思维力,同时也涉及记忆力与观察力;⑤整理个案,系统分析。

通过对数据的相关性分析发现,不同双生子的智力有明显差异,并且同卵双生子智力的相似性显著比异卵双生子高,说明人的智力水平受遗传的影响,良好的遗传素质是智力活动正常发展的重要条件。同时还发现在同样的遗传素质条件下,环境不同,智力发展也不同。如一对同卵双生女,16 岁,长相和健康状况相同。出生第一年,心理发展没有发现差异,观察力和语言发展等智力表现几乎相同。一岁后,环境发生了变化:一个到农民家庭生活,早期教育无人抓,上学后学习放任自流;另一个到医生家庭生活,早期教育抓得紧,形成良好的学习习惯。结果发现两人的智力有明显差异,学习成绩、学习兴趣和智力品质均有很大差异。也就是说,假使一个人获得十成成就,其中两成归于遗传,四成归于环境或机会,四成是主体的能动性。

思考一下研究者在本研究中采用的什么研究方法、为什么要采用这种方法。

(转引自:林崇德. 教育与心理发展[M]. 北京:北京师范大学出版社,2013.)

二、教育心理学研究的特殊方法

教育心理学研究的特殊方法主要包括两类：教学实验研究和教学设计研究。前者是指在具体课堂上开展的教学实验；后者是系统化规划教学系统的过程。

（一）教学实验研究

与心理学实验类似，教学实验一般分为：提出问题与分析问题，设计解决问题方案和实施方案，收集结果并评估。

1. 提出问题和分析问题

教育心理学的问题大多来自理论和具体的教学实践。理论方面的问题主要聚焦在当前教育心理学的学科构架上，特别是学习过程中良好学习的影响因素是各类教学实验研究的重点，如对迁移的研究。另外，对教学采用的形式和教学气氛对学习的效果的研究也是各类理论争论的焦点。教育心理学的一些问题也来自于实际的教育实践中，如在我国小学语文的教学中一直存在这么一个问题，如何教会小学生分段能力。由于在具体的实施中效果一直不佳，有的教育家主张取消教小学生分段能力，让小学生在潜移默化中自己领悟。但有人又认为，分段能力并不复杂而是受到策略性知识支配，也就是说可以通过教学来达到提高分段能力的目的。

2. 设计方案

在明确了所要研究的问题后，下一步是设计解决问题的方案。方案设计是教学实验能否成功的灵魂，方案设计的好坏也直接影响实验的结果。一般来说，设计方案的流程包含如下几个方面：一是选取对照组和实验组，一般是两个在各方面比较相似的班级，特别是在学习基础和学习态度上比较接近的班级；二是选取实施教学的教师，所选定的教师要能很好地符合实验要求并能理解实验的安排；三是设计具体的实验安排，包括作息时间、上课时长、作业的布置、上课的内容等方面都应该尽量标准化。

3. 实施方案

在前期的准备工作完成后，开始实施教学设计。最好选用原来的任课教师，并进行预先培训，指导教师了解教学实验的意图和新开发的教学方法。在具体的实施过程中，要严格按照教学设计进行，并尽量保证对照组和实验组在学习生活中的相似性。另外，如果出现意外情况要实时记录下来，作为结果解释的参考资料。

4. 收集结果并评估

收集结果可以采用多种方式结合，主观方面如学生的自诉和教师的评价，客观方面如采用测验对对照组和实验组进行测量。在收集完结果后，下一阶段则是对结果的评估，评估可以采用统计分析和定性分析。前者通过实验组和对照组在成绩上相互比较及前后的差异检验,从而确定教学设计是否对教学质量产生了积极作用。后者通过对学生的参与观察和深入访谈来查明教学目标是否达成。结合定量与定性的分析,最终得出实验假设是否成立的结论。

在运用教学实验的方法时,仍然有一些值得注意和探讨的地方。首先,教学实验的逻辑往往是想在理想的环境下,通过控制某个自变量,在对照组和实验组中实施不同的方法,比较新的教学方法与旧的教学方法的优劣性。这种逻辑通常注重教学方法的创新,而忽略了教学方法怎么去实施,或者说如何教的研究。在学校,教师的执教水平被认为与工作的年龄和经验有关。我们主张,教学实验应把重点放在解决如何教的问题上,这样,教学效果比较的重点不是实验班与对照班,而是参与实验教学的学生实验前和实验后成绩的差异。其次,教学实验中教师的选取也是一个非常重要的因素,教师能否将教学设计很好地体现出来与教师本身的能力和水平有关。当然,这并不是说只有优秀的教师才能够运用教学设计中新的方法,而是在实验阶段,经验丰富的老师能够帮助实验者更好地发现实验设计的效果。最后,教学实验要注意多种研究的结合,除了定量研究外,定性研究,特别是针对学习有困难学生的个案研究,是不可或缺的研究方式。

(二)教学设计研究

教学设计研究是一项新兴的教育技术,教学设计既是一门学科,也是一个有很多人员从事的行业。美国史密斯(P. L. Smith)教授将教学设计定义为:教学设计指将学习与教学的原理转化为教学材料、活动、信息源和评价的系统化和反思化的过程。

教学设计因为其任务不同,具体的阶段和流程也不同,但总的来说可以分为五个阶段:分析、设计、开发、实施和评价。单从各个阶段来看,教学设计研究与教学实验有很大的相似性。但两者的区别主要在于各自的实验研究的目的不同。教学实验注重通过控制教学质量的因素进行实验以达到检验或验证该因素的目的。而教学设计则注重教学教材的开发以达到提高教学效率的目的。教学设计的基本程序阐述如下。

①分析。通过教学分析,确定教学目的和学生的基本知识水平,明确教学需求。

②设计。首先是具体化,即将比较抽象的教学需求转化成具体的教学目标。然后,确定教学的模块和先后顺序。最后确定各个模块安排的单元以及具体的教学活动。

③开发。在设计的基础上,对具体的教学材料和教学活动进行编写,并进行可行性和效果的反馈调查,再修改与完善以形成标准的体系。

④实施。一定范围内应用教学设计,并收集反馈结果。

⑤评价。对结果进行多方面的评估,并综合评价和修改意见进一步完善之前开发的教学设计。

教学设计在 20 世纪 90 年代经欧美传入我国。它既是问题的解决过程,也是科学研究过程。它的产物往往以教学方案、模型、教学材料、练习和学习活动的方式呈现。当然,由于时间地点以及各自的社会背景不同,教学设计的产物也不是一模一样的。教学设计需要理论与技术的指导,更需要教师的创造力与想象力。

 走进课堂

成为一名更有效的教师

1. 一名中学科学教师利用为教师特别设计的到哥斯达黎加全包旅行的机会,研究植物、动物和雨林生态学。并且拍了许多照片,收集了大量标本展现给学生。

2. 在整个学年中,一名二年级的英语教师交替使用三种不同方法教每周的单词拼写课。在学年末,他比较了三种方法中的学生拼写测验成绩,发现使用其中一种方法的得分显著高于其他两种方法。

3. 一名教师不断尝试在专业期刊上描述新的教学技术。当他这样做时,他给他的有效教学策略库增加了新内容,变得越来越能够调整他的方法以适应他班上的各类同学。

（转引自:[美]珍妮·埃利斯·奥姆罗德. 教育心理学[M]. 龚少英,译.
北京:中国人民大学出版社,2011.）

本章小结

即使是最熟练的老师,也是以新手的身份开始他们的教学生涯的,担心和不确定性几乎与每一位老师的第一堂课相伴随。一名"新手"在成长为一名优秀的教师的过程中,需要学习和掌握很多知识、经验,并且要与实践交互作用。而教育心理学的相关知识是每一位优秀教师需要具备的知识素养和背景。

本章介绍了教育心理学的研究对象、研究任务、意义等背景知识,同时介绍了教育心理学的四个发展时期和研究趋势。主要介绍了教育心理学的基本研究方法和特殊研究方法,教育心理学的基本研究方法分别是定量研究和定性研究,特殊研究方法是教学实验研究和教学设计研究。

思考与练习

1. 教育心理学主要研究什么？

2. 学习教育心理学有什么作用？

3. 简述教育心理学的发展过程。

4. 定量研究和定性研究的区别是什么？

参考文献

[1] 潘菽. 教育心理学[M]. 北京：人民教育出版社，1980.

[2] 林崇德. 教育与心理发展[M]. 北京：北京师范大学出版社，2013.

[3] 张春兴. 教育心理学[M]. 台北：台北正中书局，1986.

[4] 皮连生. 教育心理学[M]. 上海：上海教育出版社，1988.

[5] 李新旺. 教育心理学[M]. 北京：科学出版社，2011.

[6] [美] 珍妮·埃利斯·奥姆罗德. 教育心理学[M]. 龚少英，译. 北京：中国人民大学出版社，2011.

[7] [美] 罗伯特·J. 斯滕伯格，温迪·M. 威廉姆斯. 斯滕伯格教育心理学[M]. 姚梅林，张厚粲，等译. 北京：机械工业出版社. 2012.

[8] [日] 大乔正夫. 教育心理学[M]. 钟启泉，译. 上海：上海教育出版社，1980.

第二章 学生的心理发展

学习目标

1. 掌握布朗芬布伦纳的生态系统理论。
2. 掌握皮亚杰和维果斯基的认知理论及其在教学上的应用。
3. 掌握弗洛伊德和埃里克森的人格发展理论。
4. 掌握皮亚杰和科尔伯格的认知发展理论。

王老师在办公室批着一摞又一摞的卷子。像往常一样,没有发生什么奇怪的现象。王老师注意到每次考得好的都是同样的几个学生,而垫底的也总是同一拨学生。好像不管老师怎样努力,总有一些人能学会;一些人学不会。为了帮助成绩差的学生,王老师决定补课、模拟考试、附加家庭作业,总之他把他能想到的方法都用了,但是总不能达到他的期望。

一天,王老师阅读了一篇关于评价某些活动价值的文章,这些活动的目的是要帮助学生对数学产生兴趣。王老师决定在自己的课上增加一个新要求,即出一道数学题。题的内容在一定程度上由学生自己选择,只要他们能够将课堂上所教的概念用于题目中即可。学生可以把数学应用到实际问题中去,可以提出创造性的证据,可以写数学史方面的论文,等等。

令王老师吃惊的是,他发现在计划完成的那天,很多具有创造性的、激动人心的作品都出自那些平时被认为能力较差的学生。他们的作品表明他们不仅理解了概念,而且还会以创造性的方式加以运用。最终王老师认为,应该通过更宽泛的方式来考查学生对数学知识的掌握,而不能只看数学考试成绩的高低。

越来越多的教师发现学生之间的差异可能与最初看上去的情况不同。本章帮助人们理解不同年龄群体之间的差异和个体之间的差异,希望对将要成为教师的你有一定的帮助。

心理发展是指个体从出生、成熟、衰老直至死亡的整个生命进程中所发生的一系列心理变化。心理发展有四个基本特征:连续性与阶段性、定向性与顺序性、不平衡性、差异性。

表 2-1　心理发展阶段

阶段	乳儿期	婴儿期	幼儿期	童年期	少年期	青年期	成年期	老年期
年龄	0~1 岁	1~3 岁	3~6,7 岁	6,7~11,12 岁	11,12~14,15 岁	14,15~25 岁	25~65 岁	65 岁以后

第一节　布朗芬布伦纳：发展的社会环境

一、生态系统理论的思想渊源

康奈尔大学的教授布朗芬布伦纳（Urie Bronfenbrenner，1917—2005）于 1979 年提出了著名的生态系统理论。在这之前，儿童心理学家研究儿童心理，社会学家研究家庭和社会，人类学家研究社会中的人类，经济学家研究经济实况，政治学家研究政治结构，布朗芬布伦纳的开创性研究，使所有这些环境，从家庭到政治结构，都被认为是人类发展过程的影响因素。

布朗芬布伦纳在介绍人的心理发展时非常强调生态心理学领域对其思想的影响，而生态心理学是植根于格式塔学派的。格式塔学派认为，整体经验大于部分之和，即各个部分的经验和刺激对人的影响不是独立的，而是相互作用的，每增加一种刺激或经验可能导致整体的个性模式受到影响，这就是格式塔学派的整体观。

另外，勒温在 1943 年提出了生态心理学，他建议建立一门专门研究个体行为界限或群体行为界限是如何依赖于环境因素而变化的学科。他提出了心理学的场论，运用拓扑学和物理学的概念描述了人在环境中的行为，并通过公式 $B=f(P,E)$ 说明行为是个人与环境的函数。勒温的学生进一步在此基础上，将研究重点放在生态环境上，于 1968 年开拓了生态心理学，提倡在真实的环境中研究人—环境系统中的心理与行为。

以上整体观、场论、生态环境等成果都是布朗芬布伦纳生态系统理论思想的重要来源。

 拓展阅读

图 2-1　布朗芬布伦纳

布朗芬布伦纳，著名心理学家，提出了生态系统理论，同时也是美国问题学前儿童启蒙计划的创始人。

布朗芬布伦纳曾就读于康奈尔大学，并取得心理学和音乐双学位。之后就读于哈佛大学，取得发展心理学硕士学位，并于 1942 年取得密歇根大学博士学位。

他曾以心理学家的身份任职于美国陆军部队。1948 年受康奈尔大学邀请，任职教授。1960 年到 1970 年任康奈尔大学董事会成员。

　　布朗芬布伦纳是第一位关注"儿童研究和儿童政策之间的相互影响"的心理学家。他认为在政策鼓励自然研究和研究成果应用于实践时将促进对儿童的研究。

二、布朗芬布伦纳的生态系统理论

　　布朗芬布伦纳在 1979 年出版了《人类发展生态学》一书,提出了著名的人类心理发展生态学理论。这一理论强调环境对人的心理发展有重要的影响,认为我们应该在活生生的自然环境和具体的社会背景中研究人的发展。这个环境不仅包括直接影响儿童心理发展的家庭环境,还包括了学校环境、父母的工作环境以及影响儿童发展的大的社会、文化环境。布朗芬布伦纳的生态发展观将环境看成一个不断变化的动态发展过程,随着时间的流逝,人的生态系统也在不断变化,这突破了以往研究中对环境限定的局限性。他强调人的发展既不是被动地接受环境的影响,也不是单独取决于个人的内部力量,人与环境的关系是相互作用的,人既是环境的产物,又是环境的创造者。

　　布朗芬布伦纳的环境系统包括五个层次,分别是微观系统、中介系统、外层系统、宏观系统和时间系统。

(一)微观系统

　　环境层次的最里层是微观系统,是指个体活动和交往的直接环境,即成长中的儿童直接接触和产生体验的,与之有着直接而紧密联系的环境,这个环境是不断变化和发展的。对大多数婴儿来说,微系统主要是指家庭。随着婴儿的不断成长,活动范围不断扩展到幼儿园、学校和社区,因此,幼儿园、学校、社区、同伴关系等也纳入儿童的微观系统中来。对于儿童的心理发展来说,家庭和学校是对其影响最大的微观系统。

　　布朗芬布伦纳强调微观系统中的每一个因素都会对个体的发展产生积极或消极的影响,并且这种关系是双向的。即环境会影响到儿童的发展,反过来,儿童本身的一些生理属性或者能力人格的发展也会影响到他所生存的环境。比如,在不同的家庭,由于家庭的文化氛围和教养方式不同,相应的个体的发展机会和状况也不同,而个体在这个环境中所习得的行为方式或人格特点又会进一步巩固、强化或者改变家庭的教养方式。再比如,在学校班级中,教师正确的教学引导方法和班级良好的风气会给班级每一个学生的心理发展带来积极的影响,而由于每一个学生都是构成班级这个环境的一部分,他们的心理发展特点又决定了整个班级的环境特点。当个体与其生活的微观环境之间建立持久的良好的关系时,就为个体的身心发展创造了良好的条件。

(二)中介系统

第二个环境层次是中介系统,它是指两个或多个微观系统之间的相互关系和彼此作用。比如学校和家庭、家庭与邻居之间的相互关系。换句话说,中介系统就是由微观系统环境所组成的系统。

布朗芬布伦纳认为,中介系统对个体发展的影响取决于微观系统之间发生的相互联系的数量、质量和程度。如果微观系统之间有着较强的积极的联系,发展可能实现最优化,相反,微系统之间的非积极的联系会产生消极的后果。比如爱泼斯坦19世纪80年代关于家庭和学校的互动对儿童发展影响的研究表明,家长与教师的共同积极参与和双向沟通交流,促进了小学生进入中学后的表现,他们表现出较高的创造性和独立性,学习成绩也有了提高,这说明家庭和学校的相互作用过程对儿童发展的影响可能远远大于家庭和学校的单独影响。但如果家庭和学校等微观系统对儿童的教育方式或要求上存在差异或矛盾,又不能通过有效沟通来解决的话,会使儿童无所适从,对家庭和学校的要求产生困惑,从而对社会产生迷茫。再比如,儿童在家庭中与兄弟姐妹的相处模式可能会影响到他在学校中与同学的相处模式。如果在家中儿童处于被溺爱的地位,一旦去学校享受不到这种待遇,可能会产生不平衡,跟同学建立关系时可能会出现问题。

(三)外层系统

第三个环境层次是外层系统,它是指那些个体在成长过程中并未直接参与,但却对个体的心理发展有影响的环境系统。它包括父母的工作单位、学校的领导机构、邻里社区、当地的教育主管部门等。比如父母的工作单位能够给员工提供良好的福利和充足的休息时间,会在一定程度上加深父母与子女的亲子关系,进而有利于儿童的身心健康发展。再比如,父母的朋友圈子聚集了一些无所事事、喝酒赌博的人,父母长期跟这些人接触,或者经常将这些人带进家中,也会给孩子的身心发展造成潜移默化的影响。

(四)宏观系统

第四个环境系统是宏观系统,它是指个体所处的整个社会组织、机构、文化和亚文化背景,比如整个社会长期所形成的政治、经济、文化、习俗、法律、社会伦理、价值观等,它涵盖了前面的三个系统,并对它们发生作用,施加影响。比如中国社会的集体观念和美国社会的个人主义,分别作用于两个社会体系的其他三个系统,进而构成了两个不同的影响个体身心发展的宏观系统。再比如20世纪五六十年代,中国经济相对落后的时代特征造就了那一代人勤劳、吃苦和节约的个性特征。

(五)时间系统

布朗芬布伦纳的模型还包括了时间系统,或者叫时间纬度或历史系统。它是把时间作为个体成长中心理变化的参照体系,指个体的生活环境及其相应的种种心理特征随时间推移所具有的变化性以及相应的恒定性。这些变化既可以由外部环境如兄弟姐妹的出生、父母离异、亲人死亡等引起,也可以由个体内部如青春期、患重病等引起。不管是由什么引起,这些变化都改变了儿童与环境之间的关系,并由此引发儿童心理上的发展性变化。

布朗芬布伦纳将时间划分为微观时间、中间时间和宏观时间。微观时间指正在进行中的活动的连续性;中间时间为活动在较长时间内间隔的周期性;宏观时间关注的是在更广阔的社会中(既包括代内,也包括代际)的预期与事件发展,反映了不断变化的具体历史事件与跨越生命全程的人的发展过程和结果是相互影响的事实。在这三个时间系统的作用下,一方面,个体本身随着年龄而发展;另一方面,其所处的环境也随着时代的变化而变化。

布朗芬布伦纳将环境的变化称为"生态转变",每次转变都是个体人生发展的一个阶段。比如,升学、结婚、退休等。而布朗芬布伦纳提出的时间系统关注的正是人生的每一个过渡点,他将转变分为两类:正常的(如入学、青春期、参加工作、结婚、退休等)和非正常的(如家庭中有人去世或病重、离异、迁居、彩票中奖等),这些转变发生于个体毕生之中,常常成为其发展的动力,同时这些转变也会通过影响家庭进程对个体发展产生间接影响。

三、生态系统理论对学生心理发展的启示

布朗芬布伦纳的生态系统理论在强调个体发展时,不但要求必须考察诸如家庭、学校、社会等所有可能的子系统,还特别注重要全面细致地把握它们彼此之间的相互关系。而这种系统化的观点,无疑对儿童的教育和心理发展有所启示。

(一)父母应正确认识家庭环境和教养方式对儿童心理发展的重要性

家庭是儿童教育和成长的第一所学校,父母是儿童心理健康成长的启蒙者和引导者。父母与孩子的相处模式和相互作用方式对孩子的心理发展具有重要的影响。因此,父母或是家庭成员,首先应当为孩子营造一个和睦、温馨的家庭氛围;其次,父母要采取统一的、民主的教养方式,既不过分放纵、溺爱,也不过分严格,阻碍孩子的发展;第三,家庭要与学校做好沟通工作,教育观点保持一致,教学行动上跟学校配合;第四,如果可能,父母应该选择良好的工作环境和社区环境,建立健康有益的朋友圈,避免外层系统的不利环境影响孩子的心理发展。

(二)幼儿园或学校应为儿童的心理发展创设良好的环境

幼儿园或学校是除家庭以外影响儿童发展的重要场所,在这里与儿童紧密接触的有两类人群——同伴和教师。儿童与同伴之间的交往对儿童自身的情感和行为产生

重要的影响,比如通过跟同伴之间玩亲社会行为的游戏活动,会对同伴关系质量和后继亲社会行为的发生起到促进作用。老师在儿童心理发展中的作用不仅体现在直接的教学活动中的言传身教,还体现在组织和引导儿童与同伴的关系的建立。另外整个学校的校园文化环境以及班级的氛围和规章制度都对儿童的心理发展有重要的影响。因此学校应该创建有利于学生身心发展的环境,充分发挥教师与同伴在儿童心理发展中的重要作用,跟学生家庭密切交流与合作。

(三)社会应为儿童心理发展创造良好的外部环境

在儿童的成长过程中,他们无时无刻不在受外部环境因素的影响,他们的很多行为和习惯是通过模仿而获得的。特别是当今社会是一个信息时代,人们无时无刻不在或主动或被动地接受着电视、广播、互联网等媒体所传播的信息。年幼的儿童对这些扑面而来的媒体信息缺乏辨别力,从而会不自觉地吸收很多负面信息,模仿很多负面的行为。因此,社会和各大部门应加大对媒体的监督力度,倡导媒体制作和播出有利于儿童情感、认知、行为模式发展的影片、歌曲等作品。同时,社会还应当鼓励和发展对儿童健康成长提供帮助的机构,组织相关的活动等,比如心理咨询机构、青少年成长训练营等。

(四)积极倡导建立家庭、学校及社区的一体化机制

根据布朗芬布伦纳的理论,儿童所处的家庭环境、学校环境及社区环境之间是相互影响、相互依赖、相互作用的。为了促进儿童心理发展,应当积极倡导家庭、学校及社区的一体化机制,各个环境系统密切合作,相互衔接,综合利用各种教育资源,共同为儿童的心理发展创设良好的环境。

第二节　学生的认知发展

一、皮亚杰的认知发展

皮亚杰(Jean Piaget,1896—1980)是瑞士心理学家和哲学家,对生物学、哲学、心理学和逻辑学都有精湛的研究,他从认识发生和发展的角度对儿童心理进行了系统和深入的研究,提出了一套完整的、富有辩证思想的儿童认识发展理论,对教育产生了巨大的影响。

(一)发展的实质和原因

皮亚杰心理学的理论核心是发生认识论,主要研究人类的认识,包括认知、智力、思维、心理的发生和结构。皮亚杰研究认识的主要科学依据是生物学、逻辑学和心理

学,他认为,生物学可以解释儿童智力的起源和发展,逻辑学可以解释思维的起源和发展。

皮亚杰认为,儿童的认知发展既不是起源于先天的成熟,也不完全取决于后天环境的影响,而是内外因相互作用的结果。这种主客体之间的相互作用的建构过程需要依赖一定的"中介物",这个中介物就是活动。认知来源于活动,为了认识物体,主体必须对它们施加动作。

根据皮亚杰的发生认识论,儿童学习的真正基础是活动。这种活动的本质是主体对客体的适应。主体通过活动对客体的适应,乃是心理发展的真正原因。个体的每个心理反应,不管是指向外部的动作,还是内化了的思维动作,都是一种适应。适应的本质是取得机体与环境的平衡。适应的形式有两种,一个是同化,一个是顺应。同化是指把环境因素纳入机体已有的图式或结构中,以加强和丰富主体的活动;顺应是指改变主体原有的认知结构以适应环境的变化。比如儿童看到一个新的刺激——类似于猫的动物,他们将这种动物与认知结构中的猫进行匹配,从而认定这就是一只猫,这个过程就是同化;如果儿童认为这个新的刺激跟原有认知结构中的猫不一样,即猫的图式已经不适用于眼前这只动物了,那么儿童就得改变原有的认知结构,将这个新的图式添加到新的动物体系中,这就是顺应。这样,个体就通过同化和顺应两种形式来达到机体与环境的平衡。个体就在这种平衡与不平衡的交替中不断地建构和完善其认知结构,实现认知发展。

(二)发展的结构和因素

1. 儿童心理发展的结构

皮亚杰认为心理结构的发展涉及图式、同化、顺应和平衡。其中,图式为核心概念。那么,什么是图式呢? 皮亚杰认为图式就是动作的结构或组织,这些动作在相同或类似的环境中由于不断重复而得到迁移或概括。主体之所以能对环境刺激做出不同的反应,就是因为主体的图式不同,以不同的内在因素去同化这种刺激就会做出不同的反应。图式最初来自先天的遗传,在以后的适应环境的过程中,通过同化、顺应和平衡而做出改变,从而逐步构成新的图式。同化只是量的变化,不能引起图式的改变,顺应则是质的变化,可以创立新的图式和调整原有的图式。平衡指同化和顺应两种机能的平衡,它不是一个静止状态,而是另一个较高水平的平衡运动的开始,不断发展的平衡状态就是整个心理发展的过程。

2. 儿童心理发展的因素

皮亚杰认为发展主要有四个因素——成熟、经验因素、社会因素和平衡。

成熟是指机体的成长,特别是神经系统和内分泌系统的成熟,这为认知发展提供了生理基础。成熟仅仅是心理发展的必要条件而不是充分条件,它为发展提供了可能性,而要使这种可能性变为现实性,还依赖于个体的经验和练习。

经验因素又包括物理经验和逻辑数理经验。物理经验就是关于物体和事实的物理属性(如大小、形状、颜色、重量等)的知识,在操作物体时,儿童通过感知而获得物理知识,它是通过一种简单的抽象过程从客体本身引出来的。逻辑数理经验不是基于物体的物理特性,而是基于施加在物体上的动作,从动作及相互关系中抽象出来的经验。比如,获得了逻辑思维能力的儿童能从经验中发现一组物体的总和,这和这组物体中各个成分的空间位置无关,与计数的先后次序也无关。

社会因素是指社会环境中人与人之间的相互作用和社会文化上的传递。社会环境主要涉及教育、学习和语言等方面。这些因素对儿童认知发展的影响是显而易见的,它可以加速或阻碍个体的认知发展,因为发展速度可以随着儿童所受的文化教育的社会环境的差别而加速或推迟,因此社会环境中的相互作用对个体的发展具有重要的意义。

平衡调解着心理发展的上述三种基本因素,在认知发展过程中起着关键的作用。皮亚杰认为智力的本质是主体改变客体的活动,是介于同化和顺应之间的一种平衡。实现平衡的内在机制和动力就是自我调节。自我调节使得认知结构由低级水平向高级水平发展,其具体模式是:当个体已有的认知结构能够同化新的知识经验时,心理就会感到平衡;反之,个体已有经验不能同化新的知识经验,就会感到心理失衡。心理失衡的结果会使得个体产生自我调节的内驱力,驱使个体改变已有的图式,容纳新的知识,经过调整,吸收新的知识,从而达到新的平衡。个体每经过一次由失衡到新的平衡,认知结构就会有一次新的改变,智力水平就得到了提高和发展,因此,自我调节作用的平衡过程就是智力发展的内在动力。

(三)认知发展阶段论

根据皮亚杰的观点,儿童认知发展可分为几个具有质的差异的连续阶段。各个阶段出现的时间由于教育、环境等因素的影响,可能提前或推迟,但阶段的先后顺序恒定不变。发展阶段不是截然分开的,相邻两个阶段之间可能会有一定的交叉。认知的发展是内在结构连续的组织和再组织的过程,是一个连续的建构过程,每一个阶段都是前面一个阶段的发展,同时又为下一个阶段打下基础。按各阶段图式功能特征的不同,皮亚杰将儿童认知发展过程分为四个阶段。

1. 感知运动阶段(0—2岁)

这一阶段的发展特征是,儿童根据感知觉和运动之间的关系来获得动作经验,还没有产生语言和表象,形成了一些低级的行为图式,他们主要使用手的抓取和嘴的吮吸来探索和适应外部世界。这个阶段的一个基本特征就是获得客体永久性,即认识到物体在视野中消失并非不存在了,而在此之前,儿童认为不在眼前的东西就是不存在了。儿童获得客体永久性的时间是9—12个月时。客体永久性是后来认知活动的基础。这个阶段的另一个特征是获得合乎逻辑的目标定向行为。儿童在其动作和客体的不断相互作用中,逐渐对动作本身和动作的结果作了区分,并且逐渐扩展到与客体之间的运动相互关系。稍大一点的儿童在已经掌握感知觉阶段的基础上可以将低水平的图式分解组织成较高水平的图式,从而达到目的。

■ 经典实验

客体永久性

客体永久性的获得是儿童早期发展的一个重要里程碑。它标志着儿童从局限于当时当地的身体动作中解放出来,认识到物体的位置转换和永久存在性。

皮亚杰是瑞士著名的儿童心理学家。从儿子劳伦特出生起,他一直观察、记录着儿子的成长过程。

劳伦特5个月了,手脚的动作与视线之间变得更协调了。皮亚杰拿着玩具去逗引儿子,劳伦特会朝着玩具伸出小手,做出抓取的动作,并伴有急切的"嗯呀"声。但是当玩具移出他的视野之外,他也就甘心罢手了,不再去搜寻,视线重新回到了父亲的脸上。是不是劳伦特认为不在自己视野中的玩具就是消失了,不存在了?

在以后的两个月中,皮亚杰依然没有发现劳伦特会寻找视野之外的玩具。皮亚杰在观察记录中写道:"在给劳伦特喂奶时,我给他奶瓶,他伸手去拿。但就在这时候,我把奶瓶藏在手臂后面。如果他看到奶瓶的一头露在外面,他就会蹬脚叫喊,做出种种模样,想要得到奶瓶。然而,如果我把奶瓶完全藏起来,什么也看不见,他就停止哭叫,似乎奶瓶已不再存在,已融化在我的手臂里。"

劳伦特7个月零13天的那个下午,对于皮亚杰来说有着非凡的意义,因为劳伦特的反应明显与以前不一样了。他看到了父亲手中的玩具熊,依然兴奋地想伸出手去抓,父亲用手挡住了孩子的视线,玩具熊消失在劳伦特的视野中。这次,他突然试着拍打父亲的手,用力要挪开它或压低它,努力想拿到这个看不见的小熊。皮亚杰从孩子的这个动作意识到孩子已经"眼不见,心却在想"。从那一天开始,劳伦特经常表现出想去寻找见到过又被隐藏起来的物体,他意识到"看不见的东西"依然存在。

　　10个月的劳伦特已经学会了爬,他活动的空间更大了,经常会爬到地毯的另一边去寻找妈妈刚才藏在地毯下的玩具。一天,皮亚杰给他买来一只小皮球,劳伦特十分喜欢,整日捧着它,看着它滚来滚去。小皮球滚到父亲的脚边,皮亚杰弯下腰去用手盖住了球,并悄悄拿走了球。劳伦特迅速爬到父亲身边,用力挪开父亲盖住皮球的手,发现皮球不见了,他紧皱着眉头露出十分惊奇的表情,因为他是那么地坚信皮球是在父亲的手下。皮亚杰分析婴儿这时的思维特征,认为他们已经开始具有了"客体永久性"的概念。

　　皮亚杰在对他的三个孩子进行观察时,发现他们都是在快满周岁的时候,才会寻找被藏起来的东西。他们懂得不在眼前的物体依然存在,正是这种认识使婴儿的智慧有了一个新的进展,但同时也增加了婴儿的痛苦,他们认为母亲一定在某个地方,但却不和自己在一起,这使得婴儿的情感发展更为丰富。

　　在此之后的几天,皮亚杰又与儿子劳伦特进行了一场游戏。劳伦特11个月时的一天,皮亚杰拿走了劳伦特抱着的玩具熊,把它放在红色的枕头下,劳伦特爬到枕头边,迅速地把小熊找了出来。然后,皮亚杰又一次拿走了小熊,在劳伦特的注视下,把小熊放在红枕头下,再取出来,在劳伦特的面前晃了一下以后又放到蓝色的枕头下。皮亚杰想知道,劳伦特将会在什么地方去找回小熊。结果劳伦特还是爬到红色的枕头下去寻找,当然是一无所获。

　　皮亚杰认为12个月左右的婴儿确实相信被隐藏物体的永久存在性,否则不会去寻找。但是,这时婴儿对于永存物体的位置认识还存在着明显的欠缺。他们只是重复他上一次找到过物体的动作。这说明,婴儿的某些认识过程还没有得到发展,称作"半客体永久性"。

　　皮亚杰对1岁以后的婴儿进行一个实验。如果先把娃娃藏在布A下,然后让婴儿看着将它移到布B下时,他们会正确地在布B下寻找。但如果娃娃先被藏在布A下,然后不让婴儿看到,将它移到布B下(比如在转移时两块布部分叠盖在一起),这时婴儿就仍会错误地在A下寻找。1岁后的婴儿能跟踪注视物体位置的连续变换,他们能够正确地找到隐藏的物体,但是对没有实际看到的一些可能发生的动作依然没有概念。用皮亚杰的术语来说,就是婴儿还不能处理"看不见的转换"。

　　只有到了18个月以后,婴儿能够理解看到的和没有看到的转换,并在最后一个隐藏地点寻找没有亲眼看到藏起来的东西。这时,婴儿的思维就真正发展到"眼不见，心却能想"的阶段。

启示：父母可以在婴幼儿发展的早期经常与他们玩"躲猫猫"的游戏，可以是玩具躲猫猫，也可以玩成人与孩子相互躲猫猫的游戏，在游戏中要提示孩子关注玩具放置（或人躲藏）的不同位置，这样的游戏有利于婴幼儿短暂性记忆的发展。

2. 前运算阶段（2—7岁）

运算是指内部化的智力或者操作。这一阶段的儿童能够将上一阶段获得的感觉运动行为模式内化为表象，具有了符号的功能，他们的认知可以和动作分离，形成和使用字词、手势、标记、想象等符号功能。这一阶段的儿童具有"泛灵论"，即他们认为外界所有的事物都是有生命的，比如他们可能会说"椅子怕疼"之类的话。而且他们不能从不同的角度看问题，认为所有人都跟自己有同样的感受，表现为自我中心化。他们的思维具有相对具体性，不能进行抽象的思维运算，并且思维是一维的和单向的，还不能同时考虑几个维度，也还没有逆向思维，也就是说思维具有刻板性和不可逆性。与此相联系，这个阶段的儿童尚未获得守恒的概念，比如说把水从一个短而粗的杯子里倒进另一个高而细的杯子，小孩认为水变多了，因为看起来水位上升了。

3. 具体运算阶段（7—11岁）

处于这一阶段的儿童认知结构已发生了重组和改善，思维具有一定的弹性，能根据具体经验思维解决问题，但这一时期儿童的思维仍需要具体事物的支持，还不能进行抽象思维。这一阶段的儿童能理解可逆性的道理，具有一定的守恒性。根据皮亚杰的观点，一个儿童解决守恒问题的能力依赖于对这三个基本原理的理解：同一性、补偿性和可逆性。比如把水从一个短而粗的杯子倒进一个高而细的杯子里，如果儿童说水没有增加也没有减少，还是原来的水，跟原来一样多，这就是掌握了同一性的概念；如果儿童说后来那个杯子虽然看起来水位高一些，但是那个杯子细一些，水还是一样多，这就是补偿性的思维；同样那个例子，如果儿童说再把高而细的杯子里的水倒回去，就跟原来一样多了，这就是可逆性的思维。这个时期的儿童"自我中心化"程度降低，提高了与人沟通的能力。

4. 形式运算阶段（11—15岁）

这一阶段又叫命题运算阶段，这时儿童的思维已经可以脱离具体的事物，使形式从内容中解脱出来，进入形式运算阶段。本阶段儿童的思维是以命题的形式进行的，并能发现命题之间的关系；能根据逻辑推理、归纳和演绎来解决问题，其思维水平已接近成人水平。这个阶段的儿童思维的一个重要特征是可以运用假设演绎推理。另一个特征是青春期自我中心,与低龄儿童不同,这时期的青少年不否认他人有不同的感知和信念,但他们会非常关注自己的观点。本阶段的儿童不再刻板地恪守规则,并且常常由于规则与事实不服而违抗规则。

(四)皮亚杰的认知发展理论在教学上的应用

皮亚杰从发生认识论的观点出发,研究了人类个体的心理起源和心理发展。他关于认知发展的连续性和阶段性的理论,向人们展示了一个丰富、复杂而又有规律的儿童心理发展世界,总结了儿童认知发展的一般模式,为教育工作者更好地了解儿童、促进儿童认知发展提供了理论依据。首先,他的认知发展理论在揭示个体心理发展规律的同时,也证实了儿童心智发展的主动性和内发性,肯定了包括教育在内的社会环境因素在个体心理发展中的作用,对教育具有重要意义。其次,皮亚杰关于认知发展阶段的划分不是根据个体的实际年龄,而是按照其认知发展的差异,因此在实际教学中具有了一般性。再次,根据皮亚杰的认知发展理论,不同认知发展阶段的儿童年龄差异较大,即使处于同一阶段的儿童,年龄差异也可能很大,这为教育实践中的因材施教提供了理论依据。教育工作者应该观察儿童解决问题的思维过程,正确判断儿童所处的思维发展水平,调整相应的教学,使之与学生的水平相适应。

▇ 案例分析

案例1:开学第一周,琼斯先生试图教授一年级的学生在课堂上应该怎样做。他说:"当我提问时,你应该举起右手,我将会叫你回答。你们能够像我这样举起右手吗?"二十双手举起来了,但都是左手。

案例2:刘易斯女士所教的四年级学生对交家庭作业越来越漫不经心,为此,她决定在班上确立一条规矩。她对全班同学说:"本周不交家庭作业的同学将不能参加野营活动。"碰巧,一位女生的妈妈在那周生病住院。这位女生因为家中出现此事以及对母亲生病的担忧,有一份家庭作业没有完成。刘易斯向全班同学解释说,该女生没交家庭作业是个例外,因为她的妈妈病了。但是全班同学都不乐意,他们说:"规则就是这么定的。她没有交作业,所以不能参加野营。"

案例3:昆特女士教八年级的英语课。一天,刚上课时她就很兴奋地宣布:"我想告诉你们,咱们班出了一个诗人。弗兰克写了一首很美的诗,我想读给大家听听。"昆特女士朗读了那首诗,它的确很美。然而,昆特女士注意到弗兰克的脸红了,他看上去非常不安。班上有些同学在窃窃私语。后来,昆特女士问弗兰克是否愿意再写一首诗去参加全市的诗歌比赛,他说他再也

不想写了,因为他真的觉得自己在这方面并不擅长,并且也没有时间写。

问题

1. 案例 3 中的学生为什么有如此表现? 如果你是老师,该如何鼓励他?

2. 对比三个案例,解释哪个或哪些案例涉及行为的、认知的、社会的、道德的或者生理发展的两难困境,并具体描述这些困境。

解析

1. 案例 3 中的学生的表现与他所处的年龄阶段有关。按照皮亚杰的心理发展观,这个年龄段的孩子可以说具有"自我中心"的特点,见不得别人好,也就是说妒忌心强,对于出众的学生他们会表现出排挤的态度。这种环境(同学之间关系)给孩子的影响是比较大的,以至于弗兰克不愿承认他有专长。如果我是老师,我会私下鼓励他,或是争取帮他发表,因为嫉妒只发生在小的差距之间,大的或是悬殊的就会变成羡慕。再对学生们的认识加以引导,因为孩子是具有可塑性的。

2. 三个案例中依次讲了心理发展的不同阶段。不同阶段有不同的特征。皮亚杰的儿童认知发展理论要点是以发生学和发展的观点探讨人类认识的个体心理的起源和历史发展。认为儿童的认识是一步步发展起来的,并且知识的成长与智慧的成长是一个同步的过程。其基本理论要点有如下几点。

①儿童心理发展的先后次序是固定不变的,不能跨越也不能颠倒,所有的儿童都遵循这样的发展顺序,具有普遍性,但发展阶段出现的年龄可因儿童的社会环境、文化教育的差别而加速或推迟。

②儿童发展的每一个阶段中,都具有独特的认知结构,这些相对稳定的认知结构决定儿童行为的一般特征。儿童发展到某一阶段就能从事水平相同的各种性质的活动。

③认知结构的发展是一个连续构造的过程,每一个阶段都是前一阶段的延伸,是在新水平上对前一阶段进行改组而形成的新系统。皮亚杰关于儿童心理发展的理论,强调了儿童认识发展是一个积极主动的建构过程,教育要按照儿童的认知结构(智慧结构)来组织教材,调整教法,这些思想对儿童教育工作的理论与实践都具有积极的意义。

(注:结合皮亚杰的理论进行探讨和分析。)

二、维果斯基的认知发展观

维果斯基是 20 世纪最有影响力的心理学家之一,其思想自 20 世纪 60 年代传入西方后,备受西方学者的关注,其认知发展理论更是给西方教育思想带来了强有力的冲击。维果斯基主要研究儿童心理和教育心理,着重探讨思维与言语、教学与发展的关系问题。他和鲁利亚、列昂节夫一起从 20 世纪 20 年代开始研究人的高级心理机能的社会历史发生问题。后来形成了心理发展的社会文化—历史理论和社会文化—历史学派(又称维列鲁学派),维果斯基是这个学派的创始人。

(一)文化历史发展理论

维果斯基从种系和个体发展的角度分析了心理发展的实质,提出了文化历史发展理论,用以解释人类心理本质上与动物不同的那些高级心理机能。

维果斯基首先区分了两种心理机能,低级心理机能和高级心理机能。前者是从动物进化而来的,这是个体早期以直接的方式与外界相互作用时所表现出来的特征,如知觉的加工和自动化过程;后者是以符号系统为中介的心理机能,是历史发展的结果,如记忆的精细加工。高级心理机能是人特有的,它使得人类的心理在本质上区别于动物,它是在同周围的人交往过程中产生和发展起来的,受人类的历史文化所制约。

同时,维果斯基详细地论述了他对高级心理机能的社会起源和中介结构的看法。他认为,工具的使用引起了人的新的适应方式,即物质生产的间接方式,而不是像动物一样以身体的直接方式来适应自然。通过工具的使用,个体能够提供社会文化知识经验,这种经验的积累极大地促进了人类心理的发展。维果斯基将工具分为物质生产工具和精神生产工具。物质生产工具指向外部,引起客体的变化;精神生产工具指心理工具,即语言和符号系统,它指向内部,影响着人的心理结构和行为。

在此基础上,维果斯基提出了他的社会建构思想,认为人的思维和智力是在活动中发展起来的,是儿童与这种活动社会性相互作用、不断内化的结果。包括教学活动在内的儿童与他人的相互作用对儿童发展起着重要作用。儿童的认知发展与他人的交往分不开。他认为人的高级心理机能起源于社会的交往,是在社会的交互作用中发展起来的。

(二)心理发展观

维果斯基认为心理发展的实质就是一个人的心理在环境和教育的影响下,在低级心理机能的基础上,逐渐向高级心理机能转化的过程。从低级心理机能向高级心理机能转化的四个表现是:(1)心理活动的随意机能;(2)心理活动的抽象概括技能;(3)各种心理机能之间的关系不断地变化、组合,形成间接的、以词或符号为中介的心理结构;(4)心理活动的个性化。个性的形成是高级心理机能的重要标志,个性特点对其他心理机能的发展具有重要意义。

对于儿童心理发展的原因，维果斯基强调了三点：首先，心理机能的发展起源于社会文化历史的发展，受社会规律的制约；其次，从个体发展来看，儿童与成人交往过程中通过掌握高级心理机能的工具——语言、符号系统，在低级心理机能的基础上形成各种新质的心理机能；第三，高级心理机能是各种外部活动不断内化的结果。

(三)内化学说

内化是指外部的东西转化为内部的东西，把客体的东西转化为主体的东西。维果斯基认为高级心理机能来源于外部动作的内化，这种内化是通过教学、日常生活、游戏和劳动等形式来实现的。要完成这种内化，最关键的是掌握语言符号系统。儿童早期，还不能使用语言时，其心理活动是直接的、不随意的、低级的、自然的。掌握了语言这个工具以后，才转化为间接的、随意的、高级的、社会历史的心理机能。语言系统充当着媒介的作用，既为儿童表达自己的思想提供了可能性，也为儿童从成人那里学习提供了可能性。同时，维果斯基认为儿童的自言自语并不像皮亚杰说的是一种自我中心、认知不成熟的表现，而是儿童与自己交流，并借以指导自己行为的表现，随着儿童的成熟，这种喃喃自语逐渐发展为耳语、口唇动作、内部言语和思维，从而完成内化过程。

(四)最近发展区

关于教育与发展的关系，维果斯基提出了"最近发展区"。所谓最近发展区，是指儿童现有的独立解决问题的发展水平与在成人的帮助下可以达到的发展水平之间的差距。最近发展区为学生提供了发展的可能性，也为教师提供了教学的现实性。教学要取得良好的效果，必须考虑儿童的现有发展水平，并且要走在发展的前面。

图 2-2 最近发展区示意图

维果斯基的"最近发展区"理论告诉我们，教学不能只适应学生的"现有发展水平"，走在学生发展的后面，而应适应学生"可能的发展水平"，走在学生发展的前面，从而使学生达到新的发展水平。因此，教师的教学要求，既不能迁就，也不要拔苗助长，而要让学生"跳一跳，摘得到"。

教育的作用表现在两个方面,它一方面可以决定儿童发展的内容、水平和速度等,另一方面也可以创造最近发展区。因为儿童两种水平之间的差距是动态的,它取决于教学如何帮助儿童掌握知识并促进其内化。教学就是要不断地把学生的潜在发展水平变成实际的发展水平,同时不断地创造新的发展区,提出更高的要求,从而促进儿童的心理发展。

(五)维果斯基的发展理论在教学中的应用

维果斯基的思想体系是当今建构主义发展的重要基石,引导建构主义者对学习和教育进行了大量的理论建设和实际探索,启发了一些重要的理论概念和教学模式。

1. 支架式教学

支架式教学首先肯定了学习是一个主动的过程。儿童原有的经验和发展水平是学习的基础。同时,为了保证学习的有效性,教育者必须参与到儿童的学习中去,不断提出挑战性的任务和提供必要的支持,激发起儿童心理机能的运作和转化。这种教学方式的要点在于:强调在教师指导的情况下,学生发现活动;其次,教师指导的成分逐渐减少,最终要使学生独立发现,将监控学习和探索的责任由教师转移到学生。有效的支架式教学包括以下几个环节:①预热,这是教学的开始阶段,将学生引入一定的问题情景,并提供可能获得的工具;②探索,首先由教师为学生确立目标,引发情景的各种可能性,让学生进行探索尝试,这时的目标可能是开放的,但教师会对探索的方向有很大的影响;③独立探索,即教师放手让学生自己决定探索的方向和问题,选择自己的方法,独立进行探索。

2. 交互式教学模式

维果斯基强调社会交往和教学支持在学生逐步发展技能过程中的作用,帕林卡萨和布朗据此开发了一种新的教学模式——交互式教学。交互式教学包括教师和学生小组之间的相互对话。最初教师示范所要完成的活动,然后,教师和学生轮流扮演教师。教师和学生之间相互作用的社会性关系是学习的重要因素。

3. 同伴合作模式

维果斯基的理论是合作学习的理论基础之一。同伴合作反映了集体行动的思想。当同伴合作完成一件任务时,他们分享到的社会交往可以起到教学指导的作用。

4. 认知学徒制

维果斯基强调社会交互与内化在儿童发展中的作用,这对认知学徒制的提出具有一定的影响。在学徒制中,新手与专家近距离地进行与工作有关的活动。学徒在他们的最近发展区中工作,遇到超出他们能力以外的工作任务时,专家会给他们分享一些重要的知识和方法,从而进一步提升自己的认知。

 走进课堂

维果斯基理论的应用

1. 提供一些学生只有在别人的帮助下才能完成的任务。

五年级老师给学生布置第一次研究论文任务,他知道必须给予一些指导学生才能完成。

2. 提供充分的支持或"支架",使学生能够顺利完成具有挑战性的任务。当他们比较熟练以后,逐渐撤除这种支持。

一个小学体育老师,开始上翻筋斗课时,她很慢地给学生演示怎么前翻和后翻,并指导学生完成正确的动作。学生熟练一些后,她就站在垫子后面,给学生言语反馈怎么改进动作。

3. 让学生以小组为单位,集体完成复杂和多面的任务。

一个中学艺术课老师,要求学生4~5人为一个小组,设计一个描述各种生态系统的大型壁画,如热带雨林、沙漠、草地、苔原等,以及生活在其中的动植物,要求学生在学校走廊的墙上完成这幅壁画。

4. 让学生参与自己文化中常见的成人活动。

一所高中发行了一张月度校报,包括新闻文章、社论、漫画、新闻通报、地方商业广告和分类广告等。学生假扮各种角色,包括记者、漫画家、商人、编辑、校对、摄影和发行人等。

(转引自:[美]珍妮·埃利斯·奥姆罗德.教育心理学[M].

龚少英,译.北京:中国人民大学出版社,2011.)

第三节　学生的个性和性别的发展

一、个性的发展

(一)个性的概念

"个性"一词最初来源于拉丁语"personal",开始是指舞台上的演员所戴的面具,观众可以根据演员所戴的面具来判断演员的个性特点,现代心理学借助这个词,来表示每个人在人生舞台上所扮演的角色。

个性就是一个人的整体精神面貌,即具有一定倾向性的心理特征的总和。"个性"一词具有广阔而丰富的内涵,是人们的心理倾向、心理过程、心理特征以及心理状态等综合形成的系统的心理结构。个性是一个系统,一般认为由三个子系统组成:个体倾向性,是推动人进行活动的动力系统,决定着人对周围世界认识和态度的选择和倾向,决定着人追求什么;个性心理特征,是个体在其心理活动中经常地、稳定地表现出来的特征,主要是指人的能力、气质和性格;自我意识,指自己对所有属于自己身心状况的意识,包括自我认识、自我体验、自我调控等方面,如自尊心、自信心等。

(二)个性发展理论

1. 弗洛伊德的人格发展理论

精神分析理论是奥地利精神病学家弗洛伊德于 19 世纪末 20 世纪初提出来的,并迅速成为一个具有广泛影响力的学说。弗洛伊德认为人所有行为的根本动力是性本能,并提出人的本能有生的本能和死的本能两大类。他认为人格结构由本我、自我、超我三部分组成,本我处于生物水平,包括内驱力和反射,由原始的欲望和冲动构成,遵循快乐的原则;自我从本我进化而来,开始根据环境的现实性来限制基本冲动,按照现实的原则来满足个体的需要和冲动;超我以公认的道德标准来指导自我限制本我的冲动,遵循着道德原则。本我、自我、超我三者的关系决定个体人格的基本面貌,一个人在正常情况下,这三者处于相互平衡的状态。

弗洛伊德的发展观认为,人的一切行为受力比多的支配,根据不同时期力比多在身体所在区域的不同将人的发展分为口唇期、肛门期、性器期、潜伏期和生殖期五个时期。他认为每一个发展阶段都存在着可能引起冲突和矛盾的来源,如果能顺利解决这些矛盾,个体会从成功走向成熟,否则,会对个体的人格造成久远的消极影响。

(1)口唇期(0—1 岁)

这一阶段的性感区域是口、唇和舌。婴儿通过吮吸、咀嚼等动作或行为来获得快感、寻求乐趣。成人断奶的要求和儿童吮吸的需要之间的矛盾是本阶段的主要冲突。这一阶段发展不良或者冲突未能很好地解决的儿童可能会发展为口部类型的人,表现为不成熟、过分依赖他人。

(2)肛门期(1—3 岁)

这个时期的性感区域是肛门,排便会给儿童带来快感,本阶段的冲突来源于便溺训练造成的儿童与父母的冲突。这种冲突可能造成两种类型的人格:一种被称为肛门排泄型人格,其特征是敌意的、桀骜不驯的并难以与上级相处,生活无条理;一种被称为肛门便秘型人格,表现为过分遵守法规和呆板的常规,有强迫性的倾向和小气、吝啬的特点。

（3）性器期（3—6岁）

这一阶段的儿童通过把玩生殖器来获得快感。冲突的来源是男孩的恋母情结和女孩的恋父情结。恋母情结表现为男孩爱恋自己的母亲而敌视自己的父亲,由于害怕受到惩罚而产生一种"阉割焦虑",于是转而模仿自己的父亲。女孩的情况与之相反。这种冲突的结果之一就是形成被同性父母所赞同的价值观并内化为超我。冲突的不良后果就是可能产生成年期的性无能、性冷淡或同性恋以及处理人际关系方面的无能为力等。

（4）潜伏期（6—11岁）

本阶段儿童的性冲动处于潜伏状态,弗洛伊德认为这是潜意识中压抑、嫉妒和不安的结果。这一阶段的儿童没有明显的性感区,进入学校,男女界限分明,对性缺乏兴趣。

（5）生殖期（青少年期）

本阶段的儿童进入青春期。潜伏期被压抑的恋父恋母情结这时转移到了同龄异性身上,表现为对异性充满好奇,乐于寻求与他人建立长期的异性关系。

2. 埃里克森的心理社会发展理论

埃里克森把人的心理发展看做是一个经过一系列阶段的过程,每一个阶段都有其特殊的目标、任务和冲突。各个阶段相互依存,后一个阶段发展任务的完成依赖于早期冲突的解决。他认为每一个阶段发展中,个体均面临一个发展危机,每一个危机都涉及一个积极的选择与一个潜在的消极选择之间的冲突。个体解决每一个危机的方式对个体的自我概念以及社会观有着深远的影响。早期阶段中问题的不良解决所造成的损失,可能会在后期的阶段中得到修正,但却往往会对个体一生的发展造成间接而深远的影响。埃里克森把人的心理发展分为8个阶段。

（1）信任对怀疑（0—1.5岁）

此阶段的发展任务是获得基本信任感,克服基本不信任感。本阶段主要是满足生理上的需要,家庭以母亲为中心按社会文化要求组成育儿方式,使婴儿获得舒适及安全的感觉。如果此时缺乏来自护理者的爱抚,或照料无规律,那么婴儿就会产生基本不信任感及不安全感。

（2）自主对羞怯（1.5—3岁）

此阶段的发展任务是获得自主感,克服羞怯和疑虑感,体验意志的实现。由于在此期间肌肉和神经系统具有了更大的整合能力,而增强了自我力量。这期间明智的父母对儿童的行为要注意掌握分寸,既要给予其自主权,让儿童去做他力所能及的事情,另一方面也要有所控制。这样才能养成儿童宽容和自尊的性格。此阶段发展任务的解决可为今后儿童的遵纪守法做好准备。

(3)主动感对内疚感(3—6、7岁)

这一阶段的发展任务是获得主动感和克服内疚感,体验着目的的实现。这阶段由于知觉和肌肉运动更加精确化,加上语言能力的增进,大大激发了儿童的独立性。本阶段儿童有更多的自由,社会也向他们提出了行动要有主动性和目的性的要求。此阶段儿童的社会关系已从家庭中的三角关系(儿童、父母)扩充到社会同伴中去。儿童在游戏中扮演各种角色,模仿成人的社会生活,从而使他们的心理得到发展。

(4)勤奋感对自卑感(6、7—12岁)

此阶段的发展任务是获得勤奋感和克服自卑感,体验着能力的实现。此阶段儿童开始意识到进入社会,意识到社会赋予他并期望他完成社会任务,也必须勤奋学习以期在学业上有所成就。此阶段影响儿童心理发展的主要因素也由家庭父母转向同伴、学校及其他社会组织。

(5)角色同一性对角色混乱(12—18岁)

此阶段的发展任务是获得同一感和克服角色的混乱,体验着忠诚的实现。如果此阶段不能很好地解决自我同一性,则产生角色的混乱或消极的同一性,即个体不能正确选择适应社会环境的生活角色,或形成了与社会要求相背离的以及社会不予认可的角色。这一阶段是青少年追求性别、职业、信念和理想等方面同一性的标准化时期。如果个体在这一时期把这些方面很好地整合起来,他所想的和所做的与他的角色概念相符合,个体便获得了较好的角色同一性。埃里克森也注意到前期各个阶段冲突的健康解决会成为本时期的良好基础,这样有助于个体更自信地面对各种选择,从而使个体成功地获得角色同一性。

(6)友爱亲密对孤独(18—30岁)

这一个阶段发展任务是获得亲密感以避免孤独感,体验着爱情的实现。埃里克森认为这时青年男女已具备能力并自愿准备着去开始相互信任、工作调节、生儿育女和文化娱乐等生活,以期最充分而满意地进入社会。这时,需要在自我同一性的巩固基础上获得共享的同一性,才能导致美满的婚姻而得到亲密感,但由于寻找配偶包含着偶然因素,所以也孕育着害怕独身生活的孤独之感。埃里克森认为,发展亲密感对是否能满意地进入社会有重要作用。

(7)繁殖对停滞(30—60岁)

这一阶段主要为获得繁殖感而避免停滞感,体验着关怀的实现。这时男女建立家庭,他们的兴趣扩展到下一代。这里的繁殖不仅指个人的生殖力,主要是指关心建立和指导下一代成长的需要,因此,有人即使没有自己的孩子,也能达到一种繁殖感。缺乏这种体验的人会倒退到一种假亲密的需要,沉浸于自己的天地之中,只一心专注于自己而产生停滞之感。

(8)完美无憾对悲观绝望(60岁以后)

这一阶段主要为获得完善感,避免失望、厌倦感,体验着智慧的实现。个体的发展受前面几个阶段发展的影响很大,如果前几个阶段发展顺利,则在这一个时期巩固自己的自我感受并完全接受自我,接受自己不可替代的作用,意味着个体获得了自我完满感;相反,没有获得完满感的个体将陷入绝望,因而害怕死亡。

埃里克森的发展理论对心理学研究及教育实践都有着较大的启发意义。第一,埃里克森注重文化和社会因素对人的发展的作用。他不仅考虑了自我概念的出现、同一性的获得,而且强调了个体一生中与他人的相互作用对个体发展的制约作用,并具体阐述了性格、兴趣、动机等带有社会性内容的人格特征在社会背景中的产生和发展。第二,他还从整体上,从个体心理发展的各个层面及其相互关系上,考察了人的社会性发展和道德等的形成发展,而不是孤立地去看待它们的发展历程。第三,心理社会发展理论阐释了个体从一出生到青年期、中年期、老年期等一生的发展,体现了研究人的终生发展观念,比较符合人的发展实际,也是最早研究人的一生发展的心理学家。但是受弗洛伊德的影响,其理论过于强调本能,相对忽视人的意识、理智等高级心理过程发挥的作用;他把许多社会问题如人的人生目标的选择等归结为心理发展过程的某一特殊阶段的心理任务与危机,是否恰当;此外,其发展阶段的划分以及每一阶段的主要矛盾是否合理,都是引起争论和深入研究的焦点。

(三)自我意识及其发展

1. 自我意识

个性的核心是自我意识的发展。自我意识是指个体对自己以及自己和周围人的关系的认识。自我意识一般包括两个方面,即主我和客我。主我是指对自己身心活动的觉察,比如自我的性格、能力和行为等;客我是指被觉察到的我。自我意识由自我认识、自我体验和自我控制三个部分组成。

自我认识是主体我对客体我的认知和评价。自我认识是个体对自己身心特征的认识,自我评价是在此基础上形成的判断。在认知过程中,个体不断地调节对自身的认识和评价,个体的需要、动机等也伴随其中。

自我体验是个体对自己产生的态度和体验,如自信、自尊、满足感、自豪感和自卑感等。其中自尊是最主要的一个方面。教学中,教师对学生的反馈对学生的自尊有重要的影响,不要伤及学生的自尊。

自我控制是个体对自身行为和心理活动自觉而有目的的调整和控制。自我控制包括激发作用和抑制作用两个方面。激发作用是指驱动自己去从事某项活动,抑制作用是指根据实际情形控制自己的言语和行为。

2. 自我意识的形成与发展

自我意识是个体在机体生长发育,特别是脑机能的成熟过程中,通过个体的社会化而形成与发展起来的。有研究表明,自我意识形成与发展经历了三个阶段:一是生理的自我;二是心理的自我;三是社会的自我。

新生儿不具有自我意识。婴儿最初能辨认客体的属性,而后才逐渐认识自己。一岁前的儿童全然意识不到自己的存在,更不能分辨主客体的区别。他们经常摆弄自己的手指,并把它们放进嘴里吮吸,但并不知道手指是自己身体的一部分,而把它们当做玩具。

一岁左右的婴儿,才开始把自己的动作和动作的对象加以区别,意识到自己的手指与脚趾是自己身体的一部分,这是自我意识的最初级形态。

一岁半左右的儿童,从成人那里学会使用自己的名字,表明他们能把自己和别人相区别。儿童会使用自己的名字,是自我意识发展中的巨大飞跃。

两岁以后的儿童,在语言学习中掌握了代词"我""我的",由此实现了自我意识发展的又一次飞跃,即从把自己看做是客体转变为把自己当做主体来认识。这标志着他们真正的自我意识的出现。

幼儿期儿童的自我意识发展主要表现在自我评价、自我体验、自我控制能力的发展上,其中以自我评价为主导标志。

童年期儿童随着年龄的增长、认识能力的提高,自我评价出现了新的飞跃,乃至以后进入少年期、青年期,自我意识内容不断丰富,形式也日益复杂,直至达到成人的成熟的自我意识水平。

二、性别的发展

(一)性别的概念

1. 性

性是指男女在生物学或解剖学上的差异,是生理上的差异,这是由遗传、内分泌和基因等生物因素决定的。

2. 性别

性别是指人格特征方面的差异,或者说是男女在心理上、社会上的差异,男性特质和女性特质指的就是这种性别上的差异。

性与性别的最大差异在于,前者是以生物学为基础,是与生俱来的生理性别;后者则指男女两性在行为及性格上的差异,大多数是由于社会化的历程及旁人的期望而得来的。简而言之,性与性别的差异就像先天与后天、自然与人文的差异。

3.性别角色

性别角色是指社会对男女的态度、价值观和行为方式方面的期待,它是以文化为背景的,社会认可或接纳男性或女性应表现的行为模式。由于生物的"性"的不同,社会对其期待也不同,男女会出现思维方式与行为方式的差异,这是社会化的结果。

(二)性别角色发展的理论

1.性别角色发展理论的生物取向

生物论者认为性别角色的差异是由基因及生物的程序决定的。不可否认,男女不仅在生理结构上有差异,同时在生殖作用上也扮演着不同的角色。此外,进化论者认为每一物种的成员与生俱来有一些"生物决定"的特质与行为,这些特质与行为来自进化及生物适应的结果。

2.性别角色发展理论的精神分析取向

弗洛伊德认为性别角色的发展是小孩对于同性父母认同的结果,而这种认同是恋母或者恋父情结的结果。比如,男孩对自己的母亲有强烈的占有欲,但害怕父亲的权力,进而产生阉割焦虑,这个时候男孩就开始认同自己的父亲以消除恋母情结。在这个过程中,男孩将以父亲为代表的男性的行为、观念等内化为自己超我的一部分,从而获得自己的性别角色。

3.性别角色发展理论的社会化取向

社会学习理论强调观察、学习、模仿等社会化的学习过程是性别角色发展的主要途径。儿童通过观察同性楷模,如父母、手足、教师和同伴等的行为模式,进而模仿,从而习得相应的性别行为。根据社会学习理论,权威形象的力量是促使儿童模仿的原因之一。在两性角色的学习过程中,儿童模仿与自己同性别的成人的活动,就会获得成人的赞同,得到强化,反之,模仿异性成人的行为时,则会遭到反对,这样久而久之,儿童就获得了社会所期望的相应的性别角色。

(三)性别角色发展理论的认知取向

该理论的代表人物是科尔伯格,他认为,儿童的基本的性别角色认同是在发展初期产生的男女自身认同的结果,其性别恒常性对认识与了解性别起着组织和调节作用。性别恒常性是指对基于生物属性的不变特征的永久性认知,它不依赖于一些表面特征,不会随着人的发型、衣着、活动的变化而变化。儿童性别恒常性的获得分为三个阶段。

性别同一性阶段(2—3岁):儿童能够正确标识自己的性别,认识他人的性别。

性别稳定性阶段(4—5岁):此时儿童知道性别不会随时间的改变而改变,认识到性别是固定的特质,现在是什么性别,长大后也是什么性别。

性别一致性阶段(5—7岁):这个阶段的儿童认识到性别不会随着外在条件(服装、发饰、参与活动、肤色等)的变化而变化,一个人的性别是恒定的。

(四)性别教育

1. 性别角色教育

(1)童年早期的性别认同教育

性别认同是指对自身性别的认识和接纳,理解性别的恒常性,做一个符合自己的性别期望的人。许多成年人的性变态,如同性恋、异性服装癖、异性别癖等性心理和行为异常,与个体童年时性别认同发生混乱有直接或间接的联系。因此,对个体进行科学的性别认同教育成为性别教育不可缺少的一部分。由于幼儿时期是儿童获得性别认同的关键时期,在一定程度上会影响他们的一生,因此幼儿活动教育中要表现出合理的性别取向。由于成人的性别行为会给孩子提供模仿的榜样,因此,幼儿教师既要有女教师还要有男教师,这样让不同性别的儿童都有认同的对象,有利于他们性别认同的发展。

(2)双性化教育

双性化人格是指同一个人身上既有明显的男性人格特征,又有明显的女性人格特征,兼有强悍和温柔、果断和细致等性格,根据情况需要而做出不同的表现。按照荣格的原型理论,人,不管是女性还是男性,他们身上都潜伏着一个异性形象。"阿尼姆斯"是女性心灵的男性的一面,而"阿尼玛"则是男性心灵中的女性一面。在发挥好本性别的优势的情况下适当表现出异性的特质,对于更好地适应社会有积极影响。因此在家庭教育中,家长要消除性别刻板印象的束缚,帮助孩子了解传统性别角色的优缺点,进一步加强双性化教育。

2. 性别平等意识教育

性别平等意识教育并不是指盲目地追求男女一切机会平等或者说所有事物都平等对待,而是在理解男女已有的性别差异的基础上,消除性别歧视,促进性别地位的实质平等。它包括两个方面:一方面希望不同性别的个体通过教育可以公平地发展潜能,不因生理、心理、社会及文化上的性别因素而受到限制,促进不同性别个体在社会上享受机会均等;另一方面,希望通过教育发现生活中存在的性别问题,以促进不同性别的理解和包容,通过相同的潜能发展机会培养相互尊重的性别态度,进而构建理性和谐的多元社会。

在家庭教育中,父母首先要对不同性别的价值持有科学、客观的态度,拒绝重男轻女的性别歧视。父母在家庭中的地位也要平等,加强父亲在家庭教育中的作用,改变父亲在外挣钱养家、母亲在家照顾教育孩子的传统观念,营造两性平等的家庭氛围。

第四节 学生的道德和社会性发展

一、学生的道德发展

品德心理由道德认知、道德情感、道德行为组成,这三者相互联系、相互制约,在道德品质的培养中要兼顾,过分重视或忽视其中任何一项,都不能培养出完善的道德品质。

(一)道德认知

道德认知是对道德行为准则及其执行意义的认知,是将社会的道德要求转化为个人内在品质的首要环节,是道德品质形成的基础和前提。

1. 皮亚杰道德认知发展理论

皮亚杰采用对偶故事对儿童的道德发展进行了一系列的研究,并用认知发展的观点解释道德发展,为儿童道德发展提供了一套研究方法和一个理论框架。下面为对偶故事范例。

A:一个叫朱利安的男孩,觉得父亲的墨水瓶很好玩,趁父亲出去的时候,他拿着父亲的钢笔玩。后来,他将桌布弄上了一小块墨水渍。

B:一个叫奥古斯塔斯的小男孩,发现父亲的墨水瓶空了,在父亲外出的那一天,想帮父亲把墨水瓶灌满,这样父亲回来的时候就能用了。但在打开墨水瓶时,奥古斯塔斯将桌布弄上很大一块墨水渍。

问:①这两个孩子的过失是否相同? ②这两个孩子哪个更坏些? 为什么?

皮亚杰认为,儿童的道德发展是一个由他律向自律、由客观责任感逐渐向主观责任感转化的过程。根据公正观念的发展水平,儿童的道德发展分为四个阶段。

第一阶段为"自我中心阶段"或前道德阶段(2—5岁),该阶段儿童缺乏按规则来规范行为的自觉性,在亲子关系、同伴关系、价值判断等方面均表现出自我中心倾向。

第二阶段为"权威阶段"或他律道德阶段(6—7、8岁),该阶段儿童表现出对外在权威的绝对尊重和顺从,把权威确定的规则看做是绝对的、不可更改的,在评价自己和他人的行为时完全以权威的态度为依据。

第三阶段为"可逆性阶段"或初步自律道德阶段(8—10岁),该阶段儿童的思维具有了守恒性和可逆性,他们已经不把规则看成是一成不变的东西,逐渐从他律转入自律。

第四阶段为"公正阶段"或自律道德阶段(10—12岁),该阶段的儿童继可逆性之后,公正观念或正义感得到发展,儿童的道德观念倾向于主持公正、平等。

皮亚杰认为,儿童的道德发展源于主体(即儿童)与社会环境的积极的相互作用。他认为,儿童是自己道德观念的构造者,成人和权威的影响只有通过儿童自己的道德思维和道德活动才能发生作用。因此,皮亚杰强调儿童的自我管理和自我发展,充分发挥儿童自主性、能动性,以促进儿童道德观念发展。

在道德教育上,皮亚杰认为集体活动和自我管理活动既能促进学生思维的发展,又能利于协作活动的开展。从认知和社会关系两方面促进儿童自律道德发展,是符合心理学研究成果的道德教育方法。

2. 科尔伯格道德认知发展理论

在皮亚杰之后,科尔伯格继承并发展了皮亚杰的理论,提出了道德发展阶段论。他开创了道德两难故事法来研究道德发展问题。下面为两难故事举例——偷药的故事。

海因茨太太患癌症,这种可治药物只一家售卖,原价200美元,老板却提高到2000美元,海因茨先生凑了1000美元仍不行,海因茨先生在绝望中只好偷出来,救了太太的命。

问:海因茨先生是对还是错?该不该去偷?他是不是好丈夫?老板对不对?如果生病的不是他太太,海因茨先生会不会去偷?从法律看,从道德看,是对?还是错?

科尔伯格采用这样的道德两难故事法,测试了十几个不同国家大量的6、7岁至21岁的被试,发现尽管种族、文化、社会规范等各方面都不相同,但道德判断能力随年龄发展趋势却是一样的,他提出了三种水平六个阶段理论。

(1)前习俗水平

大约出现在幼儿园及小学中低年级。这一水平上的儿童遵守社会准则和道德要求,但尚未形成自己的主见,着眼于行动的结果及与自身的利害关系来判断是非。这一水平分为两个阶段。

阶段1,惩罚与服从的定向阶段。这个阶段的儿童认为凡是权威人物支持的就是好的,遭到他们批评的就是坏的。他们道德判断的理由为是否受到惩罚或服从权力。他们凭自己的水平做出避免惩罚和无条件服从权威的决定,而不考虑惩罚或权威背后的道德准则。

阶段2,工具性的相对主义的定向阶段。这一阶段儿童首先考虑的是准则是否符合自己的需要,有时也包括别人的需要,并初步考虑到人与人的关系,但人际关系常被看成是交易的关系。对自己有利的就好,不利的就不好。好坏以自己的利益为准。

(2)习俗水平

习俗水平是在小学中年级以上出现的,一直到青年、成年。这一水平上的儿童认识到团体的行为规范,愿意接受并付诸实践。这一水平分为两个阶段。

阶段3,人际关系的定向阶段或好孩子定向。这个阶段的儿童认为一个人的行为正确与否,主要看他是否为别人所喜爱,是否对别人有帮助或受别人称赞。

阶段4,维护权威或秩序的道德定向阶段。这一阶段的儿童意识到了普遍的社会秩序,强调服从法律,使社会秩序得以维持。儿童遵守不变的法则和尊重权威,并要求别人也遵守。

(3)后习俗水平

这一水平上的人们力求对正当而合适的道德价值和道德原则作出自己的解释,而不理会权威人士如何支持这些原则,只履行自己选择的道德准则。年龄上至少是青年期人格成熟以后,才能达到这一境界。这个水平是理想境界,成人也只有少数能达到。这个水平分为两个阶段。

阶段5,社会契约的定向阶段。在前一阶段,个人持严格维持法律与秩序的态度,刻板地遵守法律与社会秩序。而在本阶段,个人看待法律较为灵活,认识到法律、社会习俗仅是一种社会契约,是可以改变的,而不是固定不变的。一般说来,这一阶段是不违反大多数人的意愿和幸福的,但并不同意用单一的规则来衡量一个人的行为。道德判断灵活了,就可以从法律上、道义上较辩证地看待各种行为的是非善恶。

阶段6,普通的道德原则定向阶段。这个阶段个人有某种抽象的、超越某些刻板的法律条文的、较确定的概念。在判断道德行为时,不仅考虑到适合法律的道德准则,同时也考虑到未成文的有普遍意义的道德准则。道德判断已超越了某些规章制度,更多地考虑道德的本质,而非具体的准则。

科尔伯格的道德认知发展理论对教育具有一定的启示。第一,教师对儿童道德思维和行为水平的预期应符合儿童的年龄。学前和小学低年级儿童在判断别人的行为时主要是看结果,而不关心他们的意图。教师应该列举一些日常生活中的例子,如不小心洒落东西,或是在操场打架,告诉他们故意搞破坏和不小心搞破坏是不同的。小学高年级和初中生大多处于习俗道德水平,他们会愿意在班会上讨论、制定出班级内的"规则"。高中生则教师可以让他们思考是否存在普遍的道德原则。第二,教师在课上可以组织学生讨论两难问题,以帮助学生发展道德推理。第三,教师应该注意文化和性别对道德推理的影响。

(二)道德情感

道德情感是伴随着道德认知而产生的,是人的道德需要是否得到实现所产生的情感体验。道德情感是品德心理机构的动力机制,积极的道德情感促进品德的形成,而消极的道德情感阻碍品德的形成。

1. 精神分析学派对道德情感的研究

弗洛伊德认为儿童道德的发展与儿童早期跟父母感情的联结有密切关系。他认为儿童道德发展的过程是一个逐步内化的过程。父母其实在很早的时候就向儿童提出了社会化的要求。儿童将父母的批评和社会的批评内化成"良心"或超我。"良心"或超我代表了内化的父母,是相当严厉的、惩罚性的。因此,在精神分析学派看来,同时通过自居作用、自我惩罚、内疚等将父母的批评和社会的批评内化为"良心"或超我,帮助儿童在父母不在眼前时也能按道德规范行动,抵制外界的诱惑。此外,移情作用在儿童道德情感发展中也起着一定的作用,这是一种无意识的、有时十分强烈的对别人的情绪状态的体验。

2. 道德情感体验的形式

道德情感从表现形式上看,大体分为三种。

第一,直觉的情感体验。直觉的道德感是由具体情境引起的,以迅速产生为特点,对道德行为具有迅速定向的作用。比如,人们常由于莫名其妙的不安感或突如其来的耻辱感迅速制止和做出某种举动,而事后才意识到这种举动是由迅速感知到的危急情况引起的直觉的道德情感。

第二,想象的情感体验。这种体验与具体的道德形象相联系,通过形象思维发生作用的一种道德情感。如儿童看一本小说或一部电影后,小说或电影中的人物会引起儿童情感共鸣,产生强烈的情感体验,使之毕生难忘而成为产生道德行为的强大动力。

第三,伦理的情感体验。这是一种以清楚地意识到道德观念和道德理论为中介的情感,它具有较大的自觉性与概括性。它还具有稳定性、深刻性和持久性等特点,是最高形式的道德情感。例如爱国主义情感就属于这一类形式,它是在爱父母、爱家乡、爱母校、爱国旗、爱领袖、爱祖国的文化历史和山川地理、爱党、爱人民,以及对工作的高度责任感等情感的基础上逐渐形成起来的,是最概括的道德情感。在这种情感中不仅包括许多较具体的情感,而且个人的道德经验还同理性认识结合在一起,对道德要求及其意义有深刻的认识,意识到道德观念、道德理论的情感体验是一种自觉性较高的情感体验。

3. 道德情感的培养

道德情感的培养,既应注意提高学生的道德认知,丰富其道德观念,又要注意充分利用艺术作品、文艺形象等,还要把它们结合起来,要在学生具体情感的基础上不断概括、深化,使具体的情感上升到高级的与道德理论相联系的情感。例如,培养学生的爱国主义精神,如果仅仅停留在爱家乡、爱学校、爱老师、爱同学等具体的情感上,那么不仅爱国主义情感很难培养起来,而且还会滋长温情主义等狭隘情绪,这是我们应该避免的。为了发展学生的道德情绪,既要注意到其广度的发展,同时也应注意到其深度的发展,在这里,提高学生的道德理论水平具有特别重要的意义。

其次,教师应该注意培养学生善于控制自己的情绪,要注意在培养品德时所出现的情感障碍,并设法加以消除。为了帮助学生学会调节自己的情感,应该考虑到以下几点:①不要采取简单禁止的方法,而要进行耐心的说服教育,改变学生产生的消极情感的观念和概念;②应尽量避免猜测,因为这样会引起学生的消极情感反应(如冷漠、无原则敌意与怀恨等);③积极利用积极情感对抗消极情感;④要让学生学会预见情感表现的后果,从而预防不恰当情感的产生。

(三)道德行为

道德行为是道德认知和道德情感的集中体现,是个体面对一定的道德情景时,充分调动自己的道德认知并产生强烈的道德情感,经过内心的冲突和外部影响做出来的。它是衡量道德品质的客观标志。

1. 班杜拉与社会学习理论

班杜拉对品德问题的基本观点是,道德行为的决定因素是环境、社会文化关系以及各种客观条件、榜样和强化等。他认为只要利用一定的条件与方法,奖励学生的适当行为,就有助于学生良好行为的形成与发展。他主要采取实验法来研究品德的形成问题。

(1)抗拒诱惑

抗拒诱惑是社会学习理论的基本概念。抗拒诱惑就是在具有诱惑力的情况下,个体能根据社会规范的禁忌,对自己的愿望、冲动等行为倾向有所抑制,使自己在行为上不做出违反社会规范的行为。经典实验就是:在实验室中放置许多对被试具有相当诱惑力的东西(如玩具),但告知他们不能动、不能看。然后让被试单独或多个留在实验室,主试通过单向玻璃观察被试反应。

(2)赏罚控制

运用赏罚的办法培养品德,当道德行为合于预期标准的行为时,给予奖赏,以期同样情景重现时,再出现同样的行为;当道德行为不合于预期标准的行为时,给予惩罚,以使学生从害怕惩罚而学习到逃避惩罚,从而建立道德。

(3)榜样学习的实验

榜样学习的真正意义在于在儿童生活的环境中,对他产生影响力最大的人所表现的以身作则的"身教"的作用。有些行为也可以通过榜样学习而养成。

2.道德行为的培养

在道德行为训练过程中,我们着重注意两个问题:①增强道德意志,抗拒诱惑;②道德行为习惯的养成和坏习惯的消除。

二、学生的社会性发展

个人发展是与自身有关的个体的发展,社会性发展涉及的是自身与他人的关系以及随着时间的推移这种关系的变化。因此学生的心理发展,不仅是指道德发展,还包括社会性发展,但由于社会性发展极其复杂,因此至今尚无一个理论能够合理而全面地解释人的社会化过程。

(一)埃里克森的心理社会发展理论

埃里克森(E. H. Erikson)1902年出生于德国,在奥地利受到精神分析学派的训练,后定居美国,是美国现代著名的精神分析理论家。

埃里克森的心理社会发展理论注重文化社会因素对人的发展的作用,他把人的心理发展分为信任对怀疑(0—1.5岁)、自主对羞怯(1.5—3岁)、主动感对内疚感(3—6、7岁)、勤奋感对自卑感(6、7—12岁)、角色同一性对角色混乱(12—18岁)、友爱亲密对孤独(18—30岁)、繁殖对停滞(30—60岁)和完美无憾对悲观绝望(60岁以后)八个阶段。埃里克森的心理社会发展理论的具体内容在本章第二节已涉及。

埃里克森的心理社会发展理论对心理学研究和教育实践有重要的启发意义。首先,从理论上探讨了文化和社会因素对人发展的作用,同时从个体心理发展的各个层面和相互关系中考察人的社会性发展和道德等的形成和发展,而不是独立地看待它们的发展历程;其次,他还提出了个体发展阶段中的具体发展任务和需要解决的危机,有助于教育工作者了解教育对象,采取相应的教育指导,帮助受教育者顺利发展。

(二)依恋、友谊和游戏

在学生的社会性发展过程中,家庭、同伴和教师起着最重要的作用。

1. 依恋

约翰·鲍比(John Bowlby)早期的研究表明,婴儿对母亲的依恋对儿童发展有长期的影响。安思沃斯(Ainsworth)通过陌生环境研究方法,即根据婴儿在陌生环境中的不同反应,将婴儿的依恋类型分为回避型、安全型和反抗型三类依恋类型。

母亲和婴儿在一起,一个陌生人走进来,并与婴儿一起玩耍。然后母亲走开了,并且婴儿也注意到母亲离开了。最后母亲回来了。

第一种是回避型依恋。母亲离开时,婴儿并不表示反抗,很少有紧张、不安的表现;当母亲回来时,也往往不予理会,表示忽略而不是高兴,自己玩自己的。有时也会欢迎母亲回来,但时间非常短暂。因此,实际上这类婴儿对母亲并未形成特别密切的感情联结,所以,有人也把这类婴儿称作无依恋婴儿。这类婴儿约占 20%～25%。

第二种是安全型依恋。在母亲离开后会苦恼和不安,当母亲回来时,婴儿会立即寻找与母亲的接触,对重新见到母亲感到非常高兴。这类婴儿约占 65%。

第三种是反抗型依恋。这种依恋是矛盾的,即寻求与母亲的接触,又反对母亲的爱抚。如当母亲回来时,婴儿会朝母亲跑去,但是母亲要抱他时,婴儿又会生气、拒绝。这类婴儿约占 12%。

 走进课堂

在你的个人关系中,你认为小时候你与重要他人的依恋类型是哪一种?

提示答案不一。与教师、朋友或父亲等的关系都是婴儿时期所形成的依恋类型的折射。

2. 友谊和游戏

儿童社会发展的一个重要方面就是游戏,包括儿童自己玩游戏和与伙伴一起玩游戏。儿童之间的相互影响正是在游戏的过程中产生的。

本章小结

学生的心理发展过程是人的心理发展的重要组成部分,教师必须了解学生的心理发展过程,并能将之灵活地运用到实践教学中。

布朗芬布伦纳提出了著名的人类心理发展生态理论,将人的发展放在环境和具体的社会背景中研究,环境和人的内部力量交互作用影响人的心理发展。皮亚杰从认识发生和发展的角度研究儿童心理,提出了儿童认识发展理论,阐释了儿童心理的发展结构、影响因素和发展阶段,对教育产生了巨大影响。维果斯基在前人理论基础上做了进一步研究,着重研究人的高级心理机能,提出了社会文化—历史理论。维果斯基的心理发展观、内化学说和最近发展区等观念对教育产生了重大影响。

精神分析理论是由弗洛伊德提出的,是一个具有广泛影响力的学说。弗洛伊德将学生的个性发展分为口唇期、肛门期、性器期、潜伏期和生殖期五个阶段。埃里克森则提出了八阶段的心理社会发展理论。

随着社会生活中各种不良问题的出现,对道德的培养和发展越来越受到人们的重视。然而在很早之前就有很多心理学家对道德提出了比较成熟的理论。如皮亚杰通过对偶故事研究提出了道德认知发展理论,科尔伯格通过两难故事提出了三种水平、六个阶段理论,精神分析学派对"良心"或超我也有独到研究。

思考与练习

1. 简述布朗芬布伦纳的生态系统理论。
2. 简述维果斯基的最近发展区理论及其教学启示。
3. 怎样理解皮亚杰认知理论中的同化和顺应两个概念?
4. 简述皮亚杰认知发展阶段理论。
5. 简述弗洛伊德的人格发展理论。
6. 简述埃里克森的心理社会发展理论。
7. 什么是对偶故事研究和两难故事研究?
8. 简述科尔伯格的认知发展理论。

参考文献

[1]王光荣.维果茨基的认知发展理论及其对教育的影响[J],西北师范大学学报,2004(6):122-125.

[2]陈琦,刘儒德.教育心理学[M],北京:高等教育出版社,2005.

[3]高秀苹.生态系统理论的创始人——布朗芬布伦纳[J].大众心理学,2005(5).

[4]夏小燕.性别角色发展理论[J],黑龙江教育学院学报,2007(2):70-73.

[5]刘杰,孟慧敏.关于布朗芬布伦纳发展心理学生态系统理论[J],中国健康心理学杂志,2009(2):250-252.

[6]方勤华.皮亚杰认知发展理论及其对数学教学的启示[J],周口师范学院学报,

2009(5):154-156.

[7]王文,王国霞,赵莹.国外社会性别发展研究进展及对我国性别教育的启示[J],东北师范大学学报(哲学社会科学版),2009(5):232-235.

[8][美]珍妮·埃利斯·奥姆罗德.教育心理学[M].龚少英,译.北京:中国人民大学出版社,2011.

第三章 学生的群体和个体差异

学习目标

1. 明确性别差异的表现。
2. 了解社会经济差异与学生的学业成就、情绪、同伴关系、智力发展的关系。
3. 了解民族文化和语言差异、智力差异、价值观差异以及行为模式差异的关系。
4. 掌握智力差异的表现,理解几种典型的认知风格和学习风格。
5. 明确学生差异的多样性,帮助有特殊需要的学生。

曾教过一个学生,上课不爱发言,老师问他也不回答,每次的作业不是空白,就是乱涂。老师也很想拉他一把,所以经常在旁边指导,老师在时,作业还好些,老师一走,他就又开始不画或乱涂。一次偶然的机会,老师发现他在自己本子上画各种恐龙,非常漂亮。当时就想,他还是喜欢画画的,只是对美术的其他内容兴趣不高,兴趣比较单一。接下来一节美术课,一上课老师就给学生展示了许多恐龙的图片,在学生赞叹之后告诉他们:这些都是老师从动画片里给大家找来的恐龙图片,咱们班也有一个画恐龙的高手。接着就把他介绍给全班同学。面对全班同学,他的脸红了,在鼓励下他在黑板上画了一幅恐龙的图画,这张画让同学们震惊,大家对他的画发出赞叹的声音,那时老师看到他眼角闪过的自豪。下课后老师找他单独谈话,告诉他:光画好恐龙是不行的,美术中还有许多内容等着你去学习,老师相信你一定能够学得很好,还能在美术比赛中得奖呢。在以后的教学中,老师经常注意鼓励和表扬他,他也逐渐地喜欢上了美术课,也更爱动脑、更爱动手了。

在上面的个案中,那个"特殊"的小男孩着实显得格格不入,与众不同。然而,他亦是幸运的,因为,他这匹绘画领域中的"千里马",被慧眼识英才的"伯乐"老师给发现:扬其长处,带其不足……人的个体差异是客观存在的,教师在教学中必须正确对待个体差异、因材施教。在教学评价中不能以固定僵化的标准来衡量学生的作业,枯燥冰冷的分数会浇灭学生创造的火花,折断学生想象的翅膀。每个人的喜好不同,对学习的感悟也不同。因此教师在评价时要承认和维护学生在学习方面的个体差异,允许学生用自己独特的方式来表达,而教师,也应为学生的学习和自由发展创造宽松的环境。

在教学中,教师应充分尊重学生的个人体验,肯定每个学生的表达方式,使每个学生都对自己充满了信心。对学习有困难的学生,适当降低评价标准,对学习优秀的学生,鼓励他们挖掘自己的潜力,同时引导学生从纵向的角度来比较自己的变化,发现自己的优点。通过评价,可以更好地促进学生的发展。

第一节　群体差异

　　学生的群体差异是教师在教育过程中要面对的一个重要问题。在学校环境中,学生的群体差异主要表现在性别差异、社会经济差异、种族与文化差异、认知差异等方面,而这些差异直接或间接地影响着教师进行教育活动的效果。

一、性别差异

　　女性和男性是不同的,不论是在外显方面还是内隐方面。男学生和女学生同样也是不同的,我们常说"男女有别",这不仅仅是指男生与女生在生理上不同,在学习过程中也是有差别的。

(一)性别差异的表现

1. 运动表现的性别差异

　　从整体上看,男孩在跑步、投掷和跳高等方面的运动技能普遍超过女孩。在小学阶段,这种差异还不是很大,进入中学后就变得很明显了。活动水平也是男女生在运动领域中存在的一个客观差异。

2. 认知能力的性别差异

　　研究发现,男性与女性在认知能力的一些特定领域存在差异。在语言能力方面,女性的语言能力整体上比男性强;在感知能力方面,男性的视觉能力特别是空间视觉能力明显优于女性,男性比较倾向于与空间能力密切相关的领域;在记忆能力方面,男性的理解记忆与抽象记忆较强,女性的机械记忆和形象记忆较强;在学习动机上,女生比较看重自己在学校的表现和成绩分数,学习起来更加努力,而且把精力更多地放在阅读、文学、艺术等通常被认为是女性占优势的方面,男生则在通常认为男性占优势的领域(如数学、科学、操作技能)中下工夫。

　　在成败归因上,男孩倾向于把成功归结为个人能力(如智力与天赋),把失败归结为努力不够。相反,女孩倾向于把成功归结为努力,而把失败归结为缺乏能力。此外,男孩往往认为自己具有更多的天赋,这使得他们对自己将来成功的机会持乐观态度。

3. 兴趣的性别差异

从兴趣上看,男性注意多指向物,如喜欢摆弄实物、拆装玩具,并探索其中的奥秘,主动进行科学实验,积极参加小发明、小创造活动,即所谓"物体定向"。女性则表现出"人物定向",她们的注意多指向人,对人与人之间的关系通常较为敏感,喜欢探索人生,爱听感情色彩浓厚的人生故事。

4. 人际关系能力的性别差异

男性通常通过讲故事、说笑话和做演讲这些语言活动建立起自己在人群中的中心地位,而女性更多的是进行私底下的交流和以人际关系定向为内容的交谈。

(二)儿童的性别差异与学校教育

一个人的性别几乎总是一个明显的、直接的特征,许多人,包括教师都可能会潜意识地对这个信息进行加工,并影响到自己的行为。例如,教师对一个 7 岁女孩和一个 7 岁男孩交上来的没有完成的试卷会有不同的处理方式;教师在文学课上更多地提问女孩,而在自然科学课上更多地提问男孩;当一个男孩被吓着时,教师会鼓励他去面对、去克服,而一个女孩被吓着时,教师则会让她回避那个恐怖的情境。因为教师对发展中的学生具有非常大的影响,并且这些影响发生在学生发展自身的性别意识的时候,所以教师要特别注意自己对性别具有的偏见和观念。那么,如何消除这些偏见和观念?

在教育教学中,教师可以从以下几方面着手来消除偏见:避免使用带有性别偏见的语言;警惕教科书和课外读物中的性别偏见;确保班级活动中没有性别偏见。为减少教学中因"性"而实施的不良互动,教师可以从以下两方面着手:一是树立性别平等意识;二是推选某些学生对教师的提问方式和奖励模式进行跟踪观察。

二、社会经济差异

心理学家通常把社会经济地位定义为由收入和受教育水平所决定的个人社会阶层水平。对不同的人来说,社会阶层有不同的定义,而社会经济地位则具有明确、科学的定义。应谨记,社会经济地位并不是对一个人内在价值的衡量,它只是反映了主流社会是如何看待这个人。那么社会经济差异是如何影响学生发展的?

(一)社会经济差异与学生的发展

1. 社会经济地位与学生的学业成就

家庭收入上的差异对学生的学业成就存在着一定的影响。来自较低的社会经济水平家庭的学生给教育工作带来了挑战,让我们来看一看美国家长收入和他们的孩子的学业评估测验(SAT)成绩之间的关系。研究表明,父母每年收入在 100 000 美元以上,孩子 SAT 的语文、数学和写作总分的平均数是 1 637 分(总分是 2 400);父母年收入介于 40 000 和 50 000 美元之间,孩子 SAT 总分的平均数是 1 460 分;父母的年收入低于 10 000 美元,孩子的 SAT 总分的平均数是 1 301 分。

SAT 测验成绩是用来筛选学生进入大学学习的重要依据,SAT 的分数是能否接受更高层次教育的判断标准,那些在 SAT 上得分很低的学生,就可能失去平等地进入大学学习的机会;因此,他们在工作中只能获得较少的报酬,这恰恰是由于他们缺乏教育而找不到好工作造成的。教育可以消除高收入与智力的相关性。最后,当这些低分学生长大成人有了孩子,他们的孩子也是在低收入的家庭中成长,从而也会更有可能在 SAT 中得低分。一个恶性循环就在低社会经济地位和低 SAT 或其他标准测验分数之间产生了,这使得上一代到下一代始终处于低社会经济地位。当然,一些个体脱离了这个怪圈,这通常是因为有好的指导者的缘故——这些好的指导者常常就是教师。

SAT 与社会经济地位之所以存在这样的关系还有很多其他原因。比如,低收入家庭的孩子通常进不了好的学校,他们缺少资金请家教、参加课外辅导或参加夏令营活动。而且,低收入家庭可能缺少电脑、书籍和其他学习工具以及游戏。这就使得低收入家庭的孩子,缺少帮助他们准备诸如 SAT 这类标准化考试的其他经验。从幼儿园开始,儿童在低年级中的各项标准化测验成绩和社会经济地位之间的关系便表现出了与 SAT 相似的情况(Denton&West,2002;Rathburn,West&Walston,2005)。

此外,父母受教育程度也影响学生的学业成就。父母受教育程度高,意味着父母在学生学业方面更有能力给予帮助,更有可能在遵循其身心发展规律的前提下较好地挖掘他们的潜能;父母自身受教育程度较低,意味着父母在学生学业方面很难给予他们及时、有效的帮助,甚至无力辅导;有些受教育程度较低的父母因为要拼命干活来养家,没有太多时间来监督学生的学习,更谈不上对学生的学习动机、学习兴趣的培养。

2. 社会经济地位与学生的智力发展

家长的职业会影响学生的智力发展。家长的职业类别,是家庭"社会经济地位"的主要指标之一。家长职业在类别上的不同,使得家庭教育和家庭生活都受到不同影响。然而,父母职业与子女智力水平的这种趋势是建立在对群体调查研究的基础之上,并非完全适用于所有个体。家长的受教育程度与学生的智力发展有关。家长受教育的程度,是以家长所接受的学校教育水平为指标的,它也是影响学生智力发展的一个重要因素。家庭的收入也与子女的智力发展有关。家庭收入直接与学生的物质生活、学习环境、健康条件等方面相联系,是社会经济地位的又一主要指标,它直接或间接地影响到子女的智力发展。

3. 社会经济地位对学生的其他影响

社会经济地位对学生的情绪有影响,处于较低社会经济地位的学生比社会经济地位较高的学生更容易产生不良情绪。同时社会经济地位对学生的同伴关系也有影响,处于较高社会经济地位的学生比社会经济地位较低的学生更容易建立良好的同伴关系。

(二)社会经济差异对教育的启示

努力了解每一个学生的背景,真正做到"因材施教",促进学生的全面、和谐发展;认识到来自低社会经济地位、家庭的学生需要克服更大的困难才能取得学业上的较大成功,应给予他们更多的支持和鼓励;重视激发低社会经济地位学生的学习动机;创造条件,在班级里形成积极的同伴关系;避免在社会经济地位较高和较低的学生之间造成紧张气氛;努力发现来自低收入社会经济地位的学生的长处;记住社会经济地位并不能决定一切。

三、种族与文化差异

正如前文中提到的那样,社会经济地位与影响学龄前儿童生活的许多变量相关,比如家长购买的益智游戏、家长用来辅导孩子做功课的时间、家长给孩子提供的课外活动的类型。社会经济地位也与文化和种族背景相关,而且很难定义特定种族群体或社会经济水平对学业成绩所产生的确切影响。例如,在美国,与白人儿童相比,更多的非裔儿童和土著儿童生活在贫民窟中,因此很难知道非裔儿童和土著儿童的低学业成绩是因为他们与白人群体之间存在的种族与文化差异导致的,还是因为他们与白人群体不同的经济条件造成的。虽然一些科学家认为能力的本质差异与种族群体有关,但大多数科学家认为这些表面上的差异更多地反映出低学业成就儿童的生活条件,即更多的经济需要和其他资源的缺乏。

对美国白人儿童、非裔和西班牙裔儿童进行成就测验的所有研究都证实了这些群体间存在很大的差距。这些差距的大小取决于测试内容、使用的测验和参加测试的被试年龄。菲利普斯和她的同事,使用全国纵向追踪调查(CNLSY)中的数据,推断出非裔美国儿童在图形语言测试(PPVT)中的分数比白人儿童低很多。

使用同一个测验,法卡斯和贝罗(2004)描述了非裔和白人儿童正确辨识 50 个单词的平均年龄的种族差异。对于白人儿童,当他们 50 个月大时,就可以正确辨识 50 个单词,比非裔儿童早了整整一年。这样,在接受正式教育之前,非裔美国儿童在语言方面的能力就比白人儿童落后了一年。

同样使用 PPVT,布鲁克斯这-冈恩、克莱巴诺夫、史密斯、邓肯和李(2003)通过 5 岁低出生体重的非裔美国儿童和白人儿童的多样化样本,评估了种族成就的差距。这些调查发现在这两个种族群体间存在着很大的差异,达到了 1.3 个标准差。有趣的是,这些研究者发现,在使用广泛的 IQ 测验词汇部分的测试中,种族差距变小了,但仍相差 1 个标准差左右。这两种不同的词汇测试是同一批儿童进行的,却在种族差距上出现了不同的评估,因此邓肯和马格努森(2005)提醒人们不要过于看重任何单一测试的结果。

四、认知差异

(一)智力差异

1. 智力发展水平差异

心理学研究表明,人的智力水平呈常态分布。68%的人的智商在 85 到 115 之间,他们聪明程度属中等。智商分数极高与极低的人很少,智商在 130 以上为智力超常,智商在 69 以下为智力低下。

2. 智力表现类型差异

有的人对数学运算相当敏感,有的人对遣词造句极其在行,有的人对乐音旋律无比偏好,有的人对色彩构图尤为擅长,这表明智力表现存在着明显的类型差异。

3. 智力成熟早晚差异

智力发展与成熟早晚也存在着差异,这既有少年得志的"早慧"者,亦有"大器晚成"者。譬如,我国古代早就有"甘罗早,子牙迟"的记载:战国时代秦国的甘罗 12 岁就当上了上卿,而姜子牙 72 岁才任宰相。

人的智力成熟虽有年龄差异,但就多数人来说,成才或出成果的最佳年龄是成年或壮年时期。美国学者莱曼曾研究了不同学科的专家取得成就时的年龄段,发现 25～40 岁是成才的最佳年龄。我国学者张笛梅统计了 600～1960 年共 1243 位科学家的 1911 项重大科学成就,结果与莱曼的一致。

4. 智力的性别差异

大量的研究表明,男女智力的总体水平大致相等,但在智力分布上有显著差异。男性比女性的离散程度大,即很聪明的男性和很笨的男性都要比女性多。男女智力的这种分布差异在学业成绩上的反映很显著。国内外的一些调查结论大致相同:无论是中学还是大学,学习成绩优异的和学习成绩较差的,男生均多于女生,成绩中等的女生多于男生。

男女的智力结构存在差异,各自具有自己的优势领域。在许多特殊能力上男女有别:男性在算术理解、空间关系、抽象推理等方面较占优势,女性在语言流畅、记忆、知觉速度等方面较占优势。具体来说,在感知觉方面,男性的视知觉能力一般较强,尤其是空间知觉能力,男性明显优于女性;女性的听知觉能力较强,特别是对声音的辨别和定位,女性明显优于男性。在注意力方面,一般男性的注意定向更多指向物,喜欢摆弄事物并探索物体的奥秘,对物的注意具有稳定性;女性的注意则较多指向人,喜欢注意人的外貌、举止、内心世界和人际关系,对人的注意稳定性好。

(二)认知风格

认知风格又称认知方式,指个体习惯性的加工信息的方式。常见的认知方式有三对:场依存型-场独立型、沉思型-冲动型、深层型-表层型。

1. 场依存型-场独立型

所谓场,就是指环境,心理学家把外界环境描述为一个场。美国心理学家赫尔曼·威特金(Herman Witkin)认为有些人知觉时较多地受他所看到的环境信息的影响,有些人则较多地受身体内部线索的影响。他把个体较多依赖自己内部的参照,不易受外来因素影响和干扰,独立对事物做出判断的称为场独立型(field independence);个体较多地依赖自己所处的周围环境的外在参照,在环境的刺激交往中定义知识、信息称为场依存型(field dependence)。需要说明的是,场独立型和场依存型这两种人格特点,并不能说孰优孰劣。在某些方面,场独立型的人占有优势;而在另一些方面,则是场依存型的人占有优势。

根据学生的认知方式进行教育可以取得良好的教育效果。具体的措施有:根据学生的认知风格设计教学活动策略;根据学生的认知风格选择合适的学习活动方式;根据学生的认知风格确定教育的侧重点。

经典实验

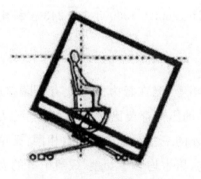

图 3-1 场依存型-场独立型实验

早在 20 世纪 40 年代,美国心理学家赫尔曼·威特金对空军飞行员靠什么线索来确定自己是否坐直这一问题感兴趣。他设计了一种可以倾斜的房间,让被试坐在一张椅子上,椅子可以通过转动把手与房间同向或逆向倾斜。当房间倾斜后,要求被试转动把手使椅子转到事实上垂直的位置。

结果发现,有些被试在离垂直差 35 度的情况下,仍然坚持认为自己是完全坐直的;而有些人则能在椅子与倾斜的房间看上去角度明显不正的情况下,仍能使椅子非常接近于垂直状态。威特金由此提出,有些人知觉时较多地受他所看到的环境信息的影响;有些人则较多地受来自身体内部的线索的影响。他把易受环境因素影响大者称为场依存型,把不受或很少受环境因素影响者称为场独立型。前者是"外部定向者",基本上倾向于依赖外在的参照(身外客观事物);后者是"内部定向者",基本上倾向于依赖内在的参照(主体感觉)。场依存型的人不能将一个模式分解成许多部分,或者只能专注于情景的某一个方面;场独立型的人善于分析和组织。

2. 沉思型-冲动型

沉思型-冲动型是心理学家卡根等人(Kagan,1966)提出的一对认知方式。沉思型的人倾向于在做出决定之前,考虑各种可能的问题解决方案,其特点是反应慢、精确性高,注重问题解决的质量。冲动型的人则倾向于不经过仔细思考就迅速给出答案,其特点是反应快、精确性差,面对问题时急于求成。冲动型的人往往不能全面细致地分析问题的各种可能性,不管答案正确与否就急于表达出来,有时甚至没有弄清问题的要求,就开始解答问题。

研究发现,沉思型-冲动型认知方式差异的形成与教养方式有关系,表明沉思型-冲动型认知方式是可以经过后天培养的,这对学校教育特别有意义。下面是一些可供教师选择的训练策略:课堂提问时,可以采用轮流回答问题的办法,适度抑制冲动型学生过快回答,帮助他们学会仔细思考;在单独作业中,鼓励冲动型的学生在做作业时心里自言自语,提醒自己认真阅读题意,避免做出不成熟的回答;教导学生如何检查数学和自然科学作业,在给作业或测验打分时,给那些进行了自我检查的学生适当加分;指导冲动型儿童观察沉思型儿童的行为,然后模仿其行为。另外,当冲动型学生开始花更多的时间来思考时,要对他们的行为予以肯定,并且赞扬他们的进步。

3. 深层型-表层型

这是根据处理学习材料时所达到的不同程度来划分的,由费尔伦斯·马顿(Ference Marton)等人提出。学生对信息进行加工的深度存在两种方式,一种是深层加工,另一种是表层加工。深层加工指深刻理解所学内容,将所学内容与更大的概念框架联结起来,以获取内容的深层意义。表层加工指记忆学习内容的表面信息,不将它们与更大的概念框架联结起来。在教学中,教师可以采用以下措施帮助表层型学生进行深入的思考:和学生讨论除死记硬背材料之外的学习方法的重要性,并指导学生将正在学习的知识和已经学习过的知识联系起来;将深度加工知识信息的学生树立为学习的榜样,鼓励他们与其他学生探讨他们是如何把相关的知识信息整合到已有的知识框架中去的;课堂中所提的问题,要避免脱口而出就能回答,应有适当的难度,要求学生整合新旧知识后才能顺利完成;布置的作业同样要有一定的难度,需要学生进行深度加工后才能答对。

此外,还有整体性和序列性策略。英国心理学家高尔顿·帕斯克(Gordon Pask,1976)曾经让学生对一些想象出来的火星上的动物图片进行分类,并形成自己分类的原则。在学生完成分类任务后,让学生报告他们是怎样进行这项学习任务的。帕斯克发现,学生在使用假设的类型和建立分类系统的方式上,都表现出一些有趣的差异。有些学生把精力集中在一步一步的策略上,他们提出的假设一般说来比较简单,每个假设只包括一个属性。这种策略被称为序列性策略(serial strategy),就是说,从一个假设到下一个假设是呈直线的方式进展的。而另一些学生则倾向于使用比较复杂的假设,每个假设同时涉及若干属性。这种策略被称为整体性策略(holistic strategy),就是指从全盘上考虑如何解决问题。

采取整体性策略的学生在从事学习任务时,往往倾向于将整个问题涉及的各个子问题的层次结构以及自己采取的方式进行预测,而且,他们的视野比较宽,能把一系列子问题组合起来,而不是一碰到问题就立即着手一步一步地解决。采取序列性策略的学生,一般把重点放在解决一系列子问题上。他们在把这些子问题联系在一起时,十分注重其逻辑顺序。由于他们通常都按顺序一步一步地前进,所以,只是在学习过程快结束时,才对所学的内容形成一种比较完整的看法。他们在使用类比或图解等方法时,也比较谨慎。

与整体性和序列性策略相类似,有人提出了同时性加工和继时性加工两种类型。同时性加工(simultaneous processing)是指学习者习惯于在同一时间内对多个信息做出加工,并将它们联合成整体,从而获取事物的意义;继时性加工(successive processing)是指学习者倾向于对外界信息逐一进行加工从而获取其意义。对信息的同时加工和继时加工,是人们处理信息的两种基本方式,学习者对此有着不同的偏爱。长于同时加工的学习者表现出善于系统把握事物的视觉空间关系,能觉察到各部分以外的更多信息;长于继时加工信息的学习者倾向于按部就班,以线性方式处理信息。

(三)创造力

创造力代表一种能激发新奇想法和产生具有创新性问题解决方案的能力。判断某一行为是否具有创造性的标准有两个:一是创造的产品有新颖独特性,二是具有一定的价值。

创造力存在着个体差异。心理学家用发散思维的流畅性、变通性和独特性的好坏来衡量创造力的高低。流畅性(fluency)是指单位时间内发散项目的数量,如当被问到茶杯有什么用途时,在限定时间内,能够想出最多答案的人,就具有比较优秀的流畅性。变通性(flexibility)是指发散项目的范围或维度,人们常常以"山重水复疑无路,柳暗花明又一村""随机应变""举一反三""触类旁通"等形容变通性。独特性(originality)是指对问题能提出超乎寻常的、独特新颖的见解。

教师在教学中如何来培养学生的创造力呢?可通过如下方法:营造一种有利于激发创造力的教学氛围;重视对学生进行内在激励;巧妙设问,训练学生的发散思维;鼓励学生冒一些合理的风险;鼓励学生坚持不懈;鼓励学生对假设提出质疑;给学生创造性思考留有自由成长的空间;给学生树立创造力的楷模。

五、学生差异的多样性

(一)有可塑性的学生

很多学生虽然所处环境非常恶劣,但他们在逆境中形成了能帮助他们克服逆境的意志和应对技巧,在艰难困苦的情况下也能在学校取得成功,具有很强的可塑性。

教师可以通过以下方式帮助这些身处逆境的学生:告诉他们教师喜欢并尊重他们;对他们所表现出来的优秀品质表示赞赏;多倾听他们的观点并表示关切;对他们的表现抱有很高的期望;为他们提供在课堂内外取得成功所必需的鼓励和帮助。

(二)无家可归的学生

无家可归的孩子中的很多人有心理问题。如自尊感较低;注意持续时间短;语言表达技能差;有诸多不良行为;有些人不愿意上学,有些人则频繁地从一个学校转学到另外一个学校。

下面的这些建议为他们提供了所需的额外帮助,这些帮助有利于提高他们的学习水平和社交技能:让新来的学生与那些能为他们提供帮助的学生一一配对;为这些学生提供学习所需用品,如笔记本、剪贴板或其他移动"课桌";谋取民间组织的帮助,为这些学生募集衣物和学习用品;与家长共同商讨学生的教育问题,争取家长的支持;把学校的有关信息如家庭作业通知给学生的监护人。

(三)处于风险中的学生

处于风险中的学生指的是那些很有可能无法获得在成人世界中取得成功所必需的最低限度的学习技能的学生。包括辍学的学生和已经毕业但缺乏最基本的阅读或数学技能的学生。

针对不同原因,教师应给予相应的支持:尽可能早地识别处于风险中的学生;创造一个温暖的、支持性的学校和班级氛围;让课程与学生的生活和需要相关联;表达我们对他们学习成功的期望值很高;提供额外的学习支持。

(四)有特定认知和学习困难的学生

绝大多数有特定认知和学习困难的学生,其智力发育是正常的,其传统智商测验分数达到或超过平均水平,但却表现出相应的学习适应困难。其中男性发生的频率要高于女性,这类学生的辍学率远远高于其他学生。在教学过程中,老师对他们要充满爱心,要有足够的耐心,不可求全责备;同时,尽可能进行小步子教学,并对他们的细小进步给予及时肯定与强化,让他们有机会体验到学习上的成功;要能认识到某些学生可能只在某一方面有困难,但在其他方面可以达到或超过平均水平。

(五)有社交和行为问题的学生

在某些问题上,男生更易表现出一些外显的攻击性行为、反社会行为,女生更易表现出一些内隐的问题行为,如抑郁、过度焦虑等不良情绪;低收入家庭的学生出现内隐情绪问题的可能性更大;有情绪问题的学生比任何其他有特殊需要的学生的辍学率都要高。教师一方面应该对男生中攻击性较强的个体保持警惕,多对他们进行正面引导,并尽量避免在众人面前批评他们;另一方面,要对那些平时爱安静以及不合群的学生给予特别关注,多与他们进行平等的沟通与交流,使他们有机会并愿意向老师表露心声,同时在学习与生活上多对他们进行关心和帮助,采取措施降低学生的辍学率。

(六)认知和社交功能发展迟滞的学生

这一类学生的智力水平较低,社交技能较差,辍学率较高,男生和社会经济地位较低的学生更容易出现此类问题。在教学过程中,教师应该根据这些学生的具体特点和优势,注重开发和培养他们多方面的智能;同时,教师应多给他们创造条件,提供更多的锻炼机会,让他们与其他同学进行互动交流,如在班级活动中委以任务、积极鼓励他们发言,逐渐引导他们敢于面向更多的群体,培养他们的自信和社交能力。

(七)有生理与感觉缺陷的学生

这类学生在生理及感觉方面或多或少地存在某些缺陷,但多数智力正常,在低收入家庭中这类学生更常见。在教学中,教师应给予他们更多的关注,鼓励他们发奋学习,通过不懈努力所取得的成绩来弥补生理上的不足,使他们充分认识到他们能像正常人一样学习、工作与生活。另外,教师应鼓励他们积极参加各种社会交往活动、参加力所能及的劳动,不要让生理及感觉方面的缺陷束缚了他们的发展。

(八)认知能力高度发展的学生

这类学生在传统智力测验中的得分通常较高,发散性思维较好,往往在某个特定的领域有出众的才华和出色的表现(如绘画、音乐)。与男生相比,女生会对自己出众的才能表示更多的怀疑,尤其在某种特定的文化背景下。在教学过程中,教师要理解不同文化背景下学生能力的不同表现形式;接受并鼓励学生的发散性思维,赞赏他们给出的各种新异的答案;多给予他们接触才华横溢的少数民族和女性成功人士的机会,注意激发和培养他们的高水平成就动机,对女生也要像对男生一样鼓励她们获得成功。

第二节　个体差异

学生是学习活动的主体,作为教育者,关注学生并为其打造合适的学习策略是我们应尽的义务。每个学生,作为不同的个体,都有着不同的差异,在学校环境中,这些差异主要体现在性别、智力、学习能力、性格、家庭教育环境、成就动机以及学习风格等方面。这些差异都将直接或间接地影响教育活动及其结果。

现今的教学形式,主要以班级集体式教学为主,在实现因材施教上增加了难度,对教师的教学技术和学生个体差异的理解提出了更高的要求。但这一切都是可以在教学中实现的,教师如果能做到各异的指导方式、层次性的知识理解要求、不同的教学形式、多角度的评价标准就能满足学生的不同与发展要求,帮助其在知识上和心理上得到全面性和个性化的发展,这才是我们学习此节的意义。

一、个体的智力差异

(一)智力的概念

传统上,智力有两重意思,一是个体认识方面能力的综合,包括观察力、记忆力、想象力等,其中抽象逻辑思维能力是智力的核心;二是根据智力测验所测得的分数。

根据先天因素和社会关系的不同,可将智力分为流体智力和晶体智力。流体智力是指基本与文化无关的、非言语的心智能力,如空间关系认知、反应速度、记忆力、演绎推理以及形成抽象概念的能力等。它建立在脑发育的基础上,受遗传因素的影响较大。晶体智力是指应用从社会文化中习得的解决问题的方法的能力,是在实践中形成的能力,决定于后天的习得。也就是说,当任务取决于一个人过去已经习得的知识技能时,如阅读理解测验,涉及的是晶体智力;反之,任务需要不同的加工和创新时,涉及的是流体智力。

在人的一生中,晶体智力和流体智力表现出不同的形态。晶体智力达到最高点的时间比流体智力晚,下降也晚。根据卡特尔(Cattell,1963)的看法,流体智力在20岁以后发展达到高峰,30岁以后开始下降,但晶体智力在一生中都在发展,到老年时还保持较高水平。

对智力的研究通常把人与生俱来的素质和后天的学习区分开来,教育研究者也期望应用智力测验评定学生智力,以便因材施教,解决因学生智力高低的悬殊,造成的学生学与教师教的困难等方面的问题。尽管这类测验一直备受争议,但智力与学生的学业成绩之间的积极相关无疑是客观存在的,对适应学生的个体差异也具有一定的指导作用。

(二)智力的结构与个体差异

了解智力的结构对深入了解智力的本质、合理运用智力测量工具以及全面分析学生个体差异有着重要意义。下面具体介绍两种主要的智力理论。

1. 多元智力理论

根据多元智力的理论,一个人聪明与否,不仅仅体现在学业上。一个人的成就可以用九种智能进行评定。理论认为,智能是一种人性整合的生活操作模式,是解决问题或创造的能力,而非只侧重 IQ(Intelligence Quotient)。智能并不是与生俱来,每个人都有能力改进且扩展自己的智能。每个人的智能是多元的,并具有自己独特的智能组合。

美国哈佛大学心理学家加德纳(Gardner)教授于 1983 年首次介绍该理论时,提出有七种智力;后来在 1995 年提出第八种智力,以后又提出第九种智力。所以目前研究出来的有九种智力,分别是语言智力、逻辑数理智力、空间智力、肢体运作智力、音乐智力、人际智力、内省智力、自然观察者智力及存在智力。

加德纳认为,每个学生都在不同程度上拥有上述九种基本智力,智力之间的不同组合表现出个体间的智力差异。人的智力是多元的,尽管每一个个体都是几种智力的组合,但这几种智力在每个个体身上的表现形式和发展程度各不相同。在正常条件下,只要有适当的外界刺激和个体本身的努力,每一个个体都能加强自己的任何一种智力。

因此教育工作者应根据学生的特点,多方面多角度地发现人、培养人。针对学生不同的兴趣爱好,有效引导,使学生各有所长地发展,同时以包容的态度对待差生,尤其是要注意发掘"差生"的闪光点。尽管现在的素质教育要求学生要全面发展,但教育工作者应清楚认识到学生有所偏好是正常的,在全面发展的基础上鼓励学生特殊才能的培养,最好是将优势智力上的方法、思维能力等迁移到弱势智力上。另外用乐观的态度对待学生,每个学生都有发展的无限可能性,人们常说的"差生",以后的发展并不比"好生"差。

2. 三元智力理论

美国耶鲁大学的心理学家罗伯特·J. 斯滕伯格(Robert J. Sternberg)1985年提出了智力的三元理论,他认为智力是复杂而多层次的,一个完备的智力理论必须说明智力的三个方面,即智力的内在成分、这些智力成分与经验的关系,以及智力成分的外部作用。

智力的内在成分、成分与经验的关系以及成分的外部作用这三个方面分别构成了智力成分亚理论、智力情境亚理论和智力经验亚理论,可以回答人与人之间的智力差异。

智力成分亚理论认为,智力包括三种成分及其相应的三种过程,即元成分(用语计划、控制和决策的高级执行过程,如确定问题的性质、选择解题步骤、调整解题思路、分配心理资源等)、操作成分(表现在任务的执行过程,是指接受刺激,将信息保持在短时记忆中,并进行比较,它负责执行元成分的决策等)和知识获得成分(指获得和保存新信息的过程,负责接受新刺激,做出判断与反应,以及对新信息的编码和存储)。在智力成分中,元成分起着核心作用,成分亚理论与个体的内部世界相联系。

智力情境亚理论认为,智力是指获得与情境拟合的心理活动。在日常生活中,智力表现为有目的地适应环境、塑造环境和选择新环境的能力,这些统称为情境智力。同样的行为在不同的智力情境下可产生不同的智力行为,同时个体所处的社会文化背景,决定智力行为的内涵但不决定智力高低。

智力经验亚理论认为,智力包括两种能力,一种是处理新任务和新环境时所要求的能力,另一种是信息加工过程自动化的能力。

由此可见,学生的能力差异与智力水平有着密不可分的关系。教育工作者应因势利导,立足学生的思维特点和类型,开拓与智力结构相匹配的学习活动,采取多方位、个性化的智力培养方式,帮助他们发挥自己的优势领域。同时充分了解学生的个体差异,以便让学生取得更好的发展。

二、人格差异

"人格"(personality)一词,最初来源于古希腊语"persona",原意是指希腊戏剧中演员带的面具,面具随人物角色的不同而变换,体现角色的特点及人物性格。人格是构成一个人的思想、情感及行为的独特模式,这个独特模式包含了一个人区别于他人的稳定而统一的心理品质。描述一个人的人格意味着试图去揭示这个人的本质,将从这个人身上获得的信息压缩为一组品质特性。

就目前而言,对人格的思考还存在两个核心问题,其中一个就是个体差异(individual differences)。每一个活着的人,总是和其他人有所不同。没有两个人格完全一样的人,即使对同卵双胞胎来说也是如此。人格差异是指个人在稳定的心理特征方面的差异。"人心不同,如其面焉",世界上找不出两张完全相同的脸,也找不出在性格上完全相同的两个人。例如,有人热情善交际,有人冷漠孤僻;有人才思敏捷,有人反应迟钝,有人温顺、有人暴躁;有人顽强、果断,有人优柔寡断;等等。这些都是对不同人格特征的描述。

(一)人格的结构

人格是一个复杂的结构系统,它包括很多成分,其中最主要的是气质和性格,人格成分的不同组合构成了一个个独特的个体。

1. 气质差异

气质(temperament)是表现在心理活动的强度、速度、灵活性与指向性等方面的一种稳定的心理特征,即我们平常说的脾气、秉性。气质是人的天性,无好坏之分,不会决定人的社会价值。人的气质差异是天生的,受神经系统活动过程的特性制约。人一出生最先表现的差异就是气质差异,比如有的孩子好哭爱动,有的孩子平稳安定。

2. 性格差异

性格(character)是一种与社会最密切相关的人格特征,在性格中镶嵌了许多社会道德含义。正如恩格斯所说:"人物的性格不仅表现在他做什么,而且表现在他怎么做。"例如,有的人正直无私,有的人虚伪自私。像这些具有道德评价含义的人格差异,我们都将其归为性格差异。性格不像气质那样具有天赋性,没有好坏之分,它是后天在社会环境中逐渐形成的,是人的最核心的人格差异,受人的价值观、人生观、世界观的影响,所以性格具有好坏之分,体现了一定的阶级性与道德性。如王熙凤的狠毒、葛朗台的吝啬,都是令人生厌的。性格表现了人们对现实和周围世界的态度,并显现在他的行为举止中。它主要体现在对自己、对别人、对事物的态度和所采取的言行上。性格结构分为四个大方面:对现实的态度特征、意志特征、情绪特征和理智特征。性格差异就体现在这四类特征上。

 拓展阅读

四种气质类型

气质学说源于古希腊医生希波克里特(Hippocrates,公元前460—前377)的体液说,他认为人体内有四种液体:黏液、黄胆汁、黑胆汁、血液。这四种液体的配合比率不同,形成了四种不同类型的人。约500年以后,罗马医生盖伦(Galen,约130—200)进一步确定人的四种气质类型,得到心理学家们的普遍认同。

目前,在通常情况下,人的气质类型可分为胆汁质、黏液质、抑郁质、多血质四种。

胆汁质(choleric temperament),这种人精力旺盛,争强好斗,做事勇敢果断,为人热情直率,朴实真诚;但是这种人的思维活动常常是粗枝大叶、不求甚解,遇事常欠思量、鲁莽冒失,做事也常常感情用事,但表里如一。

黏液质(phlegmatic temperament),这种人安静稳重,沉默寡言,喜欢沉思,表情平淡,情绪不易外露,但内心的情绪体验深刻,给人以貌似"冷漠"的感觉,很像外凉内热的热水瓶。

抑郁质(melancholic temperament),这种人情绪体验深刻、细腻而又持久,主导心境消极抑郁,多愁善感,给人以温柔怯懦的感觉。他们聪明而富于想象力,自制力强,注重内心世界,不善交际,孤僻离群,软弱胆小,萎靡不振,他们的行为举止缓慢而单调,虽然踏实稳重,但却优柔寡断。

多血质(sanguine temperament),这种人思维灵活,行动敏捷,对各种环境的适应力强,教育的可塑性也很强。但是他们气质上的弱点是缺乏耐心和毅力,稳定性差,见异思迁。

丹麦漫画家皮特斯特鲁普所作的《一顶帽子》,形象地表现了不同气质的人对同一事物的反应,见图3-2。

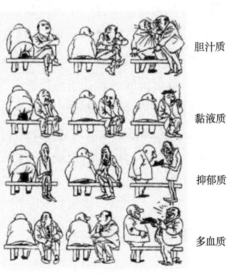

图3-2　四种典型气质类型

（二）人格特质理论

人格特质理论（theory of trait）起源于 20 世纪 40 年代的美国。主要代表人物是美国心理学家奥尔波特和卡特尔。

1. 奥尔波特的特质理论

美国心理学家高尔顿·威拉德·奥尔波特（Gordon Allport，1897—1967）是人格特质理论的创始人。他把人格特质分为两类，即共同特质（common traits）和个人特质（individual traits）。共同特质是同一文化形态下的人们所共有的、相同的特质；个人特质是个人所独有的特质，它代表着个体之间的人格差异。个人特质因其在生活中表现的范围不同，奥尔波特又将其分为三类，即首要特质、中心特质和次要特质。首要特质（cardinal trait）是一个人最典型、最具概括性的特质。小说或戏剧的中心人物，往往被作者以夸张的笔法，特别突显其首要特质，如林黛玉的多愁善感。中心特质（central trait）是构成个体独特性的几个重要特质，每个人身上大约有 5～10 个中心特质。如林黛玉的清高、聪明、孤僻、抑郁、敏感等，都属于中心特质。次要特质（secondary trait）是个体不太重要的特质，往往只有在特殊情境下才表现出来。如有些人虽然喜欢高谈阔论，但在陌生人面前则沉默寡言。

2. 卡特尔的人格特质理论

心理学家雷蒙德·卡特尔（Raymond Bernard Cattell）接受了奥尔波特关于人格特质的概念，并在此基础上对特质概念进行了进一步的发展。他运用因素分析的方法把人格特质区分为表面特质和根源特质。表面特质是由一些互相联系的特性形成的；根源特质是相对稳定和持久的特性，通过因素分析可以发现根源特质是一些单一的因素，是人格的基本成分。卡特尔最突出的贡献在于将因素分析的统计方法应用于人格心理学的研究。卡特尔一共找到了 16 种根源特质，并编制出"卡特尔 16 种人格因素问卷"（sixteen personality factor questionnaire，简称 16PF），这是世界公认的最具权威的个性测验方法，在临床医学中被广泛应用于心理障碍、行为障碍、心身疾病的个性特征的研究，对人才选拔和培养也很有参考价值。

第三节　特殊学习者

特殊学习者，是指在身体、心理或行为上与正常人不同，需要其他帮助或服务来满足其需要的个体。在本章的学习中，我们将特殊学习者划分为智力落后学习者、智力超常学习者、学习障碍学习者、感官障碍学习者、言语或语言障碍学习者、情绪和行为障碍学习者。教育者需要根据学生之间的差异，因人而异地对不同种类的特殊学习者采用不同的方法,以促进他们最大限度的发展。

一、智力落后学习者

(一)智力落后学习者的定义

智力落后学习者,是指智力发展处于持续性迟缓状态,因而其智力水平和智力功能低于正常水平的学习者。美国智力落后协会(AAMR)将智力落后定义为智力当前功能上的明显障碍,其特征是在智力功能以及适应性行为两个方面有显著限制,表现在概念性、社会性和实践性适应技能方面的落后;落后性发生在18岁以前。

该定义包含以下含义。

第一,智力落后是一种障碍。

第二,智力落后意味着在智力功能上有显著限制,具体表现形式为,使用适当的智力工具进行评估时其智商低于平均数(M)两个标准差(SD)以上。

第三,在适应行为方面有显著限制,具体表现在概念性技能(conceptual skills)、社会性技能(social skills)以及实践性技能(practical skills)方面的限制。概念性技能主要包括接受性和表达性语言、阅读与写作、金钱概念以及自我引导技能;社会性技能主要包括人际关系、责任、自尊、信任、真诚、遵守规则、服从法律以及回避危险等技能;实践性技能主要包括个人生活自理技能,如吃、喝、穿衣、行走和如厕,使用日常工具的活动能力,如准备食物、医药护理、使用电话、财务管理、使用交通工具、处理家务等,以及职业技能、维持安全环境等。适应行为的限制一方面会直接影响个体的日常生活,另一方面会影响其应对生活变化以及环境需要的反应能力。对适应行为局限的界定需通过标准化测验进行评定,其得分(三方面技能之一的得分或总分)低于平均数(M)两个标准差(SD)以上,即可确定为适应行为局限。

第四,落后性发生在18岁以前。

该定义从五个方面对智力障碍进行了表述:智能;适应技能(概念的、社会的、实践的技能);参与、互动和社会角色;身体健康、心理健康和病因学;相关背景(环境、文化和机会)。

在智力落后定义的使用中,需要考虑以下几点。

第一,当前功能的限制必须在一定社会环境和文化中考察,而不是离开其所处环境和文化割裂地评定,应以个体同龄伙伴作为参照对象。

第二,评估应当考虑文化和语言的多元性以及在沟通、感知、运动和行为方面的个别差异,兼顾个体多样性及其独特反应。

第三,在同一个体内部,局限往往与优势共存。智力落后人群是一个特殊的群体,他们在某些方面表现为智力障碍,但同时也可能具备一些独立于其智力障碍的能力,表现在某些适应技能领域或某项适应技能的某一方面。

第四,对个体的不足进行描述的主要目的是建立个体所需的支持方案。

第五,通过一个阶段适当的、有针对性的支持,智力落后者的生活功能通常会得到改善。

(二)智力落后学习者的特点与分类

智力落后学习者的心理活动具有如下特点:第一,感知觉发展缓慢,知觉范围比较狭窄,视觉与听觉表象贫乏而笼统,对类似事物不易分化,且不稳定;第二,记忆力很差,学过的东西不能很好保持,回忆困难,意义识记和有意识记能力很差;第三,思维上他们不善于比较,进行抽象和概括时特别困难,抽象思维能力差。

(三)智力落后的原因:家族性与器质性

智力落后的原因大致有:染色体异常,如唐氏综合征;母体中的母婴遗传疾病,如风疹和梅毒;母亲怀孕期间因乱用酒精和可卡因而导致的致命性化学依赖综合征;生产过程中因某些事故而导致大脑缺氧;童年期疾病和事故,如脑炎和脑损伤;环境污染,如铅中毒。

(四)智力落后学习者的分类

按照学习者的智力水平分类,可以分为:轻度智力落后学习者,即 IQ 分数在 50 至 75 分之间,其占所有智力落后人数的 80%~85%,基本上占人口总数的 2%(可教育的智力落后学习者);中度智力落后学习者,即 IQ 分数在 35 至 55 分之间,占所有智力落后人数的 10%,占总人口的 0.1%(可训练的智力落后学习者);重度智力落后学习者,即 IQ 分数在 20 至 40 分之间;极度智力落后,即 IQ 分数低于 20 分。

(五)对智力落后学习者的教学目标及教学策略

在对智力障碍学习者的教育中,所有学科要达到的教育目标有三项,即个人能力、职业能力和社会能力。其最终目标就是使智力落后者成为一个健全的个人,能够照顾自己的个人。要达到这一目标,就需要教师有计划、有策略、巧妙地进行教育。针对智力障碍儿童常用的教学方法有任务分析法、伙伴帮助法、游戏教学法和康复教学法等。

1. 任务分析法

任务分析法在对智力落后学习者的教学中使用价值非常高。由于智力落后学习者的观察力、理解力和记忆力相对比较差,为帮助学习者看清并掌握工作的操作步骤、规范操作程序,教师常常对复杂的技能进行分解,即将复杂的技能分解成若干个容易观察、容易模仿的细小操作步骤,通过帮助学生一个环节接一个环节地进行操作实践,使他们掌握技能完成的要点,最后将每个环节连成一个完整的操作技能。任务分析法符合小步子教学的原则。

2. 伙伴帮助法

要求教师安排既有爱心又有能力的伙伴来辅助智力落后学习者,通过同龄人之间的相互交流,使双方达到情感上的互通,共同进步,这样能大大减轻教师的教学负担,提高整个班级的教学效率。

3. 游戏教学法

游戏教学法是指利用游戏来向智力落后学习者传授知识、矫正缺陷的教学方法,通过游戏互动激发智力落后学习者的学习兴趣,维持其注意力,促进其思维的发展,因此这种方法在智力落后学习者教学的过程中有着极其重要的作用。但应该注意游戏只是一种教学手段,切忌将游戏当做教学目标,而忽略了通过游戏活动使学生掌握应该掌握的知识和技能。

4. 康复教学法

康复教学法是指在教学过程中教师有意识地设计一些有助于智力落后学习者功能康复的教学活动。例如教师可以结合"写字"教学,训练儿童手指、手腕的协调和控制功能,以发展儿童书写时握笔、运笔的协调性。

二、智力超常学习者

(一)智力超常学习者定义

超常儿童(supernormal children)是指智力发展突出优异,或具有某方面特殊才能的儿童。一般认为智商在 140 以上的儿童属于超常儿童。智力超常的儿童所占比例很小,他们在人口中的比例不到 1%。

根据中国科学院心理研究所研究员查子秀及其所领导的中国超常儿童研究写作组的研究发现,超常儿童,至少智力超常或学业超常的儿童具有这样一些显著的特征:记忆力强、观察细致、思维敏锐、推理能力强、语言流畅、坚持性好、注意力集中、自信心强、好奇心强、精力十分旺盛等。这些特征也就成了鉴别超常儿童的主要考察因素。

(二)对超常儿童的教育安置方式

在现行教育体制下,普通教学大纲适合 95% 的儿童,剩下 5% 的儿童无法适应,其中 1% 至 3% 的儿童为超常儿童,他们的智力水平或者其他方面要比同龄儿童超前,所以普通的教学大纲并不适用于超常儿童。现有对超常儿童的教育安置方式归纳起来主要有以下三类。

第一,加速教育,包括个别式和集体式。个别式是允许超常儿童个人提前入学、跳级、提早毕业;集体式为缩短学制的特殊班、各科学科的快速学习班等。

第二,充实教育,学校或社会团体组织的各种课外或校外的教育活动。超常儿童可以根据兴趣或特长选择参加,通过这类活动,他们获得加深、拓宽的教育。充实教育的内容广泛、丰富(各种学科、专长),形式多种多样,如各种兴趣小组、培训学校(或班)、寒(暑)假的冬(夏)令营、个别指导的学习以及独立研究等。

第三,能力分组,按智力、能力类型和水平分别接受教育,包括特殊学校、特殊班级或在班内分组学习。

(三)超常儿童的教育模式

我国目前超常儿童的教育模式,基本上有三种。一是个别加速教育,"个别选拔,个别培养",这种教育的学制灵活,可选修、免修,可插班、跳级和提前毕业等。二是初高中相衔接的集体"实验班"教育。这种教育始于1985年,实行初中两年、高中两年的学制和严格的淘汰,"有出有进"。三是中学的大学少年班"预备班"教育。这种教育也始于1985年,为超常儿童提供较好的学习环境和条件,保证其超常发展和超前发展。

无论采取何种安置模式,我们都必须关注教育安置方式可能会对超常儿童的发展产生的影响,如一些学者提出的"大鱼小池"效应,发现安置在特殊班的超常儿童的学业自我概念会受到负面影响,从而引发其学业成绩的下降,降低其学习热情和成就动机。超常儿童的出现是与遗传因素分不开的,但是后天的培养同样重要。儿童优异成就的取得,不仅取决于其智力的高度发展,还取决于良好的个性品质的形成(如旺盛的求知欲、积极主动性、坚持性等)。因此,超常儿童将来要成长为杰出的人才,对人类社会做出贡献,就不仅要有高度发展的优异智力,还要具有良好的个性品质。

 走进课堂

"第十名现象"

所谓"第十名现象",是杭州的一位小学老师发现的。媒体介绍,这位从教近20年的老师,有意识地对1990年前后毕业的150名小学生做了跟踪调查,在这些如今已上大学或工作了的学生中间,发现了一个"耐人寻味"的"第十名现象",即前三名之后,第十名前后直至20名的学生,在后来的学习和工作中"出乎意料地表现出色",并成长为"栋梁型"人才。相反,那些当年备受老师宠爱、成绩数一数二的优秀学生,长大后却淡出优秀行列,甚至在其后的升学和就业等方面屡屡受挫。

这种现象也说明了一个观点:一个人能否成功不取决于学习成绩的高低。反思学校的教育,学校的排名往往很单纯地以语文、数学成绩为标准。而教师、家长们都在督促、强迫孩子挤进"前三名"或"前五名"。这使学生的兴趣爱好、拓宽知识面、发展个性等方面受到了很大的制约,反而束缚了他们智力的发展。又因为他们都是听话的"好孩子",一些好的个性也会被束缚。另外,老师们"抓两头,带中间"的教学方法,使这些尖子生在学习上很容易得到老师的"关照",从而削弱了他们在学习上的独立性。因此后来就不适应大学相对较为"松散"的教学方法。这是他们当中的一些人"淡出"优秀行列的主要原因。与此相反的是,第十名左右的学生虽然成绩不是最优秀的,但是他们大都比较活泼,灵活性强,学得较为轻松,兴趣广泛,老师不大注意这些学生,因此其学习的独立能力较强,有很大的潜力。另外,这些学生没有保住"前三名"的心理压力,使他们在健康的心态中学习。这是他们有"后劲",进步和成才概率较高的主要原因。学业成绩考查学生的主要是逻辑思维能力和语言能力。而人际沟通能力、领导管理能力、艺术创作能力、动手能力等,却在考试中难以体现出来。一些学生尽管成绩优秀,但成功智力的发展却相对滞后了,反倒是那些第十名左右的学生学业智力和成功智力一直保持协调、平衡,其成功的概率也高。

著名心理学家斯滕伯格用成功智力来解释:他把学业上表现出来的智力称为"惰性智力",而成功智力是达到人生中主要目标的智力,它包括创造性能力、分析性能力、实践性能力。成功智力在现实生活中不是凝固不变的,而是可以不断修正和发展的。我们在孩子的教育上要使孩子在学业智力和成功智力上保持协调、平衡,要发展孩子的人际沟通能力、管理领导能力、艺术创作能力、动手能力。日本的松下公司就有一种很特别的择才标准,即"寻求70分人才"。公司创始人松下幸之助认为,人才的雇佣以适用公司的程度为好。程度过高,不见得一定有用,招募过高水准的人是不适宜的。这种选才用才方法,与"第十名现象"如出一辙。

具有成功智力的人会努力寻找自己不仅可以胜任,而且在工作环境中还能干得与众不同的工作。他们创造着自己的机会,而不是让机会受他们自身所处环境的制约。

教育所要培养的人,是社会需要的人,还是教师喜欢的人?社会所要选择的人,是能做事的人,还是能背知识点的人?

三、学习障碍学习者

(一)学习障碍的定义

当一个儿童在某个特定学科上的表现与其整体智力水平相比明显要差时,就会被诊断为学习障碍。这种异常是个人内在因素所引起的,一般认为是由中枢神经系统的功能失调所致。学习障碍可能发生在任何年龄,而且往往会持续一生。

另外,还有人把学习障碍定义成"个体不能够掌握学校学习所要求的一些重要的学习技巧,如阅读、拼音、数学、交流或者是社会技巧的现象"[福斯特(Forster),1994]。比如一个高 IQ 分数儿童在阅读技巧上非常差,就会被诊断为阅读障碍(reading disability)。

同时,对于学习障碍的定义也有很多的争议[斯滕伯格和格里格伦科(Sternberg & Grigorenko),1999]。如果对于术语"学习障碍"定义得不够全面,那么基于智力测验分数得出的智力和学习障碍表现之间的差异就可能存在问题。不同的语言群体诊断出学习障碍的比率也不相同。比如,相对语音学方面较易理解的语言群体,语音学较复杂的语言群体存在更多的阅读障碍个体。

(二)学习障碍学习者的特征

学习障碍的学生学业表现极差,但基本具有正常智力水平,有的甚至还智力超常。因而,可能是其他方面影响了其学业。学习障碍的学生在学习过程中表现出一些明显的特征。行为特征方面,存在视听等感知觉的障碍,朗读与默读常常有只读或倒错等现象;学业方面,多数学生表现出阅读障碍,书写速度较慢,数学符号和空间关系方面存在理解和应用的不足;语言方面,发展相对迟缓,不善与人交流,回忆能力差;注意力方面,常常注意力有缺陷、不集中、易冲动等。

(三)学习障碍的原因和类型

阅读障碍是学习障碍的一种,主要是由生理和环境两大因素造成的,尤其是两者的相互作用,也就是说内部因素和外部因素同时作用导致了这一结果。尽管有人认为对有学习障碍的人来说应更强调语音教学,但目前,通常教授有阅读障碍的学生与其他阅读不良的学生的方法基本相同。

一个孩子一旦被贴上了学习障碍的标签,他就有遭到马太效应的危险。可能会因同伴的影响使这个孩子的情况更加恶化。教师也会对学生产生影响,如果教师对学生漠不关心,可能使学生表现得很差,学生表现差了,教师就更不关心,结果表现更差,形成恶性循环。

除了学习障碍,其他障碍类型还有学习数学上的计算障碍、在拼写上明显存在障碍的书写障碍等。还有一些人提出非阅读的学习障碍,但是关于它们的实质和具体的定义却存在很大争议。学习障碍中的一种特殊类型是天才学习障碍儿童（gifted LD）。换句话说,天才学生也可能存在某种学习障碍。例如,一个儿童可能在言语方面很有天赋,但是在数学方面很糟。

有些学校已经实施了特殊的教育方案来教育这些特殊学生,并且根据这些学生的具体情况设定教学策略。

(四)对学习障碍学习者的教学策略

教育学生的关键是要灵活。在教育教学活动中,教师首先应当重视学习障碍儿童中存在的个别差异;其次要寻找合适的教育训练方法。认知学习的许多基本原理都可以用来提高学生的注意力、记忆力和问题解决能力。教师应当鼓励学生进行计划和监控学习,解释并强调学习策略的使用,以保证有学习障碍的学生能够理解并将这些策略付诸实践。教师要注意提高学习障碍儿童的学习动机。这些学生一般缺乏自尊,认为他们在学校中是失败的。教师应该引导他们建立自信,提高学习热情。柯克提出将任务训练和心理历程训练结合起来,主张历程-任务训练（process-task approach）。教师将无意义的训练与教材等有意义的训练结合起来,同时对任务和学生本身进行分析,可能会取得更好的效果。

四、感官障碍学习者

感官障碍学习者主要是指视觉障碍（visually handicapped）和听觉障碍（hearing impaired）两类学习者。

(一)视觉障碍学习者

1. 常见视觉障碍学习者的特征

(1)视力缺失和减退导致个体在运动、认知和社交发展等方面落后。

(2)没有视觉信号输入,或视觉信号很弱,影响个人从周围环境中寻找有兴趣的东西。

(3)有视觉障碍的人在听见声音时会表现得很兴奋,会向声音发出的方向转动身体和摸索。

2. 视觉障碍的早期干预

视觉障碍者由于视觉的减弱或丧失,他们的活动范围和种类都受到一定的限制,感觉及运动能力得不到有效锻炼,势必会影响他们的各项发展,甚至会造成智力低下,所以在发展早期进行适当的干预训练是非常有必要的。

(1)感官训练

感官训练是指对视觉障碍者的听觉、触觉、嗅觉、味觉及残余视觉等感官功能进行有计划的干预训练,以使其他感觉更好的代偿视觉的损失,使得视觉障碍者能够更好地认识客观世界,学习各种技能,适应社会生活。

(2)运动技能训练

视觉障碍者由于自身缺陷,自发的运动会减少,与正常儿童相比,他们更倾向于待在某个地方不动,以保证自己的安全,这就使得他们的运动技能的发展落后,所以要加强其运动技能的训练。

(二)听觉障碍学习者

听觉障碍是由于听力结构或者功能上的损伤而造成的障碍。听觉障碍学习者不能正确理解别人所说的话,表现为较差的言语接受能力,使得他们难以从事一般人所能从事的工作学习活动。手语成为他们的主要交际手段,平时主要是借助于手语实现与他人的沟通交流。

1. 常见听觉障碍学习者的特征

(1)听觉障碍者由于听觉损失,所以对外界事物的感知和认识程度受到一定程度的影响,对知觉信息加工不完整,他们的视觉则在一定程度上处于感知的优势地位。

(2)听觉障碍者注意的发展比正常儿童缓慢,且无意注意占优势。

(3)由于听觉的损伤,听觉障碍者的记忆主要是以形象记忆为主。

(4)听觉障碍者的思维内容具体,多以形象性的内容作为思考对象。

(5)听觉障碍者在概念形成时会出现概念扩大化和概念缩小化的现象。

(6)由于听力和语言发展的局限性,加之视觉的优势地位和手语的形象性表征,与正常人相比,听觉障碍儿童的思维水平较低。

2. 听觉障碍者的干预

(1)听觉损伤影响语言发展,可以通过缺陷补偿帮助听觉障碍者发展语言。例如在课堂教学中,利用情景教学法,使学生通过观察和活动参与来帮助学生理解语言,但要注意视觉等其他感官对听觉的补偿作用是有一定限度的,因此在缺陷补偿的同时,不能忽视听觉障碍学生听觉技能的训练。

(2)为了培养听觉障碍者的有意注意,使其能够更集中地参与到康复、训练和教学中,教师要利用教学的新颖性来吸引学生的注意,使他们对学习产生兴趣,逐渐培养有意注意。

(3)培养听觉障碍者的语词记忆要依靠其形象记忆,在依靠形象记忆帮助理解的基础上,运用多种手段来促进语词记忆。

五、言语或语言障碍学习者

(一)言语或语言障碍的定义

影响通过视听途径进行的基本言语交际过程的病态现象属言语障碍,而影响造句表意或理解他人言语含义等较高级过程的病态现象则为语言障碍。言语障碍是指视、听、发音、书写器官的器质性病变,以及发育性言语障碍,如口吃和发不出某些辅音等。

(二)言语或语言障碍的分类

1. 言语障碍的分类

(1)构音异常

构音异常是指说话时吐字不清,也就是俗话说的发音不准确。交往障碍的学龄儿童中有 70%~80% 属于构音异常,在语言障碍中有单纯的构音障碍现象,也有的是构音异常伴随其他症状出现。构音异常常见的有四种情况,说话时出现替换音、省略音、弯曲音、添加音等。

(2)发声异常

常人说话,音调、音量、音质都能保持在一定的范围内,强弱有致,大小适中,让听的人不觉得刺耳或吃力。发声异常的人则容易在音调、音量、音质三方面偏离常态。

(3)口吃

口吃属说话节律障碍或说话流畅障碍。说话者在说话时不恰当地中断、重复、拉长一些字音或调。口吃在说话障碍中极为典型,连外行人都能指出"某某人说话结巴"。言语障碍研究中多数是研究口吃。造成口吃的原因,学术界在经过半个多世纪的争论后,普遍服从多因素论。

(4)语言迟缓

语言产生时期较晚,在恰当的语言操作方面,明显地落后于同龄儿童。对词义的理解狭窄,不能正确地运用语言进行交流,具体是指在期望的年龄中语言发育不达理想的状况,可能由发育迟,听力障碍、脑损伤、智力落后,情绪障碍等问题造成。

2. 语言障碍的分类

(1)表达性语言障碍

说话者表达性口语应用能力显著低于其适龄的应有水平,但语言理解能力在正常范围内,发音异常可有可无。比如,两岁时不会说单词,三岁时不能讲由两个单词组成的语句,稍大后仍然词汇量少、讲话过短、句法错误等,其严重程度超过同龄人的变异范围。

（2）感受性语言障碍

说话者对语言的理解低于其适龄的应有水平，几乎所有患者的语言表达都显著受损，也常见语言发育异常。比如，一岁时对熟悉的物品名称无反应，两岁时仍不能听懂日常简单的口令，稍大后又不能理解语法结构，不了解别人的语调、手势等意义，其严重程度超过同龄儿童的变异范围。

（三）言语或语言障碍儿童的特点

多数语言障碍的儿童没有肢体或动作的障碍，应该有正常的智商。但是正常的智商并不保证在学业上保持中等或以上。语言障碍的儿童会有严重的自卑感，也许因此而影响成绩。因此，绝大多数的语言障碍儿童在普通教育班学习，学业成绩一般处在中等偏下。这些儿童随着年级的升高，成绩会逐渐下降，有的甚至出现智力落后。处于轻度智力落后的语言障碍儿童，可以在普通班级实行随班就读。部分语言严重障碍的儿童，可以进特殊学校培训班或普通学校的特教班就读。在教育上则侧重于语言的强化训练，以促进他们语言表达能力的提高。

必须指出的是，归入语言障碍的学生中有一部分是故意不讲话的（elective mutism）或是不愿意讲话的（reluctant speech）。实际上，这些学生并没有语言障碍，仅仅是性格原因，如孤僻、不合群，或由于对新环境的不适应，暂时性不愿意讲话。教师和同学则会认为这些学生怪怪的，有问题。这种情况的学生在经过一定时间心理辅导和治疗或对新环境慢慢习惯后，逐渐会开口说话，应特别注意区分这类学生。

言语障碍儿童的智能要比普通儿童低下，其学业成绩会稍逊于正常儿童。构音异常儿童常常缺乏分析字音顺序的能力。

六、情绪和行为障碍学习者

（一）情绪和行为障碍学习者的定义

情绪和行为障碍（emotional or behavior disorder）儿童是指儿童的行为在没有智力障碍和精神失常情况下与其所处的社会情境及社会评价相违背，在行为上异于常态，且妨碍个人对正常社会生活的适应（朴永鑫，1995）。

情绪和行为障碍的儿童往往会不同程度地表现出以下一种或几种现象：①因非智力、感官或健康因素而无法进行正常学习；②难于与同学和师长建立和保持正常人际关系；③无故地表现出不良行为和仇恨倾向，甚至暴力行为；④情绪低落，郁郁寡欢，对任何事物都没有兴趣；⑤对学校和同学有恐惧感，这种恐惧感常常以身体不适的方式表现出来，例如头晕、恶心、胃疼等，但临床检查没有异常或疾病。

(二)情绪和行为障碍的分类

1. 情绪障碍的分类

(1)分离性情绪障碍(separation anxiety disorder)

在与自己认为最重要的人,主要是父母或亲人,分离时所表现出的一种极度忧郁情绪。实际上,在学前班儿童第一次入学时,许多孩子都会不同程度地出现分离性忧郁情绪。表现出紧张、不安、惊慌和哭闹外,有时还会表现为身体不舒服。

(2)童年或青春期回避性情绪障碍(avoidant disorder of childhood or adolescence)

回避性情绪障碍表现为不愿意或回避社交活动,特别不愿意与陌生同学或同伴接触。有时若强迫他们参加不愿意的社会活动,反而会使他们在行为上更加表现出社会性退缩。

(3)过度忧虑性情绪障碍(overanxious disorder)

过度忧虑性情绪障碍者会出现持续六个月或更长时间的过度焦虑和担忧情绪。过度忧虑情绪可严重影响学生在学校的学业表现。

(4)焦虑症(anxiety disorder)

焦虑症可能引起选择性缄默症、强迫症和情绪紊乱。

2. 行为障碍的分类

(1)内向型(internalizing)行为障碍

内向型行为障碍表现为害羞、退缩或者抑郁。具有这种行为障碍的学生可能会表现出害怕、担心、冷漠、悲伤,或者过度自我意识和过度自我批评。他们可能会避免参加团体活动,或者看起来心不在焉、注意力不集中。除非这种行为影响了学业成绩,否则教师一般难以发现学生有这种行为。

对有内向型行为障碍的学生,在教师中进行一些自然的、没有威胁的小组活动会对他们有所帮助。在小组活动之前要明确一定要包括所有的成员,并且活动过程中成员间要彼此尊重。

(2)外向型(externalizing)行为障碍

与内向型行为障碍的儿童相比,外向型行为障碍的儿童很容易引起教师的关注。因为他们会不遵守纪律,干扰别人,甚至公开与教师作对。有些还有可能出现一些违法或自残行为,比如撒谎、偷窃或药物滥用。还有可能攻击其他学生或破坏学校设施。

有一种外向型行为障碍叫品性障碍(conduct disorder),指的是"侵犯到他人权利的反社会行为模式"[科尔曼(Coleman),1996]。这类学生往往具有攻击性,有可能会攻打其他同学或老师,甚至会走上犯罪的道路。

对立违抗性障碍(oppositional defiant disorder)是与外向型行为障碍有关的一种心理问题。表现为对他人的,特别是权威人士的不合作、消极的反抗行为(NockKazdin,&Kesser,2007;Rowe,Maughan,Costello,&Angold,2005)。

对外向型行为障碍学生,教师要花时间管理他们来防止其出现干扰行为或对其他学生造成伤害。可以采用行为矫正技术来治疗这些学生,如将学习与积极的情绪联系起来、行为塑造、暂时隔离等。

自闭症(autistic disorder)是一种特殊的行为障碍。自闭症是一种普遍的发展障碍。患有自闭症的儿童被称为"星星的孩子",他们有以下特征:对人缺乏兴趣,而对无生命的环境刺激有强烈兴趣;与他人有情绪距离,并避免目光接触;不能建立同伴关系;语言发展迟缓或没有语言发展;刻板的、看起来无目的的重复性活动;自我伤害行为;智力障碍,但在某些技能上会表现出色。

当然,并不是所有的自闭症儿童都有全部这些特征,可能有一种或几种,但是绝大多数都存在社交和语言障碍。目前自闭症还没有出现治愈案例,一般是通过综合心理治疗,尤其是行为矫正技术和特殊教育来进行治疗。

如果班里有自闭症儿童,教师就应该调整作业,使这些儿童能够以非言语的形式来完成。如果有严重自闭症儿童,教师就应该单独给他布置任务。行为主义的一些方法对自闭症儿童学习适当的交往行为和语言技巧会有一些帮助。

(三)对情绪和行为障碍学习者的教学策略

学校首先要从环境上为情绪和行为障碍学生创设良好的氛围,运用社会生态学的观点,构建生态单元,尽可能地使儿童适应学校、家庭和社会环境。在具体的教育过程中,教师可以运用心理教育方法进行行为矫正;针对每个儿童的特点为他们制定教育计划,对问题进行全面评估。教师的重点应该放在和谐的学习环境和亲密的师生、同伴关系上,运用一些具体的教育技术,对儿童进行教育,结合儿童自身的认知达到教育目的。

本章小结

学生的群体差异主要表现在性别差异、社会经济差异、种族与文化差异、认知差异等方面。学生的个体差异则包括智力差异和人格差异两方面。在智力差异层面,加德纳的多元智力理论与斯滕伯格的三元智力理论是了解学生智力结构,并对其深入加以探析的理论工具。在人格差异层面,奥尔波特的人格特质理论与卡特尔的人格特质理论亦是评估学生人格结构的有力工具。特殊学习者,是指在身体、心理或行为上与正常人不同,需要其他帮助或服务来满足其需要的个体,它包括智力落后学习者、智力超常学习者、学习障碍学习者、感官障碍学习者、言语或语言障碍学习者、情绪和行为障碍学习者等。教育者要根据学生之间的差异,因人而异地采用不同的教学方法,以不断创设出每个学生成长的最近发展区。

 思考与练习

1. 性别差异有哪些表现?教育中如何利用这些差异?

2. 认知风格有哪几种类型?教育中对待这些认知风格?

3. 分别阐述两种不同的智力理论。

4. 智力障碍者如何教学?

5. 请认真思考自己在学习活动中的表现,想一想自己是哪种学习风格。

6. 学习障碍有哪些表现?

7. 行为障碍有哪些类型?

参考文献

[1]王亚杰,郑瑞君.多元文化背景下当代大学生信息接受习惯与认知方式研究[M].北京:北京邮电大学出版社,2013.

[2]陈中永.中国多民族认知活动方式的跨文化研究进展[M].北京:中央民族大学出版社,2011.

[3]可可.性别的战争:男女性格差异对比书[M].北京:机械工业出版社,2013.

[4]龚勋.IQ智商:头脑就是武器[M].北京:华夏出版社,2013.

[5][美]亚伯拉罕,阿尔布兰德.男孩女孩:性别差异解读[M].荆卉,译.北京:中国青年出版社,2003.

第四章　教师心理

学习目标

1. 明确教师的角色与特征。
2. 了解教师的专业素质有哪些维度。
3. 了解师生互动的类型及其影响因素。
4. 明确教师的成长发展过程。
5. 掌握教师职业倦怠感的表现及影响因素。
6. 掌握教师的教学效能感及提高教学效能感的途径。

陈老师,男,38岁,某高中教师,离异。无重大躯体疾病历史,家族亦无精神疾病史。曾获得过省市乃至国家级多次奖励,是省、市级优秀教师。性格偏内向,朋友不多。大学毕业后一直从事高中教学工作,并带过三轮高考。自己工作热情很高,善于利用计算机辅助课程教学。并自建有所教课程的个人网站,访问量很高,受到许多老师欢迎。经过多年的努力,学生高考成绩显著,因而获得了不少荣誉,也获得了领导的赏识。并获得多次外出学习、交流、考察的机会,在全校大会上被树立为教师学习的榜样。课余时间经常与学生打篮球。

晋升了高级职称后,渐渐感觉年年重复上课,没什么前途,生活没意思,平时教学工作开始得过且过。也不愿意与学生打篮球了。老是觉得心里烦闷,头昏脑涨,食欲不佳,喝点酒才入睡稍好。单位组织的娱乐活动一概不参加,同学的聚会也不参加,朋友很少。经常请病假。后来沉湎于网络游戏,经常在电脑边熬至后半夜,个人网站也不维护了。向领导提出一些建议,但未被采纳,认为领导不重视自己,与领导发生争吵。想换个单位,正好有一次组织部需要从基层选拔具有计算机技术的教师,自己获得推荐,但最后无果而终。经常同妻子吵架、闹矛盾,酒后甚至动过手,最终离婚。

究竟是什么,让一位先前在教学岗位上表现如此突出的教师,最终在教学工作中沉沦下去? 是时间,是待遇,还是其他的原因? 本章将带你解开这个谜题。

第一节　教师的角色与特征

一、教师的角色

(一)角色

"角色"一词源于戏剧。20世纪20年代,美国芝加哥学派最早系统地使用了这一概念。1934年社会心理学家米德(G. H. Mead)首先运用"角色"的概念来说明个体在社会舞台上的身份及其行为之后,"角色"的概念被广泛应用于社会学与心理学的研究中。

角色是社会角色的简称,指个体在特定的社会关系中的身份及由此而规定的行为规范和行为模式的总和。具体地说,就是个人在特定的社会环境中相应的社会身份和社会地位,并按照一定的社会期望,运用一定权力来履行相应社会职责的行为。它规定一个人活动的特定范围和与人的地位相适应的权利义务与行为规范,是社会对一个处于特定地位的人的行为期待。角色是一个抽象的概念,本质上反映了一种社会关系,具体的个人只是一定角色的扮演者。在社会生活中,大多数人扮演着多种角色,集许多角色于一身,是一个角色丛。

(二)教师角色

1. 教师角色的内涵

教师是人类社会中的一种古老职业。早在原始社会的末期,即学校萌芽出现之后,就开始有了专职的教师,从此以后,教师职业就与人类社会历史的进程相伴随,成为人类文明史中永恒的职业之一。在行业竞争异常激烈的现代社会里,教师同其他职业活动一样,有着自身的行业性质和特点。从事教师工作的人需要形成与自己的职业活动相适应的职业心理素质和职业角色形象。

教师,既是一定角色的扮演者,也是一种社会角色。古代韩愈在《师说》中提到:"师者,传道授业解惑也。"《辞海》中提到:"教师是向学生传授知识、执行教学任务的人。"《中华人民共和国教师法》中将教师定义为履行教育职责的专业人员。教师角色代表了三种含义:一是教师的角色就是教师的行为;二是教师角色表示的教师的地位和身份;三是教师角色意指对教师的期望。

2. 教师角色的发展

教师的社会地位和角色形象,是伴随着人类社会历史进程的演变而不断变化的。不同的历史阶段随着社会发展需要的不同,对教师职业的社会要求,即角色形象的定位有着一定的差别。

早在原始社会,部落的氏族首领和具有经验的长者、能人,在生产劳动和日常生活中,有意识、有步骤地把生产知识技能、生活经验、风俗习惯和行为准则等传授给年轻的一代,于是人类社会最初的、与生产劳动和日常生活融为一体的教育便出现了,而那些承担教育之责的部落首领、长者和能人自然成为最初的"教师"。如古代传说中所说的燧人氏教人钻木取火,有巢氏教民构木为巢,伏羲氏教民以猎,包牺氏教民以渔,神农氏教民稼穑,仓颉氏造字等。这个时期的教师,传授给下一代生存的技能,注重知识的实用性和操作性,教师并没有成为一种独立的社会职业。

随着社会生产力的发展,在奴隶社会初期形成了相对独立的学校教育,在学校中专门设有教授之责的人员——教师。教师就成为一种独立的社会职业。到了封建社会,出现了私塾先生及"书院"讲学的学者。在欧洲的封建社会,由于学校主要为教会所控制,教师便由僧职人员兼任。在封建社会,教师职业队伍的主体属于上流社会的一部分,因而对从事教师职业人员的要求普遍比较高。我国秦代奉行"以吏为师"的文教政策,西汉以后则对教师"一律计资定品,领取官俸"。"天地君亲师""师道尊严"典型地反映了教师在古代中国人心目中的位置。日本明治维新以前,教师"圣职论"异常盛行,教师与僧侣一样受到社会民众的尊敬。欧洲资产阶级工业革命以前,社会上普遍认为教师的职业是"天职",同牧师、传教士一样,是"人类灵魂的工程师"。但在古代社会,教师的专业化程度不高,且从事教师职业的人数也十分有限。

进入现代社会,机械化的大工业生产取代了手工劳动、作坊生产,生产力从此得到快速发展,便产生了专门培养教师的教育形式——教师教育。20 世纪 50 年代以后,国际上出现了教师职业专业化的发展趋势,要求教师从业人员向专业化方向发展,认为改善或提高教师职业社会地位的唯一出路是"教师职业的专业化"。随着各级各类学校的大规模发展,教师职业的劳动力投入也呈大幅度增加的趋势。在教师人数增长的同时,随着各国学校教育水平的提高,师资的培养标准也相应得到提高。此时的教师是专业的工作者形象,成为社会上受人尊崇的热门职业之一。

3. 教师的多重角色

在传统教学中,教师的角色是比较单一的。教师在教学中处于中心地位,以文化权威的身份出现,在知识、技能和道德等方面具有不可动摇的权威性。而信息技术的飞速发展和社会的急剧变革促使教育目标、教育内容和教育方法等都发生巨大变化,师生之间已不再是单一的接受关系,还可能是同伴关系、组织者与参与者的关系以及帮助者与被帮助者的关系等,教师的角色也相应地从传递者转变为多重角色。

当今教师究竟应当承担哪些角色?从不同的视角出发来对教师角色加以审视时,

就会有不同的答案。

（1）社会视野中的教师角色

教师的社会角色要求教师有四个角色：第一是教书育人的角色，教师是人类知识的传授者、言传身教的教育者；第二是行政管理的角色，要求教师是学生集体的领导者、课堂纪律的管理者、教学过程的组织者；第三是心理导向的角色，要求教师是人际关系的协调者、心理卫生的工作者；第四是自我定向的角色，要求教师是孜孜不倦的学习者。

（2）师生关系视野中的教师角色

教师既是知识的输出者，又是学生自主学习的引导者；教师是学生创新能力的培养者；教师既是知识的给予者，更是学习方法的给予者；教师亦是因材施教者。总体来看，现代教师所承担的角色是多样化的。

二、教师的特征

教师的职业角色决定教师应具备一系列的特定特征，它是个体的自然特点、知识技能、行为习惯、文化涵养及人格特征等方面的有机结合，是教师搞好教育工作的重要条件，也是培养学生成才的可靠保证。教师的特征包含内容有很多，归结起来可分为两大类，即教师的认知特征和教师的人格特征。

（一）教师的认知特征

1. 教师的智力

从表面上看，教师的一般智力水平似乎同教学的成功高度相关，但事实表明，如果从学生在学习成绩上的进步、从校长和监督人员的评定来看，教学的有效性同教师的智力水平只有微小的相关。一是由于教师主要来源于智力分布上端 25% 的这部分人，因而智力与教学成效应有的相关大为减小；二是智力在对教学成效的影响中，多半只是作为一个有限的因素而起作用的，最低限度的智力水平显然是有效教学必不可少的，但是，超过了某一临界点后，教师的智力水平就和学生的学习没有重大的关系了，而其他的一些认知因素，却成为教学成功与否的重要原因。所罗门（D. Solomon）等人于 1964 年的研究表明，学生的知识学习同教师表述的清晰度有显著的相关，这可能是由于在教学中最初呈现观念和随后提供的有效反馈，都有赖于教师表述的清晰性和流畅性。希勒（J. H. Hiller）等人 1971 年的研究也指出，教师讲解含糊不清与学生的学习成绩呈负相关。与这些研究所揭示的事实呈一致的其他研究还发现，教师思维的流畅性与其教学效果的等级有显著的相关。

2. 教师的学科知识

教师表述的清晰性，以及为学生提供的适当反馈以澄清含糊与消除误解，在很大程度上取决于他对自己所教授的这门知识是否真正掌握。可是,目前的一些研究尚未做到按下述的一些方面,如理解力,稳定性,概念的清晰与准确性,该学科领域各部分关系的整合性,对重大理论问题与基本哲学假设的了解,对方法论问题以及教学方法与策略的鉴别和运用等,来适当地测量教师对教材的掌握。因此,尽管我们有理由认为这些方面会影响学生掌握教材,并影响学生对该门功课的一般兴趣和智慧上的激励,但其间的重要关系至今还了解得不够,不能做出完全肯定的判断。显然,在测量教师认知变量上存在困难,在测量学生相应的学习方面也同样存在困难,因而在师生掌握教材方面的研究,尚流于形式,较为肤浅。

3. 教师在学术方面的准备

一般来说,教师在学术方面的准备程度(按其学习时的年级平均成绩、主要科目的学习量与成绩测验而定)与学生学习的好坏,同监督人员对成功教学的评价,只有低的正相关。从理论上来说,教师的教学准备与成功教学没有较高的相关似乎不太可能,但是经验证实了这种低相关。我们认为,这可能在某种程度上反映了师生掌握教材测量上的表面性和低效应,也可能反映了学术上的准备状态同智力一样,只有当它低于某一关键值时,才会影响教学的有效性。

4. 教师的其他知识和能力

如果教师在组织学习活动和控制学习变量中能表现出较好的技能、想象力和敏感性的话,就会促进学生获得优良的学习结果。教师的这种能力对学生的学习既然有如此的作用,那么,理应看做是教学专业能力的一个指标。斯波尔丁(R. Spaulding,1963)指出,教师的条理性与学生的阅读成绩呈正相关。科根(M. L. Cogan,1958)也认为,教师安排学习活动有条理、有组织,学生的学习收获就较大。在小学阶段,教师的这些特征对学生学习成绩的影响,尤为明显。

了解儿童的发展、学习以及动机等影响学习变量的原理,有助于教师对教学的全面安排,并使教学适应学生的个别差异。因此,教师在这方面的知识也同学习的结果有关。有人发现,教师对儿童的发展与所学知识的了解程度,同学生学习代数与几何的成绩有明显的相关,善于诊断学生学习上的困难,并善于鉴别某种教材能获得何种学习结果的教师,更能成功地提高学生的成绩。此外,使思想的交流适合学生智慧的成熟水平,适合他们在学科方面所达到的复杂程度,也是教师教学有效性的一个重要特征,特别是在小学和较低的教学水平的情况下,这种能力与学生获得清晰、稳定、明确的意义,会有显著的相关。

(二)教师的人格特征

教师的人格特征不仅影响学生的知识学习、智能发展,而且影响学生的非智力因素的发展、品德的形成、人格的塑造。教师的人格显著地影响着儿童的智慧、情感和意志的发展,影响着他们的生活。在教育中,一切都应该以教育者的个性为基础。可见,培养、提高教师的人格素质至关重要。教师的人格主要是指教师的性格、品德和信仰,具体表现在以下几个方面。

1. 高尚的情操

献身于培养人的教育工作,忠诚于人民的教育事业,这是教师从事教育活动的最高尚情操。有一位教师谈他为什么喜欢教师工作时说:"教师的功绩虽不会像政治家那样显赫,教师的名字虽不会像科学家那样名垂千史,教师的形象也不会像影视明星那样路人皆知,教师更不会像个体户那样腰缠万贯,但是,在平凡伟大的事业中我们得到了精神的快乐,在繁忙艰苦的工作中我们得到了情感的充实。这一切都是因为:我们面对的今天的学生,设计的都是祖国的未来。"教师就是要有这种对教育事业的无私奉献的精神,把自己的全部精力都投入到教育事业中去,以高尚的心灵去铸造心灵的高尚,以诚挚的感情去培育感情的诚挚,认真做好各项教育工作。

2. 浓厚的兴趣

对教育工作的浓厚兴趣是教师创造性地完成教育工作的重要动力,同时也能激发学生积极向上的学习动机。

第一,教师的兴趣要广泛。科学的发展、人类的进步,给教育带来了许多新的知识,教师必须去关心并了解这些新知识。教育界有一句行话:"要给学生一杯水,自己要先有一桶水。"这说明教师不仅要具备多方面的知识,而且还要给这"一桶水"不断地"加水""换水"才能永远给学生输送"新鲜血液",才能培育出知识面广、有创新精神的人才。

第二,教师的兴趣要突出,即要有中心兴趣。教师的中心兴趣与其工作直接相关,即是对学生的身心发展、对所授学科的研究兴趣。这种兴趣不仅促使教师接近和了解学生,也促使教师积极地钻研教材,探究教育方法,进行创造性的工作。

上述两种兴趣的结合是教师创造性地完成教育工作的重要心理条件。

3. 强烈的情感

教师的情感能推动教师积极地工作,能深深地感染学生。教师的强烈情感主要表现在以下方面。

(1)对教育事业的热爱

一个对教育事业充满深厚感情的教师,就会乐于献身教育事业,精心培育一代新人。作为教师,在自己的工作中严格要求自己,积极追求自我价值,全身心地投入到教育学生的活动中,必然会博得学生的尊敬和信赖。所以,教师的这种情感是与其教育年青一代的责任感、义务感、荣誉感、自豪感等联系在一起的。

（2）对学生的热爱

一个对学生充满诚挚的爱的教师，就会随时随地关心、爱护学生的成长，精益求精地提高自己的教育水平。因此，教师热爱学生，应做到像母亲一样慈爱、像父亲一样严格、像兄长一样亲近、像朋友一样真诚。这样，教师爱学、乐教的情绪会自然地流露出来，潜移默化地影响学生，使他们产生愉悦、和谐的情感体验，激发他们积极的学习动机，达到"亲其师而信其道"的教育境界。

 走进课堂

几年前，我去苏北的一个小镇支教。小孩子对老师有着天然的热情。课前课后围着我，怯怯地问一些海阔天空的问题。但有一个小男孩，一直安静地坐在南边靠窗户的地方，手撑着头，眼睛散漫地望着窗外空荡荡的天空。

他的伙伴私下里告诉我，他是班级里成绩最差的一名学生，孤傲，霸道。一个女孩子狠狠地补充一句："没有人喜欢他的。"

一天下午，他迟到了，裤管儿、袖口全是泥，左手上还有一个鲜红的小口子，只听他气喘吁吁地喊："报告。"我看看表，已经上课一刻钟了，真是气愤，便严肃地问："到哪儿去玩了？为什么迟到？"他扭扭衣角，犹豫了半天，就是说不出理由。我更坚信了自己的判断，便决然地说："好，既然迟到，先站到教室后面去听讲！"这是我第一次"体罚"学生。课后我安慰自己，是他做得太过分了。

下班后，我和同事一起推车回宿舍，竟然发现车筐里多了一堆橘子，红红黄黄的，不好看，青涩的叶子还在，但个头很大。也没想出来是谁的好心，回来橘子就被大家瓜分了。

从那次以后，他又打了一次架，我更是被气得很少喊他回答问题。有一次，他终于忍不住来问我："老师，你是不是不喜欢我？"我说："是的，又迟到又打架，没有人会喜欢你。"我的本意是先批评他一顿再和他交流的，哪知我话还没说完，他就走了。

第二天体育课，练单杠时，他摔伤了，躺在地上死活不肯去卫生所，谁的话也不听，我很着急："谁去把他爸妈叫来？"班上的"机灵鬼"很快就找来了他的家长——穿着打补丁的中山装的爷爷。爷爷是推着小车来的，一车的橘子，红红黄黄的，急急地扔下小车就来搀他，心疼地帮他拍打身上的尘土，连声问"要紧不"，他撒娇地说不大疼，用热水敷敷就好了。我说，还是去看看医生吧。他终于骄傲地回了我一句话："不要紧，爷爷会喜欢我的！"

我愣了。

在办公室，他爷爷问我："你就是那个外地来的老师吧，毛毛说你的课上得好，他很喜欢你，我种了几亩橘子，前几天，他非得让我给你送，我说人家外地老师不稀罕的，他就搬了个小凳子去摘，还弄得手都受伤了……"我忽然觉得自己犯了一个天大的错误。

在后来的课堂上，我一直"讨好"他，他还是对我爱理不理的。后来，我要走了，他哭得一塌糊涂，弄得其他学生都特别惊讶，他还给我写了一封长长的信。

我终于知道了这个为我摘橘子而迟到的孤儿，知道了因为别的学生说我"坏话"而被他"教训"的经过，知道了他赌气故意摔伤自己证明这世上还有人真心喜欢他的"报复"……

看着看着，我泪流满面，忽然觉得这封信是我这一段时光最大的感动和最深的遗憾。

他说，不管老师喜不喜欢我，我都喜欢你的课。信的末尾是这样一句："老师，记住吧，总会有人喜欢你的，就像爷爷那么喜欢我一样。"

（3）对所教学科的热爱

一个对所教学科充满热爱的教师，就会博览群书，深刻理解教材，不断提高自己的专业水平，富有情感地去讲授每一堂课，让学生在平静、亲切而又活跃的气氛中学习，深刻地感知与理解教材，从而使学生掌握知识、学会做人。

4. 顽强的毅力

教师顽强的毅力是一种优秀的意志品质，是顺利而有效地进行教育工作的保证，也是学生锻炼意志、努力学习的榜样，教师的这种意志品质主要体现在三个方面。

（1）不怕困难，知难而进

有一位教师说得好："当一个人对祖国和事业除了忠诚和责任别无所求的时候，他还有什么困难和挫折不能克服呢？"具有明确的教育目标和力求达到这一目标的坚定意向，是教师克服困难的内在动力。它能使教师在任何情况下忠诚人民的教育事业，坚守教育岗位。

（2）持之以恒，保持旺盛的精力

俗话说："十年树木，百年树人。"培养人的工程不是一朝一夕就能完成的，它具有长期性和艰巨性的特点。因此,教师要搞好教学,教育好学生,就要有旺盛的精力,坚持不懈地、百折不挠地在教育园地里耕耘。

(3)沉着、宽容、自制

教师的职业要求教师善于控制自己的感情,谨慎对待自己的言行,对学生要宽容,切勿粗暴地惩罚,应以理服人、以情感人、以行动人,使学生也学会调控自己的情感。

5. 良好的性格

教师的良好性格有利于教育工作的顺利完成,并对学生良好的性格塑造起着潜移默化的作用。教师的良好性格特征主要包括以下方面。

(1)活泼开朗而不轻浮

教师富有朝气、活泼开朗,给人生气勃勃、坦率豁达的良好印象。教师应该精力充沛、意志顽强、生动活泼、反应灵敏,同时还要稳重,不可轻浮。这样才具有文静潇洒、质朴开朗、彬彬有礼的风度美。

(2)热情大方而不做作

热情是融化师生隔阂的阳光。教师如果总是一味严肃,板着面孔,动辄训斥,则未免使人望而生畏,收不到预期的教育效果。因此,教师的言谈、举止、态度、作风应该是热情大方而不矫揉造作,同时还要善于掌握分寸,对那些过于亲昵的态度、放荡行为要坚决反对,这样才能赢得学生的尊重。

(3)善良和蔼而不怯弱

一个教师是否堪称学生的表率,其衡量标准之一是是否对学生善良和蔼。教师态度的好坏,在学生眼里,决定着这位教师是否可信。尤其对差生,更要倾注满腔热情,关心鼓励,耐心帮助。教师对学生的批评是善意的真挚的,学生才愿意接受。当然,善良和蔼并不是感情用事、求稳怕乱、胆小软弱,否则就是不负责任。

(4)谦逊文雅而不庸俗

教师的主要劳动手段是语言。谦逊文雅、高尚优美的言谈,反映良好的思想品质、趣味、情操和文化修养。教师应和气、文雅,谦逊温和而有礼貌,不讲粗话和脏话,不强词夺理,不恶语伤人,谈吐不鄙陋野俗。

第二节　教师的专业素质

教师素质与教师专业素质不能等同:教师素质是指教师所应该具备的所有素质,体现的是对理想教师形象的追求,突出全面性和理想性;而教师专业素质是指经过系统的师范教育,并在长期的教师实践中逐渐发展而成的具有专门性、指向性和不可替代性的素质,强调的是教师职业的特殊性和标志性。二者虽不矛盾,但也不等同。关于教师的专业素质,很多学者做了不同的分类(见表4-1)。

表4-1 教师专业素质研究

研究者	教师专业素质结构
教育大词典	1. 良好的个人品德;2. 职业道德;3. 有比较广博的知识,精通所教学科知识;4. 教育理论素养;5. 语言素养;6. 能力;7. 身体健康
教育部师范司	1. 专业知识;2. 专业能力;3. 专业情意
唐松林	1. 认知结构;2. 专业精神;3. 专业情意
姚念章	1. 认知系统;2. 情意系统;3. 操作系统
叶澜	1. 教育理念;2. 知识结构;3. 能力结构
饶见维	1. 通用智能;2. 学科智能;3. 教育专业精神
王卓、杨建云	1. 教育专业知识;2. 教育专业能力;3. 教育专业精神
孟万金	1. 专业理念;2. 专业智能;3. 专业情怀;4. 专业规范
胡惠闵	1. 专业知识;2. 专业技能;3. 专业道德;4. 自我反思与改进
杨高全	1. 健全的教师专业情意;2. 完备的教师专业知识;3. 娴熟的教师专业技能
谢安邦	1. 知识与理念;2. 道德与个性;3. 实践能力与临床技能

总的来说,教师的专业素质一般分为专业知识、专业技能、专业情意三大类。

一、教师的专业知识

教师的专业知识是其他职业无法替代的专业知识,是教师职业的基础和核心,也是教师从业最本质的要求。关于教师应该有的专业知识,有以下几种观点(见表4-2)。

表4-2 教师的专业知识分类

研究者	教师知识分类
伯利纳	学科内容知识;学科教学法知识;一般教学法知识
斯滕伯格	内容知识;教学法的知识(具体的、非具体的);实践的知识(外显的、缄默的)
舒尔曼	学科内容知识;一般教学法知识;课程知识;学科教学法知识;有关学生的知识;有关教育情境的知识;其他课程的知识
格罗斯曼	学科内容知识;学习者和学习的知识;一般教学法知识;课程知识;情境的知识;自我的知识
考尔德黑德	学科知识;行业知识;个人实践知识;个案知识;理论性知识;隐喻和映像
申继亮、辛涛	本体性知识(教师所具有的特定的学科知识);实践性知识(教师在面临实现有目的的行为中所具有的课程情境知识和与之相关的知识);条件性知识(教师所具有的教育学和心理学知识)
傅道春	原理知识(学科原理、一般教学法知识);案例知识(学科教学的特殊案例、个别经验);策略知识(将原理运用于案例的策略)

每一个教师对于教学、学习和学生都会有一定的了解,所以不管一个老师的知识有多丰富、水平有多高、经验有多少,他们的这些理解都会有意或无意地影响着他在教学中的各种决策。然而教师具备了一定的理论知识之后也并不一定能自动对教学活动产生影响。

奥斯特曼(Osterman,1993)将教师的理论知识分为两类:一是"所倡导理论"(espoused theories),是指教师容易意识到、容易报告出来的知识,容易受外界信息的影响而产生变化,但是并不会对教学行为产生直接的影响;另一类是"所采用理论",是指教师不易意识到、不易报告出来的理论,更多的是受文化和习惯的影响,这类知识对教学行为产生直接而重要的影响。这两类知识是不完全独立的,"所倡导理论"可以转化为"所采用理论"。

在教学改革中,我们提倡使用新的教学思想和方法,例如当前素质教育时期我们提倡以被教育者的主动性为主、教师引导学生为辅,注重以形成人的健全个性为根本。但是老师们在了解素质教育思想的情况下,仍然还在用老一套思想进行教学,依旧延续"满堂灌"的模式,一个重要的原因就在于教学改革忽略了这两类知识的差别。所以,在讨论教师的专业知识结构时,需要关注教师自己心中内隐的、直接指导着教学的理论。

二、教师的专业技能

教师的专业技能是教师在教学过程中运用一定的专业知识和经验顺利完成某种教学任务的活动方式。主要包括教学认知能力(cognitive skills of teaching)、教学操控能力(operative skills of teaching)和教学监控能力(regulated skills of teaching)三个方面。

1. 教学认知能力

教学认知能力指教师对教学目标、教学任务、学习者的特点、某具体内容的教学方法与策略的选择以及教学情境的分析和判断能力,主要表现为领会课程标准及分析处理教材的能力和了解学生的能力。

2. 教学操控能力

教学操控能力指教师在教学中使用策略的水平。其水平高低主要看他们是如何引导学生掌握知识、积极思考、运用多种策略来解决问题,它所要解决的不是"做什么",而是"如何做"的问题。

具体包括制定教学目标的策略、编制教学计划的策略、选择和运用教学方法、选择设计教学材料和教学技术、课堂管理策略、教学效果评价策略等。教师综合应用各种策略解决各种问题和冲突的能力表现为教师教育机智,它建立在教师长期的教育经验和知识积累的基础上。例如在充分了解学生的基础上,着眼于学生的最近发展区,让"教学走在发展的前面"。

3. 教学监控能力

教学监控能力指教师为了保证教学达到预期的目的而在教学全过程中,将教学活动本身作为意识对象,不断地对其进行积极主动的计划、检查、评价、反馈、控制和调节的能力。在教师的专业能力结构中,教学认知能力是基础及本质要求,教学操控能力是教师能力水平的体现,教学监控能力是教师教学效果以及改进的重要保证。另外,在新时期教育发展的要求下,教师参加教育科研的能力和利用互联网教学的能力也越来越受到重视。

三、教师的专业情意

教师的专业情意包括专业信念、专业情感、专业性向和专业自我。

(一)专业信念

专业信念是指教师基于对教育活动和教师职业理解的基础上形成的关于教育和教师职业的观念和理性信仰,它包括对教育的信念和对自身专业发展的信念。专业信念的存在使教师的工作不只是谋生的职业,而是终生奋斗的事业。教学效能(the sense of efficacy)和教师控制点(locus of control)均对教学活动以及学生成绩有显著的影响。

教学效能一般是指教师对于自己影响学生的学习活动和学习结果的能力的一种主观判断。阿什顿(Ashton,1982)把教师效能分为两个成分:一般教育效能和个人教学效能。前者是教师对教与学的关系、对教育在学生发展中的作用等问题的一般看法与判断;后者指教师对自己的教学的认识和评价。

教师控制点是指教师将学生学业的好坏归结为外部或者内部的原因的倾向。有的教师倾向于外归因,即将原因归结于外部因素,如客观条件的限制等,认为学生成绩更多取决于环境因素,自己无法掌握和控制,就会怨天尤人,做出消极反应;有些教师倾向于内归因,将原因归结为自身因素,因此会更加具有责任感,主动调整自己的教学行为,积极影响学生的学习活动。

(二)专业情感

情感投入是成为好老师的关键。一个老师只有挚爱自己的工作,才会有极大的热情投入到教学工作中去。教师需要具备以下三个方面专业情感。

1. 敬业精神与责任感

首先要尽心尽力完成教师岗位所赋予的各项职责,保证自己所付出的劳动和绩效不辜负社会给予的地位、荣誉和报酬。还要关注每个学生的学习和发展,关心学生提出的问题而不是无动于衷。

2. 进取心与创新精神

为人师表,需要根据时代发展的要求不断提高自身的科学文化修养和思想道德修养,不仅要"言传",而且要"身教"。要想教出优秀的学生,教师自己首先要是成功的学习者。教师做终身学习者不仅发展了自己,更重要的是为学生的观察学习做了良好的榜样。

3. 具有师德

师德是指教师在其职业活动中处理人际关系所要遵循的基本准则和职业操守。《国家中长期教育改革和发展规划纲要(2012—2020 年)》指出:"教师要关爱学生,严谨笃学,淡泊名利,自尊自律,以人格魅力和学识魅力教育感染学生,做学生健康成长的指导者和引路人。"

(三)专业性向

教师的专业性向是指教师成功进行教学工作所具有的人格特征,或者说适合教学工作的个性倾向。教师的有些人格特征对学生的知识学习和人格发展具有重大影响。

盖兹达等人在综合多方面研究的基础上指出,一个好教师应具有的人格品质的基本内核是"促进"。所谓"促进",指的是一个人对别人的行为有所帮助,包括提高别人的学习能力、增强自信心和自尊心、培养积极待人的态度、缓和焦虑感。美国心理学家罗森特提出良好教师的人格素质,具有以下四个维度:成就取向——管理能力、忍耐力和职业责任感等特质;人际取向——影响力、非权力、非防御性和自我同一性;课堂行为——对课堂的兴趣、表达能力;组织才能——能够有条理地、系统地组织教材和课堂活动。

(四)专业自我

教师的专业自我是教师个体对自我从事教学工作的感受、接纳和肯定,并将显著影响其教学行为或教学效果的心理倾向,包括自我意象、自我尊重、工作动机、工作满意度、任务知觉和未来前景。

教师专业自我是保证教师不断自觉地促进自我专业成长的不可缺少的因素,是教师自我专业发展的内在主观动力。

第三节 师 生 互 动

现在的课堂教学更强调在人际交往中学习,强调在教学活动中让课堂真正地"动"起来。这个"动"不是教师或学生单方面的"动",而是一种"互动",既有教师的"动",更有学生的"动",是师生之间、生生之间、师生与所有教育资源之间的一种互动。"师生互动,共同发展"是"新课程"对课堂教学的定位,也是教师课堂教学新的价值取向。教学过程的互动,核心是要让学生在学习中学会学习、学会探究、学会创新。

一、师生互动的定义

布朗(Brown,2001)把"互动"定义为"互动是两个或多个人共同完成的思想、感情或观点的交流,并且相互影响"。在课堂环境中,互动通常指"课堂互动"或"互动活动",这对学习者有很大作用。

我们把师生互动定义为教师与其学生在课堂上交流,包括个人之间的互动、小团体或整个课堂的互动。它可能是教师发起,也可能是学生发起的。互动不仅是一个人表达自己的想法,而且包括对他人的理解。最常见的教师发起的互动包括提问、表扬、批评和反馈。

二、影响师生互动的因素

师生互动的质量极大程度上受课堂心理氛围的影响,宜人的心理氛围可以改善并激发师生互动;一个好教师强调的是教学方法,学生关注的是课堂上教师的态度、方法、心理健康状况和基本能力。课堂的特点和相关的教学方法也会影响师生互动。

影响师生互动的因素主要有四个方面。首先,教学旨在提高学生的能力,课堂活动的目的是完成任务。因此课堂教学影响师生互动,主要体现在言语互动和非言语的互动。第二,教师的观点及其所使用的教学方法,以及学生的观点和师生关系,都对课堂互动产生影响。第三,教师的心理和行为,如教师的年龄和性别影响师生互动。第四,课堂互动受学生心理和行为的影响,如课堂的心理氛围和学生不同的个性。

三、师生互动的类型

师生互动分类既可按照对象及角色关系进行,也可按行为属性进行。按照对象及角色关系,师生互动可以分为师个互动、师班互动和师组互动。

师个互动是教师对学生个体的单个互动,反映了教师与学生个体之间的关系,具有预期目的与明确方向,这种互动通常表现为提问与应答、要求与反应、评价与反馈及个别辅导和直接接触等。师个互动反映了教师对学生的偏爱,以及学生对教师的评价。

师班互动是教师行为指向学生群体的师生互动。在此种互动中,学生常常会认为自己对老师的反应行为是群体反应的一部分,而不是区别于他人的独立的个体行为。

此类互动常常出现于组织教学、课堂讲授和课堂提问等组织教学过程中。

师组互动是教师与学习小组之间的互动。在此类互动中,教师要对学习小组进行讲解、课堂提问和课堂评价等。在我国,学习小组并没有成为真正有意义的互动群体,合作学习的意义也没有得到应有的重视。

按照行为属性,师生互动可划分为控制—服从型、控制—反控制型和相互磋商型。在控制—服从型师生互动中,服从是教师对于学生课堂行为属性的一种制度规定,学生对老师的控制则表现为服从。在控制—反控制型师生互动中,学生对于教师的大多数行为采取服从态度,但有时也会反对,表现为反控制型,当学生的反控制行为达到一定程度时,师生互动就会发展为相互对抗。相互磋商型是在教师完成预先设计的教学任务和学生免受不必要的惩罚的压力下进行相互磋商的一种互动模式。

四、互动课堂教学的具体要求

其一,参与教学目标的确立,通过"我们应当学会什么""我想学会什么"引导学生参与确立学习目标。这一过程是由"要我学"向"我要学"转化。如:教学《九寨沟》这篇课文时,课前,在熟知课文内容的基础上,一开始,师生交流,确立学习目标。师问:"同学们,今天老师给大家带来了两幅画,我们一起来看看,画了什么?你看了以后还想说什么?可以跟同桌交流。"一下子,课堂非常热闹,你一句,我一句,大家都无拘无束地把自己的真实感受与同学交流,教师在学生间走动,听到了许多意想不到的谈话。这样,学生对学习本课有了明确的目标,产生了浓厚的学习兴趣。

其二,参与教学过程中重难点的确立,通过对重难点的讨论和对不同意见的分析,学生主动向教师进行即时反馈,同学之间互相帮助,实现多向互动。如:教学《九寨沟》这篇课文时,在出示两幅图后,让学生在自主观察、想象的基础上,根据图意,自己提出问题自己回答:"1. 一年四季,哪个季节最美?为什么?2. 你最喜欢哪个季节?并说出原因。"在自由讨论的基础上,自主选择。通过学生的讨论,解决了教学的重难点,达到了较好的教学效果。

其三,教师要在学完一课之后带领学生参与回顾,有意识地引导学生由"我会学"向"我学会"转化,使学生在主动参与中学会学习。如:教学《九寨沟》这篇课文后,师生共同反思。师问:"学了这一课,你知道了什么?把你知道的告诉你的好朋友好吗?"生畅所欲言。但是,互动教学的课堂不应成为学生"自由"学习的课堂,在这一过程中,必须重视教师主导作用的发挥。

五、互动教学的前提和保障

"新课程"改革告诉我们：必须改变传统课堂中教师单向灌输知识、学生被动接受知识的教学方式，取而代之的是学生作为课堂中的主体积极地参与到互动中来，师生、生生之间平等互动，自由发表各自的观点和看法。只有这种自由开放的师生互动才能培养学生的创造性和创新性，才能体现"新课程"的精神。面对"新课程"，教师首先要转变角色，确认自己新的教学身份。

其一，教师应成为学生个性张扬的促进者。教育本质上应该是民主的，只有民主的教育，才会有个性自我意识的觉醒，唯有自我意识的觉醒，才能有个性潜能的释放。所以，教师要重视营造民主的氛围，做学生个性张扬的促进者，让每个学生在民主的氛围中都得到尊重、有发言权、积极进取，进而发挥自己的聪明才智。

其二，教师应成为帮助学生学习的组织者、引导者与合作者。"新课程"以学生发展为中心，让学生在反思探究学习和生活中的问题中掌握研究方法和步骤，让学生在解决认知冲突中获得知识。在课堂教学中，教师要帮助学生积极主动地利用教材为自己的学习服务，不再纠缠于知识点的微观课程结构之中，而应倾心于教学情况设计、教学资源的组织中，只有这样才能为学生提供自由施展才华的空间，尊重学生的个性发展。

其三，教师应成为学生学习中真正的赏识者。在实施"新课程"的课堂上，教师不能忽略课堂中的每一件"小事"，要成为每一个学生的赏识者，既要关注和赏识学生对知识的掌握和能力的提高，又要关注和赏识学生在学习过程中运用方法的优良行为，还要关注和赏识学生在情感、态度、价值观等方面的积极表现。教师对学生哪怕是一点点微小的进步也要进行鼓励和表扬，让每一位学生感觉到自己的努力得到了老师的肯定和赞赏，更加信心百倍地参与到以后的课堂学习中。

六、提高课堂师生互动有效性的措施

采取何种措施才能促进课堂师生有效互动？学生怎样才能发挥自己的主体地位，改变课堂师生互动中的被动局面呢？教师该怎样提高自己的教学水平，将适宜的学科知识传授给学生，调动学生参与课堂的积极性，激发学生的内在兴趣呢？这些都是需要解决的问题。

(一)提高教师的专业素质

首先，教师需要有广泛的知识积累。良好的课堂教学离不开教师知识的广泛积累。其次，教师需要有心理学方面的知识。教师对文化良好的选择、加工，第一，需要了解接受者也就是学生的年龄特征，了解他们的成长规律、特点以及兴趣，对课堂内容

进行符合学生认知水平的加工,将会取得较好的效果;第二,还需要了解学生的认知结构特点,教师对课堂内容的处理必须形成有结构的框架,但这必须要以学生已有的知识结构为前提;再次,需要有逻辑学方面的知识,对课堂内容的选择、加工,形成完整的系统的结构,教师必须具备很好的逻辑观念才行,这样才能把思维的逻辑反应在对课堂内容的选择、加工上,才能把自己的教学内容组织成为有系统的结构。

(二)转变教师的教育教学观念

改变课堂师生互动中教师的控制地位,培育学生的主体性,充分调动学生参与课堂互动的积极性,需要转变的是教师的教育教学观念。首先,教师需要正确认识教学活动;其次,需要全面转变学生发展观;再次,要树立现代教学的理念。

同时建立与学生间友好信赖的关系,锻炼自己的交互沟通能力。要能智慧地教学,智慧教学能够让教师在自己的职业活动中获得自由和幸福教师。只有充分地了解学生,只有走进学生的精神世界,欣赏学生的精神世界,满足学生的精神成长的种种需要,才能获得教学的智慧,才能实现自由地教学,才能在这种自由中获得满足和幸福。

(三)转换教师的传统角色

树立全新的教育教学观念,教师的角色应相应变化。如果教学目标是促进学习者的学习,那么教师的角色就不再是内容的专家或者课堂的权威,不再通过提高复杂的传授技能去改善教学。

具体来说,教师在教学中需要扮演以下角色。首先,是一位设计者。教师要更多考虑学生因素,针对学生的特点和特定的教学内容等,创设一定的学习环境。还要设计学生与教学内容及媒体和实物之间的相互作用,并设计出一定的检测手段,来检查教学和学习的效果。整个教学设计过程渗透着教师的创造性活动。其次,是一位组织者和管理者。一定的教学秩序是开展教学的前提。教师要能激发学生的学习动机、进行班级管理、组织课堂教学、处理教学中的偶发事件,要组织学习小组,引导和指挥学生进行讨论和合作活动。再次,是一位指导者和促进者。教师要从过去作为单纯灌输者的角色中解放出来,促进以学习能力为中心的学生整个个性的和谐健康发展。最后,教师还是信息源。一是指教师按自己设计的方案主动向学生提供一定的信息;二是学生在对一定的问题情境进行探索时,感到缺乏必要的信息,从而主动向教师寻求一定的获得信息的线索,教师应为学生提供支持和帮助。

(四)给予学生参与课堂的权力

教师的角色转变,需要以课堂中教师适当的放权为保证,做到课堂内的权力平衡。课堂师生互动中教师居于控制地位,造就的是不能为自己的学习承担责任的依赖型学习者。而真正的学习是授权学生,对传统权力机构和课堂上权威提出质疑,以及对教育提出更民主和平等的观点,这样才会使不同的学习成为可能。并且学生应该意识到可以拒绝教师的权威并能够挑战其在教室中的地位。

做到这些,解决的办法不是废除教师的合法权力,而是重新调整课堂中权力的不平衡,提出一些负责任的与学生共同分享权力的方法,以便积极影响学生的学习动机。应在具体的实践中,即应该在活动和作业、课程规定、课程内容、评价活动等方面给予学生一些权力让他们积极参与。权力的分享可以带来课堂师生互动的变化:对学生而言,当学生融入课堂、潜心于一门课程时,他们会更努力地学习,更愿意参与课堂互动;对教师而言,不再因为学生的被动、没兴趣和未融入而挣扎,会促使教师有更多的准备和更多的冒险,然后从教学的快乐中得到回报,避免了以教师为中心的不良的课堂师生关系。某种程度上来说,把权力分发出去会收回更多。

(五)完善课堂教学评价方式

培育学生的内在学习动机,还需要完善课堂教学评价方式。评价是学生学习的向导,学生学什么、怎样学,很大程度上依赖于他们将会怎样被评价。所以评价必须传达正确的信息,它必须能够促进学生的成长,给学生指明正确的方向。自评与互评活动相结合,不仅能够培养独立、自律的学习者,还能培养他们所需要的学习技能。

总体来说,我们的课堂教学评价方式应该转变,评价活动必须拓展并获得更好的平衡。课堂教学评价活动不仅仅能够产生分数,更重要的是要能促进学习。评价的过程也必须拓展,以便使评价活动能培育学生的自我评价和同伴评价的能力。

(六)创设良好的课堂育人环境

师生互动的质量受课堂环境的影响,民主的、宽松的课堂环境有利于师生之间有效互动。美国心理学家罗杰斯认为:"成功的教学依赖于一种真诚的理解和信任的师生关系,依赖于一种和谐安全的课堂氛围。"宽松的和谐的课堂氛围,能够让学生心理放松,感受到愉快和满足,能够提高学生的学习积极性,增强学生自信心,使学生充分发掘其自身潜能,思考教师的提问,同时还能促进其主动、刻苦地学习课堂内容知识,养成主动的学习习惯并勤于思考。

课堂师生互动中,需要创设的是民主的平等的课堂氛围。教学不仅是学习学科知识的过程,也是师生双方感情和思想交流的过程。要较好地实现情感互动,需要教师创设宽松的课堂气氛,保持师生关系的融洽。赞可夫说:"教学法一旦触及学生的情感和意志领域,触及学生的心理需要,这种教学法就会变得高度有效。"因此,在课堂教学活动中,需要呈现出民主、平等、和谐的课堂气氛,教师要保护学生的自尊心,凸显学生在课堂上的主体性,实现师生间的平等对话。在这样的环境中,学生的思维活跃,情绪高昂,才能做到独立思考,充分发表自己的意见,倾听同伴的不同想法,师生互动才能取得积极的效果。

七、课堂师生互动的意义

师生互动的意义是多种多样的。作为一种交往,师生互动具有传达信息和满足个体心理需要的功能。苏联心理学家洛默夫认为交往具有信息沟通、思想沟通和情感沟通等功能。从教学的角度看,师生互动让教师贴近学生,以情动人,以理服人,让学生充满激情地去学习,从教和学两个方面提高效率。同时,师生互动还具有教育意义。通过教学和日常教育,师生共同参与,实现观点信息、情感信念、态度价值和行为习惯等方面的互动,最终达到促进学生综合素质提高的根本目的。

总之,通过广泛交流实现师生互动,相互沟通、相互影响、相互补充,使学习过程更多地成为学生发现问题、提出问题、解决问题的过程,构建和谐的、民主的、平等的师生关系,以师生互教互学,形成一个真正的"学习共同体",创设师生交往、共同发展的互动教学关系,已成为课堂教学的新模式。

第四节　教师的成长和培养

一、教师的成长和发展

(一)教师的成长过程

教师的成长过程是一个不断学习的过程,其主要体现在教师的专业发展。目前,国内外有许多关于教师专业发展的研究。

1. 福勒的教师关注阶段论

福勒(Fuller)认为教师在不同的发展阶段,关注的事物是有所迁移和变化的。根据教师在不同时期的关注点,可将教师的成长划分为以下几个阶段:学前关注(pre-teaching concerns)阶段、早期生存关注(early concerns about survival)阶段、教学情境关注(teaching situations concerns)阶段、关注学生(concerns about students)阶段。教师成熟的历程是由关注自身、关注教学任务到关注学生的学习和对学生影响的逐渐递进的过程。

2. 伯林纳的五阶段论

伯林纳(Berliner)认为教师专业的发展过程包括五个阶段。阶段1是新手(noice)阶段,是教师获取教学所需知识和技能的阶段。阶段2是进步的新手(advanced beginner)阶段,在这一阶段中,教师将自己的实践经验与所学的知识逐步联系起来,并能找出不同情景中的一些相似性,而且有关情景知识也在增加。阶段 3 是胜任型(competent)阶段,与前两个阶段的教师相比,他们经常能强烈地感受到成功与失败的体验,也对成功和失败有更深刻的记忆。但是处于该发展阶段的教师的行为仍旧不能达到迅速、流畅与灵活,这些是专业发展的后两个阶段的教师才能具有的特点。阶段 4 是能手(proficient)阶段,在这一阶段中,教师对教学的直觉或领会很重要。他们能从积累的大量丰富经验中,综合性地识别出情景的相似性。处于这一阶段的教师,在决策时,带有分析性和随意性。阶段 5 是专家(expert)阶段,专家型教师知道在什么时间和什么地方该做什么,与前几个阶段的教师相比,他们采用的方法更加多种多样。专家做事情通常是很有效的:当事情进展顺利时,他们解决问题不需恪守成规;当意外事件出现时,或者当事情的进展出乎意料时,他们才会对问题进行仔细的分析和考虑。

3. 费斯勒的教师生涯循环论

费斯勒(Fessler)提供了一个较为完整的教师生涯的理论架构。他将教师的职业周期分为八个阶段,即职前教育(pre-service)阶段、引导(induction)阶段、能力建立(competency building)阶段、热心和成长(enthusiastic and growing)阶段、生涯挫折(career frustration)阶段、稳定和停滞(stable and stagnant)阶段、生涯低落(career wind down)阶段和生涯退出(career exit)阶段。

(二)教师的成长和发展

教师发展是作为"人"的教师的发展,是以"知识"为基本材料的发展,同时又是通过"学习"实现的发展。对人性、知识和学习的不同理解,必然影响到教师发展的活动方式和路径选择。教师发展过程中有三个基本规律,即教师发展的主体性规律、交往性规律、实践性规律。

教师发展的主体性规律,即教师发展是一个自主学习的过程。教师发展的主体性规律强调教师是能够自主建构专业知识的能动主体,他们是自己专业发展的主人,能够了解自己的实践情境,发现自己所存在的问题、不足和需要。在教师专业发展进程中,教师能够成为自身专业发展责任的承担者,能够自主确定发展目标,自由地做出选择并进行自我激励、自我调控和自我评价,亦即教师的成长与发展,是教师不断超越自我的过程,更是教师作为主体的自觉、主动、能动、可持续的建构过程。

教师发展的交往性规律,即教师发展是一个人际对话与互动的过程。教师发展的交往性规律强调"对话""合作""交往""互动""分享"等对于教师发展的价值。交往性发展意味着,教师的专业伙伴是其专业发展的重要资源,教师与同事、学生、家长、专家和行政人员的交往、对话、协商、合作和分享是教师实现专业成长的必要条件。教师不能仅限于自身的建构,而是要参与到群体的交流和互动当中,通过与他人的接触来反思自己的专业工作,并在与他人的对话中通过"视界融合"来扩充自己的专业知识。同时,也只有通过社会互动,教师个体原有的认知结构才会发生改变,并引发其认知冲突和认知失衡,促进教师必须通过主动反思的过程来重新建构自己的知识系统,实现新的认知平衡。在这里,人际互动是教师更新自我的重要促发因素,也是教师更新自我的重要资源。

教师发展的实践性规律,即教师发展是一个寓于情境的行动过程。教师发展的实践性规律强调教师发展是一个嵌入情境的真实行动过程,教师必须浸润于丰富的、真实的教学实践和学校情境中,通过适应学校共同体的文化以及主动参与教师共同体的互动,逐渐积累具有情境适应性的个体知识。亦即教师是"在实践中或从实践中学习",而不是"在准备实践中学习"。

二、教师的培养

教师培养的意义在于以下几个方面。首先,重视和加强教师培养工作是实施科教兴国和人才强国战略的客观要求。人才培养的基础在教育,培养高层次人才更要靠高素质教育,学校作为培养高层次人才的摇篮与知识创新的重要基地,在国家的经济和社会发展过程中,具有不可忽视的重要地位。学校要做好人才培养工作,关键环节和核心因素在于是否有一支高素质、专业化的教师队伍,而教师队伍的整体素质在很大程度上直接决定上述使命的实现程度,也影响着我国教育的发展水平。这就要求学校把教师培养工作作为一项重要战略任务并切实抓紧抓好。

其次,重视和加强教师培养工作是应对新时期国际竞争挑战的客观要求。当今世界正处于知识经济时代,经济发展突飞猛进,科技进步日新月异,人才资源正日益成为社会的第一资源。世界各国都把教育发展和人力资源开发作为实现可持续发展和增强综合国力的重大战略决策。学校承担着知识创新的重要任务,以科技进步和知识创新为核心的综合国力竞争日趋激烈,人才资源已成为最重要的战略资源,人才特别是高层次人才培养对提升一个国家的综合国力起着不可替代的战略性作用,成为综合国力竞争中越来越具有决定性意义的因素。教师作为社会主义现代化建设的生力军和师资队伍里的中坚力量,其培养状况如何显得尤为重要。

再次,重视和加强教师培养工作是提高教育质量的客观要求。教师是学校的未来和希望,教师的整体素质关系到学校未来的学科建设水平和人才培养质量。学校既是高素质高层次人才的培养者,也是高素质高层次人才的使用者,同时还肩负着全面提高劳动者素质、促进人的全面发展的重要历史使命。教师培养状况,不仅直接影响到我国教育质量,而且对学生世界观、价值观、人生观的形成具有长远的影响。因此,重视和加强对教师的培养,是学校教育提升内涵,尤其是实施素质教育、促进教育改革和发展的客观要求。

教师的培养主要包含教师培养的目标、教师培养的体制、教师培养的模式以及教师培养的体系等几个方面。

(一)教师培养的目标

对不同年龄、不同阶段、不同方向的教师有不同的培养目标,应斟酌发展的目的与方向实施不同的培养计划。教师培养目标是内构与外构结合发展的新型逻辑思维。教师培养目标的内构与外构结合起来形成一个可以随着时代发展变化而变化,随着具体社会情形不同而不同的较严密的逻辑体系。其内构逻辑建立在个体的成长和发展规律基础上,体现了个体社会性这一本质特征;其外构逻辑反映了教师的社会角色特征,贯穿了社会对教师的职业要求,同时又体现了教师作为一个自主创新主体所应有的价值追求。因而从总体上看,教师培养目标并不是一个已经确定了的实体,而是以教师为主体的自我组织、自我建构与不断发展变化的社会环境之间的一种特殊约定。

(二)教师培养的体制

我国教师培养体制由定向型转向开放型。我国教师培养机制基于以下社会背景、基本条件和教育动因,它们在一定程度上反映师范教育发展过程中的内在规律。长期以来,我国独立设置的师范院校培养职业定向的教师基本上满足了基础教育对教师的数量需求。一方面,我国小学教育阶段的教师学历已基本达标,而初中和高中阶段整体上教师学历达标的任务较重,局部地区已经对小学阶段的教师提出本科学历层次的要求。另一方面,面临未来适龄入学人口的递减以及普通高中普及率提高的趋势,提高基础教育阶段教师学历已成必然。教师培养机制随着时间的增长与教育水平的提升在不断地进行改变。

(三)教师培养的模式

自教师教育制度建立到现在,随着社会的不断变革与发展,世界各国中小学教师的培养模式历经不同的发展阶段,至今已基本形成三种不同的基本模式,即定向型教师培养模式、非定向型教育培养模式、定向型与非定向型相结合的混合型教师培养模式。在我国教师教育进入探索改革阶段的今天,认真研究教师培养模式的不同表现形式,探索适合中国发展现实的教师培养模式,对于我国教师教育的健康发展具有不可低估的现实意义。

(四)教师培养的体系

教师培养体系是具有资质的各级各类教师职前教育院校构成的用以培养合格教师的整体性的制度安排。这种制度安排规定了各级教师培养院校的培养目标、师资水平与结构、课程设置、组织管理等方面所应具备的条件。教师培养体系的变革主要取决于各级各类学校教师需求的数量与质量。同时,作为高等教育体系的重要组成部分,国家高等教育发展的规模、质量与趋势对教师培养体系有着重要的影响。当然,教师培养院校自身的危机也是影响教师培养体系变革的重要因素。

第五节 教师的职业倦怠和教学效能感

一、教师的职业倦怠

(一)概述

适度的压力对一个人的前进会起一定的推动作用,但是随着社会的迅速发展,人们的压力越来越大甚至超出其承受能力,若不能有效地缓解压力,作为压力的极致状态——倦怠就很容易产生。

"职业倦怠"一词的英文名字是"burnout",意为燃烧殆尽,是指个体在工作重压下产生的身心疲劳与耗竭的状态,最早由弗罗伊登伯格(Freudenberger)于1974年提出并使用,他认为职业倦怠是一种情绪性耗竭的症状。随后马勒施(Maslach)等人把对工作上长期的情绪及人际应激源做出反应而产生的心理综合征称为职业倦怠。据调查,人们产生职业倦怠的时间越来越短,有的人甚至工作半年到八个月就开始厌倦工作。一般认为,职业倦怠是个体不能顺利应对工作压力的一种极端反应,是个体在长时间压力体验下而产生的情感、态度和行为的衰竭状态。

职业倦怠常发生在教育行业和服务行业等要求与服务对象面对面接触的行业,而且所做的工作比较固定,几乎是重复同样的工作,比如教师每年的教课内容大致一样。教师的职业倦怠是指由于长期从事教师职业,压力过大,不善于自我调节,而导致的不良心理状态。

(二)构成指标与表现

教师的职业倦怠一般包括三个构成指标,即情感衰竭、去人格化、成就感降低。

情感衰竭是指没有活力,没有工作热情,感到自己的感情处于极度疲劳的状态。它被发现为职业倦怠的核心纬度,并具有最明显的症状表现。

去人格化是指刻意在自身和工作对象即学生间保持距离,对学生和环境采取冷漠、忽视的态度,对工作敷衍了事,个人发展停滞,行为怪僻,提出调度申请等。

成就感降低是指倾向于消极地评价自己,并伴有工作能力体验和成就体验的下降,认为工作不但不能发挥自身才能,而且是枯燥无味的烦琐事物。

教师的职业倦怠症状表现在生理、心理和行为三个方面。

1. 职业倦怠生理表现

身体长期处于"亚健康"状态,食欲不振、睡眠质量下降、活动力缺乏等,严重的还会出现嗜睡或者失眠、吃不下饭甚至是呕吐的情况;已经出现一些慢性疾病或者疾病征兆;经常产生疲劳感,喉咙嘶哑、背痛、头晕,以致全身酸疼、内分泌功能紊乱、血压升高等多种生理现象出现。女教师还会出现生理紊乱、月经失调等。

2. 职业倦怠心理表现

害怕或者故意避免参与竞争,没有竞争热情;逐渐失去工作乐趣,对办公场所有强烈排斥感甚至恐惧感;长期处于挫折、焦虑、沮丧状态,情绪波动很大,逆境下容易焦躁;对工作任务产生本能的厌倦,对业务指标缺乏动力;工作过程中极易产生疲劳感,对工作中的新异事物敏感度降低。

3. 职业倦怠行为方面

心理上的转变直接在行为上有所反映,表现为对工作敷衍了事,"当一天和尚撞一天钟"。由于经常感到压抑、焦虑,普遍对工作缺乏进取心,纯粹是为了工资而来上班,以致工作效率降低,行动迟缓、注意力分散、记忆力下降、精神恍惚,甚至出现机能性工作障碍,最终,导致教学上的"习得性无助"。

经典实验

习 得 性 无 助

美国心理学家塞里格曼(Seligman),在1967年研究动物时发现,他起初把狗关在笼子里,只要蜂音器一响,就给狗施加难以忍受的电击。狗关在笼子里逃避不了电击,于是在笼子里狂奔,惊恐哀叫。多次实验后,蜂音器一响,狗就趴在地上,惊恐哀叫,但并不狂奔。后来实验者在给电击前,把笼门打开,此时狗不但不逃,而且不等电击出现,就倒地呻吟和颤抖。它本来可以主动逃避,却绝望地等待痛苦的来临,这就是习得性无助。为什么它们会这样,连"狂奔""惊恐哀叫"这些本能都没有了呢?因为它们已经知道,那些是无用的。这一项研究显示,反复对动物施以无可逃避的强烈电击会造成其无助和绝望情绪。

在对人类的观察实验中,心理学家也得到了与习得性无助类似的结果。1975 年塞里格曼以人作为受试者,结果发现人也产生了习得性无助。实验是在大学生身上进行的,他们把学生分为三组:让第一组学生听一种噪音,这组学生无论如何也不能使噪音停止;第二组学生也听这种噪音,不过他们通过努力可以使噪音停止;第三组是对照,不给受试者听噪音。

当受试者在各自的条件下进行一段实验之后,即令受试者进行另外一种实验:实验装置是一只"手指穿梭箱",当受试者把手指放在穿梭箱的一侧时,就会听到一种强烈的噪音,放在另一侧时,就听不到这种噪音。实验结果表明,在原来的实验中,能通过努力使噪音停止的受试者,以及未听噪音的对照组受试者,他们在"手指穿梭箱"的实验中,学会了把手指移到箱子的另一边,使噪音停止,而第一组受试者,也就是说在原来的实验中无论怎样努力,都不能使噪音停止的受试者,他们的手指仍然停留在原处,听任刺耳的噪音响下去,却不把手指移到箱子的另一边。

为了证明习得性无助对以后的学习有消极影响,塞里格曼又做了另外一项实验:他要求学生把下列的字母排列成字,比如 ISOEN/DERRO,分别可以排成 NOISE 和 ORDER。学生要想完成这一任务,必须掌握 53124 这种排列的规律。实验结果表明,原来实验中产生了无助感的受试者,很难完成这一任务。随后的很多实验也证明了这种习得性无助在人身上也会发生。

细心观察,我们会发现:正如实验中那条绝望的狗一样,如果一个人总是在一项工作上失败,他就会在这项工作上放弃努力。甚至还会因此对自身产生怀疑,觉得自己"这也不行,那也不行",无可救药。而事实上,此时此刻的我们并不是"真的不行",而是陷入了习得性无助的心理状态中,这种心理让人们自设樊篱,把失败的原因归结为自身不可改变的因素,放弃继续尝试的勇气和信心。比如,认为学习成绩差是因为自己智力不好,失恋是因为自己本身就令人讨厌等。

所以要想远离绝望,我们必须学会客观理性地为我们的成功和失败找到正确的归因。

(三)影响因素

教师职业倦怠的原因是什么呢?我们从外部客观因素和内部主观因素两个大方面着手分析。

1. 外部客观因素

(1)学校:学校领导的作风专制,与同事的关系紧张,教学付出与学校回报的比例不等,学校管理和机制上的缺失,应试教育导致升学压力大。

(2)社会:社会对教学目标的要求会使教师产生压力;社会与学校对教师的要求不同使教师产生心理矛盾,发生角色内冲突,比如社会要求教师注重学生全面发展,而学校注重升学率。

(3)学生及其家长:学生的不良行为与不服管教;家长对孩子的溺爱或对老师的抱怨。

(4)工作特点:工作时间长,负担重,工作单一枯燥、简单重复。

2. 内部主观因素

(1)教师的年龄、性别、教学经验、教学方式、教育教学过程、对教学的感情等都会影响其职业倦怠的产生。

(2)教师的人格特质。具有避免极端竞争的性格,努力教学并努力实现自己的目标的教师不容易产生职业倦怠;具有内在控制信念,对其专业有强烈责任感与使命感的教师不容易产生职业倦怠;具有积极的自我观念、高度的自我效能感的教师不容易产生职业倦怠。

(四)不良后果及预防措施

教师的职业倦怠是一种消极的现象,会产生一些不良的后果。

首先,对教师本人来说,身体会产生不适,比如浑身无力、身体虚弱,产生消极态度和情绪,重者会因不良心理状态而引起神经衰弱,或因不堪压力而导致精神崩溃,最终直接影响自己的身心健康。

其次,教师如对学生和同事等态度冷淡,感情冷漠,在人际关系上会变得疏离、退缩,摩擦增多,情绪充满忧郁和攻击性。有些教师使用粗暴的体罚,用急躁的情绪、行为来对待学生,实则是身心疲倦、压力增大后所产生的"危险信号"。教师心理疾病会导致严重的后果,有时会给学生带来难以弥补的伤害。教师产生职业倦怠会使其在工作方法上变得机械,工作的认真努力程度下降,教学效率下降,教学效果不好,导致学生的学习退步。

最后,教师的职业倦怠导致教师队伍的高流失率,严重影响教师队伍的稳定和国家教育事业及整个社会的发展。

教师职业倦怠对学生个性的发展也会产生消极影响。美国教育协会(NEA)主席麦克古瑞(W. Mc. Guire)感叹"一个重大的新的疾病正在折磨着教学职业","倦怠的感觉正打击着无数具有爱心、有理想、乐于奉献的教师",并预言,"如果不能有效地纠正,那么就会达到流行的程度"。学生是教师倦怠结果的最终受害者,由于倦怠的产生,教师会从感情上远离学生,从心理上疏远学生,对学生冷漠、厌倦,实行"放羊式"教育,有的甚至视学生为宣泄的对象,动辄责怪、迁怒,使用粗暴的体罚、急躁的情绪和行为等来对待学生。他们的心情及对生活的态度都会在潜移默化中影响学生,毋庸置疑,倦怠的教师会源源不断地制造出心理不健康的学生。因此,我们要认真对待教师发展中的这种现象。

1. 正确认识职业倦怠

解决职业倦怠的关键在于个体应意识到职业倦怠并不是只在一生中发生一次的现象,"它可能一次又一次地潜进我们的生命。如果我们学着识别自身职业倦怠的症状,并在危害产生之前捕捉到它,那么我们就能很快地恢复平衡,而不需要一个较长的恢复时期"。因此,教师应以乐观的态度去看待职业倦怠,正确认识倦怠的各种症状,以便及早解决问题。

2. 坚持正确的信念和职业理想

教师的信念和职业理想是教师在压力下维持心理健康的重要保证,对某一事业的信念和理想有助于预防和缓解职业倦怠。坚定正确的教育观念和积极的教师信念,培养对学生无私理智的爱与宽容精神,对防止教师职业倦怠是至关重要的。

3. 自我反省,建立合理的专业期望

教师应了解到自己事业的可能与限制性,不能一味强调专业的自主性与为社会培养人才的重大责任,应承认自己也是一个平凡的人,不要因为自己的现状与预期目标相差太大而产生理想的幻灭。只有了解自己的优缺点所在,才能使教师消除事业上的迷茫。教师对学生的期望不要过高,教师要热爱学生,多看其优点,用发展的眼光看学生,这样不但有助于师生关系的改善,也有益于师生的心理健康的发展。

4. 丰富生活,学会放松自己

当感到压力不断时,持续数分钟的放松比较好,还可以学习放松训练技术来应付压力。

5. 投入社会,广交朋友,寻求社会支持

研究表明,当威胁健康的因素发生时,缺乏社会支持的人比那些经常有朋友交往,具有较多社会支持的人更可能生病或死亡。当教师受到压力威胁时,不妨与家人、亲友或知心朋友一起讨论,在他们的帮助下确立更现实的目标,以便对压力的情境进行重新的审视,一些消极情感如愤怒、恐惧、挫折等便可以得到某种程度的发泄,这对舒缓压力和紧张的情绪是非常必要的,情况严重的可以进行心理咨询和治疗来争取必要的心理援助。

6. 坚持进行适宜的体育锻炼

体育锻炼可以帮助教师明显地减轻压力和倦怠,一方面体育锻炼可使身体健壮、精力充沛,增强应对能力;另一方面,时间用于锻炼,则减少了笼罩于压力情境的时间,某些锻炼如散步、慢跑等也能提供难得的空闲机会,可以对问题加以反思,寻找解决办法。

7. 提高处理问题和自我调节的能力

学生的纪律问题是造成教师倦怠的重要因素。因此,教师应加强处理学生问题的能力,让教学在安静、有纪律的情境下进行,从而提高学生成绩,减少教师的挫折感,增强教师的自我效能感。

8. 学校和教育管理机构应当更新评价机制

社会、学校在对教师提出要求的同时,有必要对教师的要求与对他们的理解和关怀结合起来,为教师排忧解难,创设宽松和谐的工作环境。

二、教学效能感

(一)概述

心理学上,把人对自己进行某一活动能力的主观判断叫做效能感。效能感的高低往往会影响一个人的认知和行为。所谓教师的教学效能感,是指教师对自己影响学生学习行为和学习成绩能力的主观判断。这种判断,会影响教师对学生的期待、对学生的指导等行为,从而影响教师的工作效率。

在理论上,教师教学效能感的概念来源于美国心理学家班杜拉的自我效能感理论。自我效能感理论最早是由美国心理学家班杜拉于1977年在其发表的论文《自我效能:关于行为变化的综合理论》一文中提出的。20年后,班杜拉于1997年出版了《自我效能——控制的实施》对自我效能感问题进行了全面系统的论述。班杜拉认为,人的动机受自我效能感的影响。所谓自我效能感,是指人对自己能否成功地进行某种成就行为的主观推测和判断,它包括两个成分,即结果预期和效能预期。结果预期是指个体在特定情境中对特定行为的可能后果的判断,如学生对顺利答完试卷产生结果的推测。而效能预期是指个体对自己有能力成就某种作业水平的信念,如学生对自己是否有能力顺利答完试卷的主观判断。人的行为主要受人的效能预期的控制,个人对某种行为觉察到的效能感影响着个体处理困难时所采用的行为方式,也影响着他的努力程度和情绪体验。效能预期越强烈,所采用的行为就越积极,努力程度也就愈大、愈持久,同时情绪也是积极的。

根据班杜拉自我效能感理论的有关阐述,结合教育教学实际,教师教学效能感是教师对自己的教学和专业知识能影响和帮助学生的直觉和信念。它影响着教师对教学的主动性和积极性、对教学的关注和投入以及面对困难时力求克服的坚持性,这种信念表明了教师对其本身教学能力的自信程度。教师效能的形成和发展,会受到自我效能感理论所指出的言语劝说、替代经验、情绪唤醒、任务完成的经验、学校环境与氛围等各种效能信息的影响,而已经形成的教师效能又会影响教师的教学目标、努力程度和坚持性。

(二)构成

据班杜拉的自我效能感理论,可以把教师的教学效能感分为一般教育效能感和个人教学效能感两个方面。一般教育效能感指教师对教育在学生发展中作用等问题的一般看法与判断,即教师是否相信教育能够克服社会、家庭及学生本身素质对学生的消极影响,有效地促进学生的发展。这与班杜拉理论中的结果预期相一致。教师的个人教学效能感指教师认为自己能够有效地指导学生,相信自己具有教好学生的能力。它与班杜拉理论中的效能预期相一致。教师的教学效能感是解释教师动机的关键因素。它影响着教师对教育工作的积极性,影响教师对教学工作的努力程度,以及在遇到困难时他们克服困难的坚持程度等。

(三)教学效能感的作用理论模式

特恰宁-莫兰等(1998)整合以前的理论和研究提出了一个教师效能感的模式(见图 4-1),阐述了教师效能感的来源和结果。

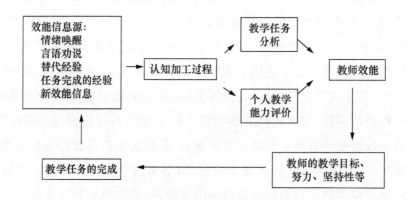

图 4-1 教师效能形成及其作用模式

特恰宁-莫兰分析认为,教师效能的形成和发展,会受到自我效能感理论指出的言语劝说、替代经验、情绪唤醒、任务完成的经验、学校环境与氛围等各种效能信息的影响,教师效能的形成与发展是各种自在的与自为的、个人的和环境的因素共同作用的结果。教师首先要对各种效能信息进行认知加工,这种认知加工直接影响教师教学任务的分析和对个人教学能力的评价,在对教学任务和个人教学能力评价的基础上构建了教师效能。而已经形成的教师效能又会影响教师的教学目标、努力程度和坚持性,从而影响教学任务的完成,完成教学任务的经验又构成新的效能信息,影响教师效能的形成和发展变化。

(四)教学效能感的功能意义

1. 教师教学效能感对教师的意义

教师效能感是教师对教育教学的信念,同时又是教师对自身教学能力的知觉,教学效能感影响教师的认知和行为。

第一,教师教学效能感的强弱影响教师在工作中的努力程度。效能感高的教师相信自己的教学活动能使学生成才,便会投入很大的精力来努力工作。在教学中遇到困难的时候,勇于向困难挑战。效能感低的教师则认为家庭和社会对学生影响巨大,而自己的影响则很小,因而常放弃自己的努力。

第二,教师教学效能感的强弱影响教师在工作中的经验总结和进一步的学习。效能感高的教师为了提高自己的教学效果,会注意总结各方面的经验,不断学习有关的知识,进而提高自己的教学能力。而效能感低的教师由于不相信自己在工作中会取得成就,便难以做到在教学过程中不断地积累、总结和提高。

第三,教师教学效能感的强弱影响教师在工作中的情绪。效能感高的教师在工作时会信心十足、精神饱满、心情愉快、表现出极大的热情,往往取得良好的教育效果;效能感低的教师在工作中感到焦虑和恐惧,常常处于烦恼之中,无心教学,以至于不能很好地完成工作。教师教学效能感还影响着教师对学生的认知,“效能感不同的教师对学生产生不同的皮格马利翁效应”。

第四,教师教学效能感还通过归因影响活动过程中的思维,进而影响教学活动。研究发现,不同程度教学效能感的教师在教学成功归因倾向上的差异,反映出高教学效能感水平的教师更倾向于将其成功更多地归因于自身内部的因素;而低教学效能感水平的教师对失败进行原因分析时更倾向于进行外部归因。

2. 教师教学效能感对学生的意义

阿什顿(Ashton,1985)和吉布森(Gibson,1984)等人用根据班杜拉的社会认知学习论制定的教学效能感量表来研究教师的教学效能感,结果发现,教师的教学效能感与学生的学业成就具有显著的正相关。教师的教学效能感之所以能够影响学生的学业成就,是因为教师通过其外部的行为表现影响学生,而这种行为也影响学生学习的效能感进而支配学生的学习行为,从而影响其成就。反过来,学生的成就和他们的各种学习行为又会影响教师的教学效能感。教师对待学生的外部行为是教师传递教学效能感的必要方式,它影响学生的效能感并最终体现在其成就上。教学效能感高的教师对学生的成就寄予较高的期望,他们对自己的教育能力信心十足,相信自己能教好每一个学生。因此这些教师在遇到困难时,就会想方设法寻找新的教育方法,探索新的教育途径来加以克服,而不会将学生看成是不可教育好的对象。在课堂上,教学效能感高的教师对教学活动的投入和关注比效能感低的教师要积极。前者注意对全班学生的指导,不易受个别学生行为的影响,能较自如地灵活地执行教学计划;后者在教学时很容易受无关因素的干扰,往往花过多的时间去解决个别学生的问题,从而忽视了对大多数学生的指导,他们对困难的处理显得呆板,因而不能很好地完成教学计划。教育效能感高的教师和学生交往、相处的时间长,他们对学生多给予鼓励和表扬,而少进行批评、指责,对学生的错误表现出极大的耐心,对学生的正确回答表扬、鼓励较多。教学效能感低的教师的表现则恰恰相反。另外,对教学效能感中两个维度关系的研究还发现,教学效能感高的教师比教学效能感低的教师在对学生的指导和监督中更易采用民主的态度,倾向于发展学生的个性,培养学生的自律意识。个人教学效能感低的教师则更易盲目服从上级的命令,缺乏独立见解,不敢进行教学改革。总之,教学效能感不同的教师对学生学业成就的影响是不同的。

案例分析

我是初二(1)班的班主任。今年的中学体育节,在10月份的第二个星期召开,这是形成和加强新的班集体凝聚力的一个良好契机,特别是拔河比赛是一个集体性项目,如果能赢得年级第一名,将会提高班组织成员的自信。但这一次任务难度大,我们班的男生平均身高不高,体格看起来没有其他班壮,女生的身体素质虽然不错,但一般来说女生比男生力量小些,优势也不明显。而且10月份的第一个星期是放假的,班主任和体育老师没有教过他们怎样拔河,更没有进行过实际训练。

第一场比赛对一个实力相对弱一点的班,同学们一开始也心里没底,我们称为自我效能感没有建立。在轻松赢得了第一场比赛后,同学们的自我效能感被增强。班杜拉也认为:"如果任务难、外援少且自身努力不够,这时的成功会增强自我效能感。"

而第二场比赛对一个我们认为实力很强的班,这时我作为班主任,在技术上加以指导,在思想上进行言语暗示:"虽然他们班的人高大有力,但拔河比赛比的是团结和技术,而不只是几个人的力量,我们班很团结,我们班有技术指导,所以我们一定可以成为另一班的强有力对手,即使他们能赢,那也决不能让他们轻松地赢。"我们班的同学用尽了全力,但这个强大对手却意外地让我们几秒钟击败。这让大家都没有想到。与第一场比赛后寥寥几个人欢呼的情形相比,这一场胜利后我看到本班同学较张扬的欢呼,班级的自我效能感经过亲身经历的两场胜利得到进一步加强。这符合班杜拉的理论:"个体主要是通过亲身经历获得关于自身能力的认识,因为靠自己的经历得到的关于自身的认识最可靠,所以它成为自我效能感最强有力的信息源。"

(五)提高教学效能感的途径

教师的教学效能感影响教师的教学行为进而影响学生的学业成绩和健康成长,所以提高教学效能感至关重要。

1. 教师努力提高教学能力

(1)促进教师专业知识技能的发展

在实际的教学过程中,积极地积累教学经验并获得成功是提高教师教学效能感的基本条件。因此教师应加强学习,开阔视野,多总结经验,构建并持续发展个人的教育教学实践理论,有效促进教师专业潜能的发挥。

(2)认识自我、合理归因,加强反思性教学

教师在教学过程中要提高自身的教学效能感,应积极地认识自我,给予自己科学的、准确的定位,对于在教学中出现的问题能积极努力地进行易控的和内部的归因,看到自身存在的不足,认识到只要自己努力工作就能掌握良好的教学策略。教师在阶段性的教学后要对自己的教学思想和行为采取同行讨论的方法进行回顾、检查和分析。在此基础上进行科学的教学评价,探索更好的教学策略并在下一次的教学中用来监控、调节自己的教学行为,不断提高教学自信心。

(3)树立教师职业意识

教师对职业认同有积极的自我感知,就往往会忽略由不良的工作条件所带来的不快。教师的角色冲突和模糊与工作倦怠存在中度或高度的相关,角色冲突和模糊是工作压力的重要预测变量,因此教师应不断加深对教师工作的理解,认识到自己工作的重要性,全身心地投入到教学中,在工作中感受到快乐与幸福,才能保证有较强的自我意识。

2. 学校创设温暖的氛围

(1)加强教师培训

教师在教学中,往往会感到自身所接受的教育不足以应对现实的实践,这种现象在青年教师身上表现得尤为突出。年轻教师刚刚接受完师范教育,没有多少教学经验

可言,难以解决教学实际问题。学校应增加培训、考察、进修的机会,为教师创设学习的环境,促进教师之间的学习与交流。这样年轻教师可以向专家型教师学习、向优秀教师学习,通过观察和模仿,认识到自己有很大的教学潜能有待于挖掘,相信自己能够做得更有成效,从而增进他们的教学效能感。

(2)创建合理的教学评价体系

一个完整的教师教学评价体系应该包括:评价标准;观察教师的教学过程;提出教学改进的建议。通过评价教师的教学行为,可促进其教学效能感的提高,科学、合理、完善的教师教学评价体系可以协助教师对教学行为进行反思,提高其改进教学的主动性和自学性。

(3)建立合理的激励机制

实行"能者上,庸者下"的机制,让教师真正感受到通过努力得到成功的快乐。学校也应该努力给教师营造一个宽松的、民主的、有助于教师成长的氛围。领导与教师、教师与教师、教师与学生之间应发展多方对话,个体之间可以敞开心扉进行思想交流。良好的情感沟通是教师教学效能感形成的前提,也是促进教师教学效能感形成的有利条件。

3. 社会构建社会支持系统

社会中教师的职业声望、经济待遇、政治和专业权利等因素都会对教师教学效能感产生一定的影响。社会支持、尊重和理解越多,教师对教育教学能力做出的判断就越高。因此社会应尽量为教师提供一个和谐的、支持的环境。

随着社会的飞速发展,社会对人们的要求也越来越严格,人们承受的职业压力也越来越大,而且工作的性质也在发生变化,人们的工作兴趣不断降低,所以也导致越来越多的职业倦怠现象出现,教师这一职业也不例外。教师职业倦怠会对学校、学生、教育等多方面造成一定程度的损失,所以教师的职业倦怠应该引起重视,努力避免。

本章小结

教师是履行教育职责的专业人员,其职业角色特征包括认知特征和人格特征。教师的专业素质是指经过系统的师范教育,并在长期的教学实践中逐渐发展而成的具有专门性、指向性和不可替代性的素质,包括专业知识、专业技能、专业情意等。师生互动指教师与其学生在课堂上的交流,包括个人之间的互动、小团体或整个课堂的互动,按照对象以及角色关系,师生互动可分为师个互动、师班互动和师组互动三种。教师的成长过程是一个不断学习的过程,对此有重大影响的理论包括:福勒的教师关注阶段论、伯林纳的五阶段论和费斯勒的教师生涯循环论。教师的职业倦怠是指由于长期从事教师职业,压力过大,不善于自我调节而导致的不良心理状态。它一般包括三个构成指标:情感衰竭、去人格化和成就感降低。教师的教学效能感,是指教师对自己影响学生学习行为和学习成绩能力的主观判断。根据班杜拉的自我效能感理论,可以把教师的教学效能感分为一般教育效能感和个人教学效能感两个方面。

思考与练习

1. 教师的角色有哪些?
2. 简述教师的专业技能。
3. 影响师生课堂互动的因素有哪些? 如何提高课堂师生互动的有效性?
4. 个体化阐述一种教师的成长理论。
5. 教师的职业倦怠表现在哪些方面?
6. 如何提高教学效能感?

参考文献

[1]李建辉,王晶晶.教师专业素质结构新探[J].教育科学,2004(5):51-53.

[2]司海燕.中学组织气氛、教师教学效能感与工作投入的关系研究[D].河北:河北师范大学,2009.

[3]谭兆敏.近十年来国内关于教师教学效能感研究综述[J].煤炭高等教育,2006(7):62-65.

[4]刘宇慧,陈浩,等.大学英语课堂师生互动过程中的教师话语研究[M].上海:华东理工大学出版社,2012.

[5]卫芸.课堂师生互动的有效性初探——由一则案例引发的思考[J].新课程研究,2011(11):21-22.

第五章 学习理论

学习目标

1. 掌握各种学习分类。
2. 了解学习理论的发展脉络。
3. 掌握华生、斯金纳与班杜拉的行为主义学习理论。
4. 掌握布鲁纳与奥苏贝尔的认知派学习理论。
5. 理解建构主义学习理论的发展和基本观点及今后发展倾向。
6. 掌握马斯洛与罗杰斯的人本主义学习理论。

上初三的时候,班里有一个男生,每次老师提问时,他站起来就说不出话,我们都觉得很奇怪,一个男孩竟然如此害羞,怎么可能呢? 每次都把老师气得……老师们都认为他有心理问题,于是,再也不关注他了。中考时,他落榜了。然而一年之后,再见他时,特别能说会道,和以前的那个他判若两人,而且以特别优异的成绩考入了重点高中。同学们都纳闷了:怎么会变化这么大呢? 细细了解之后才知道:他复读时,遇到了伯乐。他历史学得特别好,只是以往有点羞于表达自己,在老师和同学的一次次打击讽刺下,他才越来越内向,隐藏了才能。复读时,班主任发掘了他的才能,一次次和他谈心,并在班里常常称赞他,他才渐渐活泼起来,并且勇于在公众面前发言,一年之内变化甚大。

个案中的男生,起初,是被老师们和学生们"标签化"而忽略的独特个体。由于他的默然,引起了老师们的"淡然",继而,使得他的学习"黯然"。而这,又进一步"印证"了老师们的假设:"瞧,他本来就是这样的一个孩子……"幸运的是,这个男生又"绝处逢生":缘于伯乐的发掘,加之自我的尝试,终于,他塑造了一个全新的自我!

其实,学生的学习,不是一个被动的过程,而是在学与教之间,悄悄渗透着微妙的期待心理。古人言:"人之学也,或失则多,或失则寡,或失则易,或失则止。此四者,心之莫用也。知其心,然后能救其失也。"细细研读学生的学习表现,慢慢知晓学生学习的动机,深入明了学生的学习期望,方可使其学习活动获得最大的收益。

第一节　学习及其理论发展

一、学习的定义

"学习"一词，是人们日常生活中最常用的词之一，一提起"学习"，人们往往联想到学校、教室、图书馆等场所里埋头看书或者上课听讲等活动。实际上，学习不仅仅局限于知识和技能等内容，在日常生活中人们每一天都在学习。最广义的学习的定义是，基于经验而导致行为或行为潜能发生相对一致变化的过程。

以下是一些心理学家对于学习的定义。

金布尔（Kimble，1961）：学习是由强化练习引起的有关行为潜能的持久性变化。

索普（Thorpe，1963）：学习是通过由经验产生的个体行为的适应性变化而表现出来的过程。

加涅（Gagne，1965）：学习是人的倾向或能力的变化，这种变化能够保持而不能单纯归因于生长过程。

威特罗克（Eittrock，1977）：学习是描述那种与经验变化过程有关的一种术语，它是在理解、态度、知识、信息、能力以及经验技能方面学到相对恒定变化的一种过程。

温菲尔德（Wingfield，1979）：学习是由练习或经验引起的行为或知识的较持久的变化。

潘菽（1980）：学习是人及动物在生活过程中获得个体的行为经验的过程。

鲍尔和希尔加德（Bower，& Hilgard，1981）：学习是指一个主体在某种规定情境下的重复经验引起的、对那个情境的行为或行为潜能的变化。

张春兴（1994）：学习是因经验而使个体行为或行为潜势产生改变且维持良久的历程。

陈琦（1997）：学习是由经验所引起的行为或思维的比较持久的变化。

皮连生（1997）：学习是机体通道与其环境相互作用导致能力或倾向相对稳定变化的过程。

从上面心理学家对于学习的定义可以看出，可以从外部的行为变化给学习下定义，也可以从内部的能力和倾向的变化给学习下定义。同一个心理学概念为什么有两种不同的定义呢？原因是，学习作为一个科学研究的课题是一个典型的两难问题。人的学习的实质是人的内在的能力、思想和情感的变化，但人的内在的能力、思想和情感的变化看不见摸不着，不能直接研究，因此心理学家必须根据反映人的能力、思想和情感的外部行为的变化推测其内部的变化。这种推测可能是对的，也可能是部分合理的,甚至可能是错误的。行为主义心理学强调学习的客观观察和测量,有其合理的一面;认知心理学强调学习的本质是内在的能力和倾向变化,也有其合理性。

二、学习的分类

学习分类研究的思想起源于第二次世界大战期间。当时许多心理学家被征调入伍,从事军事人员训练。他们利用那时建立起来的行为主义学习理论来指导军事人员训练,结果许多训练计划的效果都不理想。从此,许多心理学家开始认识到,人类的学习是极其复杂的,在一定条件下心理学家研究的学习,只是十分复杂的学习现象的某个侧面或某个局部,绝不能以偏概全,用这些局限的理论来解释一切学习现象。学习现象极其复杂,涉及不同类型学习者、内部过程、外部影响、内容、形式以及结果等。以下介绍四种学习的分类。

(一)加涅按学习水平和学习结果的分类

1. 加涅按学习水平的分类

1970 年加涅根据学习的繁简水平不同,提出了八类学习。

(1)信号学习:即经典性条件作用,学习对某种信号做出某种反应。其过程是:刺激—强化—反应。

(2)刺激—反应学习(S-R 的学习):即操作性条件作用,与经典性条件作用不同,其过程是情景—反应—强化,即先有情景,做出反应动作,然后得到强化。

(3)连锁学习:是一系列刺激—反应的联合。

(4)言语联想学习:也是一系列刺激—反应的联合,但它是由言语单位所联结的连锁化。

(5)辨别学习:即学会识别多种刺激的异同并对之做出不同的反应。

(6)概念学习:对刺激进行分类时,学会对一类刺激做出同样的反应,也就是对事物的抽象特征的反应。

(7)规则的学习:规则指两个或两个以上概念的联合,规则学习即了解两个或两个以上概念之间的关系。

(8)解决问题的学习:即在各种情况下,使用所学规则去解决问题。

加涅的这一分类是由简单到复杂、由低级到高级,前三类学习都是简单反应,许多动物也能完成。而且事实上,这几类学习大多是从动物实验中概括出来的。

1971 年,加涅对这种分类做了修正,把前四类学习合并为一类,把概念学习扩展为具体概念和定义概念的学习两类,这样将学习分为如下几种:连锁学习;辨别学习;具体概念学习;定义概念学习;规则的学习;解决问题的学习。

2. 加涅按学习结果的分类

加涅按学习的结果,又把学习分为如下五类。

(1)言语信息的学习

学生掌握的是以言语信息传递(通过言语交往或印刷物的形式)的内容或者学生的学习结果是以言语信息表达出来的。这一类的学习通常是有组织的,学习者得到的不仅是个别的事实,而且是根据一定的教学目标给予许多有意义的知识,使信息的学习和意义的学习结合在一起,构成系统的知识。言语信息的学习有三大作用:首先,是进一步学习的必要条件,如识字之于文学作品的学习;其次,有些言语信息在人的一生中都有实际意义,如时钟的识别、天体运行、四季的形成等知识;再次,有组织有联系的言语信息可以为思维提供工具。

(2)智慧技能的学习

言语信息的学习帮助学生解决"是什么"的问题,而智慧技能的学习要解决"怎么做"的问题,以处理外界的符号和信息(又称过程知识)。在各种水平的学习中都包含着不同的智慧技能,比如怎样把分数转换成小数、怎样使动词和句子的主语一致等。加涅认为每一级智慧技能的学习要以低一级智慧技能的获得为前提,最复杂的智慧技能则是把许多简单的技能组合起来而形成的。他把辨别技能作为最基本的智慧技能,按不同的学习水平及其所包含的心理运算的不同复杂程度依次分为辨别、概念、规则、高级规则(解决问题)等智慧技能。

(3)认知策略的学习

认知策略是学习者用以支配自己的注意、学习、记忆和思维的有内在组织的才能,这种才能使得学习过程的执行控制成为可能。认知策略就是控制过程,它能激活和改变其他的学习过程。认知策略与智慧技能的不同在于智慧技能定向于学习者的外部环境,而认知策略则支配着学习者在对付环境时其自身的行为,即"内在的"东西。简单地说,认知策略就是学习者用来"管理"他的学习过程的方式。这种使学习者自身能管理自己思维过程的内在的有组织的策略非常重要,是目前教育心理学研究中的热门课题。

(4)态度的学习

态度是通过学习获得的内部状态,这种状态影响着个人对某种事物、人物及事件所采取的行动。学校的教育目标应该包括态度的培养,态度可以从各种学科的学习中得到,但更多的是从校内外活动中和家庭中得到。加涅提出有三类态度:儿童对家庭和其他社会关系的认识;对某种活动所伴随的积极的喜爱的情感,如音乐、阅读、体育锻炼等;有关个人品德的某些方面,如爱国、关切社会需要和社会目标、尽公民义务的愿望等。

（5）运动技能的学习

运动技能又称为动作技能，如体操技能、写字技能、作图技能、操作仪器技能等，它也是能力的组成部分。

（二）奥苏贝尔的有意义学习与机械学习分类

美国著名认知教育心理学家奥苏贝尔的学习分类是在 20 世纪 60 年代提出的，后来他在《教育心理学——认知观点》一书中进一步系统阐述了这一学习分类。这一学习分类是针对认知领域的。根据学习者是否理解要学习的材料，学习被分为有意义学习与机械学习。如艾宾浩斯的无意义音节的记忆学习，就纯粹是机械学习，因为这里的学习材料本身没有意义。但有意义材料如唐诗，让 2 岁幼儿背诵，他们还无法理解，这就属于有意义材料的机械学习。

奥苏贝尔将有意义学习由简到繁细分为如下五类。

1. 符号表征学习

学习单个符号或一组符号所表示的意义，如"上海"表示一个城市，"车祸"表示一类事件，"小白兔"表示一类动物。符号表征学习包括学习符号和符号所指称的人、事物或性质。符号最初表示个别事物，如"狗"只表示儿童最初所见到的某条狗。当符号如"狗"表示一类事物（犬类），而不论其大小、毛色、习性时，"狗"这个符号所表示的是狗的概念。

2. 概念学习

概念是一类事物共同的本质特征。如"三角形"这个概念是所有三角形（不论大小、形状）的本质特征：在同一平面上，有三条边且两两相连接。概念学习意味着掌握一类事物共同的本质特征。例如，掌握三角形这个概念，就意味着能理解三角形是"平面上由三条边两两相连构成的封闭图形"，也意味着学习者能从大量图形（包括三角形和非三角形）中识别三角形。

3. 命题学习

"命题"这个术语来自逻辑学，指表达判断的语言形式。例如，"北京是中国的首都"在逻辑学中就是一个命题。在心理学中，命题是语词组合表示的最小意义单位，由两个成分构成：一个成分是两个以上的论题，第二个成分是它们的关系。如"我爱冬天的梅花"这个句子包括两个命题，第一个命题是"我爱梅花"，第二个命题是"梅花是冬天的"。"我"和"梅花"是论题，"爱"和"是"是关系。

命题有两类：一类是概括性命题，如"圆的直径是它的半径的两倍"，指一切圆的所有直径都是它的半径的两倍；一类是非概括性命题，如"月亮绕地球转"。前一类命题往往是揭示几个概念之间的关系，表示某种规律、定理、规划或原理等；后一类命题表示一个事实。所以,命题学习包括:事实学习;规律、定理或原理学习。后者是掌握概念之间的关系,是有意义学习的核心成分。

4. 概念和命题的运用

前三类学习是有意义学习的基本类型,在此基础上,是概念和命题(概括性命题)在简单情境中的运用。例如,掌握圆周率之后,当已知圆的半径的条件下,可以利用公式 $c=2\pi r$ 求周长。

5. 解决问题与创造

解决问题是概念和命题在复杂情境中的运用。学习者遇到的新情境越复杂,新情境与原先学习的情境越不相似,问题解决的难度就越大,要求的创造性程度就越高。创造是解决问题的最高形式。奥苏贝尔认为解决问题涉及问题的条件命题、目标命题、背景命题、推理规则和解决策略。奥苏贝尔提出有意义言语学习理论的主要目的就是阐明其中的限制条件。

根据学习材料的意义是由学习者发现的还是他人告知的(即学习方式的不同),学习可以被划分为发现学习和接受学习。发现学习是指由学习者自己从学习材料中发现其意义的学习方式。例如,2岁半到3岁的幼儿可以掌握"你""我""他"这三个人称代词的含义。这三个词的含义不能通过告诉的形式习得。如告诉幼儿"'我'表示你自己,'你'表示谈话的对方,'他'表示第三方",幼儿是不能理解这些话的含义的。但在与成人交往中,幼儿逐步能正确运用"你""我""他"这三个代词,表明他在言语实践中发现了这三个代词的含义。接受学习可以通过告知的方式进行。例如,妈妈手上拿一个苹果,对幼儿说:"苹果又叫 apple。"重复若干次以后,问幼儿:"苹果又叫什么?"幼儿说:"apple。"这表明幼儿习得了苹果的英文名称。当然,这是简单的接受学习。

(三)乔纳森等的分类系统

乔纳森(D. H. Jonassen)等人主张,应根据教育研究和教学技术的最新发展考虑当前的学习分类系统。学习理论和技术的进步已经有理由重新考虑由心理学家如加涅所提出的标准学习结果分类。

该分类系统增加了在当前使用的学习结果分类系统中未曾出现过的认知、反省认知(即元认知)和动机的学习结果。具体地说,该分类系统的特点有如下几点。

首先,它反映了经典分类系统中欠缺的行为,包括推理、类比、评估学习困难和分析问题。

其次,它反映了传统的认知—行为分类系统中未强调的认知结构,包括结构性知识、自我知识和心理模型等学习结果。

再次,它包括传统学习结果,如态度、程序、规则、概念和解决问题。

正如乔纳森等人所说："我们想简要地强调我们的分类系统与传统分类的差异,其中包括结构性知识、心理模型、情境性问题解决、延伸技能、自我知识、执行控制策略和动机形成。"

1. 结构性知识

结构性知识代表既多样又相互关联的概念或命题网络的习得。结构性知识是学生语义网络的反映,后者是有关某一课题的命题结构。一个语义网络是概念相互关联的一个集合以及这些概念之间的许多联结。

2. 心理模型

心理模型(知识复合体)是在结构性知识基础上建构而成的。心理模型涉及相互关联的言语或表象的命题集合,也包括程序性(可以运行的)知识、视觉—空间(表象)的表征、隐喻的知识和执行控制。它们是知识延伸、问题解决和远迁移所需要的。心理模型是人们做出推论和预测(延伸技能)的深层知识基础。

3. 情境性问题解决

大多数传统学习分类系统提到的问题解决是教科书中见到的、结构良好的、答案单一的解题活动。而现实世界的情境性问题解决涉及结构不良的问题和知识领域。这些问题具有多种答案和解答途径,或根本不可解答。对于哪些概念、规则和原理是解决问题所必需的,或者它们如何组织,这显现出了不确定性。对于决定适当的行动没有清晰界定的特征,而且对于问题及其答案需要学习者做出判断。解决情境性(结构不良的)问题与解决结构良好的问题相比,需要不同的知识和技能。心理学需要描述从事结构不良问题解决的必要心理活动。

4. 延伸技能

延伸技能是指用于超越给定信息进行推理的技能,包括进行类比、做出解释、得出推论和建构论据。延伸技能常常和其他学习结果一起发挥作用。也就是说,学生可能从言语信息中做出概括,推论经济学原理的后果,做出类比,以优化他们关于一个设施的心理模型或想象解决问题的多种可能性。

延伸技能不同于解决问题技能,因为它们不可能像延伸学生的知识领域那样直接导致问题解决。其价值在于,能延伸的学生可以在未经研究或训练的情况下生成新知识。

5. 自我知识

我们的分类系统阐明了不同形式的自我知识,这些知识对于心理模型发展、问题解决和反省认知是必要的。自我知识是一种特殊的陈述性知识,是关于自我的知识或知道我们作为学习者"是什么人"的知识。自我知识包括学习方式、学习优缺点和知识水平的自我意识。自我知识不同于其他陈述性或结构性知识之处在于,知识的对象不在外部而在学习者内部。学生要学习有关自我的知识。

6. 执行控制策略

执行控制策略常常指反省认知策略,由如下学习计划活动构成:评估任务难度、建立学习目标、选择或决定完成任务的策略、分配认知资源、评估先前知识(也是自我知识的一部分)、评估目标达成中的进步、检查自己操作方面的错误。

另一类执行控制策略是理解监测。此处指学习者评估学习中的进步。理解监测动态性地与其他控制策略相互联系。在监测进步时,首先必须清晰地陈述目标。

执行控制依赖自我知识。理解自己的兴趣、需要、学习风格和爱好,对于计划有效的学习活动是必要的。然而,执行控制也涉及促进学习和问题解决的重要的任务估计和协商技能。有效的学习者通过实践已习得这些技能,并将它们应用于大多数学习情境。

7. 动机形成

动机形成包括学习的愿望、做出的努力和学习的坚持性。这三个方面被称为意动方面,是动机和意志的结合。必须把动机形成视为伴随于学习的重要技能,而不只是学习的先行状态。也就是说,动机形成贯穿整个学习过程,而不限于学习初始阶段。

(四)我国流行的学习分类

我国教育心理学家冯忠良依据教育系统中传递的经验内容不同,将学生的学习分为三类。

1. 知识学习

知识学习包括知识的领会、巩固和应用三个环节,要解决的是知与不知、知之深浅的问题。

2. 技能学习

技能学习又分为心智技能和操作技能两种,要解决的是会不会的问题。

3. 社会规范的学习

社会规范的学习又称行为规范的学习或接受,是把外在于主体的行为要求转化为主体内在的行为需要的内化过程。其学习既包括社会规范的认识问题,又包括规范执行及情感体验的问题,因此比知识技能的学习更为复杂。

这一学习分类符合我国教育理论的习惯分法,如由潘菽主编的中华人民共和国成立以来出版的第一本《教育心理学》(1980)把学习分为知识学习、动作技能学习、智慧技能学习和社会行为规范学习。冯忠良的学习分类与潘菽的学习分类无实质上的差异,这个学习分类系统为我国教育行政人员和广大教师所熟悉。

从以上几种学习分类可见,将学习分为认知、情感和动作技能三个领域,这是大多数学习分类系统遵循的分类框架。奥苏贝尔的学习分类只涉及认知领域,冯忠良学习分类中社会规范的学习相当于加涅的态度学习。两者都包括认知、情感和行为的学习。乔纳森等人的学习分类主要只涉及认知领域。然而,在这个大框架下,不同分类系统的差异主要出现在知识与技能的划分上。加涅划分了三种技能,即智慧技能、认知策略和动作技能。奥苏贝尔分类系统中有知识的简单运用和综合运用(解决问题和创造),但未对知识和技能加以划分。冯忠良分类系统中的知识类似于奥苏贝尔分类系统中的知识,两者都涉及知识的简单运用与综合运用。冯忠良分类中的心智技能相当于加涅分类系统中的认知策略。

三、学习理论的发展

学习理论是关于学习的本质、学习的过程、学习的机制、学习的条件及其影响因素等方面的学说。由于学习现象本身的复杂性,特别是学习活动中发生在学习者头脑里的变化过程并不能被直接观察到,人们便从各自的学派观点立场出发,阐述对学习的不同观点,形成了不同的学习理论。西方古代的学习理论和我国古代的学习理论内容都很丰富。18~19世纪以来,西方的学习理论在心理学的基础上迅速发展,相继出现了认知学习理论、认知建构主义学习理论、人本主义学习理论、行为主义学习理论。

(一)古代的学习理论

1. 西方古代的学习理论

柏拉图认定,认识不是对物质世界的感受,而是对理念世界的回忆,认识真理就是接近最高的理念。认识真理的过程也就是回忆理念世界的过程。由此柏拉图进一步得出结论,"学习……过程,……就是恢复我们固有的知识"的过程,"学习只不过是回忆"。

昆体良主张要重视人的天赋,顺其自然本性的发展,对课业的学习应交替进行,因为"如果变换课业,精力就可以得到恢复"。这一见解是在充分估计了人的心智力量的基础上得出来的,它能使人的注意指向各个方面:在同一天或同一时间,人的心力可以用在许多事情上面。儿童的体力和心智不像成人那样容易疲劳,他们在同样时间内,可学到更多东西。但他同时指出,必须注意儿童的休息和游戏。休息和游戏,可使精力得到恢复,并能以更愉快、更坚强的精神进行学习。

亚里士多德的基本观点是,认识是由感觉开始、由个别事实上升到一般概念的。换言之,知识是建立在由经验而获得的各种基本感觉的基础上的。没有经验,便不可能有知识。亚里士多德被普遍公认是第一位"联想主义者",尽管他本人并没有使用过这个术语,事实上,是他最初提出了联想的三个原则。①邻近的原则,即两件事物在时间上或空间上越是邻近地出现,就越有可能令人在想到一事物时联想到另一件事物。

例如,想到"桌子"时就会联想到"椅子",因为这两样东西在时空上总是几乎同时出现的。②相似的原则,即想到一个概念常常会导致想到相似的概念,例如"苹果"和"橘子"。③对比的原则,即看到一件事物往往会使人想起它的反面,例如"日"与"夜"。

2. 中国古代的学习理论

伟大的教育家孔子在《论语》中就曾说:"学而时习之,不亦说乎?"学习后经常及时地复习,不也是一件乐事吗?"学而不思则罔,思而不学则殆。"即学习中必须进行认真的思考,否则就会迷惑不解,但如果只思考而不学习,则会精神懈怠。除此之外,还有很多学者论及学习。把这些丰富、系统的学习思想归纳起来,主要有以下两点。

(1)关于学习的实质

我国古代学者认为,学习的过程既是一个积累的过程,也是一个贯通的过程,即积累与贯通相结合的过程,也就是说,学习是一点一滴积累知识、技能的过程,但同时也是举一反三、一通百通的过程,譬如"积习既多""豁然贯通"等。

(2)关于学习的过程

我国古代学者认为,学习过程可以划分为立志、博学、审问、慎思、明辨、时习、笃行七个阶段。立志,是指树立学习志向,也即形成学习动机;博学,是指多闻、多见,也即广泛获取感性知识和书本知识;审问,是指探究学习中发现的问题,也即强调在多闻、多见过程中善于多疑、多问;慎思,是指深入严谨地进行思考,也即对感性知识和书本知识进行理性层面上的深入加工;明辨,是指通过思维活动确切分清所学知识的真假、善恶、美丑、是非,也即在学习过程中掌握确切的知识;时习,是指对所学知识的练习、复习和实习,也即巩固所学的知识;笃行,是指将所学知识付诸实践,也即应用所学知识于实际,落实于行动。可以说,这七个阶段较为全面、系统地概括了学习活动的完整过程。

(二)现代的学习理论

1. 现代学习理论的发展渊源

心理学作为一门独立的学科是从 19 世纪晚期冯特建立第一个心理学实验室开始的。冯特对研究人类意识经验有兴趣,他试图把意识分析为许多最小的构成要素,像物理学中研究原子、化学中研究元素一样,在心理学中对这些最小的要素进行研究,使之成为一门"真正"的科学。由冯特所引导的第一个心理学派,称为结构主义学派,像哲学中的联想主义学派一样,他相信心理是由各种要素结合组成的结构。如果能发现这种结构,分析思维的要素,就能系统地研究人类的意识,而如何来分析思维的要素呢?结构主义者用的主要工具是内省(或称自我分析)。先训练感知一个物体时详细报告其即时的经验——"原始"经验,而不是报告对该物体的解释。

冯特的结构主义很快遭到了来自心理学各学派的批评。机能主义学派的创立者威廉·詹姆斯在其极有影响的《心理学原理》中指责结构主义者说,意识是不能还原为元素的,相反,意识作为一个整体起作用,其目的在于使有机体适应其环境。杜威也是机能主义学派的有影响的人物,他指出,孤立地研究一个元素单元纯属浪费时间,因为这忽视了行为的目的,心理学的目标应该是研究行为对适应环境的意义。

机能主义心理学对学习理论的主要贡献在于他们不是去研究一种孤立的现象,而是研究意识与环境的关系。他们反对结构主义的内省法并不是由于结构主义研究意识,而是由于它还原为元素的还原主义。他们不反对研究心理过程,而是坚持应该研究这些过程与生存的关系。

以韦特海默为首的格式塔学派形成于1910年德国法兰克福大学,他们强调经验的整体性,批评冯特的结构主义使其看不到人类经验的真实性,犹如音乐家如果把每个音符分开就永远听不到主旋律一样。"整体不是其各部分的总和。"如果只研究部分或各要素会使研究步入歧途。因为当各要素从其背景中分割出来时,它们往往已与原来在背景中的表现不同。如果你只去研究一部电影的每一帧画面,你就永远不会了解整部电影讲的是什么。

此外,以华生为首的行为主义学派,批评冯特采用内省法作为科学研究工具。行为派同意研究元素,但他们不同意冯特所赖以发现这些元素的途径,华生认为唯一可观察到并可采用科学方法研究的是被试的外显行为,他宣称,如果只有通过内省才能研究意识,如果意识不与外显行为有相互关系的话,就应把它从心理学中撵出去。

各方的批评使结构主义成为一个短命的学派,但是,正是由于结构主义的出现,及其所引起的其他学派的批评,反倒促进了学习理论自身的发展。

2. 认知学习理论的发展

认知学习理论的先驱是格式塔学派。几乎在行为主义学习理论产生的同时,在德国就出现了以韦特海墨为首的格式塔学派。该学派认为学习是一种顿悟,当个体面临一个问题时,会产生认知上的不平衡,这会促使个体努力去解决问题以求得新平衡,而问题解决是在对问题情景有了整体把握,并对其内在实质有所顿悟后才实现的。

3. 认知建构主义学习理论的发展

建构主义理论家们认为,学习模式应该更着重于学习者自身的建构和知识的组织,也就是说教学应该强调激发学生以自己的方式去建构和发展当前的知识。当前在教育研究的基础上,建构主义学习模式提出了以下一些重要概念。①知识结构的网络概念,即在人脑中,知识的结构不是直线型的层次结构,而是围绕一些关键概念所构成的网络,学习者可以从网络上的任意一点进入和开始学习该知识结构,而不是必须从直线层级的最低处才能开始。②知识建构的社会性,即知识的发展是通过社会建构而激起的,这种社会性的建构是在两个或两个以上的人从事持续的谈话的社会环境中进行的。③情境性学习与真实性任务,即应尽可能根据自然情境来建立教学模式,让学生讨论解决现实问题的各种可能的方法等。④建立支架并且将管理学习的责任由教师向学生转移。

4. 人本主义学习理论的发展

20 世纪 60 年代,西方社会特别是美国,由于社会和政治原因所引起的社会动荡不安,人们开始从当时的教育制度和学校、学习理论中去寻找其失误。批评家们认为,由于行为主义的程序教学和行为矫治的过度使用,导致许多情况下的不切实际,而忽视生活中人类特征的方面。人本主义心理学应运而生,他们一方面反对行为主义不重视人类本身特征;另一方面也指出,认知心理学虽然重视人类认知结构,但也忽视了人类情感、价值、态度等方面对学习的影响。人本主义心理学家总的观点是,心理学应该探讨的是完整的人(the whole person),而不是把人的各个从属的方面(如行为表现、认知过程、情绪障碍)割裂开来加以分析。人本主义心理学的主要代表人物是柯姆斯、马斯洛和罗杰斯。

由于人本主义主要是在对新行为主义和精神分析学派的批判中形成和发展的,所以常常被称为是第三势力心理学(third force psychology)。用人本主义心理学奠基人之一马斯洛的话来说,人本主义者要在心理学中发生一场革命,就像当年伽利略、达尔文、爱因斯坦、弗洛伊德和马克思所引起的革命一样,也就是说,要形成知觉与思维的新方式、对人与社会的新形象、对伦理观与价值观的新看法(马斯洛,1968)。

5. 行为主义学习理论的发展

行为学习理论是行为主义心理学派关于学习的理论,又称刺激—反应理论,是当今学习理论的主要流派之一,代表人物有华生、斯金纳。该理论认为,人类的思维是与外界环境相互作用的结果,即形成“刺激—反应”的联结,其中斯金纳的操作条件反射理论最具代表性。斯金纳认为一切行为都是由反射构成的,行为之所以发生变化是因为强化物的强化作用所致,对强化的控制就是对行为的控制。斯金纳认为一切行为都是由反射构成的,而行为可分为应答性行为(由已知的刺激引起的反应,如遇火烧而缩手等)和操作性行为(由有机体自身发出的而非已知刺激引起的反应,如出拳、蹲下、吹口哨等)。与两类行为相应,斯金纳把条件反射分为应答性条件反射(或经典条件反射)和反应性条件反射(或操作条件反射),前者是 S-R 型条件反射,后者是 R-S 型条件反射。学习可以看成是形成操作条件反射的过程。操作条件反射的形成与强化有极为密切的关系,他对强化进行了较全面的研究,所形成的强化理论成为其学习理论的最重要部分和基础。斯金纳认为行为之所以发生变化是由强化物的强化作用所致,对强化的控制就是对行为的控制。所谓强化,可简单理解为能增强反应概率的效果,强化作用是通过强化物来实现的,凡是能增强反应概率的刺激和事件都叫强化物。强化有积极强化与消极强化之分,积极强化通过呈现刺激增强反应概率,消极强化通过中止不愉快条件来增强反应概率。

第二节　学习的行为理论

行为主义者认为,学习是刺激与反应之间的联结。他们的基本假设是,行为是学习者对环境刺激所做出的反应。他们把环境看成是刺激,把伴而随之的有机体行为看做是反应,认为所有行为都是习得的。行为主义学习理论应用在学校教育实践上,就是要求教师掌握塑造和矫正学生行为的方法,为学生创设适宜的环境,尽可能在最大程度上强化学生的合适行为,消除不合适行为。

一、华生的行为主义观点

美国心理学家约翰·华生在 20 世纪初创立了行为主义学习理论,在格思里、赫尔、桑代克、斯金纳等的影响下,行为主义学习理论在美国占据主导地位长达半个世纪之久。

华生认为人类的行为都是后天习得的,环境决定了一个人的行为模式,无论是正常的行为还是病态的行为都是经过学习而获得的,也可以通过学习而更改、增加或消除,认为查明了环境刺激与行为反应之间的规律性关系,就能根据刺激预知反应,或根据反应推断刺激,达到预测并控制动物和人的行为的目的。他认为,行为就是有机体用以适应环境刺激的各种躯体反应的组合,有的表现在外表,有的隐藏在内部,在他眼里人和动物没什么差异,都遵循同样的规律。

二、斯金纳的操作性条件反射学习

伯尔赫斯·弗雷德里克·斯金纳(Burrhus Frederic Skinner,1904—1990),美国心理学家,他认为心理学所关心的是可以观察到的外表的行为,而不是行为的内部机制。他认为科学必须在自然科学的范围内进行研究,其任务就是要确定实验者控制的刺激,继之而来的是有机体反应之间的函数关系。

他把学习的历程分为两种类型,应答型条件作用和操作型条件作用。经典行为主义研究的是前者,而斯金纳研究的重点是后者。操作型条件作用的形成依赖于有机体做出一定的动作反应;而经典型条件作用的形成依赖于有机体的无条件反射。同时,对待意识不像古典行为主义那样,避而不谈,而是承认意识的存在,但认为意识不过是有机体皮肤之内所发生的私有事件,它不作为行为的生理中介物,而是作为行为本身的一部分,因此感觉、知觉都可把它们作为刺激控制形式来加以分析。

斯金纳认为"教学就是安排可能发生强化的事件以促进学习"。给学生创设能为要学习的刺激做出反应的机会,教学在学生做出反应之后,应当有随之而来的反馈。具体而言,包括教学目标、教学过程和教学方法三个方面。

教学目标,是提供特定的刺激,以便引起学生特定的反应,教学目标越具体、精确越好。

教学过程,斯金纳认为,学生的行为是受行为结果的影响,要学生做出合乎需要的行为反应,必须形成某种相倚关系,即在行为后有一种强化性的后果。倘若一种行为得不到强化,它就会消失。据此,相倚组织教学即为对学习环境的设置、课程材料的设计和学生行为的管理做出了系统的安排,关注的是"怎样教",而不是"教什么"。事实上,侧重的是行为,并要以一种可以观察到的、测量的形式来具体说明课程内容和教学过程。

教学方法,学习过程的有效进行有三个条件,即小步骤呈现学习材料、对学习者任何反应立即予以反馈,以及学习者自定步调学习。传统的讲授法违背上述三个条件,应采用程序教学法。

三、班杜拉的观察学习

班杜拉在大量实验研究基础上,提出了"观察学习理论"。1961年,他以学前儿童为对象进行了一个实验。首先让儿童看成人榜样对一个充气娃娃拳打脚踢,然后把儿童带到一个放有充气娃娃的实验室,让他们自由活动。结果发现,儿童也学着成人榜样的动作对充气娃娃拳打脚踢。这说明,成人榜样对儿童行为有明显的影响,儿童可以通过观察成人榜样的行为而习得新行为。

(一)班杜拉对学习的分类

班杜拉将学习分为直接经验学习和观察学习两种形式。

直接经验学习是个体对刺激做出反应并受到强化而完成的学习过程,其学习模式是刺激—反应—强化;离开学习者本身的经验及其所受到的强化,学习就不能产生。

观察学习是指个体通过观察榜样在应对外在刺激时的反应及其受到的强化而完成的完成学习的过程。

经典实验

波波玩偶实验

儿童在电视、电影里看到的暴力,会不会导致他们形成攻击性行为? 这是当今一个热门话题,就是在 50 年前,也是相当热门的话题。彼时,有一位心理学家做了一项实验,以确定孩子们是如何通过观看暴力影像而学会攻击的,这就是波波玩偶实验,它是美国心理学家班杜拉于 1961 年进行的关于攻击性暴力行为研究的一个重要实验。他在 1963 年和 1965 年又对此专题继续进行深入研究。波波玩偶是与儿童体形接近的一种充气玩具,波波玩偶实验对于班杜拉研究观察学习、创建其社会学习理论起了关键作用。

班杜拉为这个实验做了如下几个假设。

目击攻击性成人榜样行为的被试,将试图模仿或实施类似的攻击性行为,即使榜样不在现场。此外,他相信这些孩子的行为将会与那些目击非攻击性成人榜样行为的被试以及没有观察任何榜样的孩子(控制组)大为不同。榜样不在现场时,观察非攻击性成人榜样行为的被试所表现出来的攻击性行为,将不仅少于目击攻击性成人榜样行为的被试,而且少于没有观察任何榜样的孩子。儿童将更乐于模仿同性榜样的行为,因为儿童通常更为认同同性的成人与家长。由于攻击性行为更多地具有男性化的特征,男孩们将会更乐于展示攻击性行为,尤其是观察富于攻击性的男性榜样的男孩。

在该实验中,班杜拉选用儿童作为实验对象,因为通常儿童很少有社会条件反射。班杜拉试图使儿童分别受到成人榜样的攻击性行为与非攻击性行为的影响。然后将这些儿童置于没有成人榜样的新环境中,以观察他们是否模仿了成人榜样的攻击性行为与非攻击性行为。在该实验中,班杜拉让斯坦福大学幼儿园年龄介于 3 至 6 岁之间的 36 名男孩和 36 名女孩观看一位榜样殴打一个波波玩偶。控制组、第一实验组和第二实验组各包括 24 名儿童,分别观看攻击性行为,以及观看非攻击性行为。第一实验组和第二实验组按性别再次分组,然后再分别观看同性榜样和异性榜样。

成人榜样把波波玩偶放倒在地上,骑在上面,猛击它的鼻子。后来,又把波波玩偶举起来,拿起锤子敲打它的头部。敲完之后,猛烈地在空中摔打玩偶,在房间内把它踢来踢去。这一攻击性行为连着重复三次,其间还夹杂着攻击性语言,如"踢死它"等。

10 分钟后,孩子们被带进另一个房间,那里摆放着一些吸引人的玩具,其中包括一套洋娃娃,还有消防车模型和飞机模型等。但是孩子们被告知,不允许去玩这些玩具,目的是让儿童产生一种挫折感。

最后,每个儿童都被带进最后一个实验室,这间房子里有各种玩具。孩子们被允许在这个房间玩 20 分钟,实验的评价人从镜子里观察每个孩子的行为,并给出每个孩子攻击性行为的等级。

实验结果证实了班杜拉预言中的三个:

1. 成人榜样不在场的时候,观察暴力行为组的孩子们的倾向是模仿他们所看到的行为;

2. 无论性别,观察非暴力行为组的孩子们都展现出比对照组孩子的攻击级别低一点;

3. 无论被观察的榜样是同性还是异性,孩子们性别上的差异(男孩比女孩的攻击性强)是很重要的。

班杜拉和同事们认为,波波玩偶实验揭示了特定的行为是如何通过观察和模仿而形成的:当成人榜样对他们的行为表示赞赏时,儿童就更喜欢模仿攻击行为;而当他们看到成人榜样因他们的疯狂行为受到惩罚或谴责时,儿童的模仿就会少一些。

(二)观察学习的过程

1. 注意过程

对榜样的知觉。观察者将其心理资源,如感觉、知觉等集中于榜样事件,它决定了选择什么样的信息作为观察对象及其从中获取什么信息,是观察学习的起始环节。

2. 保持过程

信息的存储。观察者将获得的信息以符号表征的方式储存于记忆中。在此过程中,即时的观察经验转化为持久而稳定的认知结构,在榜样行为结束后,给观察者提供指导。

3. 生成过程

记忆向行为的转变。把记忆中的表象和符号转换成适当的行为,即再现以前所观察到的榜样行为。

4. 动机过程

行为表现。经过注意、保持和再改造几个过程后,观察者已经基本习得了榜样行为,却不一定会主动表现行为。观察者在动机驱使下,即在特定情景的某种诱因的作用下,才会表现习得的行为。

(三)观察学习的条件

1. 外部因素

榜样的特征包括性别、年龄、职业、社会地位及社会声望等,这些都会影响观察者对榜样的注意。

2. 内部因素

观察者自身认知能力、知识背景和价值取向等都会对注意过程起到制约作用。

第三节 学习的认知理论

20 世纪 60 年代,行为主义心理学的统治地位被认知心理学所代替,认知学习理论得到快速发展。其中,皮亚杰的建构主义学习理论、布鲁纳的认知结构学习理论、奥苏贝尔的有意义学习理论、信息加工的学习理论等都有很大影响。

对于课堂教学,认知学习理论强调教师根据学生已有的心理结构,设置恰当的问题情境,引起学生的认知不平衡,激发学生的认知需要,促使学生开展积极主动的同化和顺应活动,在解决问题的过程中掌握一般原理,并将新知识纳入自己的认知结构,从而使认知结构获得发展。目前,认知学习理论更加强调激发学生以自己的方式去建构和发展当前的知识,例如,美国著名教育心理学家盖茨就曾经对教师们提供如下建议:如果有人问:"你是教数学的吗?"最恰当的回答是:"我不是教数学的,我是教学生学数学的。"

一、布鲁纳的认知结构学习理论

布鲁纳主要是用格式塔的研究范式来探讨学习问题并形成理论的,但主要探讨的是学生的学习。布鲁纳用认知结构取代了完形的概念,后者概念比较模糊,前者则指的是科学知识的类别编码系统,该系统的构成是明确清晰的。

(一)学习实质

学习者主动进行加工活动形成认知结构。所谓认知结构,指个体过去对外界事物进行感知、概括的一般方式或经验所组成的观念结构,它可以给经验中的规律以意义和组织,并形成一个模式,其主要成分是"一套感知的类别"。

(二)学习结果

形成与发展认知结构,即形成各学科领域的类别编码系统。

(三)学习过程

布鲁纳认为,一切知识都是按编码系统排列和组织起来的。具体的知识描绘客观事物的具体特征,揭示较低级的规则,它常常受制于具体的对象和特殊的情境。只有当学生熟练掌握了许多具体知识,才有可能把它们重新组织起来构成较高层次的规则,形成一般编码系统,获得一般知识。

(四)新知识学习的环节

新知识学习中同时发生三个过程。

1. 知识的获得

指个体运用已有的认知经验,使用新输入的信息与原有的认知结构发生联系,理解新知识所描绘的事物或现象的意义,使之与已有的知识建立各种联系。

2. 知识的转化

指对新知识进一步分析和概括,用获得的新知识对原有的认知结构进行重构,运用外推、内推或转换的方法,获得超越给定信息的更多信息,以适应新的任务。

3. 对知识的评价

指新知识的转化过程和结果的检阅与验证。

(五)促进学习的条件

促进学习的条件包括知识的呈现方式与学习的内在动机。

1. 知识的呈现方式

有三种理解知识的手段:①动作再现表象(借助动作进行思维的工具);②图像再现表象(以表象作为思维的工具);③符号再现表象(以符号,通常为语言符号,作为思维的中介物)。对不同年龄、不同知识背景的学生和不同学科性质的知识而言,以哪一种形式呈现知识会直接影响学生获得知识的难易程度和正确性。

2. 学习的内在动机

学习的内在动机是指将新知识与以往的知识联系起来,并根据原有的认知结构对新知识加以组织的积极的观念和相应的心理准备状态。所有的学生几乎都具有学习新知识的内在愿望,这包括好奇心、成功感,以及人际交往中互惠的需要等。

(六)学习的最佳方式——发现式学习

教师为学生提供材料,创设问题情境,引导学生独立地发现解决问题的方法,从中发现规律、获得知识,形成发展认知结构。该模式最大优点是能最大限度地发挥学生在学习中的主体性和创造性,其特点包括:①教学是围绕一个问题情境展开,而不是围绕一个知识项目展开;②教学中以学生的"发现"活动为主,教师起引导作用;③没有固定的组织形式。

发现式学习的基本步骤包括:①提出和明确使学生感兴趣的问题;②让学生对问题体验到某程度的不确定性,以激发其探究;③提供解决问题的各种材料和线索;④协助学生分析材料和证据,提出可能的假设帮助学生分析、判断;⑤协助、引导学生审查假设得出的结论。

在运用发现式学习时,教师的任务包括:①鼓励学生有发现的自信心;②激发学生的好奇心,使之产生求知欲;③帮助学生寻找新问题与已有经验的联系;④训练学生运用知识解决问题的能力;⑤协助学生进行自我评价;⑥启发学生进行对比。

(七)结构教学观

布鲁纳主张,将学科的基本结构放在编写教材和设计课程的中心地位。所谓学科基本结构,包括基本概念、基本原理及其内部规律。让学生理解学科基本结构的好处有:①有利于学生理解学科的基本内容;②有助于学习内容的记忆;③有助于迁移;④有助于激发学生的学习动机和学习兴趣;⑤有助于学生智力的发展。

任何科目都能按照某种正确的方式教给任何年龄阶段的儿童。编排教材的最佳方式是以"螺旋式上升"的形式呈现学科的基本结构,一方面便于学生尽早学习学科的重要知识和基本结构;另一方面也有利于学生认知结构形成的连续性、渐进性。

二、奥苏贝尔的有意义学习

奥苏贝尔认为布鲁纳的理论过分强调发现式、跳跃式学习,轻视知识的系统性、循序渐进性,最后导致教育质量下降。他认为,影响学习的唯一的最重要的因素是学习者已经知道了什么,并且要根据学生原有的知识进行教学。

(一)有意义学习

1. 有意义学习的实质

有意义学习是指在学习过程中,符号所代表的新知识与学习者认知结构中已有的适当观念建立实质性和非人为性的联系的过程。所谓实质性联系,是指新符号或符号所代表的新知识观念能与学习者认知结构中已有的表象、有意义的符号、概念或命题建立内在的联系,而不仅仅是字面上的联系。所谓非人为性的联系,指符号所代表的新知识与认知结构中的有关观念表象建立的是符合人们所理解的逻辑关系上的联系,而不是任意附加上去的联系。

2. 有意义学习的过程

有意义学习的过程即学习者认知结构中原有的适当观念同化新观念的过程。具体过程包括:①学生从已有的认知结构中找到对新知识起固定作用的观念,即寻找一个同化点;②将新知识置入认知结构的合适位置,并与原有观念建立相应的联系;③对新知识与原有知识进行精细的分化;④在新知识与其他相应知识之间建立联系,使之构成一个完整的观念体系,继而学习者原有的认知结构得到丰富和发展。

3.有意义学习的结果

有意义学习的结果是形成认知结构。奥苏贝尔所言的认知结构是指个体头脑中已形成的,按层次组织起来的,能使新知识获得意义的概念系统。学习内容的安排要注意两个方面:一是尽可能先传授具有最大包摄性、概括性和最有说服力的概念和原理,使学生能对学习内容进行组织和综合;二是要注意渐进性,即要使用最有效的方法安排学习内容的顺序,构成学习内容的内在逻辑。

4.有意义学习的条件

(1)学习材料本身必须具备逻辑意义

学习材料的逻辑意义是指学习材料本身与人类学习能力范围内的有关观念可以建立非人为性的和实质性的联系。

(2)学习者必须具有有意义学习的心向

有意义学习的心向是指学习者能积极主动地在新知识与已有适当观念之间建立联系的倾向性。

(3)学习者的认知结构中必须有同化新知识的原有的适当观念

已有的认知结构是影响学生知识学习的最重要的因素。认知结构对有意义学习的影响主要取决于原有知识的可利用性、新旧知识间的可辨别性以及原有知识的稳定性和清晰性。

5.有意义学习的类型

(1)表征学习

又称代表性学习,指学生学会一些单个符号的意义或者学习它们代表什么,其心理机制是使符号和它们所代表的具体事物或观念间建立起等值的关系。

(2)概念学习

掌握同类事物或现象的共同关键特征或本质特征,包括概念发现和概念同化两种形式。概念发现是低龄儿童学习概念的主要形式,它是从许多具体实例中概括而来的。中高年级学生可以利用已有的认知结构中的相应概念对新概念进行同化而得到新概念的意义,即概念同化。

(3)命题学习

学习以命题形式表达的观念的新意义。根据新旧命题之间的关系,具体有三种类型命题学习。

下位学习,指新学习的知识是已有知识的下位知识,已有的概念或命题是上位的。

如由"猫会爬树"到"邻居家的猫正在爬门前那棵树"。

上位学习,指新学习的知识与已有知识间是一般对特殊的关系,新概念或命题是上位的,包摄性更广泛,概括水平更高。如先前学的是胡萝卜、豌豆等概念,这节课学习蔬菜的概念。

并列结合学习,指新命题与已有命题之间不是下位关系,也不是上位关系,而是并列关系。如质量与能量、热与体积的关系。

(二)教学理论

1. 教学原则

一般有如下两种原则。逐渐分化原则,指学生应该学习包摄性最广、概括水平最高、最一般的观念,然后逐渐学习概括水平较低、较具体的知识,并加以分化。整合协调原则,指对认知结构的已有知识重新加以组合,通过类推、分析、比较、综合,明确新旧知识间的区别和联系,使所学知识构成清晰、稳定、整合的知识体系。

2. 教学内容

每门学科的各个单元应按包摄性程度由大到小的顺序排列;每个单元内的知识点之间也最好按逐渐分化的方式编排。前面单元对后面单元构成上位对下位的关系,为后面知识提供理想的固定点。

3. 教学策略——先行组织者

先行组织者是指在教新的学习材料之前,先给学生引导性材料,它要比新知识更加抽象、概括和综合,并且能清楚地反映认知结构中原有观念与新学习任务的联系。先行组织者包括两类:一是说明性组织者,用于为新知识提供一个上位的类属者;二是比较性组织者,是对新旧观念的异同点进行比较。

 走进课堂

教师在讲《论雷峰塔的倒掉》一文时,试图运用先行组织者教学策略设计两个导语。其中一个符合先行组织者教学策略标准,另一个则不符合。试分析鉴别这两个导语设计实例。

实例一

从前在西湖边上有一座砖塔,取名叫雷峰塔。传说塔下边镇压着《白蛇传》传说中的白娘子。据说这座塔的每一块砖都可以降妖。后来这座塔倒掉了,引起了很大的反响。有人认为雷峰塔是西湖边上十景之一,少了岂不可惜;有人认为雷峰塔是国宝……这时鲁迅写了《论雷峰塔的倒掉》这篇杂文,发表了自己的看法。鲁迅先生对雷峰塔的倒掉有什么看法呢?请看课文……

实例二

教师提问:同学们都知道封建社会是怎样摧残人民幸福、扼杀人民自由的吗? 谁能举些实例来说明?

(学生纷纷举例,如:给妇女裹足;父母包办和买卖婚姻;禁止寡妇再嫁等,详举出祥林嫂等具体事例。)

教师归纳:上述事实告诉我们封建社会是黑暗而残酷的。由于劳动人民痛恨封建社会摧残人民幸福、扼杀人民自由的本质,所以创造了白娘子和雷峰塔的故事。1924 年 9 月 25 日这一天,西湖边的雷峰塔倒掉了,社会上对此事议论纷纷。鲁迅借题发挥,夹叙夹议地阐明了封建势力必然灭亡和人民必胜的道理。

借题发挥,夹叙夹议,以议为主,是杂文的一般特征。同学们都看过哪些杂文? 这些杂文都是怎样夹叙夹议的?

(学生举出鲁迅作品和从报纸上看到的杂文的特点,教师帮助学生回顾和分析了这些杂文。)

今天我们学习的《论雷峰塔的倒掉》是一篇杂文,让我们看一看它是怎样夹叙夹议、借题发挥的?

第四节　学习的建构主义理论

随着心理学家对人类学习过程认知规律研究的不断深入,近年来,认知学习理论的一个重要分支——建构主义(constructivism)学习理论在西方逐渐流行。相较于把学生作为知识灌输对象的行为主义学习理论,把学生看做是信息加工主体的认知学习理论越来越受到欢迎。

当前国内外各级各类学校教学改革的关键在于能否打破传统的教学模式。这种以"教师为中心,教师讲、学生听"为特点的教学模式既不能保证教学的质量与效率,又不利于培养学生的发散性思维、批判性思维和创造性思维,不利于培养具有创新精神和实践能力的人才。为了改变这种状况,国内外许多教育工作者、教育学家、教育技术专家多年来从理论与实践两个方面作了大量的研究与探索,建构主义理论正是这种努力所取得的主要理论研究成果。随着多媒体计算机和网络教育应用的飞速发展,建构主义学习理论正愈来愈显示出强大的生命力,并在世界范围内日益扩大影响。

一、建构主义简介

建构主义也译作结构主义,是认知心理学派中的一个分支。建构主义理论的主要代表人物有:皮亚杰、科恩伯格、斯滕伯格、卡茨、维果斯基。

建构主义理论的内容很丰富,但其核心只用一句话就可以概括:以学生为中心,强调学生对知识的主动探索、主动发现和对所学知识意义的主动建构。以学生为中心,强调的是"学";以教师为中心,强调的是"教"。这正是两种教育思想、教学观念最根本的分歧点,由此而发展出两种对立的学习理论、教学理论和教学设计理论。由于建构主义所要求的学习环境得到了当代最新信息技术成果的强有力支持,使建构主义理论日益与广大教师的教学实践普遍地结合起来,从而成为国内外学校深化教学改革的指导思想。

二、建构主义学习理论

建构主义源自关于儿童认知发展的理论,由于个体的认知发展与学习过程密切相关,因此利用建构主义可以比较好地说明人类学习过程的认知规律,即能较好地说明学习如何发生、意义如何建构、概念如何形成,以及理想的学习环境应包含哪些主要因素等。总之,在建构主义思想指导下可以形成一套新的比较有效的认知学习理论,并在此基础上实现较理想的建构主义学习环境。

建构主义学习理论的基本内容可从"学习的含义"(即关于"什么是学习")与"学习的方法"(即关于"如何进行学习")这两个方面进行说明。

(一)学习的含义

建构主义认为,知识不是通过教师传授得到,而是学习者在一定的情境即社会文化背景下,借助其他人(包括教师和学习伙伴)的帮助,利用必要的学习资料,通过意义建构的方式而获得。由于学习是在一定的情境即社会文化背景下,借助其他人的帮助即通过人际间的协作活动而实现的意义建构过程,因此建构主义学习理论认为"情境""协作""会话"和"意义建构"是学习环境中的四大要素或四大属性。

(二)学习的方法

建构主义提倡在教师指导下的、以学习者为中心的学习,也就是说,既强调学习者的认知主体作用,又不忽视教师的指导作用,教师是意义建构的帮助者、促进者,而不是知识的传授者与灌输者。学生是信息加工的主体,是意义的主动建构者,而不是外部刺激的被动接受者和被灌输的对象。

1. 学生的作用

学生要成为意义的主动建构者,就要在学习过程中从以下几个方面发挥主体作用。

第一，要用探索法、发现法去建构知识的意义。

第二，在建构意义过程中要主动去搜集并分析有关的信息和资料，对所学习的问题要提出各种假设并努力验证。

第三，要把当前学习内容所反映的事物尽量和自己已经知道的事物相联系，并对这种联系进行认真的思考。"联系"与"思考"是意义构建的关键。如果能把联系与思考的过程与协作学习中的协商过程（即交流、讨论的过程）结合起来，则学生建构意义的效率会更高、质量会更好。协商有"自我协商"与"相互协商"两种，自我协商是指自己和自己争辩什么是正确的；相互协商则指学习小组内部相互之间的讨论与辩论。

2. 教师的作用

教师要成为学生建构意义的帮助者，就要在教学过程中从以下几个方面发挥指导作用。

首先，激发学生的学习兴趣，帮助学生形成学习动机。

其次，通过创设符合教学内容要求的情境和提示新旧知识之间联系的线索，帮助学生建构当前所学知识的意义。

再次，为了使意义建构更有效，教师应在可能的条件下组织协作学习，并对协作学习过程进行引导使之朝有利于意义建构的方向发展。引导的方法包括：提出适当的问题以引起学生的思考和讨论；在讨论中设法把问题一步步引向深入以加深学生对所学内容的理解；要启发诱导学生自己去发现规律、自己去纠正或补充错误的或片面的认识。

三、建构主义的教学思想

建构主义所蕴涵的教学思想主要反映在知识观、学习观、学生观、师生角色的定位及其作用、学习环境和教学原则等六个方面。

(一)建构主义的知识观

(1)知识不是对现实的纯粹客观的反映，任何一种传载知识的符号系统也不是绝对真实的表征。它只不过是人们对客观世界的一种解释、假设或假说，它不是问题的最终答案，它必将随着人们认识程度的深入而不断地变革、升华和改写，出现新的解释和假设。

(2)知识并不能绝对准确无误地概括世界的法则，不能提供对任何活动或问题解决都实用的方法。在具体的问题解决中，知识是不可能一用就灵的，而是需要针对具体问题的情景对原有知识进行再加工和再创造。

(3)知识不可能以实体的形式存在于个体之外，尽管通过语言赋予了知识一定的外在形式,并且获得了较为普遍的认同,但这并不意味着学习者对这种知识有同样的理解。真正的理解只能由学习者自身基于自己的经验背景而建构起来,取决于特定情况下的学习活动过程。否则,就不叫理解,而是死记硬背,是被动的复制式的学习。

(二)建构主义的学习观

(1)学习不是由教师把知识简单地传递给学生,而是由学生自己建构知识的过程。学生不是简单被动地接收信息,而是主动地建构知识的意义,这种建构无法由他人来代替。

(2)学习不是被动接收信息刺激,而是主动地建构意义,是根据自己的经验背景对外部信息进行主动的选择、加工和处理,从而获得自己的意义。外部信息本身没有什么意义,意义是学习者通过新旧知识经验间的反复的、双向的相互作用过程而建构成的。

(3)学习意义的获得,是每个学习者以自己原有的知识经验为基础,对新信息重新认识和编码,建构自己的理解。在这一过程中,学习者原有的知识经验因为新知识经验的进入而发生调整和改变。

(4)同化和顺应,是学习者认知结构发生变化的两种途径或方式。同化是认知结构的量变,而顺应则是认知结构的质变。同化—顺应—同化—顺应……循环往复,平衡—不平衡—平衡—不平衡,相互交替,人的认知水平的发展,就是这样一个过程。学习不是简单的信息积累,更重要的是包含新旧知识经验的冲突,以及由此而引发的认知结构的重组。学习过程不是简单的信息输入、存储和提取,而是新旧知识经验之间的双向的相互作用过程,也就是学习者与学习环境之间互动的过程。

(三)建构主义的学生观

(1)学习者并不是空着脑袋进入学习情境中的。在日常生活和以往各种形式的学习中,他们已经形成了有关的知识经验,他们对任何事情都有自己的看法。即使有些问题他们从来没有接触过,没有现成的经验可以借鉴,但是当问题呈现在面前时,他们还是会基于以往的经验,依靠其认知能力,形成对问题的解释,提出自己的假设。

(2)教学不能无视学习者已有的知识经验,简单、强硬地从外部对学习者实施知识的"填灌",而是应当把学习者原有的知识经验作为新知识的生长点,引导学习者从原有的知识经验中,生长新的知识经验。教学不是知识的传递,而是知识的处理和转换。教师不单是知识的呈现者,不是知识权威的象征,而应该重视学生自己对各种现象的理解,倾听他们的看法,思考他们这些想法的由来,并以此为据,引导学生丰富或调整自己的解释。

(3)教师与学生、学生与学生之间需要共同针对某些问题进行探索,并在探索的过程中相互交流和质疑,了解彼此的想法。由于经验背景的差异,学习者对问题的看法和理解经常是千差万别的。其实,在学生的共同体中,这些差异本身就是一种宝贵的现象资源。建构主义虽然非常重视个体的自我发展,但是并不否认外部引导,亦即教师的影响作用。

(四)师生角色的定位及其作用

(1)教师的角色是学生建构知识的忠实支持者。教师的作用从传统的传递知识的权威转变为学生学习的辅导者,成为学生学习的高级伙伴或合作者。教师应该给学生提供复杂的真实问题。他们不仅必须开发或发现这些问题,而且必须认识到复杂问题有多种答案,激励学生形成对问题解决的多重观点,这显然与创造性的教学活动宗旨紧密吻合。教师必须创设一种良好的学习环境,学生在这种环境中可以通过实验、独立探究、合作学习等方式来展开他们的学习。教师必须保证学习活动和学习内容保持平衡。教师必须提供学生元认知工具和心理测量工具,培养学生评判性的认知加工策略,以及自己建构知识和理解的心理模式。教师应认识教学目标包括认知目标和情感目标。教学是逐步减少外部控制、增加学生自我控制学习的过程。

(2)教师要成为学生建构知识的积极帮助者和引导者,应当激发学生的学习兴趣,引发和保持学生的学习动机。通过创设符合教学内容要求的情景和提示新旧知识之间联系的线索,帮助学生建构当前所学知识的意义。为使学生的意义建构更为有效,教师应尽可能组织协作学习,展开讨论和交流,并对协作学习过程进行引导,使之朝有利于意义建构的方向发展。

(3)学生的角色是教学活动的积极参与者和知识的积极建构者。建构主义要求学生面对认知复杂的真实世界的情境,并在复杂的真实情境中完成任务,因而,学生需要采取新的学习风格、新的认识加工策略,形成自己是知识与理解的建构者的心理模式。建构主义教学比传统教学要求学生承担更多的管理自己学习的机会;教师应当注意使机会永远处于维果斯基提出的学生"最近发展区",并为学生提供一定的辅导。

(五)建构主义的学习环境

建构主义认为,学习者的知识是在一定情境下,借助他人的帮助,如人与人之间的协作、交流以及利用必要的信息等,通过意义的建构而获得的。理想的学习环境应当包括情境、协作、交流和意义建构四个部分。

(1)情境,学习环境中的情境必须有利于学习者对所学内容的意义建构。在教学设计中,创设有利于学习者建构意义的情境是最重要的环节或方面。

(2)协作,应该贯穿于整个学习活动过程中。教师与学生之间、学生与学生之间的协作,对学习资料的收集与分析、假设的提出与验证、学习进程的自我反馈和学习结果的评价以及意义的最终建构都有十分重要的作用。协作在一定意义上是协商的意识。协商主要有自我协商和相互协商。自我协商是指自己和自己反复商量什么是比较合理的;相互协商是指学习小组内部之间的商榷、讨论和辩论。

（3）交流,是协作过程中最基本的方式或环节。比如学习小组成员之间必须通过交流来商讨如何完成规定的学习任务以达到意义建构的目标,怎样更多地获得教师或他人的指导和帮助等。其实,协作学习的过程就是交流的过程,在这个过程中,每个学习者的想法都为整个学习群体所共享。交流对于推进每个学习者的学习进程,是至关重要的手段。

（4）意义建构,是教学过程的最终目标。其建构的意义是指事物的性质、规律以及事物之间的内在联系。在学习过程中帮助学生建构意义就是要帮助学生对当前学习的内容所反映事物的性质、规律以及该事物与其他事物之间的内在联系达到较深刻的理解。

（六）建构主义的教学原则

（1）把所有的学习任务都置于为了能够更有效地适应世界的学习中。

（2）教学目标应该与学生的学习环境中的目标相符合,教师确定的问题应该使学生感到就是他们本人的问题。

（3）设计真实的任务。真实的活动是学习环境的重要的特征。教师应该在课堂教学中使用真实的任务和日常的活动或实践以整合多重内容或技能。

（4）设计能够反映学生在学习结束后就从事有效行动的复杂环境。

（5）给予学生解决问题的自主权。教师应该刺激学生的思维,激发他们自己解决问题。

（6）设计支持和激发学生思维的学习环境。

（7）鼓励学生在社会背景中检测自己的观点。

（8）支持学生对所学内容与学习过程进行反思,发展学生的自我控制的技能,使之成为独立的学习者。

四、建构主义教学模式下的教学方法

与建构主义学习理论以及建构主义学习环境相适应的教学模式为:以学生为中心,在整个教学过程中由教师起组织者、指导者、帮助者和促进者的作用,利用情境、协作、会话等学习环境要素充分发挥学生的主动性、积极性和首创精神,最终达到使学生有效地实现对当前所学知识的意义建构的目的。在这种模式中,学生是知识意义的主动建构者;教师是教学过程的组织者、指导者,意义建构的帮助者、促进者;教材所提供的知识不再是教师传授的内容,而是学生主动建构意义的对象;媒体也不再是帮助教师传授知识的手段、方法,而是用来创设情境、进行协作学习和会话交流,即作为学生主动学习、协作式探索的认知工具。显然,在这种场合,教师、学生、教材和媒体等四要素与传统教学相比,各自有完全不同的作用,彼此之间有完全不同的关系。但是这些作用与关系也是非常清楚、非常明确的,因而成为教学活动进程的另外一种稳定结构形式,即建构主义学习环境下的教学模式。

在建构主义的教学模式下,目前已开发出的、比较成熟的教学方法主要有以下几种。

(一)支架式教学

支架式教学(scaffolding instruction)被定义为:支架式教学应当为学习者建构对知识的理解提供一种概念框架(conceptual framework)。这种框架中的概念是为发展学习者对问题的进一步理解所需要的,为此,事先要把复杂的学习任务加以分解,以便于把学习者的理解逐步引向深入。

支架原本指建筑行业中使用的脚手架,在这里用来形象地描述一种教学方式:儿童被看做是一座建筑,儿童的"学"是在不断地、积极地建构着自身的过程;而教师的"教"则是一个必要的脚手架,支持儿童不断地建构自己,不断建造新的能力。支架式教学是以苏联著名心理学家维果斯基的"最近发展区"理论为依据的。

支架式教学由以下几个环节组成。

1. 搭脚手架

围绕当前学习主题,按"最近发展区"的要求建立概念框架。

2. 进入情境

将学生引入一定的问题情境。

3. 独立探索

让学生独立探索。探索内容包括:确定与给定概念有关的各种属性,并将各种属性按其重要性大小顺序排列。探索开始时要先由教师启发引导,然后让学生自己去分析;探索过程中教师要适时提示,帮助学生沿概念框架逐步攀升。

4. 协作学习

进行小组协商、讨论。讨论的结果有可能使原来确定的、与当前所学概念有关的属性增加或减少,各种属性的排列次序也可能有所调整,并使原来多种意见相互矛盾且态度纷呈的复杂局面逐渐变得明朗、一致起来。在共享集体思维成果的基础上达到对当前所学概念比较全面、正确的理解,即最终完成对所学知识的意义建构。

5. 效果评价

对学习效果的评价包括学生个人的自我评价和学习小组对个人的学习评价。评价内容包括:自主学习能力;对小组协作学习所做出的贡献;是否完成对所学知识的意义建构。

(二)抛锚式教学

抛锚式教学(anchored instruction)要求建立在有感染力的真实事件或真实问题的基础上。确定这类真实事件或问题被形象地比喻为"抛锚",因为一旦这类事件或问题被确定了,整个教学内容和教学进程也就被确定了(就像轮船被锚固定一样)。建构主义认为,学习者要想完成对所学知识的意义建构,即达到对该知识所反映事物的性质、规律以及该事物与其他事物之间联系的深刻理解,最好的办法是让学习者到现实世界的真实环境中去感受、去体验(即通过获取直接经验来学习),而不是仅仅聆听别人(例如教师)关于这种经验的介绍和讲解。由于抛锚式教学要以真实事例或问题为基础(作为"锚"),所以有时也被称为"实例式教学"或"基于问题的教学"或"情境性教学"。

抛锚式教学由这样几个环节组成。

1. 创设情境

使学习能在和现实情况基本一致或相类似的情境中发生。

2. 确定问题

在上述情境下,选择出与当前学习主题密切相关的真实性事件或问题作为学习的中心内容。选出的事件或问题就是"锚",这一环节的作用就是"抛锚"。

3. 自主学习

不是由教师直接告诉学生应当如何去解决面临的问题,而是由教师向学生提供解决该问题的有关线索,并特别注意发展学生的"自主学习"能力。

4. 协作学习

讨论、交流,通过不同观点的交锋,补充、修正、加深每个学生对当前问题的理解。

5. 效果评价

由于抛锚式教学的学习过程就是解决问题的过程,由该过程可以直接反映出学生的学习效果,因此对这种教学效果的评价不需要进行独立于教学过程的专门测验,只需在学习过程中随时观察并记录学生的表现即可。

(三)随机进入教学

由于事物的复杂性和问题的多面性,要全面了解和掌握事物内在性质和事物之间相互联系,即真正达到对所学知识的全面而深刻的意义建构,是很困难的,往往从不同的角度考虑可以得出不同的理解。为克服这方面的弊病,在教学中就要注意对同一教学内容,要在不同的时间、不同的情境下,为不同的教学目的、用不同的方式加以呈现。换句话说,学习者可以随意通过不同途径、不同方式进入同样教学内容的学习,从而获得对同一事物或同一问题的多方面的认识与理解,这就是所谓"随机进入教学(random access instruction)"。显然,学习者通过多次"进入"同一教学内容,将能达到对该知识内容比较全面而深入的掌握。这种多次进入,绝不是像传统教学中那样,只是为巩固一般的知识、技能而实施的简单重复。这里的每次进入都有不同的学习目的,都有不同的问题侧重点。因此多次进入的结果,绝不仅仅是对同一知识内容的简单重复和巩固,而是使学习者获得对事物全貌的理解与认识上的飞跃。

随机进入教学主要包括以下几个环节。

1. 呈现基本情境

向学生呈现与当前学习主题的基本内容相关的情境。

2. 随机进入学习

取决于学生"随机进入"学习所选择的内容,而呈现与当前学习主题的不同侧面特性相关联的情境。在此过程中教师应注意发展学生的自主学习能力,使学生逐步学会自己学习。

3. 思维发展训练

由于随机进入学习的内容通常比较复杂,所研究的问题往往涉及许多方面,因此在这类学习中,教师还应特别注意发展学生的思维能力。

4. 小组协作学习

围绕呈现不同侧面的情境所获得的认识展开小组讨论。在讨论中,每个学生的观点在和其他学生以及教师一起建立的社会协商环境中受到考察、评论,同时每个学生也对别人的观点、看法进行思考并做出反映。

5. 学习效果评价

包括自我评价与小组评价,评价内容包括:自主学习能力;对小组协作学习所做出的贡献;是否完成对所学知识的意义建构。

五、建构主义的教学设计

近年来,教育技术领域的专家们进行了大量的研究与探索,力图建立一套能与建构主义学习理论以及建构主义学习环境相适应的全新的教学设计理论与方法体系。尽管这种理论体系的建立是一项艰巨的任务,并非短期内能够完成,但是其基本思想及主要原则已日渐明朗,并已开始实际应用于指导基于多媒体和互联网的建构主义学习环境的教学设计。建构主义使用的教学设计原则有如下几个方面。

(一)强调"以学生为中心"

明确"以学生为中心",这一点对于教学设计有至关重要的指导意义,因为从"以学生为中心"出发还是从"以教师为中心"出发,将得出两种全然不同的设计结果。至于如何体现"以学生为中心",建构主义认为可以从以下三个方面努力。

第一,要在学习过程中充分发挥学生的主动性,要能体现出学生的首创精神。

第二,要让学生有多种机会在不同的情境下去应用他们所学的知识(将知识"外化")。

第三,要让学生能根据自身行动的反馈信息来形成对客观事物的认识和解决实际问题的方案(实现自我反馈)。

以上三点,即发挥首创精神、将知识外化和实现自我反馈可以说是体现以学生为中心的三个要素。

(二)强调情境对意义建构的重要作用

建构主义认为,学习总是与一定的社会文化背景即情境相联系的,在实际情境下进行学习,可以使学习者能利用自己原有认知结构中的有关经验去同化和检索当前学习到的新知识,从而赋予新知识以某种意义;如果原有经验不能同化新知识,则要通过顺应对原有认知结构进行改造与重组。总之,通过同化与顺应才能达到对新知识意义的建构。在传统的课堂讲授中,由于不能提供实际情境所具有的生动性、丰富性,因而将使学习者对知识的意义建构发生困难。

(三)强调协作学习对意义建构的关键作用

建构主义认为,学习者与周围环境的交互作用,对于其理解学习内容起着关键性的作用,这是建构主义的核心概念之一。学生们在教师的组织和引导下一起讨论和交流,共同建立起学习群体并成为其中的一员。在这样的群体中,共同批判地考察各种理论、观点、信仰和假说,进行协商和辩论,先内部协商,然后再相互协商(即对当前问题摆出各自的看法、论据及有关材料,并对别人的观点作出分析和评论)。

(四)强调对学习环境(而非教学环境)的设计

建构主义认为,学习环境是学习者可以在其中进行自由探索和自主学习的场所。在此环境中学生可以利用各种工具和信息资源(如文字材料、书籍、音像资料、CAI与多媒体课件以及互联网上的信息等)来实现自己的学习目标。在这一过程中学生不仅能得到教师的帮助与支持,而且学生之间也可以相互协作和支持。学习应当被促进和支持而不应受到严格的控制与支配;学习环境则是一个支持和促进学习的场所。在建构主义学习理论指导下的教学设计应是针对学习环境的设计而非教学环境的设计。因为,教学意味着更多的控制与支配,而学习则意味着更多的主动与自由。

(五)强调利用各种信息资源来支持"学"(而非支持"教")

为了支持学习者主动探索和完成意义建构,在学习过程中要为学习者提供各种信息资源。这里,利用各种信息资源并非用于辅助教师的讲解和演示,而是用于支持学生的自主学习和协作式探索。至于信息资源应如何获取、从哪里获取,以及如何有效地加以利用等,是主动探索过程中迫切需要教师提供帮助的内容。

(六)强调学习过程的最终目的是完成意义建构(而非完成教学目标)

在建构主义学习环境中,强调学生是认知主体、是意义的主动建构者,所以应把学生对知识的意义建构作为整个学习过程的最终目的。教学设计通常不是从分析教学目标开始,而是从如何创设有利于学生意义建构的情境开始,整个教学设计过程紧紧围绕意义建构这个中心而展开,不论是学生的独立探索、协作学习还是教师辅导,总之,学习过程中的一切活动都要从属于这一中心,都要有利于学生完成和深化对所学知识的意义建构。

第五节　学习的人本主义理论

人本主义形成于20世纪60年代,它强调人的自主性、整体性和独特性,认为学习是个人自主发起的、使个人整体投入其中并产生全面变化的活动,学生内在的思维和情感活动极为重要;个人对学习的投入不仅涉及认知方面,还涉及情感、行为和个性等方面;学习不单只对认知领域产生影响,还对行为、态度和情感等多方面发生作用。在教学方法上,人本主义主张以学生为中心,放手让学生自我选择、自我发现。人本主义学习理论强调人的潜能、个性与创造性的发展,强调以自我实现、自我选择和健康人格作为追求的目标。人本主义强调学生中心的教育理念,构建具有人本主义色彩的教学模式,对当代许多国家的教育改革都起到了或大或小的作用。

一、马斯洛的学习理论

亚伯拉罕·马斯洛(Abraham H. Maslow,1908—1970)是美国著名社会心理学家,提出了融合精神分析心理学和行为主义心理学的人本主义心理学。

马斯洛从人本主义心理学的基本观点出发,提出了心理学研究的几个主要原则:一是以健康人为研究对象的原则;二是整体运动学原则;三是以问题作为研究中心的原则。

马斯洛的人本主义心理学,其理论核心是人通过"自我实现",满足多层次的需要系统,达到"高峰体验",重新找回被技术排斥的人的价值,实现完美人格。他认为人作为一个有机整体,具有多种动机和需要。

高峰体验,是审美活动的最高境界,是完美人格的典型状态。高峰体验可以通过审美活动以外的知觉印象的寻求获得,只要是能获得丰富多彩的知觉印象的活动,都可能带来高峰体验,如爱的体验、神秘的体验、创造的体验等。高峰体验中主客体合一,既无我,也无他人或他物,对对象的体验被幻化为整个世界,同时意义和价值被返回给审美主体,主体的情绪是完美和狂喜,主体在这时最有信心,最能把握自己、支配世界,最能发挥其全部智能。

(一)马斯洛需要层次理论

马斯洛认为人作为一个有机整体,具有多种动机和需要,依次由较低层次到较高层次排列,包括生理需要(physiological needs)、安全需要(safety needs)、爱和归属的需要(love and belonging needs)、尊重的需要(esteem needs)和自我实现需要(self-actualization needs)。在自我实现需要之后,还有自我超越需要(self-transcendence needs),但通常不作为马斯洛需要层次理论中必要的层次,大多数会将自我超越需要合并至自我实现需要当中。

 拓展阅读

需要层次理论

马斯洛的五个层次需要的基本含义如下所述。

1. 生理需要

这是人类维持自身生存的最基本要求,包括对以下事物的需求:呼吸、水、食物、睡眠、生理平衡、分泌、性等。如果这些需要(除性以外)任何一项得不到满足,人类个人的生理机能就无法正常运转。换而言之,人类的生命就会因此受到威胁。在这个意义上说,生理需要是推动人们行动最首要的动力。

2. 安全需要

这是人类对以下事物的需求:人身安全、健康保障、资源所有性、财产所有性、道德保障、工作职位保障、家庭安全。马斯洛认为,整个有机体是一个追求安全的机制,人的感受器官、效应器官、智能和其他能量主要是寻求安全的工具,甚至可以把科学和人生观都看成是满足安全需要的一部分。

3. 爱和归属的需要

这一层次包括对以下事物的需求:友情、爱情、性亲密等。人人都希望得到相互的关心和照顾。感情上的需要比生理上的需要来得细致,它和一个人的生理特性、经历、教育、宗教信仰都有关系。

4. 尊重的需要

该层次包括对以下事物的需求:自我尊重、信心、成就、对他人尊重、被他人尊重等。人人都希望自己有稳定的社会地位,要求个人的能力和成就得到社会的承认。尊重的需要又可分为内部尊重和外部尊重。内部尊重是指一个人希望在各种不同情境中有实力、能胜任、充满信心、能独立自主。总之，内部尊重就是人的自尊。外部尊重是指一个人希望有地位、有威信，受到别人的尊重、信赖和高度评价。马斯洛认为，尊重需要得到满足，能使人对自己充满信心，对社会满腔热情，体验到自己活着的用处和价值。

5. 自我实现需要

该层次包括对以下事物的需求：道德、创造力、自觉性、问题解决能力、公正度、接受现实能力等。这是最高层次的需要，它是指实现个人理想、抱负，发挥个人的能力到最大程度。达到自我实现境界的人，接受自己也接受他人，解决问题能力增强，自觉性提高，善于独立处事，要求不受打扰地独处，完成与自己能力相称的一切事情的需要。也就是说，人必须干称职的工作，这样才会使他们感受到最大的快乐。马斯洛提出，为满足自我实现需要所采取的途径因人而异。自我实现的需要是在努力实现自己的潜力，使自己越来越成为自己所期望的人物。

对于这五种需要，需要注意如下几点。

（1）五种需要像阶梯一样从低到高，按层次逐级递升，但这样的次序不是完全固定的，可以变化，也有种种例外情况发生。

（2）需要层次理论有两个基本出发点：一是人人都有需要，某层次的需要获得满足后，另一层次的需要才出现；二是在多种需要未获满足前，首先满足迫切需要，该需要满足后，后面的需要才显示出其激励作用。

（3）一般来说，某一层次的需要相对满足了，就会向高一层次发展，追求更高一层次的需要就成为驱使人们行为的动力。相应地，获得基本满足的需要就不再是激励力量。

（4）五种需要可以分为两级，其中生理需要、安全需要及爱和归属的需要都属于低一级的需要，这些需要通过外部条件就可以满足；而尊重的需要和自我实现需要是高级需要，它们通过内部因素才能满足，而且一个人对尊重和自我实现的需要是无止境的。同一时期，一个人可能有几种需要，但每一时期总有一种需要占支配地位，对行为起决定作用。任何一种需要都不会因为更高层次需要的发展而消失。各层次的需要相互依赖和重叠，高层次的需要发展后，低层次的需要仍然存在，只是对行为影响的程度大大减小。

（5）马斯洛和其他的行为心理学家都认为，一个国家多数人的需要层次结构，是同这个国家的经济发展水平、科技发展水平、文化发展水平和人民受教育的程度直接相关的。在发展中国家，生理需要和安全需要占主导的人数比例较大，而高级需要占主导的人数比例较小；在发达国家，则刚好相反。

（二）对马斯洛人本主义心理学理论的评价

马斯洛的需要理论对教育工作有一定的参考价值。教育工作者要分析和满足学生的需要，因为只有在满足了学生的基本需要之后，他们才会发奋学习。同时，教师还应注意培养学生的高级需要，并创造条件，使学生的自尊心、集体感、荣誉感得到相应的满足，促使学生向自我实现的方向发展。

马斯洛的需要层次理论也有其局限性。首先，他只强调个人的需要，没有考虑到社会实践对人的需要的制约性以及人的需要的社会性。其次，他过于强调个人的内在价值，其自我实现论并没有突破西方个人本位的意识形态的束缚。再次，马斯洛把人的需要统统说成是先天的、与生俱来的，这就模糊了人的生理学需要与社会需要的差别，降低了后天生活环境和教育对人的需要的发生发展所起的作用。

二、罗杰斯的学习理论

美国人本主义心理学家卡尔·罗杰斯（Carl Rogers，1902—1987）的"非指导性"教学思想和教学模式是当代人本主义的典型代表。他的学习理论主要有如下几个观点。

（一）教学基本原则

罗杰斯认为每一个人都有一种内在的推动力量——自我实现的需要，他把"个人中心"理论应用于教学中并提出了"学习者中心理论"。罗杰斯主张，在教学中必须尊重学习者；必须相信任何学习者都有满足自我实现这一基本需要的能力，坚信能够发展自己的潜能；必须以学习者作为学习活动全过程的中心；教师必须同学生建立起良好的人际关系，创造出良好的学习气氛；教师的作用只是促进学生的变化和学习，为学生个性的充分发展创造条件。

（二）教学目标

基于上述原则，罗杰斯认为教学的目标在于促使学习者的学习和变化，培养能够适应变化和知道如何学习的个性充分发展的人，强调"教人"比"教书"更为重要。教育就是要培养健全的人格，使人发现自身做人的义务。教学的基本目的在于教师促进学习者激发学习动机，发展学习者的潜能和积极向上的自我，从而使学习者能自己教育自己，最终能够自我实现。罗杰斯曾说过："只有学会如何学习和学会如何适应变化的人，只有意识到没有任何可靠的知识，唯有寻求知识的过程才可靠的人，才是有教养的人。"因此，罗杰斯的教学目标既包括知识的学习和认识能力的发展，也包括情感、意志的培养和对整个人的教育。

(三)教学方法

罗杰斯认为，一次心理治疗是否真正有效，关键在于治疗过程的气氛，并且认为治疗者对患者的态度应做到三点，即真诚相待、无条件积极关注和设身处地地理解患者。反映在教学中，他主张在教学过程中应以情感影响为主要手段，成为学习者的促进者、鼓励者或助手。教师从来不对学生学习过程施行强制性的命令、决定，不胁迫、哄骗学生学不愿学的知识。罗杰斯把这种教学方法称为"非指导性教学"。非指导性教学要求教师在课堂上创造出一种良好的学习情境，无论是在学习活动的准备阶段，还是进行阶段或结束阶段，学生都是主体，教师要成为学生的另一个自我。为此，罗杰斯对教师提出了四个条件：第一，有信任感，充分相信学生的潜能；第二，诚实，表里如一，真诚待人；第三，尊重他人，重视学生的经验、情感和意见；第四，同情心，洞察学生的内心世界，设身处地地为学生着想，给学生无条件的积极关注。

(四)学习过程

罗杰斯认为学生的学习应该是以学生自我为主体、以教师为辅的有意义学习。他认为那种与个人生活、实践息息相关的有意义学习，才能打动学生的感情，推动学生去行动。因此，教师在课堂上首先要让学生认识到他们所学材料与其自身有关，让学生看出他们所学的材料能够保持和发展自我，从而使他们激发出学习热情和学习动机。这样的学习，时间会缩短，理解会加深，记忆会加强。等学生自我发动学习后，就要让学生积极地投入并沉浸于实际的学习活动中，即自我促进学习，使学生的整个身心如认知活动、情感活动等都投入其中。这样学习就会最大限度地调动学生学习的积极性，提高学习效率。最后，罗杰斯认为还要让学生以有机体估价过程来评价学习的一切，如学习材料、内容、方式等，只有当学生靠自我评价而少依靠他人评价时，学生的创造性、独立性和自主性才会得到发展。因此，罗杰斯不提倡用分数或其他评价手段来评价学生，而提倡学生进行自我评价。所以，罗杰斯认为学生的学习是一种在教师帮助下的自我激发、自我促进、自我评价的过程。

(五)非指导性教学模式的步骤

非指导性教学模式在教学中的实施可分为五个阶段。

1. 确定辅助情境阶段

教师鼓励学生自由表达自己的思想、情感。教师事先要组织好若干话语，以限定学生表达情感的范围，明确交谈中对共同关注的问题取得一致意见的目标。这一阶段一般在师生交谈中进行。

2. 探索问题阶段

在此阶段,教师要在鼓励学生表达消极和积极的情感的基础上,澄清和明辨学生的情感。

3. 发展学生洞察力阶段

由学生发表自己对问题的看法,教师启发学生从多角度观察、分析问题,使学生观察、分析问题的能力有所发展。

4. 规划和决策阶段

学生对有关问题做出计划和决策。教师在此阶段要引导学生做出与自己的期望相一致的决策,并引导学生开始积极的行动。

5. 整合阶段

整合阶段指学生汇报所采取的行动,进一步获得分析和解决问题的能力,并且规划日益完善的积极的行动。

上述五个阶段相互衔接,构成了非指导性教学模式的全程。这五个阶段可能发生在一次交谈或一系列的交谈之中。

人本主义学习理论强调以学生自我为主体,充分发挥学生的自主性、创造性和独立性,这对于基于网络的研究性学习具有重大的理论指导意义。这就要求在基于网络的研究性学习过程中,教师发挥主导作用的同时,还要创设学习情境,使学生更能发挥其主体性,使学生的学习过程成为一种"在教师的指导下的自我激发、自我促进、自我评价"的过程。

三、人本主义学习理论的核心内容

人本主义学习理论的核心内容有如下几点。

(一)人类生来就有学习的潜能

与精神分析学派人性本恶的观点相对,人本主义者深信人性本善,相信每个人不但都具有天赋的内在发展潜力,而且每个人生来就对世界充满了好奇心,进而都具有学习的潜能。这样,学习是人固有潜能的自我实现过程,应强调人的尊严和价值。

(二)学习的实质:因需求而求知

人本主义心理学家一般将学习看做是个体随其意志或情感对事物自由选择从而获得知识的过程,换言之,他们将学习看做是"因需求而求知",这就是教育上所谓内发(即内在学习)的看法。例如,马斯洛就主张学习要靠内发,而不能靠外铄,即学习不能完全由外在环境控制,只能靠个体内在自我的主动学习,学习的活动应由学生自己选择与决定,教师的任务是辅导而非强制。人本主义对学习实质的这一主张,既与行为主义学习论的外铄论不同,也与认知主义学习论的内发论有差异,因为人本主义的着眼处在于学生的主观需求,不主张客观判断教师应教学生什么知识,而是强调帮助学生去学习他喜欢且认为有意义的知识,这里重点解决的实际上是"愿不愿意学习"的问题,而传统认知主义学习理论讲的意义学习实际上主要解决"能不能有效学习"的问题。

(三)学习与教学的结果与目的:达成自我实现,成为一个完整的人

人本主义心理学家既反对行为主义学习理论将学习视作是形成一定刺激与反应之间的联结的观点,也不同意认知派学习理论关于建构知识结构的主张,而是认为:个体经学习而成长,其最终目的与结果是达成自我实现,成为一个完整的人(whole person),一个充分起作用的人,也就是使学生整体人格得到发展。在人本主义心理学家看来,在学习情境中个体所学到的并非只是知识或行为,而是兼有知识之外个体的自我成长。自我成长中带有感情与意志的成分。鉴于世界迅速变化这一客观事实,他们进一步指出,只有学会如何学习和适应变化的人,只有意识到没有任何可靠的知识,唯有寻求知识的过程才可靠的人,才能适应社会的激烈变化而生存下来,并能充分实现自我。所以,一个具有极高适应变化的能力、具有内在自由特性的人是当今学习的最终和唯一合理的结果。

具体来说,就是要使学生通过学习成为这样的人:能从事自发的活动,并对这些活动负责的人;能理智地选择和自定方向的人;是批判性的学习者,能评价他人所作贡献的人;获得有关解决问题知识的人;更重要的是,能灵活地和理智地适应新的问题情境的人;在自由地和创造性地运用经验时,能将某种灵活处理问题方式融会贯通的人;能在各种活动中有效地与他人合作的人;不是为他人赞许,而是按照他们自己的社会化目标工作的人。正如马斯洛所说:"教育的主要目标是帮助发展人的个性,协助个体把自己作为一个独特的人来认识,帮助学生实现他们的潜能。"罗杰斯也说:"现代世界中,变化是唯一可以作为确立教育目标的依据。这种变化取决于过程而不是静止的知识。"康布斯说:"教学的基本目的就是帮助每个学生发展一种积极的自我观念,不仅让学生知道'我做什么',而且让学生知道'我是谁'。这不仅影响到他们的才能、理想和情感,而且常常决定他们做什么。"

(四)学习的类型、特点和条件

为了达到上述学习和教学目标,人本主义心理学家反对传统的"无意义学习",倡导"意义学习"(significant learning),并进一步阐述了"意义学习"的特点和条件。

1. 学习的类型

人本主义学习理论强调学习的产生并非决定于外在客观的刺激情境,而是决定于个体本身对环境的知觉而后主观的自愿性选择，认为有价值、有效果和有益处的知识是比较容易学习和保持的。人本主义者反对传统的向学生灌输知识和材料的"无意义学习"，而特别强调学习内容对学生的个人意义，注重学生的需要、愿望和兴趣等非智力因素，主张进行与学生个人密切相关的"意义学习"。换言之，认为提高教学效果的一个重要途径是使学生进行意义学习。

罗杰斯认为，根据学习对学习者的个人意义（personal significance），可以将学习分为无意义学习和意义学习两大类。无意义学习，也叫认知学习，它指那种仅仅涉及经验积累与知识增长，而不涉及个体感情或个人意义，是一种"在颈部以上发生的学习"，因而与完整的人（具有情感和理智的人）的养成无关的学习。在无意义学习中，对学习者而言，学习内容一般是没有生气、枯燥乏味、无关紧要的东西，所以，不但使学习者学起来非常吃力（因为不感兴趣），而且容易遗忘所学的内容。在罗杰斯看来，现代教育的一大悲哀在于认为只有认知学习才是最重要的。意义学习指涉及学习者成为完整的人，使个体的行为、态度、个性以及在未来选择行动方针时发生重大变化的学习。这种学习往往是以学生的经验生长为中心，以学生的自发性和主动性为学习动力，把学习与学生的愿望、兴趣和需要有机地结合起来，因而它必是有意义的学习，必能有效地促进个体的发展。罗杰斯对学习类型的这一看法对于纠正当代中国教育界中普遍存在的重智育，轻德育、体育与美育的现象具有一定的启示作用。

2. 意义学习的特点

在人本主义心理学家看来，意义学习具有五个特点。第一，全神贯注。学习涉及了个人的意义，导致学习者整个人包括情感与认知都投入学习活动。第二，自主自发。意义学习以人的自主学习潜能的发挥为基础，学生由于自己内在的愿望主动去探索、发现和了解事件的意义，结果，意义学习必是自我主动发起的，即使推动力或刺激来自外界，但是，要求发现、获得、掌握和领会的感觉是来自内部的。这样，在人本主义者看来，有效学习的过程必是一种自我主动的学习。第三，全面发展。意义学习是渗透性的，会影响到学习者的态度、认识、情感、意志行为和生活，使人在态度、认识、情感、意志、行为等方面都发生变化，所以，意义学习过程不仅包括认识过程，也包括情意过程，还涉及学习者个性的发展，一句话，能促进学生的全面发展。第四，自我评估。意义学习是由学生自我评价的，因为学生清楚这种学习是否满足自己的需要，是否有助于弄清他想要知道的东西。罗杰斯认为，意义学习把逻辑与直觉、理智与情感、概念与经验、观念与意义等结合在一起，"当我们以这种方式学习时，我们就成了一个完整的人，即成了能够充分利用我们自己所有阳刚和阴柔方面的能力来学习的人"。第五，自我实现。意义学习以学会自由和自我实现为目的。

3. 促进意义学习的条件

罗杰斯指出,学生要实现有意义学习,从而达到自我生长、自我实现,成长为一个充分起作用的人,必须依靠一定的条件。人本主义心理学家提出促进意义学习的基本条件有九个。

第一,相信人性本善,且人人皆有天赋的学习潜力,这是人本主义学习理论的基本假设与基本前提。

第二,强调以学生为中心的教育理念,突出学习者在教学过程中的中心地位。罗杰斯猛烈批评传统教育方式,因为传统教育的主要特征是:教师是知识的拥有者,学生是被动的接受者;教师是权力的拥有者,学生是服从者;教师可以通过各种方式(如考试甚至嘲弄)支配学生的学习。罗杰斯主张要废除传统意义上教师(teacher)的角色,以促进者(facilitator)取而代之。这样,教师最富有意义的角色不是权威,而是"助产师"与"催化剂"。

第三,当学生察觉到学习内容与他自己的目的有关时才会产生意义学习。在罗杰斯看来,一个人只会有意义地学习他认为和保持或增长自我有关的事情。例如,两个生物系大四学生都选修"教育心理学"这门课,一个学生通过前一段时间的教育实习,已经深刻体会到教育心理学对教师专业修养的重要性;而另一个学生只是为了获得学分而选修这门课,如果说选修这门课和他的目的或增强自我有任何相关的话,那就是,为了获得毕业证书,他必须修完这门课。由此而引起的学习上的差异是不言自明的。与这一学习原则相关的另一个要素是学习速度的问题。当学习者具有某种目的并认为学习有助于达到这一目的时,学习速度就会加快。

第四,涉及改变自我概念(即改变对自己看法)的学习是有威胁性的,并往往受到抵制。自我概念是指一个人的信念、价值观和基本态度。当学生的自我概念遭到怀疑时,他往往采取种种防御的做法。这样,为了促进学生有效地进行意义学习,教师不宜轻率地对任何一个学生的自我形象做出否定的评价,而要学会尊重、悦纳不同人格类型的学生。

第五,在较少威胁的教育情境下才会有效学习。罗杰斯十分强调学习氛围对学生的影响。例如,一个有口吃的学生若常常因担心自己的缺陷会被同学讥笑而感到不适应或受到威胁,阅读能力肯定不会有长足的进步。但是,假若在一种相互理解和相互支持的环境里,在没有等级评分和鼓励自我评价的环境里,就可以消除上述这些外部威胁,同时也不会出现因恐惧引起的心理崩溃,从而使阅读取得进展。因此,只有当外部威胁降到最低限度时,学生才比较容易觉察和同化那些威胁到自我的学习内容,也只有当对自我的威胁很小时学生才会用一种辨别的方式来知觉经验,学习才会取得进展。

第六,主动、自发、全心投入的学习才会产生良好效果。当学生负责任地参与学习过程时,就会促进意义学习。罗杰斯认为,当学生自己选择学习方向、参与发现自己的学习资源、阐述自己的问题、决定自己的行动路线、自己承担选择的后果时,就能在最大程度上从事意义学习。证据表明,这类参与学习比消极被动的学习有效得多。同时,罗杰斯反复强调,学习不应该只发生在"颈部以上",只有全身心投入的学习,才会对学生产生深刻的影响,因为只有涉及学习者整个人(包括情感与理智)的自我发起的学习,才是最持久、最深刻的。这样,当学生尝试着自己得出新观念、学习难度较高的技能,或从事艺术创作活动时,就会产生这类学习。

第七,自评学习结果可养成学生的独立思维与创造力。当学生以自我批判和自我评价为主要依据,把他人评价放在次要地位时,独立性、创造性和自主性就会得到促进。罗杰斯指出,创造性才能只有在自由的氛围中才会开花结果。假若以创造性研究为目标,那么,外部评价大多是无效的。明智的父母也认识到这一点。假若要使儿童成为一个独立自主的人,必须从小就给他机会,不仅让他有机会自己判断,允许他犯错误,还要让他自己评价这些选择和判断的结果。

第八,强调"从做中学"。在罗杰斯看来,大多数意义学习是从做中学的,促进学习的最有效的方式之一是让学生直接体验到实际问题、社会问题、伦理和哲学问题、个人问题和研究的问题等。这可以通过设计各种场景,让学生扮演各种角色,以便让学生对各种角色有切身的体会,也可以通过安排一些短期强化课程,让学生到第一线去,直接面临教师、医生、农民等所面临的问题。这些做法都是极其有效的,因为学生现在是在处理他们正在体验到的问题。

第九,在知识外重视生活能力学习,以期更好地适应复杂的社会。罗杰斯指出,静止的学习信息在以往的时代里可能是适合的,但在现代社会,变化是生活中最重要的事实,采用以往的学习方式无法使学生面对当前的处境,对于不断变化的社会来说,采用新的、富有挑战性的学习始终是必需的,这样,在现代社会中最有用的学习是了解学习过程,对经验始终持开放的态度,并将它们结合进自己的变化过程中去。这对习惯于将自己置于"象牙塔"的中国学子无疑有较大启发。

四、人本主义学习理论的贡献与不足

(一)人本主义学习理论的贡献

人本主义学习理论的贡献是多方面的,它的最主要的贡献主要有以下两点。

1. 重视人的全面发展

人本主义者将学习与人的整体发展联系起来,强调学习的目的是促进学生人格的全面发展,是使学习者成为一个具有适应环境变化的能力、具有内在自由特性的人,使学习与教学的目标发生重大变化,从过去主要关注学生知识的增长到既关注学生知识的增长又关注学生情感与品德的健全发展,这就对只注重学科知识学习与教学的传统教育理念提出了挑战。同时,人本主义注重学习与学习者个人意义的关系,强调意义学习,对于传统纯粹从认知的角度进行学习分类是一种突破。

2. 提出了一些颇具新意的学习观与教学模式

人本主义者重视学习者的内心世界;对无意义学习与意义学习进行了不同于奥苏贝尔的新解释;对学生的本质持积极乐观的态度;强调以学生为中心,激发学生的学习积极性,让学生自我指导、自由学习;构建出典型的人本主义教学模式;主张创设自由的、宽松的、快乐的学习气氛,让学生处于一个和谐、融洽、被人关爱和理解的氛围中;等等,他们对学习与教学问题所提出的这些新见解,有助于人们消除行为主义和精神分析学派对学习的片面看法,丰富了学习理论,加深了人们对学习和教学问题的看法。

(二)人本主义学习理论存在的不足

1. 片面强调学生天赋潜能的作用

人本主义学习理论的一个核心假设是:人性本善,并有求知的本能。这种假设无视人的本质的社会性,这是一种片面强调遗传决定发展的观点,忽视了环境与教育的作用。实际上,人是社会关系的总和,学生要在家庭、学校与环境中接受社会文化的影响,才能成为一个既有社会性又有独特个性的人。过分强调天生潜能的自我实现,只会导致放任自流式的自由学习。同时,该理论过分强调学生的中心地位,进而过于突出学生个人的兴趣与爱好,强调要以学习者的自由活动为中心,只注重学习与教学要符合学生个人自发的兴趣与爱好,忽视了教学内容的系统逻辑性,低估了教师在学生学习过程中所起的重要作用,从而降低了教育与教学的效能,影响了教育与教学的质量。

2. 降低了教师在教育中的作用

为了突出学生在教育中的中心作用,人本主义大大降低了教师在教育中的作用,主张教师是尽职于学生的"侍者",这种观点与先前两大学习理论有较明显的教师中心论的观点相比,同样是没有正确处理好教师与学生在教育中所扮演的角色。用辩证的眼光看,以教师为中心的教育的长处是看到了教师在教育中所起的主导作用,不足之处在于未看到学生在教育中所处的主体地位。一种教育若过于强调教师的中心地位,势必会不顾学生的身心发展特点,而完全按照教师的主观愿望进行,这就为"填鸭式"的灌输性教育方式大开方便之门,看不到学生的兴趣、动机和认知结构等个性特征在教育中所起的作用,必将降低教育的效果。以学生为中心的教育的长处是看到了学生在教育中所处的主体地位,不足之处在于未看到教师在教育中所处的主导作用。一种教育若过于强调学生的中心地位,势必会降低教师在教育中所起的重要作用,而成为一种"放羊式"的散漫教育,这与教育(狭义的教育)是"教育者按照一定的社会要求,向受教育者的身心施加有目的、有计划、有组织的影响,以使受教育者发生预期变化的活动"不相符。

3. 人本主义学习理论欠缺操作性

与前面两大学习理论相比,人本主义学习理论由于太重"人文关怀"而缺少严格意义上的科学研究,导致人本主义学习理论欠缺操作性,这主要体现在三个方面:第一,人本主义学习理论的概念不够明确;第二,人本主义学习理论一般只做陈述概念性的结论;第三,人本主义者学习理论缺乏客观测量的依据。一句话,人本主义未能树立科学心理学的形象。当然,上述评价只是站在科学主义心理学视角和功利主义视角立论的,可能有失公正。

4. 忽视了"逆境出人才"的道理

人本主义学习理论强调要为学生的心智成长和人格完善创造一个良好的外部环境,这种观点有一定的合理之处。但是,凡事过犹不及,人本主义的这一观点过于强调了"顺境出人才"的道理,而忽视了"逆境出人才"的道理。古今中外的诸多事实都表明,适当的顺境与逆境都可能有助于人才的生成。这里强调的是"适当"二字,例如,家庭、学校和社会为孩子的健康成长创造适当的顺境,当然有助于孩子身心的健康成长,不过,若是太顺了,使孩子一直得不到挫折的训练,可能对孩子的身心健康成长也不是什么好事情。从这个意义上说,现在中国有些独生子女就是由于从小生活的环境太优越了,不但导致其耐挫力水平明显下降,而且容易让他们养成乐于享受的心理,这不但易增加父母的负担,更不利于中国社会的长治久安与和谐发展。长时期的、过于恶劣的生活环境可能会压垮学生,即便一时没有将学生压垮,可能也会使长期生活于此环境中的孩子造成长久的心理创伤,这或许是某些出身贫困家庭的学生往往更易自卑的原因之一,从这个意义上说,过于恶劣的生活环境是阻碍一些孩子成才的"拦路虎";不过,俗话说,"穷人的孩子早当家",一些来自贫困家庭的孩子或许学习更刻苦、更勤奋。因此,辩证的态度可能是:适度的顺境与适度的逆境对人才的成长都有好处,不宜强调一方而忽视另一方。

本章小结

学习是指基于经验而导致行为或行为潜能发生相对一致变化的过程。在对学习的分类研究中,需掌握这几种:加涅按学习水平分类产生的八类学习及按学习结果分类产生的五类学习,奥苏贝尔的有意义学习与机械学习分类,乔纳森的分类系统,以及冯忠良的知识学习、技能学习和社会规范的学习。

学习的行为理论认为学习是刺激与反应之间的联结,这包括华生的行为主义学习观、斯金纳的操作性条件反射学习和班杜拉的观察学习。学习的认知理论研究的是个体处理环境刺激时的内部心理过程,包括布鲁纳的认知结构学习理论和奥苏贝尔的有意义学习观。学习的建构主义理论以学生为中心,强调学生对知识的主动探索、主动发现和对所学知识意义的主动建构,代表人物是皮亚杰。学习的人本主义理论强调人的潜能、个性与创造性的发展,强调自我实现、自我选择和健康人格是追求的目标,代表人物是马斯洛和罗杰斯。

思考与练习

1. 简述加涅按学习水平和学习结果对学习进行的分类。

2. 阐述学习理论的发展脉络。

3. 班杜拉的观察学习是什么?包括哪些环节?影响观察学习的因素有哪些?

4. 简述布鲁纳的认知结构学习理论。

5. 何为先行组织者?奥苏贝尔的有意义学习的含义是什么?

6. 详述学习的建构主义理论。

7. 非指导性教学是什么?请结合实际,论述其实施步骤有哪些。

参考文献

[1][美]申克.学习理论[M].何一希,等译.南京:江苏教育出版社,2012.

[2][美]赫根汉,马修·奥尔森.学习理论导论[M].崔光辉,等译.上海:上海教育出版社,2011.

[3][美]班杜拉.自我效能:控制的实施(上、下册)[M].缪小春,等译.上海:华东师范大学出版社,2003.

[4][美]加涅.教学设计原理[M].皮连生,等译.上海:华东师范大学出版社,2004.

[5][美]布鲁纳.布鲁纳教育文化观[M].宋文里,等译.北京:首都师范大学出版社,2012.

第六章　分类学习心理

学习目标

1. 理解知识和技能、陈述性知识、程序性知识、问题解决、创造等基本概念。

2. 了解陈述性知识、程序性知识的表征和过程，了解影响问题解决和创造力的因素。

3. 能够举例说明态度与品德之间的联系与区别。

4. 了解品德形成的一般过程及矫正不良品行的方法。

司马迁在《史记》中记载了我们非常熟悉的赵括"纸上谈兵"的故事。

战国时期，赵国有一员大将名曰赵奢，为赵国屡建战功。公元前260年，实力强大的秦国入侵赵国，那时赵奢已经去世，年轻的赵王意欲任命赵奢的儿子赵括为将。

赵括自幼饱读兵书，能健谈用兵之道，连父亲赵奢也难不倒他，自认为是天下无敌，然而他并未得到父亲的认可。赵括母亲问及原因，赵奢说："战争事关生死，却被他视作儿戏。只希望他永远不要成为我们国家的将领，否则，他将毁了我们的军队。"

当赵括要领兵打仗的时候，他的母亲请求赵王不要让他带兵上阵。赵王问及原因，她说："我一开始嫁给他父亲时，那时他就是一名将领，他把士兵们视为朋友，把大王您给予他自己的赏赐分发给他们，与他们同甘共苦。而赵括当了将领之后，他的手下没有一个人敢直眼看他，您赐予他的金银珠宝、绫罗绸缎都拿回家，每天寻找便宜的房产去买。您说他如何能跟他父亲比？他们父子两个差异如此大，我希望您不要让他带军打仗。"

"你不要管了，"赵王说，"我已经决定了。"……赵括执掌帅印之后，废止了军队之前所有的纪律和条例。秦将白起听闻至此，出了一个奇招，他故意打了几次败仗，切断了赵国的救兵和运粮道路，把赵军分成两段。赵军被困40多天，赵括想带兵冲出重围，秦军万箭齐发，把赵括射死了。赵军听到主将被杀，也纷纷扔了武器投降。40万赵军，就在纸上谈兵的主帅赵括手里全部覆没了。

这场灾难性战役，就是历史上非常有名的"长平之战"，此战被视为秦统一六国的决定性战役。最终，秦统一了中国。

"纸上谈兵"的主人公赵括，拥有的知识不可谓不多，谈论起用兵之道无人能及。

可为什么他所拥有的知识反而使其被打败,而未能获得成功?英国哲学家弗兰西斯·培根(1561—1626)所说的"知识就是力量",为什么没有在赵括身上得到验证?在当今知识爆炸的时代,如何引导学生有效地获取知识,使学生不仅能够获得知识,而且能够养成积极主动学习知识的习惯,并掌握独立自主学习知识的有效方法?这首先需要教师对知识的概念、类型、表征等具有全面而深入的理解。

第一节　知识的学习

一、知识的内涵与分类

(一)知识的内涵

心理学对于知识的研究始于认知主义,因为心理学把知识看做是个体头脑中的一种内部状态。众所周知,行为主义关注个体的外显行为,反对研究人的内部心理状态。因此,在 20 世纪 50 年代之前行为主义兴盛的时期,心理学很少有对知识进行的研究,这从 20 世纪 50 年代之前的心理学文献中很少能找到知识的定义可见一斑。直到 20 世纪 50 年代行为主义衰落之后,心理学才开始关注人的内部心理机制,知识的研究也才提上日程。现在认知心理学一般将知识界定为:主体通过与其环境相互作用而获得的信息及其组织。其中,储存于个体脑海中的知识就是个体的知识;用一定方式记录下来储存于个体外的知识就是人类的知识。现代心理学以皮亚杰对于知识的界定比较权威:"知识是主体与环境或思维与客体相互交换而导致的知觉建构,知识不是客体的副本,也不是由主体决定的先验意识。"皮亚杰对于知识的界定与认知心理学对于知识的界定相一致,肯定了主客体的互动和知识的动态性,是现在应用比较广的关于知识的定义。

(二)知识的分类

在这样一个信息爆炸的时代,任何人也不可能穷尽所有的知识。为了尽可能地成长为某一领域的专家,知识的教学和学习就不可能不分类。知识的分类标准有很多,按照不同的分类标准知识可以分为不同的类别。下面主要给大家介绍按照心理学规律对知识进行的分类:陈述性知识(declarative knowledge)、程序性知识(procedural knowledge)。

1. 陈述性知识和程序性知识的定义

安德森(Anderson,1983)最早根据知识的状态和表现方式将语文知识分为两类:陈述性知识和程序性知识。陈述性知识是关于事实性或资料性的知识,是解决"世界是什么"的知识,它是一切知识的基础;程序性知识是按照一定程序理解操作而获得结果的知识,是解决"怎么做"的知识,其本质是一套控制个人行为的操作程序,包括外显的身体活动与内在的思维活动。

在安德森关于知识分类的基础上,著名教育心理学家梅耶(Mayer)和加涅(Gagne)在研究知识的学习的时候也主张将知识分为陈述性知识和程序性知识。梅耶将陈述性知识称为语义知识,将程序性知识分为两类:一是用于具体情境的"程序性知识",二是有关学习、记忆、问题解决的一般方法的条件性知识(conditional knowledge)。条件性知识的实质是"有关……的知识",一般在长时记忆中用命题网络的形式存储,用来确定何时和为何要应用那些知识,来帮助学生选择和应用陈述性知识和程序性知识。例如,"如果我没有了解这个定理所适用的范围,那么现在就要放弃正在用这个定理做的题目,重新审视一下这个定理",这就是一个属于"条件性知识"的程序性知识。

加涅对于陈述性知识的看法与安德森的看法一致,同梅耶一样,他也对程序性知识有自己的独到见解。加涅认为,程序性知识本质上是由概念和规则构成的,由于运用概念和规则办事的指向性不同,程序性知识又可分为两个亚类:一类为运用概念和规则对外办事的程序性知识,主要用来加工外在的信息,即智慧技能(intellectual skill);一类用来运用概念和规则对内调控的程序性知识,主要用来调节和控制自己内部的加工活动,即认知策略(cognitive strategy)。

2. 陈述性知识和程序性知识的关系

综合以上各家不同的看法,一般认为,陈述性知识和程序性知识的联系和区别有如下几个方面。

(1)陈述性知识和程序性知识的联系

通常而言,陈述性知识是获得和学习程序性知识的基础,因为要学会"怎么做",必须首先知道"是什么"和"为什么"的问题。同时,程序性知识的获得也为获取新的陈述性知识提供了可靠的保证,因为陈述性知识的获得离不开对某些信息的判断和转换,程序性知识的习得往往能为后来的陈述性知识的学习奠定良好的基础。

(2)陈述性知识和程序性知识的区别

第一,定义不同。陈述性知识是关于"是什么"和"为什么"的知识,这类知识主要用来回答"是什么"和"为什么"的问题,可以用来区别和辨别事物,是一种静态的知识,也叫描述性知识。程序性知识是关于"怎么做"的知识,主要用来解决"做什么"和"怎么做"的问题,程序性知识实质上是一套关于办事的操作步骤和过程,和实践操作密切联系,是一种动态的知识,也叫步骤性知识或过程性知识。

第二,心理表征不同。陈述性知识主要以概念、命题和命题网络的形式进行表征;

程序性知识主要以产生式和产生式系统进行表征。关于陈述性知识和程序性知识的心理表征我们下文将详细阐述。

第三，测量方式不同。陈述性知识是能直接陈述的知识，其提取线索是有意识的，因此可以用"陈述"或"告诉"的方式来测量，是一种直接测量；程序性知识是一种操作步骤，往往只能借助于某种作业形式间接推测其存在，是一种间接测量。

第四，激活和提取不同。陈述性知识是一种静态性知识，输入和输出相同，其激活是输入信息的再现，是一个有意识的搜索的过程，一般而言，其激活的速度比较慢；程序性知识是一种动态性知识，输入和输出不相同，它的激活是信息的变形和操作，即要对信息进行加工和运算，一般而言，其激活的速度比较快，能相互激活。如，倘若儿童能正确解决诸如"一条绳子长 1 米，小东用去了 2/7 米，这条绳子还剩多少米"的问题，则可以认为该儿童已经获得了同分母分数减法的程序性知识。

第五，学习和遗忘速度不同。学习陈述性知识的关键在于理解并牢牢记住它们，一般通过记忆获得，所以，这是一个记忆的过程，相对而言，学习的速度较快，遗忘也快；学习程序性知识的关键是对操作方法熟练掌握，相对而言，学习的速度较慢，遗忘也慢，有些技能甚至一旦掌握终生不忘，如学会骑自行车。

二、陈述性知识的学习

(一)陈述性知识的表征

陈述性知识是个体能够有意识地提取线索并回忆出来的知识。人们为什么能够陈述出已经学习过的知识呢？这涉及陈述性知识在人的大脑中的表征方式。表征，是信息在头脑中的呈现方式。根据信息加工的观点，当有机体对外界信息进行加工时，这些信息是以表征的形式在头脑中出现的。表征一方面是客观事物的反映，代表客观事物，另一方面它又是心理活动进一步加工的对象，代表被加工的客体。在信息加工心理学里，知识的表征可以理解为知识在人的大脑中的储存和组织方式。心理学家一般认为，陈述性知识的表征方式有三种：命题、命题网络和图式。

1. 命题

在认知心理学里，命题是语词表达意义的最小单位，如"北京是中国的首都"就是一个命题。一个命题由两部分构成：一个关系（relation）和一组论题（arguments）。关系一般由动词、副词和形容词表达，有时也用其他关联词如介词来表达；论题一般指概念，通常由形容词和代词来表达。论题可以是行动的主体、行动作用的客体、行动的目的，也可以是行动的工具和客体的接受者。如"爷爷去公园"这样一个简单的命题，在这个命题里，关系是"去"，论题是"爷爷""公园"。

2. 命题网络

命题并非孤立地存放在那里,分享同一主题的若干命题会发生相互联系,形成命题网络。现代认知心理学家认为,人脑中的知识不可能孤立地储存,总是通过与其他知识建立某种关系而储存,而且只有通过一定的网络系统储存的知识才能被有效地提取利用。如"瘦男孩正在看有趣的报纸",这一个句子实际包含了三个命题:男孩正在看报纸;男孩是瘦的;报纸是有趣的。这三个命题构成了一个命题网络,我们可以用图6-1来表示该命题网络。

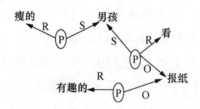

图6-1 命题网络

注:S代表主体,O代表客体,它们都是论题;R代表关系;P代表命题。

关于命题、命题网络和句子的关系,有一点需要注意:命题是用句子的形式来表达,但命题不等于句子,命题只涉及句子所表达的意义,人的大脑在长时记忆里储存的是命题和命题网络,而不是句子。

3. 图式

认知心理学家认为,命题、命题网络宜于解释小的知识单元的表征,对于那些较大的、有组织的知识,就不能用命题、命题网络表征,有人认为整块的系统知识是由图式表征的。例如,人们有关房子的知识,如果用"房子是人们的居处"这一命题表征,则不足以表征出与人有关的"房子"的全部知识。房子还有其他一些属性,如材料、形状、面积等。像"房子"这样的观念就是由它的许多属性组合而成的。人们对有关这些属性组合的知识的储存方式称为图式。

现代认知心理学区分了两类图式:一类是关于客体的图式;另一类是关于事件的图式或做事的图式。前者如人们关于房子、动物、古玩的图式;后者如人们洗衣服、去医院就诊、写作文的图式,后一类图式又称脚本,脚本是人们关于多次出现的有时间顺序的事件的图式表征。图式对于新信息的组织和加工,具有重要的意义。已有的图式可以同化新的信息,在同化新信息的同时,图式本身也不断丰富、发展、改进。

(二)陈述性知识的类型与学习过程

1. 陈述性知识的类型

陈述性知识的学习是获得语义的学习,用加涅的话讲就是获得言语信息,用奥苏贝尔的话说就是获得言语意义。加涅将言语信息由简到繁分为三类。一是符号学习，也就是学习与记住事物的名称。二是事实学习，也就是前文提及的命题学习。因为一个事实就是表达2个或2个以下有名称的客体或事件之间关系的言语陈述，学习一个事实相当于学习一个命题。三是有组织的知识学习，即学习由许多单个事实连接成的大的整体，相当于前文所提及的命题网络学习。

奥苏贝尔对知识也作了类似的区分，将知识分为三类：符号表征学习（representational learning）、概念学习（concept learning）、命题学习（propositional learning）。他认为，最简单的知识是建立事物与符号的表征关系；较复杂的知识是获得同类事物的概念；更高一级的知识是习得表示事物之间关系的命题。最后，学习者头脑中的原有命题和新学习的命题建立联系，而组成命题网络，奥苏贝尔称这种命题网络为认知结构。

2. 陈述性知识的学习过程

按照奥苏贝尔的观点，陈述性知识的学习由低级到高级一般包括符号表征学习、概念学习和命题学习三种类型，下面我们逐一进行探讨。

（1）符号表征学习

符号表征学习是最简单的一种陈述性知识的学习，一般而言，符号表征学习就是学习单个符号或一组符号代表什么，在教学实践中就表现为词汇学习（vocabulary learning），即学习单词代表什么。图6-2为符号表征学习阶段的示意图。

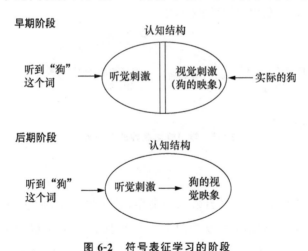

图 6-2 符号表征学习的阶段

（2）概念学习

概念学习一种更高级的陈述性知识的学习类型。陈述性知识的概念学习的实质是掌握同类事物的共同的关键特征或本质特征。如对"圆形"这一概念的学习，要把握其"在二维平面中，距一个定点距离相等的所有的点的集合"这个本质属性。在概念学习的过程中，学习者最重要的是要把握所要学习概念的关键属性。

奥苏贝尔为了说明概念学习,以儿童学习"立方体"这个概念为例。儿童见过或玩过许多大小、颜色和质地都不相同的立方体。作为经验的结果,他们归纳出了立方体的关键属性。这些属性是置于立方体的表征映象(即表象)中的,这种表象是儿童从经验中形成的,在没有实物时也能回想出来。奥苏贝尔把儿童通过归纳发现一类物体的关键属性的过程,称为概念形成(concept formation)。这是概念学习的第一阶段(如图6-3"阶段1"所示)。

儿童入学以后,开始学习概念的名称。学习概念的名称也是一种表征学习,在这种学习中,儿童学会用符号(如"立方体")代表他已习得的概念。在学习过程中,学生把"立方体"这个词的意义等同于已有的表示这个概念的意义的表象(如图6-3"阶段2"所示)。在这一阶段的概念学习中,教师运用得最多的是概念同化(concept assimilation)的学习方式。概念同化是指直接以定义的方式向学生呈现概念的本质特征(逻辑意义),让学生利用其认知结构中原有的有关概念来理解这个新概念。

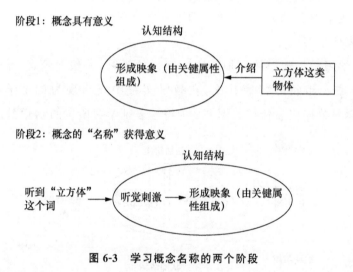

图6-3 学习概念名称的两个阶段

(3)命题学习

命题学习是陈述性知识学习的第三种类型,其实质是一种"关系"意义的学习。根据关系的复杂程度可将命题学习分为两类。一是只表示两个以上的特殊事物之间关系的学习,称非概括性命题的学习。如"中国的首都是北京",这个命题旨在将两个特殊的事物"中国"和"北京"之间的事实关系陈述清楚。其中,"中国"和"北京"都是特殊对象。另一类是表示若干事物或性质之间的关系的学习,称概括(generalization)性命题学习。如"圆的直径是半径的两倍",它陈述的是倍数关系。奥苏贝尔认为,命题学习的本质是意义的获得,在这个过程中个体认知结构中原有的适当观念起着决定性作用。根据新旧命题之间的关系,可把命题学习分为以下三种情况。

　　第一种是下位学习(subordinate relationships)。从前述知识的命题网络表征形式可知,储存于个体大脑中的知识是以抽象性水平的不同而分层级组织的,相邻两个层级之间形成一种类属关系,上一层级为类,下一层级为属。在学习过程中,如果新观念(要学习的命题)处于"属"的层级水平,而个体认知结构中已有一个处于"类"层级水平的旧观念,那么个体可以用这个旧观念作为"支撑点"将新学习内容纳入其中,从而获得新知识的意义,这种学习就是下位学习。其基本关系如表6-1中第一部分所示。

表 6-1　新知识的意义获得的同化模式

1. 下位学习　A. 派生下位学习	原有的观念: A 新的内容 → a_6 a_5 a_4 a_3 a_2 a_1
B. 相关下位学习	原有的观念: X 新的内容 → Y Z V W
2. 上位学习	新学习的观念: A 原有的观念: a_1 a_2 a_3 a_4
3. 并列结合学习	新学习的观念: A → B — C — D 原有的观念

　　第二种是上位学习(super-ordinate learning)。如果学生已经学习了一些处于同一层级水平的观念,现在要学习一个能将原有观念都包容于其中的新观念,这种学习形式就是上位学习。例如,学生已经从日常生活中学到了"苹果""桃子""香蕉""西瓜"等观念,现在要学习"水果"这一新观念,此类学习就属于上位学习。这种类型的学习是比较普遍的,特别是与学生日常生活有密切关系的命题的学习,大都是以这类学习形式而获得的。在教学过程中,除了首先唤起学生已有的相关观念之外,还需要为学生提供一些他们不曾了解的事例,以使学生较全面地掌握新命题。例如,假定学生已知正方形、长方形和平行四边形内角之和等于360°,现在教师要学生掌握"任何四边形内角之和等于360°"这一命题,那么教师还应该提供一些学生还不知道其内角之和为360°的不规则的四边形(因为前面提及的几种四边形都属于规则四边形),这样学生就能更深入地把握新命题的意义了(如表6-1中第二部分所示)。

　　第三种是并列结合学习(combinatorial learning)。当新的命题与认知结构中的原有特殊观念既不能产生从属关系,又不能产生总括关系时,它们在有意义学习中可能产生联合意义,这种学习称为并列结合学习。如表6-1中第三部分所示,新观念 A 与已有观念 B、C、D 相联系,但 A 并不比 B、C、D 包摄性更广些,或更具体些。在这种情况下,新观念 A 具备某些与这些已有观念共同的关键属性。例如,如果学生已经学习了质量与能量、遗传结构与变异等之间的关系,现在要学习需求与价格之间的关系,它们之间虽然没有类属关系,但也内含着另外的关系——后一变量随前一变量的变化而发生变化。

三、程序性知识的学习

(一)程序性知识的表征

程序性知识是个人没有有意识提取线索,只能借助某种作业形式间接推论其存在的知识。程序性知识是一套办事的操作步骤,是关于"怎么办"的知识,主要涉及概念和规则的应用。现代认知心理学认为,程序性知识的表征有产生式(production)和产生式系统两种方式。

1. 产生式

产生式是表征程序性知识的最小的单位。产生式这个术语来自计算机科学。西蒙和纽厄尔(Simon & Newell)认为,人脑和计算机一样都是"物理符号系统",其功能都是操作符号。计算机之所以具有能完成各种运算和解决问题的智能,乃是由于它储存了一系列以如果/则(if/then)形式编码的规则的缘故。同样的道理,人脑之所以能进行计算、推理和解决问题,也是由于人经过学习在头脑中储存了一系列以如果/则形式表征的规则。这种规则被称为产生式。产生式是所谓条件—活动(condition-action)规则(简作 C-A 规则)。C-A 规则与行为主义的 S-R 公式有相似之处,但也有原则上的区别。相似之处是每当 S 出现或条件满足时,便产生反应或活动。不同的是,C-A 中的 C 不是外部刺激,而是保持在短时记忆中的信息,A 也不仅是外显的反应,还包括内在的心理活动或运算。

2. 产生式系统

简单的产生式只能完成单一活动。有些任务需要完成一连串的活动,因此,需要许多简单的产生式来表征这一活动。经过联系,简单产生式可以组合成复杂的产生式系统。这种产生式系统被认为是复杂技能的心理机制。如果说,若干命题通过其共同的观念而形成命题网络,那么产生式通过控制流而相互形成联系。当一个产生式的活动为另一个产生式的运行创造了所需要的条件时,则控制流从一个产生式流入另一个产生式。

(二)程序性知识的类型与学习过程

1. 程序性知识的类型

依据不同的分类标准,程序性知识也可以分为不同的类型。根据一般与特殊维度,可以区分为一般领域的程序性知识和特殊领域的程序性知识。有些程序性知识可普遍适用于各种领域,而与任一特殊领域并不是有紧密联系,故称一般领域的程序性知识。这类程序性知识在人的记忆中被表征为一般领域的产生式系统,实际上也即通常所说的一般方法或一般途径,如撰写工作计划的方法、人际交往的原则等。特殊领域的程序性知识是由只能用于特殊领域的产生式系统构成的知识,如数学中的"四则混合运算规则"、语言学中的各种"语法规则"。非特殊领域的程序性知识是指可以跨越不同学习领域的一般方法、步骤的知识,如"知己知彼,百战不殆""学习有法,学无定法"等。

根据自动化的程度的高低,可区分为自动化程序性知识和与受意识控制的程序性知识。如在外语学习中,一个达到熟练化程度的学习者面对呈现在自己面前的外语材料,可以直接地、迅速地将其所表达的意义用汉语表述出来,在此过程中他对外语与汉语的语法规则以及两种语言间的转换规则的运用都达到了熟练化的程度,这些规则对他来说都是自动化的程序性知识。受意识控制的程序性知识就是指未能达到熟练化的、不能自动激活的产生式系统构成的知识,如一个刚学毛笔字的学生所拥有的有关书写规则方面的知识。

根据智慧与动作维度,可区分为智慧型的程序性知识(智慧技能)和动作型的程序性知识(动作技能)。智慧技能是指借助于内部言语或表象等在头脑中进行认识活动的心智操作;动作技能是指人类有意识地利用身体动作去完成一项任务的能力,它是人类通过练习获得的。加涅在对知识和技能进行区分并进行了系统研究之后,按智慧技能的复杂水平将其分为由低到高的五个层次:辨别、具体概念、定义性概念、规则和高级规则。

2. 程序性知识的学习过程

从整体上来看,程序性知识的学习分为三个阶段:陈述性阶段、转化阶段和自动化阶段。

陈述性阶段为第一阶段。在程序性知识的学习过程中,首先要以陈述性知识的形式来获得。学生首先要理解有关的概念、原理、事实和行动步骤等。在这一阶段,学生知道并能够陈述某些概念与规则,但在使用这些概念和规则时先要有意识地再现出陈述性知识,再表现为行为。在完成某一活动时,学生要再现每一个产生式,一步一步地进行各步骤的操作。

转化阶段为第二阶段。经过大量的练习和反馈,陈述性知识转化为程序性知识,学生能将一个个产生式形成产生式系统,将各个行动步骤联合起来,流畅地完成各种活动,这是程序性学习最关键的一步。

自动化阶段为第三阶段。随着进一步的练习,学生最终进入到自动化阶段。在这一阶段,学生无需有意识的控制或努力就能够自动完成有关的活动步骤。这时操作的准确性和速度均得到了很大提高,表现为技能纯熟,不需要提取有关操作步骤的知识。

【案例分析】

如何看待"哑巴英语"现象?

近日,某市"硕博"招聘会开展仅1个半小时,被两三个英语问题问住的研究生就有七八个。某大学的物流专业研究生小江说,她一个简历都没投,因为害怕现场的英语口语面试。而她的简历中却标注着"英语八级"。面对如此尴尬的局面,英语口语教育再次被提及,应考式的英语教学应怎么样提高实用性,对此您怎么看?

@洪晨豆豆:英语首先是一种沟通的工具,在如今的教育大环境下,并不缺英语等级证书,缺的是练习英语口语的环境,不应该把英语只当成是书本语言来学。英语教学,应克服"语法为纲""词汇量为王道"的种种做法,还是应以实用为目的。

@北校北 2006:一门语言,听说读写,都重要,而不能因为今天面对口语面试不敢上前说几句,而特别地去强调口语教育,然后质问应考式英语教学的存在合理性。不妨看看我们的专业、我们的工作是否因为不会说英语就没法做下去了,因为不会写英语就干不好了?换个说法,厚此薄彼,仍然逃不出全民学外语的怪圈。

@筱司仁:我个人认为任何学习都是为了使用,英语八级却不会使用,岂不是笑话?对于英语教育,我觉得应该更注重使用,笔试再好,不及可以聊几句简单的。

@小小夏日薄荷糖:对于语言来说,最重要的还是使用吧,如果只会考试,那有什么用呢?很多身边的同学同事,包括我自己都是如此,以前读书的时候,为了考试还学了一些句子,背了一些单词,但是现在因为平时用不到,基本上都已经忘记了,也挺遗憾的。"哑巴英语"实在是实用性不高啊。建议重视口语教学,让学生真正用起来。

@爱跳小苹果:大家总会为自己找种种借口来回避英语口语学习,词汇量不够、语法不好、没有英语语言环境,这些都是我们不愿意开口说英语的理由。词汇量和语法并不是决定我们能否开口进行交流的主要因素,要知道我们开始学习母语的时候,掌握的词汇量也并不多,也经常会犯语法错误,但这并没有妨碍我们开口说语。

@墙角野猫:有各种入学、升学、等级、资格、资质考试,就必然有应试培训,进了学校就成了应试教育,这不单单是一个英语口语学习的问题,而是所有学科都存在的问题。跳出学校看,比如有些新司机虽然通过了驾照考试,真正开车上路后还是成了"马路杀手",那是不是说现在的驾照考试就应该退出考试界?

我们应该如何用陈述性知识和程序性知识的观点来看待上述问题?

第二节 技能的学习

一、技能的内涵与分类

(一)技能的内涵

在日常生活中,人们经常使用"技能"一词,技能学习也是学生学习的重要内容之一。关于技能的定义,不同的研究者有着不同的观点。皮连生(1996)认为,技能是在练习基础上形成的、按某些规则或操作程序顺利完成某种智慧任务或身体协调任务的能力。冯忠良(2000)认为,技能是通过学习而形成的合乎法则的活动方式。《心理学大词典》把技能定义为"个体运用已有的知识经验,通过练习而形成的智力动作方式和肢体动作方式的复杂系统"。

通过对上述定义的分析可知,尽管各家对技能的定义有不同之处,但对于技能的一般看法都有以下共识:第一,技能是一种动作系统,不是单一的动作;第二,技能是个体后天习得的一种能力,不是先天形成的;第三,要形成一定的技能,必须经由大量的练习。

综上,我们可以把技能定义为:个体通过练习而习得的合理的动作系统,是巩固了的一种动作方式或智力活动方式。这里所说的"动作"是广义的,既包含外部的实际操作动作,又包括头脑内部的智力动作。

(二)技能与知识的关系

从信息加工心理学的观点来看,陈述性知识就是狭义的知识,技能是广义知识中的一种类型,即程序性知识。所以,技能与知识的关系可以参考前面我们详细论述的陈述性知识与程序性知识的关系。简单来说,技能的本质是知识的运用,说得再准确一点,技能是程序性知识的运用,而程序性知识是以陈述性知识为基础的。

(三)技能的分类

按技能的性质和特点,可以把技能分为动作技能(motor skill)和智力技能(intellectual skill)两类。动作技能又称为运动技能或操作技能,它是人们有意识、有目的地利用身体动作去完成一项任务的能力,如打球、游泳、弹琴、修车等技能。智力技能又称心智技能或智慧技能,它是指借助于内部言语在人脑中进行的一种认知活动方式,如阅读、写作、心算、观察分析等。

二、动作技能的学习

(一)动作技能的分类

动作技能种类繁多,通常可以按照四个标准把动作技能分为四种不同类型。

第一,按照动作是否连贯以及持续时间的长短,可以把动作技能分为连续性动作技能与非连续性动作技能。连续性动作技能是指由较长序列的连贯性动作构成的动作技能,例如,跑步、骑自行车、讲演、打字、游泳、艺术表演等一系列的外显动作系统,属于连续性动作技能。这类技能一般受到外部情境的制约,需要根据复杂的外部情境中的信息,不断进行调整和校正,并且动作的延续时间较长,动作与动作间没有明显可以感知的起点和终点,难以精确计数。而非连续性动作技能指一个动作的开始和结束都十分明显,持续时间相对短暂,如投篮、厨师打鸡蛋、射击手射箭等动作,只包含较短的动作序列,持续时间短,动作与动作间可以直接感觉到起点和终点,可以精确计数。

第二,按照完成动作技能对外界环境条件的依赖程度,可以把动作技能划分为封闭的动作技能和开放的动作技能。封闭的动作技能的主要信息来源于个人的动觉反馈,例如体操、跳水、举重等,主要依据个人的动觉反馈信息完成,不需要外部环境因素作为参照,具有相当固定的动作模式。开放的动作技能的主要信息来源于外部环境的刺激,它的完成与外界刺激密切相关。例如各种球类比赛、拳击等活动,其动作技能的完成和发挥与个体准确地感知、预测和判断对手的活动状况密切联系,个体必须根据外界的刺激变化来调整自己的动作技能。

第三,按照完成动作技能时所参与的肌肉群的性质的不同,可以把动作技能分为精细的动作技能和粗大的动作技能。精细的动作技能是指主要用小肌肉群来完成的动作技能,例如打字、雕刻、绣花等,它们在一个相对狭小的空间里就可以完成,动作协调且动作幅度较小。粗大的动作技能主要是指那些需要运用大肌肉群来完成的动作技能,如跑步、游泳、打球等,它们需要在一个相对大的空间里完成,动作幅度很大。

第四,按照完成动作技能是否需要使用一定的工具,可以把动作技能分为工具性动作技能和非工具性动作技能。工具性动作技能指的是完成此动作技能时必须借助一定的工具或装置,如砍柴、钓鱼、拉小提琴都属于工具性动作技能。与之相反,非工具性动作技能指的是完成此动作技能无需借助一定的工具或装置,徒手就可以完成,例如,跑步、唱歌、跳舞等。

(二)动作技能的形成阶段

动作技能的形成,是指学习者通过领悟和练习从而逐步掌握某种动作方式,动作技能形成的标志是达到熟练操作。心理学家费茨(P. M. Fitts)和波斯纳(M. Posner)将动作技能的形成分为三个阶段。

第一,认知阶段。认知阶段主要是理解学习任务,并形成目标意象和目标期望。目标意象主要是指学习者对自己完成任务的目标模式反应和动作形式,在头脑中形成一个表象;而目标期望是对自己的作业水平的估价,即明确自己能做得如何。

第二,联系形成阶段。在这一阶段,重点是使适当的刺激与反应形成联系。即使是一个简单的动作,所包含的刺激和反应也非常复杂,所以联系的形成比想象的要复杂得多。在这一阶段,必须排除过去经验中的习惯的干扰。

第三,自动化阶段。技能学习进入这一阶段,一长串的动作系列似乎是自然完成的,无需特殊注意和纠正。人们可以一面从事熟练的活动,一面考虑其他的事情。

总之,动作技能的形成需要从领会动作要点和掌握局部动作开始,到建立起动作之间的有机联系,最后达到整套动作自动化。

(三)动作技能的培养

人的动作技能是后天习得的,而练习是动作技能形成的基本途径。如何通过练习,把基本动作技能提高到熟练的技巧水平,能运用自如,随心所欲地在不同的时间、地点、条件下灵活、准确地应用,如下一些方法可供大家参考。

1. 指导训练法

在动作技能的学习中,科学指导是必不可少的。所谓指导训练法,就是教师在练习课中,激励学生练习的积极性,促使学生有效地形成动作技能的方法。指导主要包括讲解和示范两种形式。结合动作技能的特点进行讲解和示范,对动作技能的学习有积极的作用。教师的讲解和示范在动作技能的形成中具有导向作用,讲解可以口头进行,也可以借助文字模型、草图等进行。示范是教师做给学习者看的,教师直接以动作方式演示,学习者通过观察示范动作,也能获得相应的动作技能。因动作技能的形成主要靠练习,但练习也不是盲目练习,教师应根据有效练习的条件,帮助学生明确练习的目的和要求,激发练习的动机;教会学生正确的练习方法;指学生合理分配练习的时间;正确评价学生练习结果,及时提供反馈信息,以提高学生的练习效果。

2. 仿真训练法

所谓仿真训练法,就是通过组织学生进行动作模拟,使学生掌握动作要领,形成动作表象的方法。动作模拟通常分四步进行:首先是使学生懂得一些基本的动作规则;其次是通过示范或观看视频的形式引导学生观察按照正确的规范(原理、原则)进行操作的模式,以形成动作表象;第三,组织学生进行有目的的动作练习;第四,启发学生把学得的动作技能运用于实践,以验证其熟练程度。

3. 实地训练法

所谓实地训练法,就是在实习工厂或农场引导学生依据所学的知识进行实际操作,以形成动作技能的方法。实地训练法有四种形式。其一,是动作示范,即由教师、熟练工人或农艺师做实际动作,为学生示范;其二,是指导实作,即由教师、熟练工人或农艺师指导学生进行实际操作,随时矫正其不规范的动作;其三,是案例分析,即由指导教师提出典型案例,启发学生进行研究并提出建议;其四,是设计规划,即由指导教师提出主题,让学生共同设计操作蓝图,拟定操作计划。

4. 动作—时间分析法

所谓动作—时间分析法,就是使学生在最短的时间内,以最快的动作取得最佳的活动效率的方法。运用动作—时间分析的方法,目的在于查明动作中所包含的各个动作环节,并测量每个动作所使用的时间,排除无效动作,减少不必要的动作环节。它包括四个方面:发展更好的动作系统和方法;使这种系统和方法标准化;确定由一名合格的学生以通常的速度去做一种动作,测出所需的时间;帮助和训练学生掌握更好的练习方法。

5. 程序训练法

所谓程序训练法就是运用程序教学的原理以提高动作效率的方法。程序训练是将所要学习的动作技能划分为若干阶段,学生按设计的程序先易后难,由简到繁,循序渐进地练习。学生按程序而做的动作反应,都会得到反馈。只有前一个动作正确时,才会出现做第二个动作的信号。信号能把问题呈现给学生,再给学生反应的机会,强化正确的动作,消除多余的动作并修正错误的动作,因此,能提高动作技能训练的效率。由于科技的进步,可以配合程序训练运用电影、幻灯片、录像、电视等把训练项目转化为视听形式传播给学生,还可以由电脑辅助做各种训练程序的安排。

三、智力技能的学习

(一)智力技能的分类

根据智力技能的内容和概括化程度,可以把智力技能分为一般智力技能和特殊智力技能两大类。所谓一般智力技能,就是在一般的认识活动中形成的,具有概括性、能普遍运用于各种活动的技能。学生在日常生活中学习和掌握的观察技能、比较技能、分析和解决问题的技能等,都属于一般的智力技能。所谓特殊智力技能,就是在某种专门的认知活动中形成并得以运用的技能,如阅读技能、计算技能、写作技能等。

(二)智力技能的形成阶段

1. 加里培林的智力技能形成阶段理论

在智力技能的研究方面,苏联心理学家加里培林做出了重要贡献。加里培林等在20世纪50年代,提出了智力活动按阶段形成的假说,认为人的认识活动是由外部物质活动内化为知觉、表象、概念的过程,这个内化过程经历着下列五个基本阶段:第一,活动的定向阶段;第二,物质活动和物质化活动阶段;第三,出声的外部言语阶段;第四,无声的外部言语阶段;第五,内部言语阶段。

加里培林关于智力活动按阶段形成的理论,从内化的角度来描述智力技能的形成过程,为智力活动及智力技能形成的研究提供了新的视角,对教师培养和训练学生的智力技能有很大帮助。当然,这一理论也存在一些问题,如后三个阶段划分不明确、理论缺乏实证支持等。

2. 冯忠良的智力技能形成阶段理论

我国学者冯忠良在吸收加里培林学说的基础上,经过长期研究提出了原型定向、原型操作、原型内化的心智技能形成三阶段理论(冯忠良,1992,1998)。

(1)原型定向阶段

原型(prototype)通常指那些被模拟的某种自然现象或过程。由于心智活动具有观念性、内潜性与简缩性的特点,因而人们对心智活动的认识不能像自然现象那样直接,这就导致了这一概念在心理科学中用法的不一致。有人常把原型当做模式(model),而安德森(J. R. Anderson)认为:"原型是关于范畴的最典型的样例的设想。"原型定向就是了解心智活动的实践模式,了解"外化"或"物质化"了的心智活动方式或操作活动程序,了解原型的活动结构(动作构成要素、动作执行次序和动作的执行要求),从而使主体知道该做哪些动作和怎样去完成这些动作,明确活动的方向。原型定向阶段也就是使主体掌握操作性知识(即程序性知识)的阶段,这一阶段相当于加里培林的"活动的定向阶段"。

(2)原型操作阶段

所谓原型操作,即依据心智技能的实践模式,把主体在头脑中应建立起来的活动程序计划,以外显的操作方式付诸执行。在这一阶段,活动的执行是在物质与物质化水平上进行的,因而加里培林及其学派的著作中称之为"物质或物质化活动阶段"。在这一阶段,动作的对象是具有一定物质形式的客体,动作本身是通过一定的机体运动来实现的,对象在动作的作用下所发生的变化也是以外显的形式来实现的。

在这一阶段,教师必须做到以下几点。第一,要使心智活动的所有动作以展开的方式呈现。第二,要注意变更活动的对象,使心智活动在直觉水平上得以概括,从而形成关于活动的表象。第三,要注意活动的掌握程度,并适时向下一阶段转化。第四,为了使活动方式顺利内化,动作的执行应注意与言语相结合,一边进行实际操作,一边用言语来标志和组织动作的执行。总之,通过原型操作,学生不仅有了程序性知识,而且获得了完备的动觉映象,这就为原型内化奠定了基础。

(3)原型内化阶段

所谓原型内化,即心智活动的实践模式向头脑内部转化,由物质的、外显的、展开的形式变成观念的、内潜的、简缩的形式的过程。也就是动作离开原型中的物质性客体及外显形式而转向头脑内部,借助言语来作用于观念性对象,从而对事物的主观表征进行加工改造,并使其发生变化。

原型内化阶段包括了加里培林及其学派所称的"出声的外部言语""无声的外部言语"和"内部言语"三个阶段。为了使操作原型成功地内化成心智技能,使活动方式定型化、简缩化、自动化,教学中必须注意以下几点。第一,动作的执行应从外部言语开始,而后逐步转向内部言语。第二,在开始阶段,操作活动应在言语水平上完全展开,即用出声或不出声的外部言语完整地描述原型的操作过程(此时已没有实际操作)。然后,再依据活动的掌握程度逐渐缩减,其中包括省略一些不必要的动作成分与合并有关的动作。第三,在这一阶段也要注意变换动作对象,使活动方式得以进一步概括,以便广泛适用于同类课题。第四,在由出声到不出声、由展开到压缩的转化过程中,也要注意活动的掌握程度,不能过早转化,也不宜过迟,而应适时。

冯忠良提出的三阶段理论,突出了以原型为对象的各阶段智力技能形成的特点以及各阶段教学时的关键点,丰富和完善了加里培林关于智力按阶段形成的理论,在阶段的划分上更为清晰,在一定程度上整合了加里培林的理论,对于教学实践具有重要的指导意义。

(三)智力技能的培养

智力技能对于个体的学习和日常生活非常重要,智力技能水平的高低直接关系到个体智力活动的成效。如何科学培养学生的智力技能,使学生掌握解决问题的模式和策略,完善认知结构,增强迁移能力以形成智力技能,心理学家、教育学家进行了广泛的研究,提出了不少训练智力技能的方法。

1. 发现法

发现法又称为"发现学习"或"问题法"。它不仅是学生学习基础知识的方法,而且是智力技能的一种训练方法。因为这种教学法是在教师的指导下,学生独立地利用教材和学习材料,通过自己的探索、研究,从而发现所要学习的概念结构、基本原理及其应用实践解决问题、发展认知能力的。所以,能激发学生的求知欲,培养学生的创造精神,形成学生的智力技能。应用发现法训练学生的智力技能,应向学生提出难度适宜的课题,引导学生独立地研究,为学生设立障碍,激发学生自觉地提出假设、验证假设,给学生提供适宜的学习材料和情境,让学生构成自己的智力技能体系。

2. 变式练习策略

练习是智力技能获得的必要条件,是智力技能自动化的唯一方法。因此,教师在智力技能的教学中,提供的联系应该是数量充分、难度多样、安排合理。在学习初期练习的速度要慢,问题要精,一次练习的时间不要过长。等一个新的心智动作完全自动化后,再用较大量的练习达到加深、巩固、提高和熟练。这时的练习应该变换多种题型,逐渐增加难度,以增进智力技能的灵活性和熟练性。

3. 图示法

"纲要信号"图表由字母、单词、数字或其他信号组成,提纲挈领地把需要掌握的知识,以图表的形式表现出来,有利于学生把握知识的整体和内在结构,形成相应的智力技能。应用"纲要信号"图示法训练学生的智力技能,应详细讲解教材内容,突出重点,分析难点,把握关键词语,熟悉纲要系统。并让学生根据记忆,在各自的练习本上画出前节课的"纲要信号"图表,教师对其图表进行评价,以促使其智力技能的形成。

4. 反馈策略

反馈是保证智力技能准确性的有效手段,反馈的一般原则是及时、准确。反馈信息应该侧重对心智操作过程的细节的分析,而不应该简单地回答"对"或者"错",应该让学生了解错在哪里、出错的原因是什么、如何改正等。

5. 迁移策略

可以通过范例教学法,使学生掌握同一类智力技能,加速发展学生的发明创造能力,让学生触类旁通,模仿进取。应用迁移策略训练学生的智力技能,应选择最有代表性和吸引力的典型事例,并分析其类型和种属关系,引导学生由点到面、由现象到本质地理解同类智力技能,以提高智力技能运用的能力,并促进智力技能的迁移。

学生的智力技能训练的方法是多种多样的。应根据智力技能训练的目的、任务,学生的知识基础、身心发展的年龄特征及个别差异精心地选择、应用、改革、创新。

第三节　问题解决和创造力的培养

一、问题解决

(一)问题及其分类

1. 什么是问题

心理学里所讲的"问题",翻译成英文是"problem",指的是给定信息和目标之间有某些障碍需要被克服的问题情境。既然有"某些障碍",所以那些有既定答案、可以毫不费力解决的"问题"(question)就不是心理学上所讲的"问题"(problem)。学生解决一道算术应用题或证明一条定理,成人谋求一份工作,教师转变一个学生的态度,医生治愈某种疾病,至少在当前缺乏现成方法的条件下,他们都处于问题情境中。信息加工心理学家纽厄尔和西蒙(A. Newell, & H. A. Simon, 1972)认为,所有的问题都含有三个基本要素。①一组给定的已知条件。也就是一组已知的关于问题条件的描述,其中一般包含不完全的信息或令人不满意的状态,这是问题的初始状态。②期望达到的目标。指关于构成问题结论的描述,也就是问题要求的答案或目标状态。③克服障碍的系列操作。正确的解决方法不是直接的、显而易见的,必须通过一定的思维活动才能间接地找到答案,达到目标状态。这三部分加在一起,定义了问题空间(problem space)。你可以将解决问题看成是走迷宫(问题空间),从你所在的位置(初始状态)到你想要去的位置(目标状态),进行一系列的转弯(允许的操作)。

2. 问题的种类

根据不同的标准,可以把问题划分为不同的种类。如,根据问题的明确程度,可分为界定清晰的问题和界定含糊的问题;根据在问题解决时解题者具有的相关知识的多少,又分为语义丰富的问题和语义贫乏的问题;按照解决问题的手段,可以划分为常规问题和非常规问题;按照解决问题的答案是否唯一,分为封闭性问题和开放性问题;美国芝加哥大学心理学教授 J. W. 盖泽尔斯曾经按层次和水平将问题分为呈现型、发现型和创造型三类。限于篇幅,下面重点介绍界定清晰的问题和界定含糊的问题。

界定清晰的问题是指初始状态、目标状态以及由初始状态如何达到目标状态的一系列过程都很清楚的问题;界定含糊的问题是指问题的初始状态或目标状态没有清楚地说明,或者两者都没有明确地说明,这些问题具有很大的不确定性。有人根据问题的起始状态、中间状态和目标状态把问题分为四种类型(如图6-4所示)。图6-4中,A、B、C是界定清晰的问题,而D则是界定含糊的问题。A表示问题空间起始状态和目标状态明确,而且达到目标的两条途径都是相同的。如,有一组数字,要求它们的和,此处问题空间的起始状态是给定的一组数字,目标状态是求它们的和,算子是加法。这里有两种同样有效的求和方法。B表示问题空间起点和目标明确,但有两条效率不同的达到目标的途径。如,某位有阅读能力的儿童想知道一个故事,其起始状态是现有的书,目标状态是知道书中的故事,达到目标的有效途径是自己看书,较为无效的途径是找人给他讲述书中的故事。C表示问题空间的起点和目标都明确,但不知如何达到目标。学生在证明几何题时遇到的问题多半是这类问题。D表示问题空间只有起始状态明确,目标和达到目标的途径都不明确。如解决能源危机问题,我们只知道能源有限,但是解决能源问题要达到的目标和用什么方法去达到这些目标,都是不明确的。

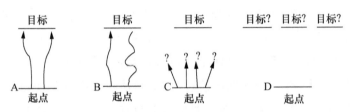

图 6-4 四种问题类型

(二)问题解决的过程与策略

1. 什么是问题解决?

问题解决(problem solving),是指人们在日常生活和社会实践中,面临新情境、新课,发现它与主客观需要矛盾而自己却没有现成对策时,按照一定目标,运用各种心智操作,使问题获得解决的过程。问题解决通常以思维为中介。

问题解决是一种高级形式的学习,具有四个基本特点。第一,问题解决是指解决新的问题,如果不是第一次试行解答而是曾经解答过,就称不上问题解决,只能说是一种"练习"。第二,目的的指向性。问题解决具有明确的目的性,问题解决活动必须是指向目的的活动,它总是要达到某个特定的终结状态。第三,一系列的心智操作过程。问题解决的过程必须将以前的知识重新组织,经过一系列的心智操作过程才能完成。第四,问题一旦解决,人的能力将有所变化,比如获得新的概念、新的规则(包括高级规则)或新的解决问题的策略。

2. 问题解决过程

对于问题解决的心理过程,20世纪80年代之前许多研究者依据个人研究的方法和掌握的资料不同,提出了不同的观点和阶段模式。教育学家关于问题解决模式的见解中,以杜威"五阶段说"影响最为深远。

1910年杜威在其名著《思维术》一书中,按逻辑分析提出了解决问题的五步模式,至今它仍被人们看做是一种经典的问题解决的方法。这五个阶段分别是:第一步,困惑,开始意识到问题的存在,产生困惑感;第二步,诊断,识别出问题,确定疑难的关键之所在,并将之进行界说;第三步,假设,搜集材料并对之整理,提出各种解决问题的可行方案,形成种种假设;第四步,推断,对各种假设分析评鉴,推断种种假设可能出现的结果,接受和拒绝试探性的假设,并从中选择最佳方案;第五步,验证,进行验证,证实、驳斥或改正假设,形成和评价结论。杜威的五步模式是从人类特别是学生的问题解决的实验与教学中概括出来的,虽然受到一些学者的批评,但"五阶段说"描述了问题解决的一般过程,且简便易行,具有较强的可操作性,产生了巨大、持久的影响。

在许多心理学家看来,问题解决的过程实际上也就是学习的过程,如此,本书前面所讲的桑代克所主张的尝试错误说和苛勒所主张的顿悟说都可看做问题解决的模式。稍后,英国心理学家华莱士在1926年提出了与杜威见解类似的四阶段模式,经常被引用于创造性问题解决的过程中。这四个阶段分别是:①准备阶段,即搜集信息的阶段;②孕育阶段,即处于酝酿阶段;③明朗阶段,即突然涌现出问题解决办法;④验证阶段,即检验各种解决办法。举例来说,在西西里岛上曾有过一个脍炙人口的传说。公元前3世纪,国王亥厄洛要金匠给他造一顶纯金王冠。他怀疑金匠做了手脚,有的原料不是纯金,而是夹杂了部分白银。国王要数学家阿基米德确定事实真相。阿基米德苦苦思索了好长时间,还是没有找到检验的方法。在一次洗澡时,他突然看见自己的身体使一些水漫出了浴盆,顿时恍然大悟。要确定王冠是否货真价实,只要看看王冠所漫出的水量是否与同等重量的纯金漫出的水量相同。如果不同,那么王冠中一定掺了假。想到这里,阿基米德跳出浴盆,光着身子向家中跑去,一边跑一边喊:"我找到了!我找到了答案!"这就是著名的阿基米德定律的雏形。从这个故事里我们可以清楚地看到创造性问题解决的几个阶段。

新近关于问题解决的模式以信息加工的问题解决模式为代表。从信息加工视角研究人类的问题解决始于纽厄尔、肖(J. C. Shaw)和西蒙,他们在1958年建构了"通用问题解决程序"。信息加工理论将问题解决看成是信息加工系统最初的信息经过加工,转换成最终的信息状态的过程。认知心理学一般将问题解决的过程划分为下面四个阶段,当然,这几个阶段并不是固定不变的,也可能从后一阶段返回到前一阶段。

第一阶段，理解并表征问题。这是指确定问题到底是什么，并找出相关信息而忽略无关信息，从而形成问题空间。所谓问题空间，就是问题解决者对客观问题的主观陈述，这种陈述过程实际上是按照自己理解的方式对问题在头脑中进行重新记载和储存。这就是所谓对问题内在的表征，当然这种表征并不排斥运用外部操作参与完成。一般说来，这种表征包含三种状态，即初始状态、中间状态和目标状态。初始状态是指问题被认识时，问题解决者所处的情境；目标状态是指问题解决者所要寻求的最终结果，问题解决的任务就在于要找出一种能把初始状态转变为目标状态的操作（或称算子）序列；中间状态就是指在实现从初始状态向目标状态的转变过程中，由操作引起的种种状态。正确表征问题的最重要之处在于问题解决者能否把握问题的关键信息，不被无关信息或欺骗性文字所蒙蔽。举例来说，一个人早晨从山脚出发，沿着山上唯一的一条盘山路走了整整一天，到山顶的庙里烧香。第二天清晨，此人从山顶出发，还是沿着来时的盘山路下山，花了半天工夫到中午的时候到达其山脚的出发点。请问：在山上是否存在这样一个地点，此人上山和下山的时候在同一时刻会经过此地点？要解决这个问题，理解和表征问题显得尤为重要，聪明的你，你认为应该如何理解并表征此问题才能使得该问题得到顺利解决呢？

第二阶段，寻求解答的阶段。在寻求解答的阶段中，问题解决者需要一系列的算子（operator），因为问题解决的过程就是利用算子从初始状态转变到目标状态的过程。算子是指问题解决者把一种问题状态转变为另一种问题状态的认知或操作活动。有些算子可随问题空间的形成而获得，有些则需进行选择。当问题空间较小时，如三个圆盘的河内塔问题，正确的算子易于选择；当问题空间较大时，如象棋或围棋，则难以选择正确的算子，需应用一定的问题解决策略来进行。问题解决策略就是人们在解决问题过程中所运用的方案、计划或办法，它决定着问题解决的具体步骤。选择操作和确定问题解决策略密不可分，问题解决总是由一定策略来引导搜索的，因此可以将选择操作阶段同时看做是确定问题解决策略阶段。

第三阶段，执行策略或尝试某种解答的阶段。问题解决者实际运用算子来改变问题的起始状态或当前的状态，使之逐步接近并到达目标状态。这个阶段也叫执行策略阶段。选择了某种解答方案之后，自然要尝试一下。一般地，简单的问题只需少量操作，选定的策略能顺利实施，而复杂的问题则需一系列操作才能完成，有时甚至选定的策略也无法实施。在执行解答方案时，学生常常会犯错误。有研究表明，学生常常是很有逻辑地或者很有规律地犯"聪明的"错误。比如，在做减法时，总是用大的去减小的，而不管谁是被减数、谁是减数。因此，教师对学生在运算或解答过程中出现的错误仅仅做到一般性的提醒和向学习习惯与学习动机作归因，可能是不够的。

第四阶段，评价结果。问题解决者对算子和策略是否合适、当前状态是否接近目标状态、问题是否已经得到解决等做出评价。如当前状态被评价为目标状态,则问题得到解决,否则需进一步选择算子和改变策略,甚至需重新表征问题空间。这一步看似简单,但也往往容易出现问题。因为学生往往会把得出一个或一组数据作为目标,而不管这一个或一组数据是否合理或能否说明问题,就急匆匆去解决下一个问题了,年龄越小的学生越是如此。

3. 问题解决策略

纽厄尔和西蒙(1972)认为,在问题解决过程中有两类通用的解决问题的策略:算法策略(algorithm strategy)和启发式策略(heuristics method)。

算法策略就是在问题空间中随机搜索所有可能的解决问题的方法,直至选择一种有效的方法解决问题。简言之,算法策略就是将解决问题的方法一一进行尝试,最终找到解决问题的答案。算法策略的优点是它能够保证问题的解决,但是采用这种策略在解决某些问题时需要大量的尝试,因此费时费力,而且当问题复杂、问题空间很大时,人们很难依靠这种策略来解决问题;另外,有些问题也许没有现成的算法或尚未发现其算法,对这种问题算法策略将是无效的。

启发式策略是人根据一定的经验,只根据目标的指引,试图不断地将问题状态转换成与目标状态相近的状态,从而只试探那些对成功趋向目标状态有价值的算子。启发式策略不能完全保证问题解决的成功,但用这种方法解决问题较省时省力。常用的启发性策略有四种。

(1)手段—目的分析法

所谓手段—目的分析(means-end analysis)就是将需要达到的问题的目标状态分成若干子目标,通过实现一系列的子目标最终达到总目标。它的基本步骤是:①比较初始状态和目标状态,提出第一个子目标;②找出完成第一个子目标的方法或操作;③实现子目标;④提出新的子目标,如此循环往复,直至问题解决。手段—目的分析是一种不断减少当前状态与目标状态之间的差别而逐步前进的策略。但有时,人们为了达到目的,不得不暂时扩大目标状态与初始状态的差异,以便最终达到目标。在日常生活中,手段—目的分析是人们比较常用的一种解题策略,它对解决复杂的问题有重要的应用价值。

(2)逆向搜索法

逆向搜索(backward search)就是从问题的目标状态开始搜索,直至找到通往初始状态的通路或方法。逆向搜索更适合于解决那些从初始状态到目标状态只有少数通路的问题。

(3)爬山法

爬山法(hill-climbing method)是类似于手段—目的分析法的一种解题策略。它是采用一定的方法逐步降低初始状态和目标状态的距离,以达到问题解决的一种方法。这就好像登山者,为了登上山峰,需要从山脚一步一步登上山峰一样。爬山法与手段—目的分析法的不同在于后者包括这样一种情况,即有时人们为了达到目的,不得不暂时扩大目标状态与初始状态的差异,以便最终达到目标。

（4）目标递归策略

所谓目标递归策略,就是从问题的目标状态出发,按照子目标组成的逻辑顺序逐级向初始状态递归。总之,任何一个问题要得到解决,总要应用某个策略,策略是否适宜常决定问题解决的成败。但具体应用哪种策略,既依赖于问题本身的性质和内容,也依赖于个体已有的知识和经验。

（三）影响问题解决的因素

影响问题解决的因素有很多,有客观因素,有主观因素,有的因素可以促进问题解决,有些因素会阻碍问题解决。具体而言,习惯定势、功能固着、相关知识经验、原型启发、酝酿效应、问题情境、知识表征方式、情绪状态、个体的智力水平、动机水平、性格特征、认知风格和世界观等个性心理特性等,均会影响到问题解决的方向和效果。限于篇幅,下面着重介绍习惯定势、功能固着、相关知识经验、原型启发和酝酿效应对问题解决的影响。

1. 习惯定势与功能固着

（1）习惯定势

人在解决一系列相似的问题之后会出现一种易于以惯用的方式方法解决问题的倾向,这就是定势。定势作用有时可以促进问题的解决,因为可以减少尝试错误的过程。不过,定势作用也往往阻碍问题的顺利解决,尤其是当前后两次遇到的问题情境类似,但解决问题的方式却恰好相反时更是如此。例如,"两个1组成的最大数字是11,三个1组成的最大数字是111,问一个大学生,4个1组成的最大数字是多少?"若回答是"1111",这说明他受到了定势的影响,正确答案是"11的11次方"。可见,当一个人连续用同样的方法解决某类问题并屡获成功之后,在解决与之相类似的新问题时,他便会习惯地采用原先的方法而不去做别的尝试。有这样一个问题,一位公安局长在路边同一位老人谈话,这时跑过来一位小孩,焦急地对公安局长说:"你爸爸和我爸爸吵起来了!"老人问:"这孩子是你什么人?"公安局长说:"是我儿子。"请你回答:这两个吵架的人和公安局长是什么关系? 这一问题,在100名被试中只有两人答对。后来向一个三口之家问这个问题,父母没答对,孩子却很快答了出来:"局长是个女的,吵架的一个是局长的丈夫,即孩子的爸爸;另一个是局长的爸爸,即孩子的外公。"为什么那么多成年人解答如此简单的问题反而不如孩子呢? 这就是定势效应:按照成人的经验,公安局长应该是男的,从男局长这个心理习惯定势去推想,自然找不到答案;

而小孩子没有这方面的经验,也就没有心理定势的限制,因而一下子就找到了正确答案。

(2)功能固着

功能固着是一种从物体正常功能的角度出发来考虑问题的定势。也就是说,当一个人熟悉了一种物体的某种功能时,就很难看出该物体的其他功能。而且最初看到的功能越重要,就越难看出其他的功能。在邓克尔(K.Duncker)著名的"蜡烛问题"实验中,桌子上有三个硬纸盒,盒里分别装着图钉、火柴和蜡烛。要求被试用桌子上的这些物品,将蜡烛垂直地竖立在木板墙上。解决的方法很简单:把硬纸盒钉在墙上,再以它为台基竖立蜡烛。但许多被试不会如此解决问题,因为他们看到的是装着东西的纸盒,于是,他们把纸盒只当做容器,而看不出纸盒还有别的用途。而当问题情境稍微进行变更,把纸盒里的图钉、火柴和蜡烛等倒出来,把它们和空纸盒一起放在桌子上,则绝大多数被试能正确地解决问题,因为他们看到的是空纸盒,于是对纸盒的其他功能进行了更广泛的思考与理解。

2.相关知识经验

任何问题解决都离不开一定的知识、策略和技能,知识经验的不足常常是不能有效解决问题的重要原因。例如,有这样一个问题:一只熊从 P 点出发,向南走 500 米,然后转向东走 500 米,再转向北走 500 米便回到了它出发时的 P 点。问这只熊是什么颜色? 如果不具备一定的知识,你不仅无法解决这个问题,而且会感到这个问题很荒谬。但是,如果你具备了必要的相关知识,你就会感到这个问题是合理的,而且会认定 P 点是北极的顶点,这只熊是白色的。这些知识是:地球是圆的;在北极的顶点上向南走 500 米,转向东走 500 米,再左转向北走 500 米便可以回到原出发地;北极的熊是白色的,而南极的熊则不是。有些问题的解决需要专门领域的知识、技能和策略,专门的知识经验对于解决问题至关重要。这方面的研究集中体现在专家(具备某一领域的丰富知识经验并经过长期专业训练的人)和新手(具备某一领域的必要知识经验,但未经过长期专业训练的人)差异的研究上。

3.原型启发

在问题解决过程中,原型启发具有很大作用。所谓启发,是指从其他事物上发现解决问题的途径和方法。对解决问题产生启发作用的事物叫原型。自然现象、日常用品、机器、示意图、文字描述、口头提问等,都可以作为原型,对问题的解决产生启发作用。据说,鲁班就是被丝茅草割破手后,才灵机一动,发明了锯子;贝尔从耳朵的生理结构受到启示,发明了电话受话器;莱特兄弟从飞鸟和一架装有螺旋桨的玩具中受到启发,创造了飞机。科学上的许多创造发明都得益于原型启发。原型之所以能起到启发作用,是因为原型与要解决的问题之间存在着某些共同点或相似处。通过联想,人们可以从原型中间找到解决问题的新方法。现在发展仿生学,目的就是为了向生物寻找启发,通过模拟实现新的技术突破。当然,某种事物对问题的解决者是否具备原型启发作用,并不完全取决于该事物本身的特点。假若问题的解决者思维状态过于紧张,可能他们就不太容易发现原来可以发现的相似点;同时,原型有时也可能限制人的思维的广阔性。所以,要辩证地看待原型在问题解决中的作用。

4. 酝酿效应

当一个人长期致力于某一问题解决而又百思不得其解的时候,如果他暂时停下来思考这个问题去做别的事情,几小时、几天或几周之后,他可能会忽然想到解决的办法,这就是酝酿效应。例如,法国著名数学家彭加勒为了解决不定三元二次方程式的算术转换问题,曾经夜以继日地思考,但未获得成功。后来他干脆丢下这个问题不想,到海边小住。一天早上他正在散步时心中顿起一个念头,认为不定三元二次方程式的算术转换跟非欧几何上的转换是相同的,问题得到了解决。酝酿之所以有利于问题的解决,可能与对定势的克服有关。在解决问题的初期,人们往往以某种方式或依靠某种知识结构进行思维。如果最初的这种心理状态是适当的,被试就可能解决问题;假若不适当,被试的解决步骤将始终是不恰当的,问题就不能解决。如果暂时停止对那个问题的思考,人们有可能打破原来不恰当的思路,使解决问题的合理步骤突然出现。

二、创造力的培养

(一)创造与创造力

创造(creativity)是指人们运用新颖的方式解决问题,并能产生新的、有社会价值的产品(包括物质的和观念的产品)的心理过程,它是问题解决的最高形式,也可以被称做创造性或者创造力。要准确理解创造的概念,必须抓住以下两点。

一是"新","新"既体现在创造的过程中,"运用新颖的方式解决问题",也体现在创造的结果上,能产生"新的、有社会价值的产品"。依据"新"的程度不同,创造又可以分为两类:如果这种"新"对于整个人类而言都是前所未有的,产生了对整个人类来说是新的和有社会价值的成品的活动,如重大发明、创造和革新,那么这种创造就是真创造,如电灯、汽车的发明;如果思维成品对个人来说是新的,而对人类来说是已知的创造,那么这种创造属于类创造,如当前一个农民自己在家发明了一辆汽车,那么这辆汽车的发明就是类创造。从整个人类的视角看,类创造是手段,真创造才是目的。假若对"新"作上述理解,那么,创造和创造力就不仅表现在较为罕见的真创造之中,也表现在更为常见和普遍的类创造之中,相应地,创造和创造力就不再是什么神秘的事情,就不再像过去那样被认为是极少数人的天赋或极少数天才的"专利",而与多数人无缘,恰恰相反,任何身心健康的人都有创造力。

二是产生出来的新产品要"有社会价值"。当然,这里所说的产品是指以某种形式存在的思维成果,它既可以是一种新概念、新设想、新理论,也可以是一项新技术、新工艺、新产品。

(二)创造性思维的特点及影响因素

1. 创造性思维的特点

美国心理学家吉尔福特认为创造性思维有三个特点:流畅性、灵活性和独创性。这三个特点的具体表现阐述如下。

流畅性,指的是在限定时间内产生观念数量的多少。在短时间内产生的观念越多,思维的流畅性越大,反之,则缺乏思维的流畅性。吉尔福特把思维的流畅性分为四种形式:①用词的流畅性,是指一定时间内能产生含有规定的字母或字母组合的词汇量的多少;②联想的流畅性,是指在限定的时间内能够从一个指定的词当中产生同义词(或反义词)数量的多少;③表达的流畅性,是指按照句子结构要求能够排列词语数量的多少;④观念的流畅性,是指能够在限定时间内产生满足一定要求的观念的多少,也就是提出解决问题答案的多少。前三种流畅性必须依靠语言,最后一种既可以借助语言,也可以借助动作。

灵活性,指的是摒弃以往的习惯思维方法,开创不同方向的那种能力。例如,让被试"尽可能多地举出水杯的用途",被试会给出装水、用做花瓶、作为物理课上学习光的折射时的道具、演奏音乐、用做凶器、杯口用来画圆、用做擀面杖等各种各样的答案。富有创造力的人的思维比一般人的思维散布的方面广、范围大,而缺乏创造力的人的思维通常只想到一个方面,缺乏灵活性。如上文提及的杯子的用途,缺乏创造力的人给的答案可能仅仅局限于杯子作为容器的功能,如可以装水、装可乐、当漱口杯等。

独特性,是指产生不寻常的反应和打破常规的那种能力,此外还有重新定义或按新的方式对我们的所见所闻加以组织的能力。如,在吉尔福特的"命题测验"中,向被试提出一般的故事情节,要求他们按照自己的意思给出一个题目,富有创造力的人给出的题目较为独特,而缺乏创造力的人给出的题目则囿于常规思维中。

2. 影响创造力的因素

影响创造力的因素有很多,如智力、知识、人格、自由、直觉,个体所处的家庭、学校和社会环境等,限于篇幅,下面着重介绍智力、知识和人格对创造力的影响。

(1)智力与创造力

关于智力与创造力的关系,学术界并未达成共识。一种观点认为创造力不仅是智力的组成部分,而且是智力的最高层次。西方大部分学者持这种观点。另一种观点认为,智力与创造力的相关程度很低,二者关系不大。部分西方学者所持的观点。目前比较一致的看法是：智力和创造力的关系是一种相对独立，在一定条件下又相关的非线性关系，具体而言，低智商不可能有高创造性；高智商可能有高创造性，也可能有低创造性；低创造性者智商水平可能很高，也可能很低；高创造性者必须有高于一般水平的智商，如图 6-5 所示。

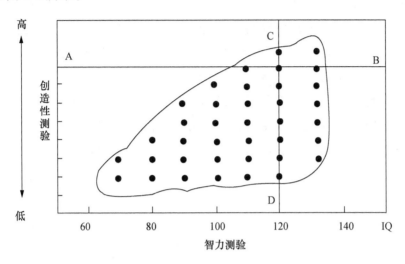

图 6-5　智力与创造力的关系

（2）知识与创造力

知识和创造力之间的关系包含两个方面，一是正相关，一是负相关。所谓正相关，是指知识经验可以促进创造活动的顺利完成；所谓负相关，是指知识经验对创造活动会产生阻碍和干扰，致使创造活动无法顺利完成。一般说来，知识与创造是呈正相关的，知识越丰富越有利于创造。创造活动与知识经验可能存在正相关，也可能存在负相关，在教学中教师要千方百计地帮助学生形成正相关而避免负相关。为达此目的，既要不断帮助学生改组和活用知识，更要努力提高学生的知识储备水平。

（3）人格与创造力

心理学家普遍发现，创造人格对创造性思维及创造力有巨大影响，一般认为创造力比智力在更大程度上依赖于人格因素。巴隆（Barron）在研究创造型科学家时发现其共同特征为：高度的自我力量和情绪的稳定性，独立自主的强烈需要，控制冲动的高水平，在人际关系中喜爱独处、爱好次序、精确，对矛盾、预期和明显的障碍表现出极大的兴趣等。既然创造性思维、创造力对人格有如此密切的依赖关系，那么，在教学和教育中可以通过培养创造性思维和创造力培养学生的人格，甚至可以说培养创造性思维、创造力的过程就是良好人格的培养过程。大量研究表明，在人格的各种特质中，责任心、自信心、独立性、宽容性、坚韧性和合作精神对创造是最为重要的。

经典实验

五个最经典的创造力测试

你是否想知道自己的创造力究竟如何？定期检测自己的创造力,不但可以帮助自己更好地认知自己的思维能力,更能帮助自己不断保持创意思维的活力,下文介绍了五个心理学历史上最为经典的创造力测试方法,不妨一起来试试。

一、替代性用途测试(alternative uses)

这一测试是 J. P. 吉尔福特(J. P. Guilford)在 1967 年发明的,方法很简单,选择一件日常生活中随意可见的常用物品,如椅子、咖啡杯、砖头等,在两分钟时间内,尽可能多地说出这一物件的用途,越多越好。

举个例子:回形针有哪些用途? 你可以说出几种?

- 固定纸张
- 用做袖扣
- 用做耳环
- 可以 DIY 一个迷你的长号
- 紧急情况下可以帮你重启路由器
- 用做绕线器
- 用做书签
- ……

替代性用途可以用来测试你的思维发散能力:

流利性——想到的用途越多越好;

原创性——能想到多少罕见的一般人想不到的奇妙用途;

灵活性——你想到的答案能跨越多少不同的领域(比如,袖扣和耳环都属于服装配饰,它们属于同一领域);

精细性——你的答案是否足够富有细节性,比如,用来做"绕线器"这一答案的精细性就比"书签"这一答案来得高。

下面,自己来试一试吧!

勺子可以有哪些用途? 两分钟,预备! 开始!

二、未完成的图形测试(托兰斯创造性思维测验)

这一测试是 20 世纪 60 年代由心理学家艾利斯·保罗·托兰斯(Ellis Paul Torrance)创造的。所以这一方法又称托兰斯创造性思维测验(the Torrance Test of Creative Thinking,简称 TTCT)。是目前应用最广泛的创造力测验,适用于各年龄阶段。

　　托兰斯创造性思维测试中最常用的一个系列就是不完整的图形测试。给你一张未完成的抽象图形,你来将它画完整,如图 6-6 所示。

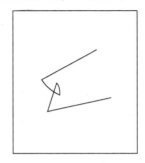

图 6-6　托兰斯创造性思维测验之未完成图形

　　图 6-7 中这两张图是对上面两张图所补充的完整图形,是不是很有创意?

图 6-7　托兰斯创造性思维测验

　　下面,我们不妨自己来测试一下。你可以从网上下载很多未完成的图形,打印出来,给自己五分钟时间,看看自己能画出什么样的图形来吧。

　　三、脑筋急转弯(riddles)

　　在电影《霍比特人》中,比尔博·巴金斯用谜语和脑筋急转弯打败了怪物,其中有一道脑筋急转弯是这样的,"有一个盒子,没有铰链,没有钥匙,没有盖子,但是里面却藏着金黄色的宝藏,请问这盒子是什么?"答案是"鸡蛋"。

心理学家喜欢用脑筋急转弯来测试大脑的潜力和发散性思维能力。不过与替代性用途测试不同,脑筋急转弯更多的是测试你以不同的方法来解决问题的能力。

自己来试试。

下面是近年来研究出来的一道热门的急转弯,专门用来测试人在疲惫的状态下的创造力。

某个小镇中有一个男人,同时娶了20个老婆,20个老婆全都健在,而且没有任何一个是已经离异的,更重要的是,这个男人并没有触犯任何法律。请问这个男人是谁?

欲知答案,请看完此文。

四、远距离联想测试(remote associates)

研究创造力问题的一种测验方法。最早由萨乐诺夫·梅德尼克(Sarnof Mednick)在1960年前后设计。通常,提供几个相隔较远的词组,猜测它们共同的关联词。如,"盐""深""沫",它们的关联词是"海";"竹""水""护照""食物",它的关联词是"节"。梅德尼克认为,创造性思考是将联想得来的元素重新整合的过程。新结合的元素相互之间联想的距离越远,这个思维的过程或问题的解决就更有创造力。他认为有创造力的人的联想不同于一般人。有创造力的人有广泛的联想,一个元素可以与许多其他元素连接,而一般人的元素连接则比较少。

下面自己来试一试吧:

时间—头发—弹力;

礼仪—圆形—网球;

疼痛—猎人—白菜。

欲知答案,请看完此文。

五、蜡烛测试(the candle problem)

蜡烛测试是1945年德国心理学家卡尔·邓克(Karl Duncker)设计的,专门用来测试人们解决创造力难题的测试。实验对象会领到一根蜡烛、一盒图钉、一盒火柴,要解决的问题是:把点着的蜡烛固定到墙上,并且蜡不会滴到下面的桌子上。试试看,有多少人能够想到问题的解决方案?

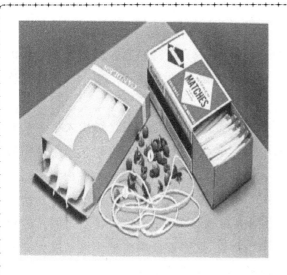

图 6-8　蜡烛测试

这项测试挑战你的思维定势、认知偏见，它们让你无法以非正常的方式使用熟悉的物品。

　　你还可以试试在不同的条件下选几个测试做一做（比如早上或晚上，在家或者单位），看看何时何地你最有创意。

答案揭晓

脑筋急转弯——牧师（"marry"的另一个意思是"为……举行婚礼"）。

远距离联想测试——长；桌子；头。

（三）创造力的培养

在当代中国教育界乃至全社会，若想真正将创新精神落到实处，关键措施之一是首先通过制度创新为保持和培养个体的创新意识营造一个良好的外部环境，然后通过种种措施去提高个体的创造意识和创新能力。从宏观角度而言，应该创设有利于创造力发挥的环境；从具体角度而言，应该培养具有创造力的主体。如下一些方法可供参考。

1. 创设有利于培养学生创造性的环境

此处的环境包括家庭环境、学校环境和社会环境，下面以学校环境为例进行分析。在学校教育中，教师既是知识的传播者，也是创造教育的实施者。为了培养学生的创造性，教师应为学生创设一个能支持或高度容忍标新立异者和偏离常规者的环境，让学生感受到"心理安全"和"心理自由"。为此，教师应做到以下三点。

第一，克服满堂灌现象，重视学生主动性和创造性的发挥。在教学中我们发现，多数学生要求教师讲重点、难点，做到少而精。因此，重视学生的主体意识，调动学生自身的积极性，在指导学生会学习、会思维、会创造上下工夫，应成为优化教学过程的重要指导思想。教师在教学工作中，应善于提出问题，启发学生独立思考，寻求正确答案，即教会学生创造性地学习。

第二，从课堂讨论入手，强化大学生的竞争意识和创造意识。当代大学生都有一定的竞争欲和表现欲，在课堂讨论中，对不同的观点和见解的争论，正是引导他们展现健康积极的竞争欲和表现欲的极好机会。教师要鼓励学生质疑争辩，自由讨论。首先要注意论题应是大学生感兴趣的，且能够充分发挥大家的创造性思维能力；其次要安排学生演讲；再次，学生演讲完后，要回答同学和教师提出的问题，师生间展开热烈的讨论。教师可持与学生对立的观点参与学生辩论，这样能使学生的个性和能力充分发挥出来，有利于培养学生独立思考、敢于突破、勇于开拓的精神。

第三，克服思维定势。思维定势是由先前的活动而造成的对活动的特殊的心理准备状态或活动的倾向性。在情境发生变化时，它会妨碍人采用新的解决方法。从大学生学习情况的调查中发现，学生主动学习的少，应付日常作业和考试的多。在平时的学习和作业中，不少学生凭感觉、经验的思维方式去解决问题。因此，教学过程中要多设疑，创造各种有利环境，在问题情境中训练学生分析问题、进行多种推理的能力，指导学生掌握发现问题和解决问题的科学思维方法。

2. 培养具有创造力的个体

培养学生的创造性思维的品质，首先要培养学生养成良好的心态。从一定意义上说，心态决定行为。大量研究表明，创造力高的人往往乐观自信、意志坚强；相反，缺乏创造力的人往往自信心不足、缺乏意志力。既然如此，教育就要注重培养学生养成积极的心态，消除消极的心态，这不仅是心理健康教育的要求，也是培养学生创造力的要求。为了让每一个学生都尽可能养成良好的心态，切实可行的做法之一是，根据学生的特点分类培养。依据加德纳的多元智力理论，每个人的智力类型是不一样的。同时，人的智力发展水平也是不一样的，人的能力表现也还有早晚的差异。这样，教育不能贪图省事，不能片面追求"效率"，用一个"模子"来培养人，要做到"能谈辩者谈辩，能说书者说书，能从事者从事"（《墨子·耕柱》）。要鼓励学生"八仙过海，各显神通"。学生有了学习的乐趣，有了成功的体验，一般都能逐渐养成良好的心态。

培养学生的创造性思维的品质，要注重培养学生的创造想象力。创造想象力是不依据现成的描述而独立地创造出新形象的过程。创造性想象的特点是新颖、独创、奇特。创造性想象是人在进行创造性活动中产生的一种想象活动。创造性活动将生成独创的有价值的产物。如文学艺术的创作、科学发明、技术革新等。当然，从想象表象的形成到实际产物的生成之间可能会间隔一定时间。

以大学生为例,具体而言,可以从以下方面培养创造想象力。第一,保持和发展好奇心。好奇心和想象力往往是相伴而生的。对大学生表现出来的对新事物、新知识、新领域的好奇心,应予以鼓励,积极引导,激发其由好奇心延展的诸多想象。第二,教会大学生对有关的事物进行细致观察,以储备丰富的形象材料。第三,拓宽知识面。大学生知识面不宽,部分因素是由于课程设置不合理,也有的是由于个人"偏科",以及"重理轻文"等因素造成的。大学生往往注重纵向的专业课程学习,而忽视横向知识的吸纳。而想象力恰恰是在具备宽厚知识面的基础上,多种知识交叉、渗透、综合而形成的。因此,要引导大学生涉猎多学科领域知识,努力形成合理的知识结构。第四,利用原型启发。原型启发就是指人的创造性发明常常受类似事物或模型的启发。如现代仿生学在生物的某些结构和机能的启发下,进行科学想象,研制出许多精巧的仪器。

培养学生的创造性思维的品质,要注重运用思维规律培养和开发创造力。创造性思维是由五对思维要素构成的,即发散思维与聚合思维、直觉思维与分析思维、纵向思维与横向思维、逆向思维与正向思维、潜意识思维与显意识思维。显然,在这五对思维成分中每一对都是相辅相成、相互补充,才能产生创造。因此,教师在教学中就要充分运用这些成分的互补来培养学生的创造能力。

3. 创造性思维训练的头脑风暴法

头脑风暴法是心理学家奥斯本于1957年提出来的,其基本原则是,在集体解决问题的课堂上,暂缓对解决方案做出评价,以便促进学生踊跃发言,从而引出多种多样的解决方案。为此,教学活动要遵守以下规则:禁止提出批评性意见(暂缓评价);鼓励提出各种改进或补充意见;鼓励各种想法,多多益善;追求与众不同的、关系不密切的甚至离题的想法。例如有一个启发性问题表上列出了这样九个项目:①提出其他用途,如教室不仅可用做学习场所,也可用做招待所;②应变,从不同方面想问题,如管理学校可以同管理工厂或商场一样;③改进,如改变班级的构成,改进教学方法或改进处理纪律问题的方法;④扩大,如班级和教师的人数、作业和奖罚的量都可以增加;⑤缩小,如班级规模、作业量可以减少;⑥替代,如一位教师可以被另一位教师替代,整个班级或其中部分学生可以与其他班级或学生交换;⑦重新安排,如座位可以重排;⑧逆转,如可以让学生担任教学工作;⑨合并,如将前面几个人的意见综合成一种解答方案,或者教学可以与娱乐合二为一。经实验表明,通过头脑风暴法的训练,学生在创造性测验中,其创造性分数确实有所提高。

走进课堂

如何提高创造能力

在日常的教学生活中培养学生的创造能力似乎是遥不可及的事情。可能与许多家长或者老师一样,你会认为只有在艺术课上才会涉及培养学生创造力问题。当然,在绘画、造型或者拼贴画面时确实需要用到创造力。同时,写一首诗或者编写一个故事或是在学校中与指定的某位陌生的外国朋友进行沟通,也需要用到创造力。那么,请问提出一个新的科学假设,或是想出一个产品或一项能够带来经济效益的服务项目,这时候需要创造力么?答案是肯定的。创造力不仅可以使我们产生新颖的想法(不论在什么领域),同时也使得我们有能力去应对从来没有遇见过的情境或问题。学校中遇见的问题往往都是有正确答案的,而现实生活中遇到的问题却没有唯一正确的答案,而选择最优的解决方案是需要有创造力的。下文以语文课堂为例,展示为了提高学生的创造能力所设计的课堂活动。

语文学习中谈到创造力,教师首先涌入脑海的便是创意写作。然而,分析性、创造性、实践性思维的教学以及其他各种学习经验都涉及发展学生的创造力。例如,阅读可以促进学生发展创造力。当学生能够预测故事情节的发展主线时,他无疑用到了创造性思维。你可能会鼓励学生在阅读课文时要运用想象力与文中不同的人物角色进行交流沟通,或者你也可以鼓励学生去创作"同人物小说",即从一部作品中衍生出其他作品。例如,市场上有许多有关哈利·波特的小说,但是大部分并非原作,而是属于哈利·波特的"同人物小说"。当然词汇学习也可以培养学生的创造性思维。例如,学生可以创造或者发明新的词语。

一些分析性很强的工作,如拟定写作提纲,同样也需要创造性思维。教师应鼓励学生尽可能采用不同的组织方法。如一个语文学习单元中要求学生掌握图书信息检索技能,学生可能会采用一种用不同颜色代码代表不同的信息检索的新方法。很多图书馆在文献检索时均用"篇目"形式呈现检索结果,你可以尝试让学生采用多种方式来呈现检索信息。通过头脑风暴的方式鼓励学生以新颖的方式来呈现他们所学的东西,可以为学生提供另一种创造性学习的经历。

下面提供一些创造性很强的语文学习技能(请以你自己的实际教学情况为例填空)。

◆采用头脑风暴的方式列出一系列词语、想法、句子或者是使用一个物体的方法。

....

....

◆编拟一个新的标题、结尾、情节或是人物性格。

....

....

◆想象一下如果情节、语法规则或者惯用的拼写方式发生了变化会怎样。

....

....

◆编制一本词典,创编猜谜游戏或故事。

....

....

诗歌教学也是培养学生创造性思维的有效途径。诗歌可以整合到语文教学的任何一个模块中。例如,注重细微词义区别的词组教学可以同欣赏诗歌结合起来。除了朗诵诗歌外,学生还喜欢创作诗歌来展示自己所学的知识。在读完某个人的传记之后,学生就会创造一种"自传体诗歌",尝试着给自己重要的人生经历写上一两行自由诗。表6-2和表6-3是一些创造性活动的案例。

表6-2 一节小学语文课的创造活动:动物故事中的魔幻传说

熊为什么会呼呼大睡

教学活动

通过头脑风暴的方式要求学生在纸上列出尽可能多的与"sleep"押韵的词语。然后要求学生检查所列出的词语,并通过头脑风暴方式说出为什么熊会呼呼大睡并且它们会梦见什么。如学生可能会说熊呼呼大睡是因为熊摔了一跤,可能梦见自己在开着吉普车。

在纸上记录下学生的想法,尽量鼓励流畅性与原创性的想法(可参照下面的"教师工具箱")。如果学生对头脑风暴不熟悉的话,教师在头脑风暴活动前应先给学生进行示范。

续表

> **教师工具箱**
>
> 　头脑风暴:头脑风暴是一种创造性的思维活动,重在鼓励学生思维的流畅性(产生很多的想法)、灵活性(产生很多不同的想法)、原创性(产生不同寻常的想法)、深刻性(产生有意思的想法)。
>
> 　鼓励思维的流畅性:注重想法的数量而不是质量(延迟判断),尽可能产生多的想法(如合理添加),并努力保持下去(不与别人商量)。
>
> 　鼓励思维的原创性:先想出大家都会有的想法,然后努力想出别人想不到的方法。

表 6-3　一节高中语文课中的创造活动:浪漫主义文学运动

> **个人活动(需上交的论文):**
>
> 　假如拉尔夫·沃尔多·艾默生要来你校,你可能见到他。设想一下当时的情景,你将会对他说些什么或者问他什么问题,对于你提的问题他又会是如何回答的。

第四节　态度和品德的学习

一、态度与品德的实质及其关系

(一)态度的定义与结构

1. 态度的定义

什么是态度呢? 从行为特征来看,态度往往表现为趋向与回避、喜爱与厌恶、接受与排斥等。但是,态度不是实际反应本身,而是在特殊情境下以特定方式反应的内部准备状态。比如,一些成绩好的学生倾向于歧视(回避、排斥)成绩差的学生,但是这种倾向性并不一定转化为外显的反应。

态度是一种反应的准备状态,表现在态度并不决定特定的行为;相反,态度在不同程度上决定个人一定类型的行为。教师有时讨论某某学生学习态度不认真,可能是指这名学生迟交作业、作业潦草、作业题目经常看错等对学习不够专注的问题。

态度是学习的结果。有几种态度可列为学校必要的学习目标:一是与人交往活动的态度,如容忍、帮助别人等;二是对学科的态度,以至于更为一般的对学校、对学习的态度,如喜欢学电脑、爱护学校公物等;三是与公民身份有关的态度,如热爱祖国、关心社会需求和目标、愿意承担和履行公民的职责等。心理学一般把态度定义为"个体对自己和对外部世界的客体、人、情境或任何其他抽象观念或政策等的喜爱或讨厌的评价性反应"。

2. 态度的结构

一般说来,态度包括以下三个成分:①认知成分,与表达情境和态度对象之间关系的概念或命题有关；②情感成分，与伴随概念或命题的情绪或情感有关，被认为是态度的核心成分；③行为倾向成分，与行为的预先安排或准备有关。例如，一个学生对数学的积极态度，其中的认知成分可能是：在同学当中，数学成绩总是第一，这可以带来荣誉；情感成分可能是得第一名时获得的尊重需要的满足感，或者是解题顺畅时的兴奋感；行为倾向成分意指这个学生偏爱数学的行动的预备倾向。

(二)品德的定义与结构

1. 品德的定义

品德是道德品质的简称，又称德性，是社会道德在个人身上的反映，是个人依据一定的社会道德行为规范行动时表现出来的较稳定的特征。品德不是天生就有的，而是在一定的社会与教育环境中习得的，经历着外在准则规范不断内化和内在观念外显的复杂过程，这一过程也是个体性格形成的社会定向过程。品德是性格的一个方面，是性格中具有道德评价意义的核心。

2. 品德的结构

到目前为止，关于品德心理结构的观点尚未形成比较一致的结论，西方心理学研究者秉持"三要素论"，该观点将品德看成是道德认识、道德情感和道德行为的统一体。中国心理学研究者推崇"四要素论"，他们认为完整的品德心理结构应包含道德认识、道德情感、道德意志和道德行为四种成分。"四要素论"不仅反映了中国心理学家对意志、行为和习惯等心理现象的见解，而且也体现了中国心理学家对中国古代心理学思想的继承。早在春秋时期，孔子就将道德品质划分为道德认识、道德情感、道德意志和道德行为四种成分，并将其形成看做是一个过程。孔子是提出关于品德结构及其发展思想的先驱。下面着重为大家阐述品德结构的"四要素论"。

(1)道德认识

道德认识，亦称道德观念，是指对道德行为准则及其执行意义的认识，其中包括道德的概念、命题、规则等。道德认识的产物是个人的道德价值观念的发展，道德价值观念作为认知结构中的一种成分，又会影响进一步的道德认识。道德价值观念是对各种涉及他人利益的行为的价值的概括化。在一定的道德价值观念中，某些行为的价值高于另一些行为的价值。道德价值观念是一种标准观，个人按照自己的道德价值观念，判断自己或他人行为的是非、善恶和好坏。道德价值观念是道德价值的内容，道德价值的内容直接受不同文化背景的影响。

据专家研究，道德价值主要包括集体、真实、尊老、律己、报答、责任、利他、平等这八个独立的内容。在道德事件上，个人的道德认识往往极为重要。就某一个体而言，怎样才称得上"道德"，这涉及道德的实质——"意向"和"理由"，离开这个实质，便无从谈论道德。也就是说,如果一个人无意中做了好事(没有"意向"或"理由"),其行为称不上道德。

(2)道德情感

道德情感是人的道德需要是否得到满足而引起的一种内在体验。它伴随着道德观念并渗透到道德行为中。个人在对自身的行为和他人的行为作出道德判断时,都会出现与这些判断有关的情感。苏霍姆林斯基说过:"道德情感——这是道德信念、原则性、精神力量的血肉和心脏。没有情感的道德就变成干枯、苍白的语句,这语句只能培养出伪君子。"道德情感在品德中的重要性已受到心理学家的重视,但有关的研究材料并不多。20世纪90年代初,我国有人研究心境对助人行为的影响,发现积极、愉快的心境能够促进助人行为。当与道德观念相伴随的道德情感成为推动个人产生道德行为的内部动力时,就成了道德动机。

(3)道德意志

道德意志指人为实现有意义但此时并不吸引个人的道德目的,而克服那些富有吸引力的动机、需要或愿望的心理特征,包括道德动机斗争、做出道德判断与选择、按照道德选择去行动等三种成分。道德意志实际上是道德认识的能动作用,是人利用自己的意识,通过理智的权衡作用去解决道德生活中的内心矛盾,是支配行为的力量。道德意志与道德行为是密切联系的,离开了道德行为,道德意志就无从表现。

(4)道德行为

道德行为是实现道德动机的行为意向及外部表现。道德行为是研究者十分关注的品德成分。这不仅因为道德行为是社会、教育者要求个人达到的目标,更因为道德行为体现了人类行为的高度复杂性。道德行为是衡量品德的重要标志。看一个学生的品德,主要不是看他认识到什么,而是看他是否言行一致。一个欲望强烈而缺乏自制的人,在行为上可能与他的是非观念相矛盾,这在品德不良的个体中经常见到。所以,在评定一个人的品德时,更多的是依据这个人的道德行为。正是出于这样的考虑,教育部门制定了一系列的中、小学生的行为条例和规范,作为学校教育中的德育目标。其实,人的品德不是道德认识、道德情感、道德意志、道德行为的堆积,品德的这四个成分之间是相互联系、相互制约的,在培养学生的优良品德时,不能忽视任何一个成分。

(三)态度与品德的关系

通过对态度与品德这两个概念的定义及其构成成分的分析,我们可以发现,两者涉及的问题基本上是同质性的,有时我们甚至难以把两者严格区分开来。例如,说某学生有尊老的品德,这里所说的品德也是指这个学生遇到老人时做出行为选择的内部准备状态或反应的倾向性,我们也可称为尊老的态度。

但是,态度与品德这两个概念仍有区别。

第一,价值(或行为规范)的内化程度不同。克拉斯沃尔(D. R. Krathwohl)和布卢姆在《教育目标分类学·手册Ⅱ:情感领域》中提出,因价值内化水平不同,态度可以从轻微持有和不稳定到受到高度重视且稳定之间发生多种程度的变化。从态度的最低水平开始,依次是:①接受,即注意,如学生愿意听老师宣讲雷锋精神;②反应,即超出单纯注意的一种行动,如学生愿意参加学校组织的向雷锋学习的活动;③评价,即行动后获得满意感,赋予行动以价值,并显示出坚定性,如学生刻苦学习新的写作类型;④组织,即价值标准的组织,通过组织判断各种不同价值标准间的相互联系,克服其间的矛盾与冲突,最后达到性格化的高水平;⑤性格化,即价值性格化。上述价值内化的五级水平,也就是态度变化发展的水平,只有价值内化到最高级水平的态度,也就是价值标准经过组织成为个人性格系统中的稳定态度,方有可能称为品德。幼儿由于价值内化水平低,尚未具有价值标准,所以他们的一些行为表现如常常损坏别人的东西或讲假话,不应视为品德的表现,只能看做态度的表现。

第二,涉及的范畴有别。在诸如对祖国、对集体、对学习、对劳动、对事物、对事件以及对人、对己等等的态度中,有些涉及社会道德规范,有些并不涉及社会道德规范。例如,某学生做作业马马虎虎、粗心大意,我们可以说该学生学习态度不认真,而不应说他品德不良。只有涉及社会道德规范的那部分稳定的态度,才能称为品德。个人的品德是其性格系统中与道德感、道德观有关的部分,简言之,品德是性格的一个重要方面。

鉴于态度和品德是同性质的概念,下面将二者合并一起讨论。

二、态度与品德学习的影响因素

(一)影响态度和品德学习的外部条件

外部条件是指学生自身以外的一切条件,一般包括家庭、社会、学校、班集体与同伴小群体等因素,它们对个体品德的形成与改变有着重要影响。

1. 家庭教养方式

学生的品德受到自己所处的家庭教养方式的深刻影响,不同的家庭教养方式会对儿童的道德认知、道德情感、道德意志、道德行为与道德自我等产生不同的影响。例如,过分严厉或放任型的教养方式都会对儿童的品德产生不良影响,而信任与民主型的教养方式会对儿童良好品德的形成起促进作用。

2. 社会风气

假若说年幼儿童的品德主要受家庭教育的影响,那么伴随着儿童年龄的增长,社会风气对他们的影响将会越来越大。社会风气是由社会舆论、大众传媒、成人尤其是名人的榜样示范等构成的,学生的生活世界也不可能与社会相分离,他们的道德理想、信念与价值观正处于形成过程中,属于可塑性较强的时期,既容易接受良好社会风气的影响,也容易接受不良社会风气的影响。更需要指出的是,青少年由于其自身的道德、自我的发展尚未成熟,较之成人更不善于作出正确的选择,所以容易受不良社会风气的影响,因此,教育者要特别重视社会风气对青少年学生的影响。

3. 榜样和同伴作用

青少年的态度和道德行为在很大程度上是由他们同伴的集体的行为准则和风气决定的。社会心理学称这种现象为模仿与从众现象。研究表明,青少年的模仿能力比较强,他们的品德往往是通过模仿身边人(如家长、教师或同伴等)的行为而形成的。榜样对学生品德的形成起着潜移默化的作用,社会、家庭以及学校和班集体等方面的成员都可成为学生的模仿对象。从众是指个人的意见、态度和行动因受多数人的意见、态度与行为的影响而改变。一个良好的班集体对于学生优良品德的形成和不良品德的改变有着极为重要的作用。如果一个班集体有共同的目标、严明的纪律约束,学生之间和师生之间关系和谐、融洽,集体成员奋发向上,那么个别品德不良的学生由于受到良好的集体气氛的感染,会渐渐形成良好品德,或者至少不敢调皮捣乱,因为他的这种行为极其孤立,得不到别人的附和(强化),久而久之,便会消退。同时,青少年随着年龄的增长逐渐与父母疏远,他们喜欢和同伴交往,希望得到同伴小集体的认可和接纳。假若父母和教师的价值标准不符合他们同伴小集体的标准,他们宁愿冒犯教师和父母而不愿得罪"朋友"。青少年中的非正式团体在小学与初中阶段差不多是清一色的同性群体,即男生与女生分开的群体,到了高中,由于生理上成熟,当他们产生了异性爱的时候,就出现了男女混合群体。这些非正式的小团体无论是思想健康的或不健康的,都对青少年品德的形成和改变具有重要影响。

4. 适时地批评和鼓励

在教育过程中,教师和家长可通过对学生的道德行为的强化来进行调控与引导。合理的批评和鼓励会促进学生良好品德的形成,对于低年级学生而言更是如此,因为他们辨别是非的能力不强,其品德的形成更多地依赖于他们心目中权威人物的引导。教师和家长所提倡、鼓励的人与行为常常成为学生模仿与学习的对象,而教师和家长所反对与批评的不良行为他们往往会努力克服。所以,教师与家长可通过批评和鼓励来塑造学生的良好品德。

(二)影响态度和品德学习的内部条件

影响品德学习的内部条件是指学生自身的各种因素,如智力水平、年龄、性别、教育程度以及其他各种心理因素。其中,影响品德学习最主要的几个心理因素有如下几种。

1. 认知失调

勒温（K. Lewin）、皮亚杰、费斯廷格（L. A. Festinger）和海德（F. Heider）等人的研究都表明，人类具有维持平衡和一致性的需要，即力求维持自己的观点、信念的一致，以保持心理平衡。当认知不平衡或不协调时，例如，新出现的事物和自己原有的经验不一致，或者自己的观点与他人、社会的观点或风气不一致等，这时内心就会有不愉快或紧张的感受，个体就试图通过改变自己的观点或信念以达到新的平衡。可见，认知失调是品德改变的先决条件。

2. 态度定势

个体由于过去的经验，对所面临的人或事可能会具有某种肯定或否定、趋向或回避、喜好或厌恶等内心倾向。这种事先的心理准备或态度定势常常支配着一个人对事物的预期与评价，进而影响着是否接受有关的信息和接受的量。对教师有消极的态度定势，则教师的教诲和要求可能会成为耳边风，甚至会引发冲突。帮助学生形成对教师、对集体的积极的态度定势或心理准备，是使学生接受道德教育的重要前提之一。

3. 智力水平

智力水平与品德的关系是复杂的。例如，有人对500名有法庭记录的青少年嫌疑犯的智商进行了测量，结果发现他们的智商分布与随机抽样儿童的智商分布相似，但平均低8～10分；在他们当中，相对而言，智商低的较多，智商高的较少。不过，在智商全距的各种水平上都有青少年嫌疑犯。许多研究比较一致地证明，考试作弊和智商水平呈负相关，智商水平越高，考试欺骗行为越少。心理学家认为，智商低且成绩不良的学生由于失败的经验而企图通过欺骗来提高自己的成绩。可是，聪明和品德不是同一回事，当测验涉及非知识性问题时，智商和欺骗行为的上述关系便消失或下降。聪明用得不当，往往会使欺骗行为更狡诈。

4. 教育程度

品德行为是价值内化的结果。青少年的道德认识和道德判断不仅与智能有关，也随着年级升高和教育水平的提高而进步。而科尔伯格等人的研究表明，人的道德观念可以迁移到道德行为上，这就意味着教育程度是影响品德形成与改变的因素之一。低年级学生或文化水平不高的成人常常因道德观念水平低，为细小的事感情冲动而做出不道德的事情。当然，教育程度与品德发展水平之间的关系也是颇为复杂的，在生活中文化水平低甚至一字不识的人展现出高尚的道德品质的例子比比皆是。

5. 道德认知发展水平

品德的形成与改变取决于个体头脑中已有的道德准则和规范的理解水平与掌握

程度,取决于已有的道德判断水平。根据皮亚杰和科尔伯格等人的研究,要改变或提高个体的道德水平,必须考虑个体的接受能力,遵循先他律而后自律的渐进原则。否则,一味灌输大道理,即使个体能够熟记于心,也不能被其认知结构同化,自然也就不能作为一种内在的道德信念来指导行为。教师、家长在实施道德教育时,不应只注意道德教育的形式而进行道德说教,而应结合学生的实际生活和切身体验而晓之以理。

三、良好态度与品德的培育

(一)态度与品德的形成与发展

个体的态度与品德是怎样形成与发展起来的呢?当代西方心理学界有三种典型的理论解释,这就是以科尔伯格为代表的道德认知发展理论、以班杜拉为代表的社会学习理论和以埃里克森为代表的人格发展八阶段理论,这些理论观点在前文都已有详细论述,这里不多讲。中国文化一向重视道德教育,再加上中国学者对人性的看法不一,导致中国文化对品德的形成与发展提出了不同的看法,大致可分为三大类,即内求本心说、外铄说、顺应自然说。

1. 内求本心说

内求本心说的主要代表是孟子及其信徒,其核心观点是,将成善的依据置于人心之中,人只需内求本心,就可不断发展自己的品德。这种观点将成善的路径指向人心,可以将其概括为内求说。内求本心说由孟子明确提出。孟子持人心本具善端说,认为人善的根源在于人心,只是由于外界环境的影响人才走向恶的。换句话说,人善的根源在于人性,是先天就有的、内在的,恶的根源在于环境,是外在的、后天的。一个人要修善、要成德,最根本、最重要的方法就是通过后天长期不懈的心性修养过程,发展人心中固有的善端,将人心中的善端变成现实的品德就可以了从外面向人性中。这样,修心即修德,修德亦即修心。

孟子认为将人心本具的善端发扬光大的途径主要有两个。一是"扩而充之"的路径,这是从正面说的。人心既本具善端,一个人品德形成与发展的过程也就是将本心中固有的善端发扬光大的过程,这个过程是率性而行的过程。潜能之于人,犹如源泉之于水流,它为理想人格的发展提供了无尽的源头。用孟子的原话说,就是:"凡有四端于我者,知皆扩而充之矣,若火之始然,泉之始达。苟能充之,足以保四海;苟不充之,不足以事父母。"二是"求其放心"的路径,这是从反面说的。人本有的善良之心一旦因为种种原因而放弃或丢失,就应将它找回来。孟子说:"仁,人心也;义,人路也。舍其路而弗由,放其心而不知求,哀哉!人有鸡犬放,则知求之;有放心而不知求。学问之道无他,求其放心而已矣。"

内求本心说的理论基础是人心本具善端说,该观点的最大特色与长处在于较注重启发个体的自觉之"心",以使个体自觉地将本心中固有的、先验的德端进行自我扩充,张扬了主体性在品德心理形成与发展中的重要作用,使之成为引导与推动人们提升品德境界、完善自我的内驱力,对后世尤其是宋明理学产生了深远的影响。该观点的不足之处在于过于强调内求,而必然忽视"外铄"在修德中的作用。另外,以孟子为代表的唯悟论虽重思,但他们讲的"思"主要是一种直觉思维,而不是逻辑思维,这与西方唯理论者(柏拉图和康德等)重视逻辑思维不一样。强调直觉思维在修德中的作用是内求本心说的一大优点,而忽视逻辑思维在修德中的作用则是内求本心说的一大缺点。

2. 外铄说

外铄说主要包括以荀子为代表的性伪说、以墨子为代表的慎染说和以王廷相为代表的学习说等三种观点。它们的共同之处在于将成善的依据置于环境与教化中,主张个体必须通过选择或创造良好的环境来培育自己的品德。因这三种观点将成善的路径指向外部的环境与教育,相对于内求本心说而言,可以将它们概括为外铄说。

性伪说以荀子为代表。荀子持人性只具恶端说,认为人的本性天生是恶的。人的本性只具恶端,人要成善就需要来自外在的社会道德规范的制约。换句话说,人恶的根源在于人性,是先天就有的、内在的,善的根源在于环境和教育,是外在的、后天的。既然人的善心与善行主要是通过"伪"而习得的,一个人要修善、要成德,要化"本然的我"为"理想的我",最好的办法就是改造本然之性。《荀子·性恶论》中说:"故圣人化性起伪,伪起而生礼义。""凡所贵尧、禹、君子者,能化性,能起伪。""伪"指人为,个体只有不断地学习与积累善性和善行,才能达到化恶为善的目的。在荀子看来,认识和掌握社会道德规范并将之内化为个体自己的主观意愿就成为必要之事,这一过程就是一个积与习的过程。于是,荀子重视学习,突出后天教育、习染对人性的改造之功效。他继承并发展了孔子"性相近也,习相远也"的思想,主张人要好学,才能"化性起伪",积礼而成德,而不能任性而行,停留于恶,甚至走向更恶。荀子所说的积、习过程,也就是个体不断与自己的本恶之性做斗争、克己自制、积伪成善的过程,此中也隐含有"知识即美德"的思想,认为知识与美德是成正比的,知识越多,道德水平就越高。

慎染说以墨子为代表。何谓"染"?从心理学角度看,《正字通》的解释颇具代表性。《正字通·木部》中说:"染,习俗积渐曰染。"用通俗的话说,个体所处的日常生活环境对个体品性的熏陶或潜移默化就是染。慎染,即小心熏染。慎染说,是指谨慎对待环境和教化对个体品性的影响的一种观点。在中国思想史上,慎染说几乎得到了大家的一致认同,换句话说,虽然大家对"人是否天生具有德性"这一问题的看法不同,但大多赞成慎染说。如以主张人心本具善端说闻名于世的孟子就认为环境对个体品性的形成与发展影响巨大:"富岁,子弟多赖;凶岁,子弟多暴。非天之降才尔殊也,其所以陷溺其心者然也。"可见,在孟子看来,尽管人人都具有共同的善端,但每个人所处的环境不同,所形成的品德也会有所不同。说得具体点,孟子认为物产丰富的年代,人们易获得必要的生活资料,故易养成善的品质;物产贫乏的荒年,为贫困所迫,人们往往易铤而走险。这表明孟子已认识到环境对人的品德的形成具有一定的影响,在德育过程中要尽可能地为个体创造一个较理想的育德环境。

学习说以王廷相为代表。王廷相虽主张人心本具善端说,也赞成仁义礼智由人心所生,但是,在人"心"的来源上,他与孟子等唯心主义学者的看法截然不同:他主张人心"皆人之知觉运动为之而后成也",即人的心理(包括人的品德)都是后天通过学习形成的,一个人知爱其父母兄弟,亦是"积习稔熟"而已,不是天生的;孟子等人则力倡人的心理是天生的观点,将"知爱其亲"之类的"知"看做是不学而能的"知"。

3. 顺应自然说

顺应自然说主要是指以老子为代表的人法自然说与李贽的童心说等两种观点。在他们看来,无论是内求式修德或是外铄式修德,都是一种"人为",不合自然之道,于是,他们主张个体若想修养道德,既无须内求,也无须外铄,只要能顺应自然,就至善至美了。庄子说:"缮性于俗学,以求复其初;滑欲于俗思,以求致其明。谓之蔽蒙之民。"李贽认为用世俗的学问来修身养性,以求复归到本初的"童心";用世俗的思想来迷乱情欲,以求获得明达,这种人是愚人。

(二)品行不端如何矫正

1. 品行不端产生的原因

品行不端,是指个体具有的不符合社会道德要求的道德品质与道德行为,表现为个体经常违反道德准则或犯有较严重的道德过错,有的甚至处在犯罪的边缘或已有轻微的犯罪行为(或称准犯罪水平)。这种学生在不同社会制度的国家都有,不同社会用不同的方法解决。非洲有特殊儿童劳动集中营,澳大利亚有特殊儿童中心,美国有不同基金会捐助的儿童之家、女孩之家、特殊儿童中心,我们国家有工读学校。有哪些因素会导致儿童形成品德不端呢? 总结起来,不外乎客观、主观两方面的原因。

(1)客观原因

第一,来自家庭方面的原因。这方面的原因主要有五点。一是家庭成员的溺爱、迁就。二是家庭对孩子要求过高、过严,又缺乏正确的教育方法。三是家庭成员教育的不一致性。这种不一致性表现在家长对子女要求前后不一样,如前面批评的事情后面又默许了,或者仅仅凭个人情况来处理和教育子女,家庭各成员由于阅历不同,文化素养不同,甚至思想意识、世界观的不同,而经常对子女提出一些不一致或相互矛盾的要求。其结果是,要么使子女无所适从,要么使子女养成多重人格。四是家长缺乏表率作用。五是家庭结构的剧变。如父母经常吵架、离异等,都可能使儿童心灵受到创伤而引起其性格变异。

第二,来自社会方面的原因。影响学生品德形成的社会环境有两个方面:一是广义的社会环境,即整个社会关系和社会风尚;二是狭义的社会环境,即学校和家庭以外的学生的朋友、邻居、社区以及影响个体的各种社会活动等。就广义的社会环境来说,长期的封建社会遗留下来的某些腐朽思想、现实生活中某些不正之风对学生可能产生的侵蚀和影响也不能低估。处于成长发展中的青少年缺乏较全面、深刻的分析能力,一些思想不健康,甚至低级趣味的文艺作品也可能对学生的品行发展产生副作用。

第三,来自学校方面的原因。学校是专门的教育场所,学生的品德主要是通过学校教育来获得的。但由于某些教育工作者存在某些错误观念或方法上的偏颇,也会在一定程度上间接地造成或助长学生的不良品行。如有的教育工作者不能很好地理解全面发展教育的目的,片面追求升学率,忽视或放松学生的品德教育。有的教师在师生交往中缺乏感情,不能了解到学生真实的内心世界,因此也不能自发地进行教育;有的教师对学生要求过高或过低,教育方法不适当,使学生产生厌烦的情绪,教育效果甚微;有的教师不能正确对待品行不良学生的"反复"过程,对矫正品行不良问题缺乏信心、恒心和毅力。此外,学校教育与家庭教育不一致,相互脱节,削弱了教育力量。一些个案材料表明,儿童说谎多半是由于现实环境中存在不诚实、自私的坏榜样,或是提供了说谎机会,其中家庭教育与学校教育方式的不当或不一致往往是其主要的外部原因。

(2)主观原因

任何外在因素最终都要通过内因起作用,品行不端的形成也是如此。在探讨不良品行客观原因的同时,更应探讨主观原因。主观原因主要有以下几点。

第一,不正确的道德认识。儿童和青少年正处于品德形成的过程中,他们的道德认识还不明确、不稳定,一些学生不理解或不能正确理解有关的道德要求和道德准则,而且缺乏独立的道德评价能力,常常不能明辨是非、分清善恶。如把违反纪律视为"英雄行为",把敢打群架等同于"勇敢"。有的学生虽然知道什么能做、什么不能做,但这种认识没有转化为道德信念,一旦在富有诱惑力的不良因素影响下就有可能走上邪路。

第二,异常的情感表现。品行不良的学生由于长期受某种错误观念的支配,因而在情感上经常出现异常状态。他们往往对真正关心他们的教师、家长怀有戒心,甚至处于某种情绪对立中。个别学生性情暴躁、喜怒无常,特别是青春期很容易产生某种情感障碍或心理疾病,从而导致行为上偏离学校的正当要求。

第三,明显的意志薄弱。有些品行不良的学生并非在道德认识方面无知,他们往往对是非善恶的判断是清楚的,但常常因意志薄弱,正确的认识不能战胜不合理的欲望而发生不良行为。"明知故犯"的学生常常是意志薄弱者。

第四,不良习惯的支配。某种偶然的不良行为经多次重复后,就形成了某种不良习惯,这些不良习惯会在类似情境中再现,行为者也会因此而产生愉快的情绪体验。如某些学生由于偶尔违反纪律或不遵守社会公德没有引起家长或教师应有的注意,而学生本人还引以为自豪,长此以往必然形成不良习惯,不良习惯又支配不良行为,如此恶性循环,就必然导致学生品行不良。

第五,某些性格缺陷。性格与品德的关系十分密切。学生某些性格上的缺陷会直接导致品行不良。比如学生身上的执拗、任性、骄傲、自私等消极的性格特点,很容易使其表现出无视他人和集体的利益,为个人私利而我行我素,甚至实施破坏集体纪律和违反社会公德的行为。

第六,某些需要未满足。需要是人类一切动力的源泉,青少年是需要发展迅速的时期,随着年龄的增长,生活和实践领域的拓展,新的需要不断出现。但是在学校生活中,他们认为自己有些应该可以在学校得到满足的需要(如归属需要)没有得到满足,就会到校外去寻求这种满足,从而接受社会上的一些不良行为。

2. 品行不端的转化过程

品行不端的心理根源可以归结为道德观念、道德感和道德行为习惯等心理因素方面的偏差,或归结为某种不良的品德态度,改变需要经历一个转化的过程。我国现行的教育心理学中,将这一过程划分为醒悟、转变和自新三个阶段。

一是醒悟阶段。这是指当事者开始认识到自己的错误,从而产生改过自新的意向。这种意向可能在两种情况下发生,一是教育工作者的真诚关怀和教育;二是当事者开始认识到坚持错误的危害性。从态度变化的角度上看,醒悟阶段是旧有态度的受挫和新态度的萌生。

二是转变阶段。这是指有了改变自新的意向之后,在行为上发生一定的转变。发生转变是一种可喜的变化,但这仅仅是开始,要想改过自新还需要相当长的过程。有时候还可能会产生反复,即重犯以前的过错。反复的情况也有两种:一是前行中的暂时后退,另一种是教育失败产生的大倒退。从态度改变的角度上看,已有态度改变经历着由量变到质变的发展过程。前进中的暂时后退是处于量变阶段的正常现象,说明已有态度尚未发生质的变化。至于教育失败产生的大倒退,实际上是已有态度根本没有改变的表现,甚至是沿着原方向持续发展的结果。

三是自新阶段。这是经过较长的转变时期后,不再出现反复,而进入到一个新的时期。在这个阶段,品行不端者会以崭新的道德风貌出现在社会生活中,对前途充满着希望,决心忏悔过去,永做新人。这是态度发生了质的变化的结果,他们会以全新的态度对待生活。

3.矫正不良品行的方法

对学生的不良品行应当及时发现、及时教育、及时矫正,以下几个方面的建议供参考。

(1)创设良好的交流环境,消除学生的情绪障碍

品德不良的学生对人存有戒心,有敌意、心虚、敏感,心理上有一道防线。如果不先行消除他们这种心理状态,教育难以奏效。因此,必须先消除他们的顾虑,帮助他们摆脱消极的态度定势,消除他们的心理防线。为此,教育者首先应设法改善师生关系,改善学生关系;其次,教育者要诚心诚意尊重、关心、爱护这些学生;最后,要充分利用班集体的气氛和力量,使这些学生能感受到集体的温暖与接纳。只有消除了他们的情绪障碍,他们才能袒露心迹,乐于接近老师、同学,乐于参加班集体活动,并从中受益。

(2)培养学生正确的道德观念,提高其明辨是非的能力

学生认识水平上的局限常使他们产生认知意义上的心理障碍,对社会道德要求的接受力比较差,过多的说教有时作用不大。因此,在道德认识教育中,要注意使教育内容适合学生实际,坚持正确导向,坚持用启发、讨论等方式进行正确教育,向学生提出他们力所能及的一些要求,以帮助他们逐步地形成正确的道德观念,逐步地提高是非判断能力。

(3)锻炼学生抗拒不良诱因的意志力,培养其良好行为习惯

部分青少年意志力比较薄弱,在环境不良诱因影响下容易出现不良行为。不良诱因包括不良信息、不良场所、不良同伴等。要使学生在充满诱惑的环境中有能力抗拒诱惑、坚持正确的行为发展方向,就必须锻炼学生的意志、帮助其养成良好的行为习惯。

(4)掌握劝导和批评的艺术

劝导和批评是对学生品德问题和不良行为进行教育的常用方法。为了提高教育效果,教育者应避免使用这两种方法时的简单化倾向,应该掌握劝导的艺术和批评的艺术。劝导是通过语言沟通的方式规劝和勉励他人改变某种不良态度或不良行为。劝导的艺术要领包括:与人为善,态度真诚;尊重人格,保护自尊;讲理透彻,语言生动;求同存异,循序渐进;创造气氛,抓住教育的有效时机。批评是对人的思想或行为做出评价和判断。批评艺术的要领包括:批评要及时;批评要就事论事;批评应尽量个别进行;批评时不要把批评对象与他人进行比较;批评者不能盛气凌人;批评应该开诚布公;批评者要注意营造良好的沟通气氛,注意自己的姿态、表情和语气;应允许被批评者辩解和说明情况;批评要适可而止。

拓展阅读

如何实施惩罚？

当前，关于制止体罚或变相体罚的呼声一浪高过一浪，各级教育部门也是一而再再而三地强调禁止体罚、变相体罚学生。一些学生在家长和社会对他们的宠爱下，渐渐丧失经受挫折及各类打击的能力，变得太脆弱，脆弱得经受不了一点点的惩罚。教师们一句不经意的言语、一个细小的动作，都有可能让孩子出现一系列的心理问题。虽然关心、爱护学生是教师的天职，但这并不意味着教育手段只能是鼓励与赞赏，惩罚同样是一种重要的教育手段，因为，惩罚至少具有两大积极功能：矫正功能和威慑功能。教育中不能没有惩罚，没有惩罚的教育是不完整的教育。回避或否认教育中惩罚的作用，是不明智的，常常造成广大教师和家长育人工作的茫然和无奈。在教育上怎样更合理地运用惩罚？以下原则可供大家参考。

第一，除非不得已，不使用惩罚。这一原则是说，惩罚只是迫不得已的"下下策"，不到万不得已的时候最好不要使用。因为惩罚虽然往往能迅速而有效地制止问题行为，但如前文所论，惩罚也有"与生俱来"的弱点，若滥用惩罚，不但易降低教师在学生中的威信，使学生产生怨恨情绪，从而诱发其攻击性或退缩性问题行为，而且往往由于暂时抑制了表面的问题行为，而忽视导致问题行为的内在心理因素，从而常常是"治标不治本"，容易阻碍学生人格的健全发展。

第二，先教后罚。苏格拉底有句名言："美德即知识。"这句话虽有将美德与知识等同之嫌，但也揭示了一个事实：一个人之所以会犯错误，在通常情况下，往往是因为无知的缘故。换言之，他们不知道那样做是错的，若知道那样做是错的，他们一般就不会去做。同时，人之常情是：人们知道了什么该做、什么不该做，一旦自己做了不该做的事情时，就会觉得受到惩罚是理所当然的，从而不会产生抵触情绪。既然如此，在制定惩罚制度之前，家长或教师应与孩子进行细致、耐心、全面、认真的交谈，以便让孩子清楚地知道自己应该做什么、不应该做什么、应该怎么做、应达到什么要求或标准，等等。

第三，惩罚只限于知过能改的行为。不是任何"过失"行为都要惩罚，惩罚只限于知过能改的行为，知"过"不能改的行为不能用惩罚，只能用其他方法教育。

第四，多用剥夺式惩罚（removal punishment），少用乃至不用施予式惩罚（presentation punishment）。剥夺式惩罚是指在孩子实施了某种不良行为后，教师或家长剥夺其喜爱的某种刺激，以减少受惩罚行为再次发生的可能性。例如，若孩子没有按时保质保量做完功课，家长就不让其上网玩自己喜爱的游戏，这就属于一种剥夺式惩罚。施予式惩罚是指在孩子实施了某种不良行为后，教师或家长对其施加某些痛苦或厌恶的刺激，以减少受惩罚行为再次发生的可能性。例如批评、警告、记过或开除等，过去常用的体罚孩子（俗称"硬暴力"）或挖苦孩子（俗称"软暴力"），也都属施予式惩罚。剥夺式惩罚之所以优于施予式惩罚，是因为前者不但将主动权"交给"了孩子本人，而且容易激发学生的学习动机。

第五，针对学生的个别差异选择具有针对性的惩罚方式。平日里偶尔会有这样的一些报道或事情的发生：有的学生被教师当众惩罚，回家自杀了；有的学生被教师当众惩罚，知耻而后勇，发奋图强，最终考上了某名牌学校。同样是惩罚，结果却大相径庭。这告诉人们一个道理，惩罚应以受惩罚者为中心而不是以惩罚者为中心，在惩罚学生时一定要考虑学生的个性差异，依其性格、气质等特点采取针对性的惩罚措施，做到因人因时因地而实施惩罚。

第六，惩罚原因要讲清楚。在惩罚前一定要以适当方式向孩子解释惩罚的原因，使其心悦诚服，这一点对于大多数老师和家长来说最容易被忽视。老师和家长往往认为孩子做了错事，惩罚他们还需要讲理由吗？其实，讲清楚惩罚的原因，可以使孩子明白为什么要被惩罚，由此可以使孩子口服心服，甘心接受惩罚，这样的惩罚效果会更好，并且，可以防止孩子下次再犯相同的错误。否则，孩子会不理解他为什么受罚。

第七，惩罚要言出必行。如果你警告过孩子当他犯某一种过错时要惩罚他，那么，一旦他犯了，你就要履行你的诺言去惩罚他。绝不能看到学生或孩子哀求的表情或可怜兮兮的样子，就于心不忍，半途而废，这样做等于取消惩罚，而且容易使孩子以此经验为例，以后遇到类似情况会越发装出一副"可怜相"来争取大人的同情，而不再思考如何改过，这样，就收不到令行禁止的效果。

第八，要及时惩罚。惩罚应该在孩子出现违规行为时及时采取，不要等到孩子违纪行为发展到不可收拾的地步才采取严厉的措施，那样，惩罚也就没有太大的教育价值了。有些妈妈常对孩子说的"等你老子回家后有你好看的"之类的口头禅,并不适合用来教育孩子,因为孩子多没有时间观念,一旦时过境迁,对其错误的行为表现就会有所遗忘,等到他们被惩罚时,早忘了遭罚的原因,这样做的结果是很糟糕的。

第九,恩威并重。严能生威,爱能亲人。在日常生活中对孩子一定要关爱有加,但孩子如有缺点、犯了错误,教师或家长一定要指正并督促其改过,绝不可睁一只眼闭一只眼,姑息迁就,放任自流。严和爱是一个有机的统一体,教师或家长只有在日常生活中对孩子既严格要求又尊重关心,才能建立一个情理交融的师生关系或亲子关系,才能产生亲和力,树立和巩固威信。一句话,惩罚应基于爱和尊重,通过和蔼的态度以及深厚的感情来实施,效果更佳。

第十,一视同仁。有研究者以"我心中的理想教师"为题做过调查,"对人对事公平合理"被学生列入理想教师的标准之一。可见,教师只要采取"对事不对人"的态度,对待违反校规校纪的学生都一视同仁,而不论是班长还是一般学生,也不论成绩好坏,这样才可让学生从心底产生一种平等的心理,对教师采取的惩罚措施才会心悦诚服。因此,公正公平地对待每一个学生是惩罚的前提。当然,也需指出,"一视同仁"的重点落在维护规则的公正性上,与上文所讲的"针对学生的个别差异选择针对性的惩罚方式"之间并无矛盾之处,因为后者的重点放在选择合理的惩罚方式上。

第十一,惩罚不可没完没了。家长或教师要明确,惩罚的目的是让孩子最终经过努力"避免"惩罚,而非一定要让学生不断去"体验"惩罚。这样,惩罚的开始和结束都要明确,不要让家中或学校一整天甚至几天都充满了敌对、威胁或怨恨的气氛,惩罚完毕,孩子明白错了,一切便算过去;在惩罚过程中,假若孩子确实真诚地认识了错误,又有改正的表现时,则应给予肯定,及时取消或减轻惩罚。

第十二,以趣施惩。以趣施惩是以孩子的兴趣爱好为内容进行惩罚的方式。当一个学生只是在错误的时间或地点做了一件就行为本身而言并无什么不妥的事情时,一般可以采用以趣施惩的做法。

第十三,父母或老师应经常与孩子进行沟通。父母或老师经常与孩子进行沟通是非常必要的,因为惩罚的目的是为了不惩罚,父母或老师只有做到经常与孩子进行沟通,才能增进彼此的了解,让孩子知道什么是该做的、什么是不该做的,从而避免不必要的犯错和由此带来的惩罚。并能促使孩子兑现遵守家庭规则或学校规则的承诺,了解孩子对惩罚的看法和评价,以便及时予以调整。

第十四,惩罚应是可预见的。孩子假若能预见一旦做了某件事就会受到惩罚,在通常情况下,他们也就不会去做那件事,这就能达到防患于未然的目的。因此,惩罚应该是可以预见的,这样的惩罚才最有效。

第十五,允许将功补过。在实施惩罚之前家长或老师有时可以向孩子提供一种不受惩罚的选择,比如当孩子有了良好表现,尤其是有了与导致他受到惩罚的不良行为相反的表现时,可以不受惩罚,假若孩子做了这种选择,家长或老师就要取消对他的惩罚,这就是俗称的"将功补过"。当然,如果家长或老师经常原谅孩子,惩罚也就失去了意义,因为孩子知道他最终可以逃避惩罚。所以,这一原则要慎用。

第十六,应观察孩子是否想通过不合适表现引起大人或老师的关注。有些孩子在平时可能是被忽略的对象,于是想通过犯错误引起大家对他的注意。如果是这样,由于孩子的这些表现而对其进行惩罚是十分有害的,因为孩子的目的就是让大人或老师对他倾注更多的关注。如有位学生上课经常交头接耳,违反课堂纪律。这时,教师如果不分青红皂白地对他实施惩罚,往往会使他们产生"阴谋得逞"的快感,或是产生强烈的逆反心理。假若是这样的话,教师或家长宜假装未看见,对他的这一行为采取不理不睬的"冷"处理方式,他就会自觉无趣而予以放弃。随后,教师或家长再选择一个适当的时间和地点,与孩子倾心交谈,委婉地指出他这样做的方式不对,并与他们交流一些更为妥当、有效的引起人们注意的方法。

第十七,家长或教师在情绪激动或愤怒的情况下,不要惩罚孩子;否则,容易出现偏差而伤害孩子。

第十八,惩罚强度应适当,太轻当然无效,过严也会抑制正常的行为。

✿ 本章小结

在知识与技能学习部分,主要介绍了知识和技能的定义、分类、学习过程等。心理学把知识界定为主体与环境或思维与客体相互交换而导致的知觉建构,知识不是客体的副本,也不是由主体决定的先验意识。按照不同的标准,知识可以分为不同的种类。这里最重要的一种分类是安德森划分的陈述性知识和程序性知识,陈述性知识以命题、命题网络和图示来表征,程序性知识是以产生式和产生式系统为表征的。陈述性知识和程序性知识既有区别又有联系。技能个体通过练习而习得的合理的动作系统,是巩固了的一种动作方式或智力活动方式。按技能的性质和特点,可以把技能分为动作技能和智力技能两类。

在问题解决中主要探讨了问题与问题解决的界定、问题的分类、问题解决的几种具有代表性的模式以及影响问题解决的因素等问题。在创造力的培养中,首先对创造和创造力进行了界定,其次阐述了创造过程的各种观点,然后阐述了影响创造的诸因素,最后探讨了创造力的培养问题。

在"态度和品德的学习"一节主要介绍了态度和品德的定义、结构,品德与道德的联系与区别,影响态度和品德的内、外部条件,品行不端出现的原因及其防治等与态度和品德学习有关的主题,进行了深入细致的探讨。

思考与练习

1.简述陈述性知识和程序性知识的联系与区别。

2.运用知识学习的有关理论谈谈对"高分低能"的看法。

3.影响问题解决和创造力的因素有哪些?

4.请结合具体的例子,谈谈你对防治品行不端的看法。

参考文献

[1][美]安妮塔·伍尔福克.教育心理学(第 10 版)[M].何先友,等译.北京:中国轻工业出版社,2008.

[2][美]简妮·爱丽丝·奥姆罗德.教育心理学精要:指导有效教学的主要理念(第 3 版)[M].雷雳,等译.北京:中国人民大学出版社,2013.

[3][美]罗伯特·J.斯滕伯格,等.教出有智慧的学生——为智慧、智力、创造力与成功而教[M].杜鹃,等译.福州:福建教育出版社,2012.

[4][美]罗伯特·J.斯滕伯格.智慧·智力·创造力[M].王利群,译.北京:北京理工大学出版社,2007.

[5]皮连生.教育心理学(第 4 版)[M].上海:上海教育出版社,2011.

[6]汪凤炎,燕良轼.教育心理学新编(第 3 版)[M].广州:暨南大学出版社,2011.

第七章 学习动机

学习目标

1. 理解学习动机在有效教学组织中的重要作用。
2. 掌握各种动机理论的基本内容。
3. 提高在教学实践中,针对具体的教学内容,有效激发学生学习动机的能力。

一群孩子在一位老人家门前嬉闹,叫声连天。几天过去,老人难以忍受。于是,他出来给了每个孩子 25 美分,对他们说:"你们让这儿变得很热闹,我觉得自己年轻了不少,这点钱表示谢意。"孩子们很高兴,第二天仍然来了,一如既往地嬉闹。老人再出来,给了每个孩子 15 美分。他解释说,自己没有收入,只能少给一些。15 美分也还可以吧,孩子仍然兴高采烈地走了。第三天,老人只给了每个孩子 5 美分。孩子们勃然大怒:"一天才 5 美分,知不知道我们多辛苦!"他们向老人发誓,他们再也不会为他玩了!

在这个故事中,孩子们最初是因为自己的兴趣而嬉闹玩耍,然而,当有人出钱购买时,这种内在的兴趣行为,也可能转化为受外部奖励影响的行为,因此,如果外部刺激不断减弱,孩子们从事这种行为的动机也会急剧下降。在教学过程中,老师通常会表扬和奖励学生的学习,这些外部刺激有的时候会激发学生的学习热情和兴趣,有的时候却可能伤害学生的学习动机。

随着教育界对学习者的逐渐重视,动机作为有效教学中的最重要的因素之一,得到了研究者的广泛重视,并通过这个视角解释一些迫切需要解决的问题,如:学生迷恋上网而逃学;因对学习的过度焦虑而厌学、抵触学习,或是害怕失败不敢去尝试;有些学生偏科、弱科。心理学家用"动机(motivation)"这一术语来解释人们在生活中从事这样或那样的行为的原因。通俗地讲,动机就是使你开始行动、维持行动,并且决定着你行动方向的各种具有心理作用的力量。以上所列举的学生的问题都可以归为学习动机方面的问题。

动机不仅决定我们学什么,而且影响我们怎么学,甚至学习方法的适应性。例如,目标定向理论者德威克等进一步区分了两种类型的自我确认目标(self-validation goals),无论是成绩接近型的自我确认目标定向,还是成绩逃避型的自我确认目标定向,都非常容易导致多种消极的结果,包括焦虑、自我阻碍、缺乏恒心和坚持性,以及较差的成绩等。而学习型的目标定向(learning goals),主要关注自我能力的提高,这种目标定向也可以称为掌握目标定向,大量的研究结果表明,这种目标定向更具有适应性,特别是在应对失败或其他压力因素时[德威克(Dweck),1999;卡普兰(Kaplan)和迈尔(Maehr),2007]。

学习是艰苦、复杂的,如何才能更好地提高学生学习的主动性、积极性,促进其学习取得更好的效果,教师必须对学习动机的各个方面有较透彻的了解,清楚认识学习动机的特点,以及学习动机与学习效果的关系。除此之外,在学校教育中,学校不仅要激励学生建构必要的知识、技能以及学习能力,更要使学生形成强烈的学习动机,进而形成终身学习。

第一节　学习动机概述

一、学习动机含义

学习动机(motivation to learn)是指引发和维持个体学习活动,并将学习活动引向一定学习目标的内部动力。它并不是单一的结构,而是由各种心理动力因素,包括学习内在需要、学习兴趣、对学习目的意义的理解、学习态度和学习习惯等构成的完整动力系统。概括说,学习的内在需要和外在诱因是构成学习动机的基本要素。

学习内在需要指个体在学习活动中感到有某种欠缺而力求获得满足的心理状态。它的主观体验形式是学习者的学习愿望或学习意向。这种愿望或意向是驱使个体进行学习的根本动力,包括学习兴趣、好奇心和信念等。学习兴趣(interests)是学习动机中最活跃的因素。它是学习者力求参与某项活动,渴望获得知识和不断探索真理并有积极情绪色彩的心理倾向。当一个学生对学业产生兴趣时,他就总是积极主动而又心情愉快地去学习,不觉得学习是一种负担。沃尔特(Walter,1995)等人对 200 名中学生的调查发现,学生对学业不感兴趣是导致他们学习成绩不佳的最主要的原因。兴趣可分为三个层次:第一层次,对首次接触的新的学习知识、某项技能和能力等产生的兴趣可称为有趣;第二层次,在有趣的基础上对这些新知识发展的一种特殊兴趣称为乐趣;第三层次,把学习与远大目标、崇高理想等相联系的兴趣称为志趣(柯江宁,2001)。好奇心(curiosity)是指个体对探索外界知识、环境等的一种内在需要,可以表现为求知欲。通过不定时地改变教学的任务和方法以激发学习者的求知欲可以有效地促进学习。

诱因(incentive)是指能够激起有机体的定向行为,并能满足某种需要的外部条件或刺激物(如食物的香味是饥饿时觅食的诱因)。诱因可以是精神的,也可以是物质的。需要与诱因紧密联系,需要是内在的,比较隐蔽,是支配行为的内在动力;诱因是与需要相联系的外界刺激物,来吸引有机体的活动,并使需要得到满足。

二、学习动机与学习的关系

学习动机往往并不直接影响学习的认知过程,它是通过某些中介机制来对学习过程产生影响。一般来说,强烈的学习动机可以引起学习者情绪状态的唤醒,如兴奋、好奇、紧张甚至焦急等情绪;其次,还使学习者处于学习的准备状态,提前激活其脑中已有的知识经验,降低对新知识的反应时间,进而提高学习效率;最后,集中注意力,克服分心刺激的影响,提高个体的努力程度和意志力水平,促使学习者在遇到困难时能够坚持下来不放弃,直到达到预定的学习目标。

(一)学习动机与学习活动的关系

两者相互激发、相互加强。学习能激发、增强、巩固学习动机,而学习动机又能推动、促进学习的进行。瓦尔贝格(Walberg)考察了关于动机与成就关系的大量研究报告,被试覆盖了1—12年级的学生共63.7万人,具有一定的代表性。研究表明,学业成就与动机存在高相关,即具有高水平动机的学生,其学业成就也高;同样,具有高成就水平的学生,其动机水平也高。例如学生为了解决某一问题而学习物理,而学习物理的过程中获得了知识、乐趣及自我能力的提高,同时在学习中,也深感自己知识的不足,进而愿意更深入地学习物理知识。正如奥苏贝尔所说:"动机与学习的关系是典型的相辅相成的关系,绝非一种单向的关系。有学习动机的学生会运用更高级的认知活动,进而学习和记忆更多的内容。"

(二)学习动机与学习效率的关系

通常认为,动力越强,学习的积极性就会越大,学习的效率会越高。但实际的情况却并非如此简单。学习动机与学习效率并不是完全成正比。如图7-1所示,学习动机存在着一个最佳水平,即在一定范围内,学习效率随学习动机的增强而提高;学习动机超过一定的限度(最佳水平)后,学习效率不仅不会提高反而会出现下降。对于难度适中的学习活动来说,中等强度的动机水平,学习效率最高。

心理学家叶克斯(R. M. Yerkess)和多德森(J. D. Dodson)的研究表明,不同性质的任务活动,其学习动机的最佳水平是不同的。总的来说,对一个简单的任务,其最佳动机水平较高;而对于较困难的任务活动,较低的动机水平则更有利。这一规律在心理学上被称做叶克斯-多德森定律,如图7-2所示。同时,动机的最佳水平还会因人而异,虽然进行同样难度任务的学习活动,有的同学,其最佳动机水平高点会对学习有促进作用,对另一些同学来说,可能动机的最佳水平低点更有利。

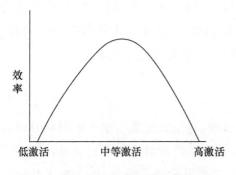

图 7-1　动机强度与活动效率的关系系

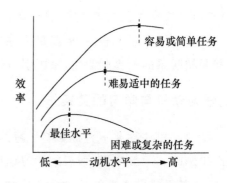

图 7-2　叶克斯—多德森定律

(三)学习动机与学习效果的关系

学习动机与学习效果的关系不是直接的,它是以学习为中介的。但是学习行为又不单纯仅受学习动机的影响,还受一系列主客观因素的制约,如学习基础、学习习惯、教师指导和智力水平等。因此,学习动机与学习效果之间的关系并不总是一致的。具体表现为,有的学生学习动机很强烈,但是学习成绩并不好;而有的学生学习动机比较低,但学习成绩却较高。所以,教师不能仅凭学习成绩的高低就判断学生学习动机的强弱,而是要全面客观分析学生情况,通过多种途径和方法了解学生的动机。总的来说,学习动机与学习效果之间的关系是基本一致的,二者不一致的情况只是暂时的。

唐耶(Dǒmyei,2000)认为,谈到学习动机,人们脑中想到的或许不同,但无非都与行为的前身和起源有关,它包含了三个要素:选择(choice/direction)、行为的强度(effort/magnitude/intensity)、持续力(persistence)。他同时也强调,虽然诸多研究都显示动机与学习成就之间关联很大,但需要特别指出的是"强动机并不能直接产生学习成就"。动机直接导致的是努力的行为,而努力的行为再与其他因素,比如学习者的智力、学习环境等相互作用,经过时间的累积,才能产生学习的成就(金海云,2013)。

比如就外语学习动机的研究来说,早期的研究较多重视动机与其他学习因素的关联,目的在于了解动机在学习中扮演的角色。随着研究的演进,动机不再被视为个人不变的特质,而是受时间、学习环境、教学方法、人际互动等各种因素影响。比如,情境动机对学生投入学习活动有相当显著的影响,它的作用类似一个过滤机制,情境动机高的学生,其口语产生量与个人特质层面的动机水准相关,但在情境动机低的这组学生中,口语产出量与其性格层面的动机水平之关联则是随机的。同时,在口语练习中,口语产出量会不断地受到对话同伴的影响。由此,唐耶等提出了外语学习动机的过程模式,在这个理论中,加入了一个重要的元素——时间。他们认为外语学习动机是波动起伏的,随时受到外在环境与个人感受交互运作的影响。过程模式将动机分为行动前、行动中与行动后三阶段,并细致区分各个阶段中的影响因素。在行动前阶段,学习者以自身的期望与价值判断评估外在环境带来的机会,决定是否投入相关的学习活动。在行动中阶段,学习者执行并控制自身行为,同时对实时获得的与环境互动而得来的信息做评价,以决定继续前行、调整投入程度或中断学习活动。在行动后阶段,学习者对已经完成的活动进行归因,并形成足以影响日后的看法,联结至下一个行动前阶段,形成一个循环不断的整体。这些微观研究进一步说明,动机与成就的关联并非直线关系,而是以努力程度作为中介的间接关系。

三、学习动机的功能

动机在人类的社会生活中有着十分重要的作用,促使人们去认识、去学习。人类的动机好比汽车的发动机和方向盘(盖奇等,1984),即给人的活动以动力,又对人的活动的方向进行控制。动力和方向被认为是动机概念的核心。具体从动机与行为的关系及动机本身的特点来说,动机具有激发、指引、维持和调节的功能。

(一)激发功能

激发功能是指动机能够激发有机体产生某种活动。当个体面对某些刺激,特别是这些刺激和当前的动机有关时,其反应更易受激发。例如,饥饿时面对食物有关刺激时,口渴时面对水有关刺激时,个体都会变得特别敏感,更易激起觅食或喝水的行为活动。在多数情况下,动机的产生均会导致外显行为的变化,即行为的产生可以看做动机存在的一个依据。但是,没有外显行为或外显行为没有变化并不能断定动机完全不存在。比如,上课时,觉得肚子饿了,但是由于社会规范和制度等原因,这种情况下不允许进食,虽然没有外显行为的变化,但不能说此时不存在饥饿动机。

(二)指引功能

指引功能是指动机会指引着个体朝向某一特定的目标或对象做出行为活动,对行为具有导向作用。动机不同,活动的方向和所追求的目标也不同。如饥饿的时候寻找食物,口渴的时候找水,学习动机支配下看书。

(三)维持和调节功能

动机的维持功能表现在行为的坚持上。也就是动机激发有机体产生行为活动后,对这种行为活动的坚持,都会受到动机的支配。如饥饿的动物会不断寻找食物直到满足自己的需要,"考研"的学生会坚持努力备考直到"考研"结束。

同时动机还对行为活动起调控作用。表现在可以调节活动的方向、强度和持续时间上,是行为的调节控制器。随着个体的需要程度、目标达到的可能性以及个人意愿的变化等,动机强度会增强或减弱。

四、学习动机的分类

根据不同的分类标准,可以把学习动机分为不同的类型。

(一)内部学习动机和外部学习动机

根据学习动机的动力来源,可分为内部学习动机(intrinsic motivation)和外部学习动机(extrinsic motivation)。内部学习动机是指主要由个体的内在心理因素转化来的,即指向活动本身的动机,对个体的强化来自于活动自身的价值和意义。活动本身的特点,或是对新事物的兴趣均可引发内部动机。好奇心、兴趣、上进心、义务感等心理因素,在一定条件下都可以激发人们学习的内部动机。如个体对某项运动或是学科感兴趣,尽管不能带来物质利益或外部奖励,个体仍会进行不懈的训练和艰苦的探索。外部学习动机指由外在条件(即诱因)诱发而来的,即指向活动以外的其他对象,对个体的强化来自活动的外部后果。行为可能带来的奖励或惩罚可激发个体的这种行为。如为了获得父母的奖励或老师的夸奖而努力学习,又或者为了获得某种荣誉称号而好好学习,这些情况下学习行为主要受外部动机驱使。

有研究发现,内部学习动机和外部学习动机的区分不是绝对的,不是在一个连续体的两端。人们的学习行为往往是内部学习动机和外部学习动机共同作用的结果,如努力学习既可能是因为自己对该学科的兴趣,也可能是因为这样才能为未来的职业发展奠定好的基础。比较而言,内部学习动机推动力量较大,维持时间也较长,内部学习动机占优势的个体更愿意努力工作,行为更为持久,更能享受工作中的乐趣,而且学习活动本身就是对学习者的一种奖励;外部学习动机的推动力量较小,持续作用时间也较短,外在条件一旦消失,由外在条件激发起来的学习动机很快也会失去作用。由此,内部动机与外部动机的关系可以表现为以下三种形式。

1. 外在奖励有时会减弱内部动机

斯彭思(Spence)和赫尔姆瑞升(Helmreich,1983)的研究认为内部动机大多都能够促进个体的高成就,而外部动机却不大可能。外部奖励的出现有时会对个体产生负面的影响,可以概括为两种情况:一种是当对人们明显有浓厚兴趣的活动加以奖励时,这时就很有可能出现反面作用,降低人们的兴趣;另一种是当用外部奖赏来强化像问题解决等这类富有挑战性和创造性的活动时,这种情况会使人们对待该种活动的积极性减弱,降低内部动机。

2. 外在奖励也会增强内在动机

外在奖励可以促进个体的外在动机使其朝向活动,同时更可能会增强内在动机,使得这两种动机共同起作用来促进活动的进行。这种增强作用可以概括为两种情况：一种为当外在奖励只是传达了"一个人能够胜任该项工作"这样的信息，而不是让人觉得这些外在奖励是他人为了控制自己的行为，这种情况下，外在奖励是对自己能力的一种肯定，会增强个体的内在动机；另一种为当外在奖励是用来强化常规化、已经熟练掌握的活动，此时个体的内在动机也会增强。

3. 学习环境的条件既会影响外部动机，也会影响内部动机

学习者当前所处的环境对他们的学习或是成就动机有着巨大的影响。在给予外部强化和惩罚的环境下，学习者朝向某些活动和行为而远离其他活动和行为的原因是外部动机被增强。但是当前的环境也可影响内部动机，如新奇的、令人不解的现象可能会引起学习者的好奇心和兴趣，为了满足自己的这种内在需要会努力去完成任务。这种依赖环境的，至少部分来自于当前环境的动机称情境动机［特纳和帕特里克（Turner,& Patrick),2008］。

【案例分析】

凯瑟琳在一所经济状况欠佳的小学执教二年级。她所教的很多学生阅读能力低于年级水平。有些学生课余很少进行阅读活动，大部分学生在校自习时也不愿意选择阅读。由于指导阅读技巧在未来在校学习中的重要性，凯瑟琳的忧虑不无道理。凯瑟琳提出了一个阅读激励计划以便促使学生进行更多阅读。她在教室的墙上贴了一张很大的表格用以记录学生的进步。每当学生读完一本书，他便告知凯瑟琳，然后凯瑟琳就在表格上该学生的姓名后放一颗星星。只要一个月内读完 5 本书，任何学生都可以从班上设立的奖品盒中抽取一份奖品。在任何指定的月份中，读书最多的学生可以获得一份大奖。当凯瑟琳把新的激励计划告诉学生的时候，他们都非常高兴。

"太好了！"乔伊高兴地说，"我将得到最多的星星！"

"不可能，"彼得反驳说，"塞米将得到最多的星星。她爱看书。她是我们班最好的阅读者。"

塞米是很好的阅读者。她的阅读能力超出了年级水平，还喜欢阅读图书馆青年区的小说。这些书籍篇幅很长，需要花费相当长的时间才能看完。但是，她确实喜欢这些书籍。凯瑟琳从自己收藏的书中挑选了几本借给塞米读，因为教科书几乎不能引起她的兴趣。

计划执行的第一个星期,学生的兴致都很高。学生每天都给凯瑟琳讲他们阅读的情况。表格里开始出现星星。一周结束时,除了塞米之外,每个学生的姓名后面都至少出现了一颗星星。该月的最后一个星期,很多学生都将阅读选为自习时间的活动。学生都迫切地希望他们至少能得到一份奖品,许多学生疯狂地读书是为了要成为当月的"阅读之王"。一个月下来,凯瑟琳的25个学生中就有23人得到了5颗星星。唯一的例外是塞米和迈克尔,塞米只有一颗星星,迈克尔这个月得了水痘。乔伊的话应验了,他得到的星星最多——15颗。学生们非常激动地选择自己的奖品。

接下来的一个月里,学生们的读书狂热持续不减。塞米也加入了争夺星星数量的行列,她一共得到30颗,成了班上当月的"阅读之王"。乔伊得到了25颗星星而位居其次。班上每个学生得到的星星都在5颗之上,都有权利得到奖品。因为他们做了如此多的阅读功课,凯瑟琳为学生举办了一次星期五下午的聚会,学生们一边看动画片,一边吃爆米花。

类似的活动模式持续了大概几个月的时间。星星在表格中的填充速度很快。凯瑟琳认为学生的阅读量已经够了,完全可以在每年的州级成就测验中取得好成绩。她为学生们的进步兴奋不已。凯瑟琳决定在测验后取消激励计划,并悄悄地了解学生们的阅读情况。然而,取消激励计划之后,她发现自习时间阅读的学生再次寥寥无几。甚至塞米在完成了其他作业后也没有阅读,她现在开始画画了。

思考一下,凯瑟琳的教育方法怎样?

(二)认知内驱力、自我提高内驱力和附属内驱力

美国心理学家奥苏贝尔认为,学习动机可称为学校情境中的成就动机,至少应包括三方面的内驱力,即认知内驱力(cognitive drive)、自我提高内驱力(ego-enhancement drive)和附属内驱力(affiliated drive)。根据他的观点,学生所有指向学习的行为都可以依据这三个方面的内驱力加以解释。

1. 认知内驱力

认知内驱力是指要求了解和理解的需要、要求掌握知识的需要,以及系统地阐述问题并解决问题的需要。一般以好奇心、探索、操作、求知欲、领悟等内部心理因素表现出来。认知内驱力是个体通过后天的实践活动,在已有的知识经验基础上获得的。它与学习活动是相互促进的关系:认知内驱力对学习有推动作用,学习活动又转而增强认知内驱力。研究表明,认知内驱力在课堂学习中是一种最重要、最稳定的动机,对

学习有很大的推动作用。

2. 自我提高内驱力

自我提高内驱力,是指个体对自己能胜任某项工作或取得学业上的成绩而赢得相应地位的需要。这种需要由自我尊重的需要派生出来,在儿童入学后开始表现出越来越重要的作用。和认知内驱力不同的是,自我提高内驱力不是直接指向学习活动本身,而是把取得的成就当做是通向更高地位的途径。一般来说,成就越高,相应地位也会越高,而且成就也决定着自我尊重满足与否。课堂学习中,认知内驱力(内部动机)固然很重要,但是如果能够适当激发学习者的自我提高内驱力(外部动机),学习效果会更好。自我提高内驱力不仅可以促使学习者把自己的行为指向学业上可能达到的成就(如考试的分数和名次),同时还会激发学习者在这一成就基础上,使自己的学习行为指向自己未来的发展目标。例如学生在某门学科上成绩优秀,激发了他的兴趣,则在未来学习时很有可能把这一学科专业作为自己的终身职业。

3. 附属内驱力

附属内驱力是指个体为了获得或保持长者(如老师、家长等)的赞许或认可而表现出来的努力学习、做好工作的一种需要。也就是说,个体之所以努力学习获得学业的成功,并不是直接指向学习活动本身,也不是为了提高自己的地位,而是为了获得长者的称赞表扬。很显然,附属内驱力也是一种外部学习动机。一般附属内驱力占优势的学生会因为要得到长者的认可和称赞而去努力完成学业,争取好的学习成绩;相反,若是自己的某些努力没有得到长者或是权威人士的认可、赞扬,就可能会丧失学习信心,降低学习积极性。

一般都认为,认知内驱力、自我提高内驱力以及附属内驱力这三部分在动机结构中所占比重,会随着年龄、性别、个性等因素的变化而变化。童年期,一般是附属内驱力占主要比重,这时期,个体努力学习获得好成绩,主要是为了得到家长、老师的肯定和表扬;少年期和青年期,附属内驱力不仅在强度上有所减弱,而且还把对父母、老师的依附转向了同伴群体,认知内驱力和自我提高内驱力则愈来愈占据重要位置。这时期学生的学习主要是为了求知和满足自己的学习兴趣,并从中获得较高的地位和威望。

(三)近景性学习动机和远景性学习动机

根据学习动机持续作用的时间,将学习动机分为近景性学习动机(temporarily motivation)和远景性学习动机(long-term motivation)。近景性学习动机常与具体的学习活动本身有联系,持续作用时间比较短,一旦目标完成,动机也就减弱。如有些学生为了应付第二天的随堂测验而认真复习功课,期末考试学生"临时抱佛脚"等。这种学习动机很具体,效果很明显,但不稳定,易随环境的变化而变化。远景性学习动机常与学习活动的社会意义相联系,持续作用时间较长,如学生勤奋学习是为了以后能为社会、国家的发展做出贡献等。这种学习动机较理性又具有一定的社会性,并且与个人的理想、志向和世界观相联系,因此,远景性学习动机具有较强的持久性和稳定性,可以在相当长的时间内起作用。上述两种动机相互联系、相互补充。要使得学习动机对学习者发挥最大的效果,这两种学习动机必须密切结合起来,使之形成巨大的推动力。近景性学习动机易受偶然因素的影响,此时若有了远景性学习动机的支持,则学习活动会自觉进行下去且仍会保持活动的积极性;远景性学习动机虽然持续作用时间比较长,但对于幼龄儿童来说,在一段相当长的时间做相同的任务会比较困难,同时这一学习活动的目标也较抽象,儿童有时会无法理解这一概念的具体含义,因此若有近景性学习动机的补充和激励,远景性学习动机会更好地与当前的具体学习活动结合起来。

根据有关调查研究,我国中小学生的学习动机有以下几种:①羡慕好学生的地位与外表(好奇心);②服从家长的决定,实现家庭的希望;③希望受到奖励,回避责备;④对学习活动或学科内容感兴趣;⑤争取良好成绩,得到好分数,做个优秀生;⑥保持个人在集体中的地位或荣誉(自尊感);⑦维护集体荣誉(集体的责任心与荣誉感);⑧升学,选择职业或完成个人志愿;⑨从利己主义出发,追求个人名利;⑩为祖国建设,为人民服务,当好接班人。

第二节　学习动机理论

动机的科学研究开始于 20 世纪 30 年代,如同心理学的其他理论一样,不同的动机理论从不同方面试图解释学习行为发生和维系的原因。对动机理论的研究主要有三个大的历史时期:20 世纪 30 年代到 60 年代,动机理论处在一个机械主义时期,主要以行为主义和精神分析理论为主导,强调本能、冲动、驱力、体内平衡等生物性的因素在决定人的动机和行为方面的直接的作用;20 世纪 60 年代到 80 年代处于转折时期;20 世纪 80 年代以后,认知的观点逐步介入到动机研究中来,并成为当今动机理论的主流。目前,比较具有影响力的理论包括:强化理论,阿特金森和伯奇(Atkinson&Birch,1974)的成就动机理论,班杜拉的自我效能理论、韦纳(Weiner,1994)的归因理论,尼科尔斯和德威克的成就目标理论,马斯洛的需要层次理论,科温顿的自我价值理论,德西和瑞安(Deci & Ryan,1985)的自我决定理论等。

一、强化理论

强化理论认为,人们之所以具有某种学习行为倾向,完全取决于先前这种学习行为和刺激因强化而建立的牢固联系。即如果学生的学习行为得到强化,就可以产生学习动机;如果得不到强化,就会缺乏学习动机;如果学习行为受到惩罚,学生就会逃避甚至厌恶学习。

强化物在学习活动中扮演着激活动机的角色。凡能增强某个反应概率的刺激,均可称为强化物。强化物不仅包括积极事物,如食物、赞许、承认、注意和金钱等,它们的作用不言而喻。同时还包括消极强化物,如批评、斥责和成绩不及格等,停止它们的作用或有机体要避免这种刺激的心理都会使正确行为发生的频率增加。

强化理论对学校教育产生了深刻的影响。教师采用各种奖励手段来激励学生学习。这种奖励在一定时期内卓有成效。但大量研究对此提出质疑。传统奖赏运用在课堂中并不是普遍有效的,如对那些并不在乎学习成绩或无论怎样努力都无法达到教师规定的奖励标准的学生而言,通过外部奖励并不能提高学生的学习动机。再者,外在奖励的效果不能持久,学生的学习可能仅仅是为了得到相应奖励,对学习更多地带有功利色彩,所以一旦得到相应的奖励,学习动机也就降低甚至消失。所以在教学过程中教师要合理地使用奖励这种诱发外部动机的手段。同时,还应注意唤起学生的学习兴趣,使学生产生学习的内部动机。在内外动机交替作用下,学生的学习动机才会持久且高效。

除此之外,美国社会心理学家班杜拉提出了自己的强化类型。他将强化分为三类:①直接强化,即通过外部因素对学习行为予以强化;②替代性强化,即通过一定的榜样来强化相应的学习行为或学习行为倾向;③自我强化,即学习者根据一定的评价标准进行自我评价和自我监督来强化相应的学习行为。班杜拉认为这三种强化交替作用,能形成学习者的学习动机。

强化理论过度强调引起学习行为的外部力量,忽视甚至否定了人的学习行为的自觉性与主动性,因而这一学习动机理论有较大的局限性。

 拓展阅读

普雷马克原理

普雷马克(Premark,1965)原理就是用来帮助教师选择最有效强化物的一种方法,是指用高频行为(喜欢的行为)作为低频行为(不喜欢的行为)的有效强化物。但要注意,对一个学生有效的强化物可能对另一个学生不适合;如果过度使用强化物,强化物可能失去原有效力。这一方法可以帮助年轻父母来应对这个常见的育儿问题。该原理是普雷马克最早提出,利用频率较高的活动来强化频率较低的活动,从而促进低频活动的发生。这一原理被称为普雷马克原理。由于祖母对付孙子常用这种方法,所以又被称为祖母原则,即"先吃了你的蔬菜,然后你就可以吃甜点"。说得更明确一点,就是先让孩子做一些不太喜欢做的事情,然后,就可以做自己喜欢的事情了。普雷马克原理,简单地说,用孩子喜欢干的事情作为一种强化手段,刺激孩子做出他们本身不喜欢但却是父母希望他们做出的行为。例如,普雷马克原理认为:"你做完家务后,才可以出去玩。"如果有一件愉快的事等着孩子去做,他们会很快完成另一件不喜欢做的工作。

1959年普雷克做了一个实验,他让孩子们从两种活动中选择一种:玩弹球游戏机或吃糖。有的孩子选择了前者,一些孩子选择了后者。有趣的是,对于喜欢吃糖的孩子,如果把糖作为强化物,便可增加他们玩弹球游戏机的频率;相对更喜欢玩弹球游戏机的孩子,如果把玩弹球游戏机作为强化物,则可提高他们吃糖的数量。这种要想 B 除非 A 的普雷马克原理是家长帮助孩子克服某些缺点的一个不错的妙方。

使用这一原理也有些需要注意的地方。一是必须是先有行为,后有强化,这种前后关系不容颠倒。比如,小明从小就喜欢看电视,上学后依然如此。但家长有一项规定,必须做完功课,才可以看电视,若功课没有做完或做得不够认真,则禁止看电视。有几次小明没有做完功课就想打开电视看动画片,都被妈妈严格禁止了。结果,直到小学毕业,小明均能遵守这项规定,总是保质保量地按时完成作业,然后再去看他喜欢的电视节目。有的家长常常误用,总是允许孩子先看电视,然后做作业,完全是本末倒置,这样就不会起到教育孩子的作用。

二是必须使孩子在主观上认识到强化与他的学习行为之间的依随关系。如果学生心目中没有把强化与良好的学习行为联系起来,强化对他的学习并不起作用。比如,有的学生为了看电视,草草地做完作业后就要看电视,如果家长允许看,则是对他做作业草率、不认真这一不良行为的强化。因此,家长必须使儿童意识到,允许他看电视是对他认真、按时完成作业的一种奖励,而不是随便他想看就可以看的。

三是必须用学生喜欢的活动去强化相对不喜欢的活动(强弱关系)。比如,家长可能觉得弹钢琴要比练毛笔字有趣得多,因此告诉孩子说:"你放学后先写一百个毛笔字,然后我允许你弹一小时钢琴。"家长心想这回孩子该好好练字了,可孩子根本不买账,因为他宁愿多写毛笔字,也不愿弹钢琴。可见,教师和家长在选择强化物时,必须了解与所要强化的学习行为相比,儿童更喜欢什么,并把后者作为强化物,方能有效。

另外需要注意的是,这个原理对于孩子养成良好的学习习惯是有一定帮助作用的,但从孩子长远来看不一定非常有利。因为经常这样做,会容易让孩子形成一种"完成学习任务是为了……"的惯性思维,从而缺乏真正持久的学习动力。

二、成就动机理论

20 世纪 30 年代美国心理学家墨里最早研究成就动机,他将其定义为"一种努力克服障碍、施展才能、力求尽可能又快又好地完成某事的愿望或趋势"。随后麦克里兰和阿特金森接受墨里的理论思想并将其继承发展。该理论的最大特点就是用数量化形式描述人的成就动机。

阿特金森认为,成就动机分两种——追求成功的动机和避免失败的动机,而且这两种动机都由三种因素决定:一是动机的强度 M(包括追求成功的动机和避免失败的动机),二是主观性概率 P(包括成功的主观性概率和失败的主观性概率),三是诱因值 I(包括成功的诱因值)。

阿特金森认为,成就动机可以用数学公式来量化分析。追求成功的动机倾向(T_s)是成功的强度(M_s)、成功的可能性(P_s)和成功的诱因值(I_s)三者相乘的函数。用公式表示为:$T_s = M_s \times P_s \times I_s$。阿特金森预测 I_s 与 P_s 恰好相反,即 $I_s = 1 - P_s$,这是因为成功的诱因值是成功自豪感产生的一种效应,即在一项困难的任务中取得成功的自豪感要大于在一项容易的任务中取得的自豪感。同理,避免失败的动机倾向(T_f)是避免失败的强度(M_f)、失败的可能性(P_f)和避免失败的诱因值(I_f)三者相乘的函数。用公式表示为:$T_f = M_f \times P_f \times I_f$。同上,$I_f = 1 - P_f$。

由于在活动中没有单独的追求成功的动机或是单独的避免失败的动机,而是两者同时发挥作用的,所以完成活动的动机强度(T)等于追求成功的动机倾向(T_s)减去避免失败的倾向程度(T_f)。

用公式表示为:$T = M_s \times P_s \times I_s - M_f \times P_f \times I_f$。所以公式可化简为 $T = M_s \times P_s \times (1 - P_s) - M_f \times (1 - P_s) \times P_s = (M_s - M_f) \times P_s \times (1 - P_s)$。

从公式中可以看出,想要成功地完成某任务,除了要考虑追求成功的动机强度外,还有一个很关键的因素就是成功的可能性。研究发现,具有较高成就动机的个体,他们往往选择成功概率约为50%的任务,因为这样的任务具有一定的挑战性,他们会全力以赴地争取成功。这也是为什么比赛过程中越是实力相当的对手之间,比赛越激烈。相反,那些成就动机低的个体往往选择极其容易或极其困难的任务,因为极其容易的任务他们很容易就会取得成功而避免失败,而对于极其困难的任务,即使失败他们也会将其归因于任务难度而得到他人的理解从而减少失败感。

阿特金森对成就动机理论的一个贡献是:他设想成功的可能性与成功的诱因值之间是相反的关系,也就是说如果成功的可能性太高即太容易成功,那成功的诱因值反而会降低即个体对追求成功的渴望反而会降低。所以,当成功的可能性是中等时(任务难度适中),动机最强,任务难度太高或太低,追求成功的动机都不高。

三、自我效能感理论

自我效能感理论是美国心理学家班杜拉提出的,他不同意行为主义的强化论,他认为行为的出现不是由于随后的强化,而是由于人们的期望等先行因素的影响。班杜拉将期望分为两种——结果期望和效能期望。结果期望是对某种行为导致某种结果的个人预测,如果一个个体能预测某一行为将会导致某一结果的出现,那么他的这一行为将会得到激活。效能期望则是个人对自己能否顺利地进行某种行为以产生一定结果的预期。即人对自己能力的主观推测,如果一个人认为自己有能力完成某一任务,他就会产生高度的自我效能感,并会积极投身于这一任务。班杜拉认为效能期望对一个人的行为更具重要影响。

伴随自我效能感的形成,它对人的行为产生极其深刻的影响,主要体现在以下几个方面。①决定人们对活动的选择及对活动的坚持性。自我效能感高的人倾向于选择那些富有挑战性的任务,并且在遇到困难时也能坚持完成任务,而自我效能感低的人则相反。②影响人们在困难面前的态度。自我效能感高的人,在遇到困难时并不畏惧,将其视为通往成功方向的垫脚石而欣然接受,并积极战胜困难,而自我效能感低的人,在遇到困难时怯懦畏惧,将其视为通往成功方向的绊脚石并怨天尤人,不敢尝试。③影响活动时的情绪。自我效能感高的人在接受任务时充满信心,情绪饱满,而自我效能感低的人则相反。

自我效能感对人的行为产生如此深刻的影响,那自我效能感的来源是什么呢?班杜拉通过大量的研究指出,自我效能感主要有以下几个来源。①个体行为的成败经验。成功的经验能提高个人的自我效能感,失败的经验则会降低自我效能感,但存在个体差异。②替代性经验。人们看到那些与自己条件相似的人取得成功时会促进自我效能感的提高,相反则会使自我效能感降低。③言语劝说。他人在了解实际情况的基础上对个体进行有针对性的劝说和鼓励能增加该个体的自我效能感。④情绪唤醒。

如强烈的激动情绪通常会妨碍行为的表现而降低自我效能感。

班杜拉等人的研究也表明自我效能感与学生成绩之间具有重要关系,自我效能感对学业成绩的影响主要是通过以下几方面起作用的。①自我效能感是通过任务选择、期望水平和抱负水平而影响学业成绩的。②自我效能感是通过控制和作用于非认知因素而影响成绩的。③自我效能感是通过对学习行为的控制和调节而影响学习成绩的。除此之外,研究还发现,教师的自我效能感水平与学生学习成绩之间也有一定的关系。效能水平高的教师能创造积极热情的、互相支持的、互相理解的师生关系,建设民主活跃的、热烈的课堂气氛,按照课程发展的具体情况灵活地调整教学情境,指导学生进行有效的学习;效能水平低的教师对待学生态度冷漠,不愿与学生进行交往,不愿采用新的教学方法,教学方法古板、单调,没有控制和管理教学情境的随机应变的能力。

四、归因理论

在学习过程中,我们有时会不得不面对学业成功或失败的结果,特别是当面对失败的结果时,为了保护自我免于灾难性的损害,我们会试图找到可以解释我们失败的原因。心理学家从归因的角度对此进行了研究。归因是指个体对自己或他人行为结果的原因的知觉和判断,简言之,归因即是寻找行为结果的原因。当代影响较大的归因理论主要包括韦纳的成败归因理论和塞里格曼的习得无助理论。

(一)韦纳的成败归因理论

韦纳认为,个人对自己行为及其结果有自求了解的动机,个人成败的解释主要归于以下六种原因:①能力,个人评估自己对此项工作是否胜任;②努力,个体反省检讨自己在工作中是否尽心而为;③工作难度,凭个体经验判定某项工作的困难程度;④运气,个体自认为成功是否与运气有关;⑤身心状况,个体的身体及心情状况是否影响成效;⑥别人的反应,在工作过程中及以后别人对自己工作表现的态度与评价。韦纳进一步将这六个原因归入三个维度:①原因源,个体认为成败因素的来源是个人内部原因还是外部环境;②稳定性,个体认为成败因素在性质上是否稳定;③可控制性,个体认为成败因素在性质上能否由个人意愿决定。具体见表7-1。

不仅如此,韦纳的研究还发现,每一原因维度都对应着一些情绪反应,原因源维度主要与自尊有关;稳定性维度则与自信心有关;可控性维度则因对象的不同而产生不同的情感体验。在内外维度上,如果将成功归因于个体内部原因,就会产生自豪感,反之则会产生侥幸心理;将失败归因于个体内部原因,就会产生羞愧感,反之则会感到生气。从稳定性的角度分析,将成功归因于稳定性因素,就会感到自豪,反之则会感到侥

表 7-1　不同归因类型在三个维度上的表现

归因类别	原因源		稳定性		可控制性	
	内在	外在	稳定	不稳定	可控制	不可控制
能力	＊		＊			＊
努力	＊			＊	＊	
工作难度		＊	＊			＊
运气		＊		＊		＊
身心状况	＊			＊		＊
别人的反应		＊		＊		＊

幸。将失败归因于稳定因素,就会感到绝望,反之则会感到生气。从可控制性角度分析,将成功归因于可控因素,就会去积极争取成功,反之动力就会减少。而将失败归因于可控因素,即使失败,个体也会继续努力,争取下次成功,反之则会感到绝望。韦纳认为对行为结果的归因,会直接影响随后的行为倾向和方式,引导学生做正确而积极的归因,是不断提高他们学习信心的重要策略。

(二)习得性无助的归因理论

经典实验

"习得性无助"(learned helplessness)是美国宾夕法尼亚大学心理学教授塞里格曼(Seligman)1967 年在研究动物时提出的,他用狗作了一项经典实验。斯利格曼把狗关在一个上了锁的笼子里,笼子边上安装了一个扩音器,扩音器一响,笼子的铁丝网就会通上电流,给狗以难受的电击,但不会伤害它的身体。刚开始,被电到的狗会在笼子里四处乱窜,但是没有出口,逃避不了电击。多次实验后,狗只是躺在那里默默地忍受痛苦,不再极力逃脱了。

于是塞里格曼把狗挪到了另一个更大的笼子里,笼子的中间用隔板隔开,一边通电,一边没有通电,但隔板的高度是狗可以轻易跳过去的。塞里格曼把另一条从来没有经过实验的对照组狗,和先前的那条实验狗一起关进了通电的一边。当扩音器响起,笼子通电时,对照组狗在受到短暂的惊吓之后,立刻奋起一跳,逃到了安全的那一边。可是那条可怜的实验狗,却眼睁睁地看着伙伴轻易地跳到笼子的另一边,自己却卧倒在笼子里,再也不肯尝试了。本来可以主动逃避却绝望地等待着痛苦的来临,这就是习得性无助。

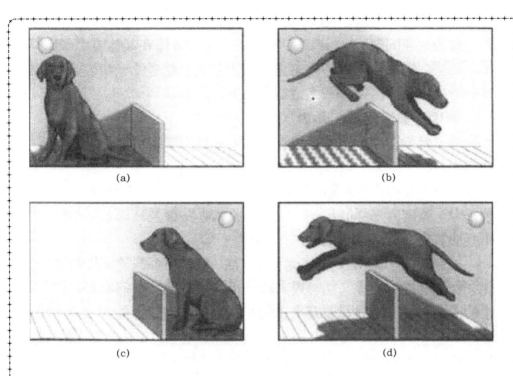

图 7-3 习得性无助经典实验

　　1975 年塞里格曼用人当被试者,结果也产生了习得性无助。实验是在大学生身上进行的,把学生分为三组:第一组学生听一种噪音,这组学生无论如何也不能使噪音停止;第二组学生也听这种噪音,不过他们通过努力可以使噪音停止;第三组是对照组,不给被试听噪音。

　　当被试在各自的条件下进行一段实验之后,即令被试进行另外一种实验:实验装置是一只"手指穿梭箱",当被试把手指放在穿梭箱的一侧时,就会听到一种强烈的噪音,放在另一侧时,就听不到这种噪音。实验结果表明,在原来的实验中,能通过努力使噪音停止的被试者,以及未听噪音的对照组被试者,他们在"穿梭箱"的实验中,学会了把手指移到箱子的另一边,使噪音停止,而第一组被试,也就是说在原来的实验中无论怎样努力都不能使噪音停止的被试者,他们的手指仍然停留在原处,听任刺耳的噪音响下去,却不把手指移到箱子的另一边。为了证明习得性无助对以后的学习有消极影响,塞里格曼又做了另外一项实验:他要求学生把下列的字母排列成字,比如 ISOEN/DERRO,可以排成 NOISE 和 ORDER。学生要想完成这一任务,必须掌握53124 这种排列的规律。实验结果表明,原来实验中产生了无助感的被试者,很难完成这一任务。

塞里格曼最早提出习得性无助概念,他认为消极行为事件或结果本身并不一定产生习得性无助感,只有当这种事件或结果被个体知觉为自己难以控制的时候,人才会产生无助感。习得无助理论主要用来解释动机减弱或动机缺失。这个理论构建的动机产生模型为:不可控制的事件会导致反应和结果不相倚的预期,这种预期会进一步导致行为反应强度的减弱。这实际上说只有消极的行为事件和结果被归因于不可控制的原因时,人们才会产生无助感。然而,后来的研究表明这种观点过于简单,难以说明人类无助感产生的复杂性。

1978年,阿布拉姆森对该理论进行了进一步的完善,引入归因的概念和原则,从而发展了习得无助的归因理论。他指出仅有不可控制的消极事件,或对这种事件产生原因的不可控制性的知觉,还不足以使人类这种具有高度理性的复杂动物产生弥漫性的无助感。一个人经历不可控制的消极事件后,动机缺失的性质和程度都是他对该种结果的更复杂的归因。如果一个人将不可控制的消极事件归因于内部的、稳定的、普遍的因素,那么一种弥漫性的无助或抑郁状态就会出现,自我评价降低,动机减弱到最低水平;如果不是这样,那么人们在经历消极事件后所产生的无助感就只能是限于特定的时空条件的、不普遍的,不足以降低人们的自我评价和弱化人们的动机,甚至还会强化随后行为的动机。这就是说,消极事件原因的可控制性、稳定性和普遍性一起决定了无助感的产生和随后的行为动机,而不是单独起作用的。

在动机诸理论中,归因理论的独特之处还在于它的反馈论思想。人们在考察动机问题时一般的思路是从动机到行为,而归因论则反其道而行,它的模式是结果、归因、后继行为。由此可说,归因论是一个信息反馈过程,而且归因理论主要以人为被试,其理论建构严格建立在实验数据的基础上。

五、成就目标理论

20世纪80年代中期,尼科尔斯(J. Nicholls)和德威克(C. S. Dweck)等人在社会认知领域研究成果基础上,综合了以往成就动机的研究提出了成就目标理论。成就目标表示个体为了获得或达到有价值的结果或目的而参与成就活动的原因。埃姆斯将其定义为"学生对于学业成就,成功意义或目的的知觉"。德威克将成就目标定义为"对认知过程的计划,它具有认知的、情感的和行为的结果"。

成就目标主要包括任务目标和能力目标两类。不同时期的学者对这两个目标所采用的术语不尽相同,但基本意义是一致的。尼克尔斯把这两个目标称为任务卷入和自我卷入,德威克把这两个目标称为学习目标和成绩目标,埃姆斯把这两个目标称为掌握目标和成就目标,而迈尔把这两个目标称为任务目标和能力目标。任务目标是指个体把完成任务作为行为的目标,考虑的是自己是否掌握了任务,重视学习的过程和个人努力的作用,把完成任务的过程作为提高能力的手段,对自己能力的评价不受外界环境的影响。能力目标是指个人把胜过他人,证明自己的高能力以回避对能力的负性评价为目标,把完成任务作为表现能力的手段,重视社会比较。德威克等人认为,在成就情境中,儿童主要追寻的成就目标具体可分为学习目标和成就目标。追寻成就目标的个体认为智力是可以培养的,可以发展的,因而力求掌握新的知识和提高自己的能力;追寻学习目标的个体则认为智力或能力是天生的,固定不变的,因而力求搜集与能力有关的证据以获得对自己能力的有利评价,避免消极评价。

德威克认为具有学习目标的个体关注自身能力的提高与知识的掌握,因而在学习过程中易于形成掌握模式,而具有成就目标的个体更多关注自己能力是否得到充分表现,关注别人对自己的评价,因而在学习过程中易于形成无助模式。德威克认为两种模式在认知、情感和行为方面都有如下三种本质区别。①在认知上,不同动机模式的个体对学习结果表现出不同的关注,无助模式主要关心对自身能力的测量和评价结果,失败意味着个人能力的不足。相反,在掌握模式中,个体关心能力增长,关心学习的过程。所以失败意味着在此项任务中努力和策略还不充分或需要变更,他们会继续努力,并将失败归因于策略。②在情感方面,无助模式的个体在面对失败时,其自尊心受到严重威胁。这种威胁可能首先导致焦虑和羞耻感,使个体采取更保守的自我保护策略,而对完成任务表现出厌倦,他们更向往通过低水平努力就能获得的成功。而对于掌握模式的个体,即使失败也仅仅意味着需要付出更多的努力和进行策略上的调整,所以他们在努力时会产生愉悦感,他们厌倦通过低水平努力就能够获得的成功。③在行为方面,具有无助模式的个体倾向于选择容易的、可以保证成功的任务,他们回避挑战。对于掌握模式的个体,理想的任务能够增加知识、发展能力并带来愉快。围绕学习目标的类型与学生适应之间关系的研究表明,同时采用掌握目标和成绩目标可能带来最好的结果。

在该理论基础上,很多研究者积极寻求将目标理论应用于课堂教学的实践策略。埃姆斯曾提出 TARGET 课堂教学模式:即任务设计(task design)、权利分配(authority distribution)、认可活动(recognition practices)、小组安排(grouping arrangements)、评估活动(evaluation practices)和时间分配(time allocation)。

成就目标理论对教育具有重要的指导意义。根据成就目标理论,具有学习目标的学生在学习过程有着更为完善的动机模式,即焦虑水平适中,成败归因正确,愿意接受挑战性任务。有意识地培养学生的学习目标,并使学生形成与之相适应的动机模式,这在教育中显得尤为重要,因而应减少在学习环境中的社会比较,提高学生在自我参照标准上的评价,使其将注意力集中在所付出的努力大小和策略的运用上,集中于掌握知识本身,以达到促进全面发展的目的。

六、需要层次理论

1954 年在《动机与人格》一书中,马斯洛提出了著名的需要层次理论。他认为,人的一切行为都是有意义的,都指向一定的目标,该目标通常取决于人们的需要。马斯洛将人的需要分为以下几类:①生理需要,是人们最原始、最基本的需要,如对食物、水、空气、睡眠、性等的需要,若得不到满足则有生命危险;②安全需要,要求劳动安全、职业安全、生活稳定,希望免于灾难和未来有保障等,如对稳定、秩序、安全感和可预见性等的需要;③爱和归属的需要,是指个人渴望得到家庭、团体、朋友、同事的关怀、爱护和理解,是对友情、信任、温暖、爱情的需要,如与他人建立感情联系、结交朋友、追求爱情等的需要;④尊重的需要,可分为自尊、他尊和权力欲三类,如要求获得声望、地位、荣誉、赏识、威信等,以及期望获得信心、本领、实力、成就、独立和自由等;⑤自我实现需要,这是最高等级的需要,使自己成为自己理想的人、把自己的潜能全部变成现实的需要。马斯洛又将前四种归为缺失性需要,后一种归为成长性需要。

马斯洛认为,这五种需要是有先后顺序之分的,只有低层次需要得到满足之后,高层次需要才会产生,是一种呈波浪状层层推进的关系。缺失性需要在获得满足后,其强度就会降低,而成长性需要的强度不会随其满足而降低,反而会因获得满足而不断增强。人当前最迫切的需要才是激励人行动的主要原因和动力。任何一种需要都不会因为更高层次需要的发展而消失。各层次的需要相互依赖和重叠,高层次的需要发展后,低层次的需要仍然存在,只是对行为影响的程度大大减小。满足需要时不一定先从最低层次充分满足才开始中层或高层需要,有时个体会为了满足高层次的需要而牺牲低层次的需要,甚至可以超越包括生理、安全、归属和爱、自尊等需要,这是自我实现、自我评价等需要带来的。

根据需要层次理论,家长和教师应注重为学生创设良好的成长环境,学生只有在各种缺失性需要获得一定程度的满足后,成长性需要才能够被充分地激发。在现实的学校生活中,学生缺乏学习动机或是动机不足,可能是由于某种需要没有得到满足而引起的。在学校里,最主要的需要是归属和爱的需要以及尊重的需要,教师要让学生感到被接纳和尊重,这样学生就有可能产生学习动机,从而喜欢学习。

七、自我价值理论

自我价值理论(self-worth theory)是由科温顿(M. V. Covington)提出来的,关注人们如何评估自身价值。它的基本假设是"当自己的自我价值受到威胁时,人类将竭力维护,并认为人类将自我接受作为最优先的追求。在学校,学生的价值通常来自于他们在竞争中取得成功的能力。换句话说,学校中的成功应被理解为:保持积极的、有关能力的自我形象,尤其是在遭遇竞争失败时"。自我价值理论澄清了阿特金森对成就动机的描述,将动机划分为四种类型,也就将学生划分为四种:高驱低避型,低驱高避型、高驱高避型和低驱低避型。高驱低避型学生自信、机智,是成功定向者,他们拥有无穷的好奇心,对学习有极高的自我卷入水平。低驱高避型学生的特点可以概括为逃避失败者,他们更看重如何逃避失败,而非期望成功。他们看起来懒散,不爱学习,隐藏对失败的强烈的恐惧,这种恐惧太过于强烈,必须采用逃避的手段。高驱高避型学生被称为过度努力者,他们同时受到成功的诱惑和失败的恐惧两个方面的威胁,表面上看,他们很优秀,但事实上他们严重地受着紧张、冲突等情绪困扰。这类人平时表现出贪玩,不在乎学习,私下却偷偷努力,这样考试成功更能够说明他们能力过人,如果失败,他们也能够找到很好的借口。低驱低避型学生,这类学生被称为失败接受者,他们不奢望成功,对失败也不感到丝毫恐惧或者羞愧。

学生在长期经验中有如下两种体验:第一种为付出极大努力后仍然失败时,会感到羞愧和痛苦,而且会因怀疑自己的能力不如别人而丧失自尊心和自信心;第二种为未努力而遭受到失败,则心理上的挫折感较小,而且自己还可用"未努力"来掩饰和安慰自己。因此,在学校教育过程中,应实实在在地帮助学生在课业上获得成功而免于失败。自我价值理论的意义就在于把指导学生认识学习目的、培养学生的学习动机作为学校教育最重要的目的。

八、自我决定理论

20 世纪 80 年代,美国心理学家德西和瑞安提出了自我决定理论,这个理论认为人类有机体一直在争取自主性、自我决定感以及与他人的关联,以满足胜任感、自主性和归宿感三种最基本的心理需要。自我决定理论强调个体从事某一活动需要出自自我愿望感、自主选择感和个人认可感,体验到行动的自主性和选择性,强调自我调节在动机内在化过程中的作用。根据自我决定理论,满足学生的基本心理需要,促进学生学习动机的内在化,引导学生合理归因,是培养学习动机的重要途径。这个理论认为,如果外在动机使用不当,会导致内在动机衰减。

第三节 学习动机的培养与激发

上节论述了不同心理学家从不同角度对学习动机产生原因的看法。综合来看,学习动机受到个体需要、目标、归因等内部因素,以及强化、反馈、认同等外部因素的交互影响。根据学习动机理论,教师可以采取以下方法培养与激发学生的学习动机。

一、学习动机的培养

学习动机的培养,是指使学生建立学习动机的过程,是学生的学习动机从无到有、从弱到强、从错误到正确的变化过程。学习动机的培养是以好奇心为基础,通过后天环境和教育的影响,使之成为个体较为稳定的个性特征的过程。

(一)利用学习动机与学习效果的相互关系来培养学习动机

学习动机作为学习活动的动力机制,是学习活动得以激发、保持、完成的重要条件,并且由此影响学习效果。不仅学习动机可以影响学习效果,学习效果也可以反作用于学习动机。为了使学习动机与学习效果相互促进,应改善学生的知识技能掌握情况,弥补其知识技能方面的欠缺;改变学生学习成败的体验,使其体验到学习上的成就感。

(二)利用直接发生途径和间接转化途径培养学习动机

新的学习需要可以通过两种途径来形成:一是直接发生途径,因为原有学习需要不断得到满足而直接产生新的更稳定、更充分的学习需要;二是间接转化途径,新的学习需要是由原来满足某种需要的手段或方法转化而来的。

利用直接发生途径,主要考虑如何使学习原有的需要得到满足。学习需要的满足,会让学生产生愉悦的情绪体验,有利于产生新的学习需要。从间接途径考虑,主要应通过各种活动,提供各种机会,满足学生其他方面的要求和爱好,使之转化为新的学习需要,即利用动机的迁移作用,通过满足学生其他方面的需要(如游戏、与同伴交往等),使其产生新的学习需要。

二、学习动机的激发

学习动机的激发,是指在一定教学情境下,利用一定的诱因将已形成的学习需要充分调动起来,即由潜在状态转化为活跃状态,成为学习过程中的积极因素。激发学生的学习动机,可以从以下两方面进行。

(一)外部学习动机的激发

1. 创设问题情境,实施启发式教学

问题情境是指具有一定难度,需要学生努力克服,而又能够达到的学习情境。在学习过程中,难度过低或过高的知识都不能使学生产生学习兴趣。研究表明,中等难度的问题情境最有利于学习动机的激发。

创设问题情境,要求教师熟悉教材内容和教材结构,了解新旧知识之间的内在联系,并充分了解学生已有的认知结构状态,使新的学习内容能够与学生已有的知识发生联系。问题情境的设置方式多种多样,既可用老师提问的方式提出,也可以用作业的方式提出;既可以从新旧知识的联系方面进入,也可以从学生的生活经验引入。创设问题情境,既可以在教学开始阶段进行,也可以在教学过程中或教学结束时进行。

2. 学习材料要有科学性与趣味性

学习材料的科学性不仅是指学习材料内容要正确,符合客观规律,逻辑结构严谨,还包括材料内容要适合学生已有的知识水平,符合学生的年龄特征和心理发展特点。材料的趣味性是指材料内容要生动形象、富有趣味,与学生的日常生活相联系,有较强的实用性。

3. 向学生提出明确、具体的学习目标

学习目标是指学习预期达到的客观标准。学习目标能够引导学习动机。帮助学生树立学习目标,最好的办法是让他们的活动有明确的目的和任务。学习目标的高低要因人而异,尽量与个人的学习能力相一致,只有在学生能力范围之内,又具有一定挑战性的目标,才能有最佳的动机激发作用。将近期目标与长远目标相结合,也将进一步提高实现目标的动机。教师在为学生提出目标的同时,还要采取适当的评价和奖励措施,以激发学生的学习动机。

4. 利用学习结果的反馈作用

让学生及时了解自己的学习结果,不仅可以看到自己的进步,也可以通过教师的反馈看到自己的缺点与不足,从而激发上进心和进一步努力学习的动机。关于学习结果对学习动机的激励作用已被实验研究所证明。

罗斯(D. Ross)等做过一个很有说服力的实验。他们把一个班级的学生分成三个小组,每组给予不同的反馈。第一组,学习后每天告诉其学习结果;第二组,每周告诉其学习结果;第三组,不告诉其学习结果。如此进行 8 周后,改换条件。实验结果表明:在第八周后,除了第二组显示出平稳的进步外,第一组与第三组的情况则变化很大,即第一组成绩逐步下降,而第三组成绩迅速上升。由此可见,教师的反馈对学生学习的效果有显著作用,尤其是每天及时反馈优于每周反馈的效果。如果不给予学生学习结果的反馈,那么学生会缺少学习的动机,很少进步。所以,教师应当尽可能让学生及时、准确、具体地了解自己学习的情况及取得的成绩。

教师对学生的学习结果进行适当的评价具有强化作用。佩奇(E. B. Page)曾对 74 个班级的学生共 2000 多人进行实验。他把每个班的学生都分成三组,给以不同的评价。第一组为无评语组,只给甲、乙、丙、丁的等级;第二组为具体评语组,即除标明等级外,还按照学生的答案给以相应的评语;第三组为一般评语组,对甲等成绩者,评以"好,坚持下去",对乙等成绩者,评以"良好,继续前进",对丙等成绩者,评以"试试看,再提高点吧"。结果发现,具体评语针对学生答案中的优缺点做点评,效果最佳;一般评语的内容针对性不强,虽有激励作用,但不如具体评语;无评语的成绩明显降低。因此,教师对学生的作业、测验等进行评价时,不仅应该打出分数、评定等级,还应该加上有针对性的评语,这样效果会更好。

5. 进行适当的表扬与批评

正确的评价和恰当的表扬与批评所起的作用,主要是对学生的学习活动予以肯定或否定的强化,从而巩固和发展正确的学习动机。尽管在一定的情境中,适度的批评和惩罚对促进学习有一定效果,但一般来说,表扬、鼓励、奖励要比批评、指责、惩罚更能有效地激发学习动机。赫洛克(E. B. Hunlock)曾把 100 名四、五年级的学生分成 4 个等组,在 4 种不同诱因的条件下进行加法练习,每天 15 分钟,共进行 5 天。A 组为受表扬组;B 组为受训斥组;C 组为观察组(旁听 A、B 两组受表扬与训斥);D 组为控制组(单独进行,不接受任何评定),控制组单独练习,不给任何评价,而且与其他三个组学生隔离。最后,测量 4 组学生的成绩。结果表明,就学习的平均成绩来看,3 个实验组的成绩都优于控制组,受表扬组和受训斥组的成绩又明显优于观察组,而受表扬组成绩不断上升。由此可见,对学习结果进行评价,能强化学习动机,对学习起促进作用。适当表扬的效果好于批评,而批评的效果比没有评价好。

进行有效的评价和适当的表扬与批评,应该注意以下几点。①要使学生对评价有一个正确的态度。②评价必须客观、公正和及时。如果评价不公正,则会对学习动机起反作用。③评价要有针对性。任何的表扬与批评都应该让学生感到是有合理根据的,对其努力和能力要适度进行肯定,过与不及都有损动机的作用。④评价必须针对学生的年龄特征和性格特征。如对低年级的学生,教师的评价起到良好的作用;对于高年级的学生,通过集体舆论来进行表扬和批评,效果更好。对于缺乏自信的学生更应多一些鼓励与表扬;对于过于自信的学生,则应该更多地提出要求,在表扬的同时还应指出需要改进的地方。

 走进课堂

有一次,课代表把没有完成作业的学生名字写在我的英语作业情况登记本上,哎,又是这几个同学,好伤脑筋啊,经常不及时交作业,拖拉作业专业户。该怎么办呢?看到此景,我像往常一样,无奈地摇摇头,不管是生气还是漠视,似乎已成惯例。面对着两百五十名左右的学生,每天都经历着"反作业战",可丝毫未见改善。长久下去,何时才会有收效。我想过许多策略,实践过很多方法,可收效甚微,有时还适得其反。

上课铃声响之前,我来到教室,原想是叫他们几个过来,顺便教育一下他们,然后让他们到我面前把作业补好!静静地用目光找寻着他们,A生还没发现我已经走进教室,而B生根本没在教室,就这么疑虑了会儿上课铃就响了。随着铃声的响起,还伴随一阵急促的脚步声,B生抱着篮球冲回了教室!我心想你们两个运气好,下课再"修理"。

还没等到下课,B生就蠢蠢欲动,手悄悄地触摸脚下的篮球。下铃声响了,就在B起立想走的时候我叫住了他,当然还有正准备看漫画书的A生,除去和往日一样的说教,我补充说,A把你的漫画书先拿给我保管,B把你的篮球先给我保管,认真完成昨天的作业,那么我把你们最喜欢的给你们。

那一次完成的作业比原来的好多了,后来我都用这个办法来处理,虽然也有不完成的时候,但过了一个月,情况就好多了,至少作业登记本上很少再见到A、B两个学生的名字了!

反思:这种做法从心理学的角度讲就是普雷马克原理。但如果经常使用,学生也会感到厌倦,使反应的可能性下降。对强化频率的控制称为强化的程序,强化的程序通常可分为连续强化和间隔强化两种。在连续强化条件下,个体的反应率很高,只要个体想要获得强化,就会做出反应,但只要强化停止,反应也就不再出现。因此,学校教育中经常使用的是间隔强化,从时间上可以进一步区分为固定时间间隔强化和不固定时间间隔强化。实验结果表明,后者的强化效果更好。为了激发和维持学生的外部动机,就要有效利用各类强化,灵活安排强化的形式、程度。同时,教师应该仔细观察学生,对他们的喜好有足够的了解,以便适时地调节,使之更有效地进行强化。除了观察,还可以和学生商量,更清楚地了解他最想要的到底是什么,以使这个强化作用达到最好的效果!

6. 正确认识并妥善开展竞赛

竞赛是激发学习积极性的一种有效手段。研究结果表明,开展学习竞赛对激发学习动机和提高学习成绩可以起到一定的促进作用。通过竞赛活动,学生的好胜动机和成就需要更加强烈,学习兴趣和学习毅力会大大增强,有利于学习和工作效率的提高。

但是,竞赛要适当。过多的竞赛不仅会失去激励作用,还会造成紧张气氛,增加学生负担,有损学生身心健康。学习成绩差的学生会因失败而丧失学习信心和兴趣。在某些情境下,竞赛还可能带来人际关系紧张等消极影响。

总之,竞赛既有积极作用,也有消极作用。为了使竞赛能对大多数人起到激励作用,应注意以下几点。①按能力等级分组竞赛,使多数同学都有成功体验。②按项目分组竞赛,使不同能力、不同兴趣的学生都有展示自己才华的机会。③鼓励学生自己和自己竞争,争取这次成绩比上次好,今年成绩比去年成绩好。这样,同样有激励效果。

(二)内部学习动机的激发

1. 创设有利条件,有效满足学生的需要

根据马斯洛的需要层次理论,人对低级需要的追求是有限的,低级需要一旦得到满足就不再成为人的行动的积极推动力。人对高级需要的满足则是无限的,对高级需要的追求将对人的行为产生持久的激励作用和巨大的推动力。需要是组成学生学习活动的内在动力,是学生学习积极性的源泉。教师要充分了解学生的需要,要培养学生的学习需要,激发学生的学习积极性,启发他们满足自己的高级需要,为实现自己的理想而努力学习。因此,教师要努力做到以下几点。

第一,让学生认识到自己的学习缺乏。只有自己认识到学习缺乏时才能产生内在动力。教师在进行教学活动时,需要考虑班级学生的整体水平和能力,安排难度适中的学习任务。

第二,关注并满足学生的归属需要。归属需要对于学生而言具有重要意义。对于学生而言,和谐的师生关系是学生实现动机内化的必要条件。教师的积极支持能使学生产生积极的情感和动机状态,即使学生的成绩不理想,只要他们能感受到老师的关爱,仍然会保持学习的积极性,并努力付出。

第三,激发学生的求知欲和好奇心。教师在了解学生需要的同时,还可以通过各种途径和方法来激发学生的动机和好奇心。教师可以巧妙地利用学生对各种活动的兴趣来进行学习动机的迁移,也可以结合各课程的特点,尽可能采用学生感兴趣的方法和手段,使学习任务生动有趣,同时要帮助学生认识到学习任务在当前或未来的应用价值。

2. 提高自我效能感

根据班杜拉的自我效能感理论,自我效能感是一种主观的心理感受,这种主观感受影响任务选择、努力程度、坚持性以及学习态度等。具有高自我效能感的学生,喜欢选择具有挑战性的任务,遇到困难时仍能坚持并想办法克服,较少出现紧张和焦虑。相反,低自我效能感的学生,害怕选择具有挑战性的任务,遇到困难容易放弃、退缩。在对待学习活动的态度方面,自我效能感高的学生具有自信心,敢于直面困难,遇到较难学习任务,会认为自己通过努力能够完成;自我效能感低的学生,则对完成任务没有信心,认为努力、练习无济于事,因此容易退缩放弃。因此,在教学中通过一定的方法

改变和提高学生的自我效能感,是激发学生学习动机的有效途径。具体措施有如下几点。

第一,选择适中任务。中等难度的学习任务可以使学生获得更多的成功体验,进而提高自我效能感。学业成绩不良的学生常常夸大学习中的困难,过低地估计自己的学习能力,这就需要老师为这些学生创设更多成功的机会,让他们在学习过程中,通过成功地完成学习任务、解决困难来体验和认识自己的能力。

第二,树立适宜榜样。让学生观察那些学习能力与自己相差不大的同学获得成功的学习行为,通过强化和替代性经验来提高他们的自我效能感,使他们确信自己也有能力完成相应的学习任务,由此产生积极、持久的学习动机。当学生看到与自己水平接近的同学成功时,就会增加他的自我效能感,激发其学习动机。需要注意的是,在现实教学中,教师常常把那些学习成绩优异的学生树立为他人学习的榜样,这虽然对学生有积极的示范作用,但是对于自我效能感低的学生来说,消极作用会更大。

第三,正确面对失败。引导学生以平和的心态面对失败,在失败中总结经验教训,进而提高自己的学习能力,增强获得成功的自信。学业不良的学生经常表现出厌学倾向,这是在失败情境下出现的心理反应。如前所述,对失败的不合理归因,会使学生产生习得性无助感,诱发消极的心理防御。有的学生为了避免再次失败对自己自尊心的打击,干脆采取逃避的行为。因此,让学生正确对待失败与鼓励学生同样重要。在学生学习遇到挫折时,要引导他们改变对自己学习能力的错误判断,形成正确的自我效能评价,提高学习的自信心。

3. 增强成功体验

成功体验是一个人的心理财富,具备这种财富的人会自信而坚毅。对学生来说,成功的快乐是一种巨大的鼓舞力量,成功的积极体验会增强学生的学习动机,进而激发学生再次尝试的欲望。家长和教师是学生获得成功体验的推动者,要努力做到以下三点。

第一,帮助学生确立合理的学习目标。制定合理的学习目标并努力实现这个目标的过程是不断积累成功体验的过程,所制定的目标要符合自己的特点和能力,可以在短期内实现;目标必须是明确的、清晰的、具体的;目标是循序变化且具有挑战性的。家长和教师要对学生的完成情况给予及时恰当的反馈。

第二,帮助学生掌握有效的学习策略。不同学科具有不同的学习策略,帮助学生形成良好、有效的学习策略。

第三,帮助学生确立多元化的评价标准。教师要用心去发现每个学生的优势,在不同场合给予学生展示自我的机会并及时奖励学生。引导学生学会和自己比较,看到自己的优点和进步,增加学生的自豪感和成就感。

4. 进行归因训练,促使学生继续努力

在日常学习生活中,尽管导致行为结果的原因是客观的、不易改变的,但是对原因的解释是主观的、可以改变的。消极的归因方式容易导致情绪低落、学习动机减弱和自信心的下降,而积极的归因方式则会导致情绪高涨、学习动机增强和自信心的提高。教师要从有利于今后学习的角度,引导学生积极归因,以下四个方面值得关注。

第一,对成功与失败的期望。学生将成败归因于稳定因素时,如个人能力、任务难度等,对未来结果的期待与当前的结果是一致的,也就是说,成功者预期以后还会成功,失败者预期以后还是失败。

第二,对成功与失败的情感反应。不同的成败归因会导致不同的情绪体验,学生成功时会感到高兴,但只有将成功的原因归为内部因素时,学生才会感到自豪与满意。如果认为成功是源于他人或外部因素,则学生的情感反应是感激而不是自豪。相反,如果将失败归因于内部因素,就会感到内疚和自责;如果归因于外部因素,则会感到生气或愤怒。

第三,以后的努力程度。如果学生认为失败是由于不努力造成的,那么他们在以后则有可能更加努力,遇到困难也能够想办法克服并坚持下去。如果将失败归因于能力不足,他们会很容易放弃,尽管有些任务是他们以前成功完成过的。研究表明,后一类学生很容易产生习得性无助感。

第四,积极的归因训练。既然不同的归因方式会影响到主体今后的行为,也就可以通过改变主体的归因方式来改变主体今后的行为。这对于学校教育有重要的意义。学生完成某一学习任务后,教师应指导学生进行成败归因。一方面,要引导学生进行正确的归因,找出成功或失败的真正原因;另一方面,教师要根据每个学生以往的成绩表现,从有利于今后学习的角度进行积极归因,哪怕这时的归因并不真实。

积极归因训练对于差生转变有重要意义。由于差生往往把失败归因于能力不足,导致产生习得性无助感,造成学习积极性降低。因此,有必要通过一定的归因训练,使他们学会将失败的原因归结为努力,从失望的状态中解脱出来。正如韦纳归因模式所述,努力这一内部因素是可以控制的,是可以有意增加或减少的。因此,只要相信努力会带来成功,那么人们会在今后的学习过程中坚持不懈地努力,并极有可能获得最后的成功。

根据以上论述,学习动机的培养与激发是密不可分的,培养是激发的前提,学习动机激发的结果又强化了原有的学习需要。培养和激发学生学习动机的方式、手段多种多样,在具体的教育实践中还有很多方法需要教师创造性地、灵活地使用。

走进课堂

正确归因消除无力感

案例背景

李晓辉是一名初二的学生,性格开朗,爱好看报纸、玩电脑、打篮球,很喜欢数学,成绩也很优秀。一次偶然,外语考试没考好,晓辉很自责,老师认为晓辉没认真准备考试,作为反面教材在全班同学面前批评了他。由于成绩、名次的大幅度后退,回家后家长的责骂更让晓辉觉得压力很大,他希望下周的数学考试可以得到好成绩,重新获得老师和家长的认可。但是在这样的压力下数学也发挥失常考砸了,其他的科目也接二连三地没考好。面对老师和家长的批评、恨铁不成钢的态度,晓辉觉得自己很失败,觉得自己各方面都很差,进而对自己丧失了信心,也变得不爱和同学交流了。

案例分析

李晓辉由于考试连续的失败,陷入了习得性无助感的境地,而且越陷越深,不能自拔。习得性无助感是指由于连续的失败体验而导致个体产生的对行为结果感到无法控制、无能为力的心理状态。造成晓辉这种状况的原因分为两个方面。第一,他自身的原因,即他将自己的失败进行了错误的内部归因,认为是自己能力的问题,是自己不能控制的结果,因而出现个人的无力感。第二,外部原因,学校、家庭在教育过程中过分重视考试、分数、竞赛、名次等外部强化手段去激励学生学习,这样不仅给学生带来很大的压力,而且严重忽视对学生内在动机的培养和调动。晓辉的动机就仅限于一种附属感的驱动力,只想得到老师、家长的认可,一旦没得到认可,就会产生很强的挫败感和无力感。因此,一次偶然的失败就会使晓辉觉得自己各方面都很差,进而对自己丧失信心。此外,老师和家长在教育方式上的严重失误也让他彻底丧失了自信心,加重了该生的无助感。

案例对策

(1)采用各种方式培养李晓辉的内在动机。例如,利用他的各种爱好,篮球、电脑、数学等,巧妙实现动机迁移,培养学习的内在动机。(2)采用各种措施消除他在学习上的无力感。例如,教师要及时鼓励他的进步,如作业测试、课堂表现等,让他感到自身行为的有效性,另外可以根据情况给他重新制定一些具体的小目标。(3)可以对其进行归因训练,引导他进行积极的归因,例如自己不够认真、不够努力等,并不是他自己变笨或能力变差了。(4)培养他的意志,增强免疫力和抗打击能力,要让他树立一个明确并且适当的目标,并学会根据自己的情况及时做出适当的调整,克服自卑心,增强自信心,相信自己的能力,相信"一分汗水一分收获"的道理。

本章小结

学习动机是引起和维持个体进行学习活动,并使得学习活动朝向一定目标,以满足某种学习需要的内部心理状态,其形成受主、客观两方面因素影响。教师必须能够运用对个体和群体动机、行为的理解,创造一种学习环境,鼓励学生进行积极的社会互动,积极参与学习活动和自我激励。动机理论主要包括行为主义的强化理论和自我效能理论,人本主义的需要层次理论,认知学派的成就动机理论、归因理论、自我价值理论和成就目标理论。学习动机的培养可通过成就动机、成败归因和自我效能感的培训和训练来实现。内部和外部学习动机的激发需要通过不同的途径。

思考与练习

1. 什么是学习动机,学习动机和学习效果有什么样的关系?

2. 不同的归因对学习有什么影响,如何指导学生进行积极归因?

3. 影响自我效能感的因素有哪些?

4. 分析不同目标定向的学生的差异。

5. 有效反馈应该把握什么原则?

6. 论述题

激发一个学生的学习动机,可以从哪些角度进行考虑?

7. 案例分析

有一位同学,他的家庭情况不好,父亲生病在家,母亲身体又不好。他认为命运不公平,但又没有办法,比较悲观。班主任了解情况后,不仅鼓励他,还给他讲述了许多逆境中出人才的例子,激励他奋进。同时,班主任还向学校提议,给他减免部分学费。该同学在大家的帮助下,逐步从消极的阴影中走了出来,不仅精神面貌焕然一新,学习成绩也上去了。请利用动机理论分析该案例。

参考文献

[1]乔建中,等.教育心理学[M].北京:人民卫生出版社,2013.

[2]周龙影.教育心理学新论[M].镇江:江苏大学出版社,2013.

[3]洪显利,等.教育心理学的经典理论及其应用[M].北京:北京大学出版社,2011.

[4]冯维.现代教育心理学[M].重庆:西南师范大学出版社,2013.

[5]刘永芳,等.动机研究的历史演变[J].山东师范大学学报(社会科学版),2000(1):54-58.

[6]林海亮,杨光海.教育心理学——为了学和教的心理学[M].北京:北京师范大学出版社,2012.

[7]陈琦,刘儒德.当代教育心理学[M].北京:北京师范大学出版社,2011.

[8][美]罗伯特·J.斯滕伯格,温迪·M.威廉姆斯.斯滕伯格教育心理学[M].姚梅林,张厚粲,等译.北京:机械工业出版社,2012.

[9][美]简妮·爱丽丝·奥姆罗德.教育心理学精要[M].雷雳,等译.北京:中国人民大学出版社,2013.

第八章 学习迁移

学习目标

1. 掌握迁移的概念和分类。
2. 了解迁移的各种理论解说。
3. 学会为迁移而教的策略方法。

初中生小强是个爱劳动的学生,上小学时就当劳动委员。进入初中后班主任老师从档案中了解了情况,安排他继续当劳动委员。入学首个星期就有大扫除,垃圾需要运走。班主任安排小强用三轮车运走垃圾。小强骑上三轮车,发现车子不听使唤,方向难控制,平衡难把握,蹬起来非常吃力,弄了一身汗,大家哈哈笑他不中用。小强纳闷了:自己的奶奶,还有邻居家的三岁小孩,骑三轮车都骑得很好,自己怎么就骑不了呢?自己不是骑自行车技术很好的吗?经常跟同学比赛骑自行车,从来没有落后过,但首次骑三轮车就不行。唉!看来骑三轮车也是有学问、需要技术的啊!

其实小强遇到了"迁移"这个问题。虽然他骑自行车技术很好,但是骑三轮车与骑自行车的技术要领不同,导致了运用骑自行车的技术去骑三轮车发生了困难。这叫技能学习中的"负迁移"现象。骑自行车关键是保持平衡,而骑三轮车无须保持平衡,因为道路通常不是水平,三轮车必然向一侧歪斜,力图保持平衡的努力,必然导致用力错误,因而无法正常骑行三轮车。

学生学习中诸如此类的迁移问题处处可见,可以说学生的学习就是不断发生迁移的过程。教师教学要克服出现的消极迁移,促进积极迁移不断发生。

第一节　学习迁移概述

一、学习迁移的概念

学习迁移是传统教学中教师最重视的部分。发生大量积极迁移的教学,学生能闻一知十、举一反三;缺乏积极迁移的学习,学生消化不良,一知半解。在日常生活和学习中,我们经常因为忽视了迁移产生的条件,而产生不必要的迁移现象。日本司机在美国开车,常发生困难,甚至出现车祸。这是因为在日本"车左、人右",而在美国恰好相反。迁移效应运用得好就可能产生良好效果。在棒球队员中选拔高尔夫球集训队员，让会英语的人突击学习法语、德语或西班牙语，一般会取得较为理想的效果。孔子曰："举一隅不以三隅反，则不复也。"他要求学生"由此以知彼""举一反三"。

学习迁移是在某一种学科或情境中获得的技能、知识、理解、态度和行为规范对在另一学科或情境中技能、知识、理解、态度和行为规范的获得的影响。这种新旧学习之间的相互影响就是学习的迁移。简单说，迁移就是一种学习对另一种学习的影响。利用所学的技能、知识去解决问题的过程也是一种迁移的过程。迁移既是学习的继续和巩固，又是提高和深化学习的条件，学习与迁移不可分割。

二、迁移的意义

迁移与学生解决问题的能力和创造性密切相关。解决问题就是运用已有知识经验对面临的问题情境进行分析，发现问题起始状态和结果之间的联系。问题解决过程中的一个关键，是通过对当前问题的合理表征，将这种生成的问题表征与已有知识经验中的问题类型进行类比，也就是问题间的类化，然后将已有知识经验具体运用到当前问题情境中，这种问题的类化和已有知识经验的具体化过程，就是迁移过程。因此，学生解决问题的能力及其创造性与已有技能和知识的积极迁移密切相关。学生迁移能力的提高会增强其解决问题的能力和创造性。

认清迁移的实质和规律，对教材选择和编写、教法的选择以及教学过程的组织都有重要实践意义和理论意义。充分认识迁移发生规律，有助于教师把教学实践中积累的教学经验迁移到新的教学中。

三、学习迁移的基本分类

任何一种学习，都可以按照下列基本分类进行衡量，看属于何种迁移。

(一)按迁移的性质，可将迁移分为正迁移和负迁移

正迁移是指一种学习对另一种学习起促进作用。正迁移常在两种学习内容相似，过程相同或使用同一原理时发生。如方程式知识的学习有助于不等式知识的学习，数学学习促进理化学习等。

负迁移是指一种学习对另一种学习起干扰或抑制作用。负迁移常在两种学习相似而不相同的情境下，学生因认知混淆而产生。负迁移会使另一种学习更加困难，错误增加。比如学会汉语拼音对学习英义国际音标会产生干扰现象；语文学习不能区分一字多义、一字多音；在数学负数运算时错误使用正数的规则等。

实际上，一种学习对另一种学习的影响，除了单纯的正迁移或负迁移外，有时两种学习间可能既有正迁移，又有负迁移。负迁移要通过练习，其消极影响才能减少或克服。

(二)根据迁移产生的情景,可把迁移分为横向迁移和纵向迁移

横向迁移又称水平迁移,是指在内容和难度上相似的两种学习之间的迁移。纵向迁移是指不同难度学习之间的相互影响,包括较容易、较具体化的学习对难度较高、较抽象的学习的影响和较高层次的学习原则对较低层次的、具体学习情景的影响。

(三)根据学习时间先后,可把迁移分为顺向迁移和逆向迁移

先前学习对后继学习的影响,称为顺向迁移;后继学习对先前学习的影响,则称为逆向迁移。如图 8-1 所示。如学会骑自行车,更容易学会骑摩托车,但是会干扰骑三轮车,都属于顺向迁移;而学生掌握英语语法之后,可能反过来对掌握汉语语法起干扰作用,属于逆向迁移。无论是顺向迁移还是逆向迁移,其影响都有量的大小之分,和正、负迁移之别。

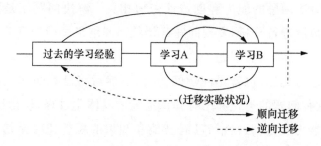

图 8-1 学习的顺向迁移和逆向迁移

(四)按迁移的内容,可将迁移分为认知迁移、态度迁移和技能迁移

认知迁移是在人脑的知识结构中发生的迁移。每个学生的认知结构各有特点,当学生原有认知结构与新的情境发生作用时,有时原有认知结构影响新问题的解决,也有时原有认知结构自身发生改变。如掌握平面几何知识较好的学生,与有关知识贫乏的学生相比,他们学习立体几何的成绩也会更好。现代认知心理学家辛格莱与安德森根据其知识分类的观点,将知识学习的迁移分为四种类型:程序性知识向程序性知识的迁移,程序性知识向陈述性知识的迁移,陈述性知识向程序性知识的迁移,以及陈述性知识向陈述性知识的迁移。这种分类基本上代表了人类知识学习中的迁移类型,是当今影响较大的一种迁移分类方法。

态度迁移是一种态度对另一种态度的影响。态度迁移在日常生活中普遍存在。如一个不喜欢某数学老师的学生,在多次得到该老师无微不至的关心和帮助之后,态度发生改变,不仅对数学老师产生好感,还会喜欢上数学这门学科。

技能迁移可分为认知技能迁移和动作技能迁移。认知技能迁移是一种认知性内隐操作过程,动作技能迁移是一种肌肉外显操作过程。一个掌握解数学因式分解技巧的学生,解任何因式分解题都显得游刃有余,这属于认知技能迁移。棒球选手打高尔

夫球也会打出高水平,则属于动作技能迁移。

走进课堂

"小学生数学迁移能力培养策略"案例

下冶二小　李翠芳

在数学教学中,我发现学生在测验和作业中常常会出现这样的情况:刚刚学过的数学知识,刚刚才讲解过的题目与方法,一转眼工夫,再做相似的题目时就会觉得困难。这种现象无论对于哪个层次的学生,都会存在,只是程度不同而已。为什么学生常常不能把刚刚学过的知识运用到相似的情境中去呢?在教学过程中,常常把产生这种情况的原因简单地归答于学生没有认真学习或审题不清等,这种泛泛而论或"形式化"的小结对学生问题的解决不能提供行之有效的具体指导,而这正是我在数学教学过程中存在并迫切需要研究解决的问题。我想,能否通过有效的策略帮助学生解决这一问题呢?针对小学生的特点,结合自己的教学风格,我试图通过培养学生数学迁移能力来提高学生学习数学的能力。

如:在刚刚上完第十一册第六单元稍复杂的分数应用题例1、例2,结合本班实际情况,以及在集体研究的前提下,我在备课过程中重在知识迁移,即加强新旧知识间的联系。培养学生加强新旧知识的联系,通过对旧知识的复习、巩固及新旧知识的对比来突破新知识,是解决问题的有效途径之一。为此,我对教材的例题适当进行了改变。如:例1的教学我先出示了"一个粮食仓库有大米1500袋,运走,_____?

师:找到关键句,找出单位"1",引导学生根据题意画出线段图,要求学生根据以前所学内容,提出问题。

生:可以提出运走多少吨。

师:从线段图中表示所求问题,并独立解答。

你还可以提出什么问题呢?

生:还可以提出还剩多少吨。

师:把所求问题在线段图中表示出来,那要求还剩多少吨,可以用什么数量关系来表示?

生:原有-运走=还剩。

生独立解答。

从整册教材可以看出,本章是六年级教学的重难点,但这节课上完后,我感觉教得很轻松,学生学习的积极性也比较高,课堂气氛比较活跃;从教学反馈来看,学生能在理解题意的基础上熟练掌握解题的方法。所以,我个人认为教师的教应建立在学生已有知识经验的基础上,充分挖掘教材,引导学生加强知识间的联系,培养学生的迁移能力,为有效提高教学实效性打下扎实基础。

(转引自:http://blog.sina.com.cn/s/blog_6d0459810100r2v5.html.)

【案例分析】

学生课堂学会了用"割补法"求平行四边形面积如下:

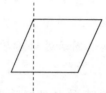

发生了知识迁移的学生就可以用"割补法"的思路去解下面这样的题目。

【例题1】求图中阴影部分的面积是多少?

A. 8   B. 9   C. 10   D. 无法计算

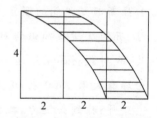

第二节　学习迁移理论

心理学家从不同角度解释了迁移的原因和机制,形成了不同的迁移理论。传统的迁移理论有形式训练说、共同要素说、概括化理论、关系转换理论和学习定势理论,当代的迁移理论有认知结构迁移理论、产生式迁移理论和认知策略迁移理论。

一、形式训练说

中国俗语"拳不离手,曲不离口"是对形式训练说(formal discipline theory)的形象诠释。中国古人在学习过程中,发现反复"练习"是导致知识迁移的一个关键所在。后来西方学者总结出"形式训练说"。形式训练说以官能心理学(faculty psychology)为基础,认为心体固有的官能只有通过训练才能发展,迁移就是心理官能得到训练而发展的结果。官能即注意、知觉、记忆、思维、想象等。对官能的训练就如同对肌肉的训练一样,注意、记忆等各种官能都可以通过多种不同形式的训练而得到增强,并自动地迁移到其他活动中去。形式训练说认为,迁移是无条件的、自动发生的。

形式训练说认为,进行官能训练时,关键不在于训练的内容,而在于训练的形式,因为内容经常容易忘记,其作用是暂时的,但形式是永久的。某些学科如古典语言、数学和自然科学的难题等都具有训练官能的价值。形式训练说假定人类大脑的许多区域代表了许多不同的官能。人的心智是由许多不同的官能组成的,不同的官能活动相互配合就构成各种各样的心理活动。各种官能可以像训练肌肉一样通过练习增加力量(能力)。

根据这种理论,在学校教育中,传递知识远不如训练官能重要。知识的价值在于作为训练官能的材料。在 20 世纪初以后,形式训练说不断遭到来自心理学实验结果的驳斥。詹姆斯用记忆实验证明,记忆能力不受训练的影响,记忆的改善不在于记忆能力的改善而在于记忆方法的改善。桑代克通过实验发现,训练可以迁移到类似的学习活动中,不相似的学习活动之间却无迁移现象。因此,形式训练说的假设缺乏足够的实验依据和现实依据。桑代克等人以严密的实验检验形式训练说,提出了共同要素说。

二、共同要素说

学习过程也遵循"触景生情"的规律。如果提供给学习者同类题型或题目的情境训练,可激活学习者回忆起已学知识的概率。

共同要素说是 19 世纪末 20 世纪初桑代克和伍德沃斯提出的。桑代克从联结主义观点出发,认为只有在原先的学习情境与新的学习情境有相同要素时,原先的学习才有可能迁移到新的学习中去。而且,迁移的程度取决于这两种情境相同要素的多寡。相同要素越多,迁移的程度越高;相同要素越少,迁移的程度越低。若两种情境含有共同因素,不管学习者是否觉察到这种因素的共同性,总有迁移现象发生。这种理论建立在桑代克与伍德沃斯在 1901 年从事的一项实验研究基础上。

在实验中,桑代克训练大学生判断大小和形状不同的纸张的面积。首先,让被试估计 127 张长方形、三角形、圆形和不规则图形的面积。这一事先测验旨在了解被试判断面积的一般能力。然后,给每个被试估计 90 个面积从 10 平方厘米到 100 平方厘米不等的平行四边形的面积。接着,把被试分成两组:要第一组被试判断 13 个类似于前面训练过的平行四边形和长方形的面积;要第二组被试判断 27 个三角形、圆形和不规则图形的面积。结果表明:平行四边形面积的训练有助于学生更好地判断长方形的面积,而对估计三角形、圆形和不规则图形的面积没什么帮助。桑代克的结论是:如果在两种学习情境之间要有任何正迁移的话,那么这两种情境必须是非常相似的。

他认为,学习中训练某一官能未必能使它的所有方面都得到改善。他认为两种学习之间具有相同因素时,才会发生迁移,例如,在活动 A12345 和活动 B45678 之间,因为两种活动有共同的成分 4 和 5,所以这两种活动之间才会有迁移;由于骑自行车与骑摩托车在协调和操作方式上有相同因素,所以迁移就容易发生。

后来,桑代克等人还通过对知觉、注意、记忆和运动动作等方面所进行的一系列迁移实验,来检验形式训练说,结果发现,经过训练的某一官能并不能自动地迁移到其他方面,再次证实了只有当两种情境中有相同要素时才能产生迁移。相同要素也即相同的刺激(S)与反应(R)的联结,刺激相似而且反应也相似时,两种情境的迁移才能发生,相同联结越多,迁移越大,后来相同要素被改为共同要素,即认为两种情境中有共同成分时可以产生迁移。迁移是非常具体的,并且是有条件的,需要有共同的要素。

桑代克的共同要素说揭示了迁移现象中的一些事实,对迁移理论研究作出了重大贡献。在当时的教育界曾起过积极作用,学校在课程方面开始注意重视应用学科,教学内容的安排也尽量与将来的实际应用相结合。

三、概括化理论

概括化理论也叫"类化说",观点是"对原理的学习"有助于知识的迁移。该理论认为,两个活动之间存在相同要素是必要前提,但产生迁移的关键是学习者在这两种活动中概括出它们之间的"共同原理",即在于主体所获得经验的类化。所以贾德(Judd)的学习迁移理论又称概括化理论。

以前面"割补法"求面积为例,学生在学习平行四边形面积的求解方法后,学会了其他类似图形的求面积方法。这不是因为反复做了平行四边形面积的题目(形式训练说),而是学生自己将之前学习到的知识概括成新的知识,并迁移到了新的题目中。

概括化理论由贾德提出。贾德在 1908 年所做的"水下打靶"实验,是这一理论的经典实验。他以五年级和六年级的小学生作被试,分成两组,要他们练习用标枪投中水下的靶子。在实验前,对一组讲授了光学折射原理,另一组不讲授,只能从尝试中获得一些经验。在开始投掷练习时,靶子置于水下 1.2 英寸(1 英寸=2.54 厘米)处。结果,讲授过和未讲授过折射原理的学生,其成绩相同。这是由于在开始测验中,所有学生都必须学会运用标枪,理论的说明不能代替练习。当把水下 1.2 英寸处的靶子移到水下 4 英寸时,两组的差异就明显表现出来。未讲授折射原理一组的学生不能运用水下 1.2 英寸的投掷经验以改进靶子位于水下 4 英寸处的投掷练习,错误持续发生。而学过折射原理的学生,则能迅速适应水下 4 英寸的学习情境,学得快,投得准。

对此,贾德是这样解释的:理论曾把有关的全部经验,包括水外的、深水的和浅水的经验,组成了整个的思想体系,学生在理论知识的背景上,理解了实际情况以后,就能利用概括了的经验,去迅速解决需要按实际情况作分析和调整的新问题。

经典实验

水下击靶实验及其改进

贾德通过著名的水中打靶经典实验,得出了以下结论:被试在理论的高度上把握、理解了实际情况后就能利用概括了的经验去迅速解决需要按实际情况作分析和调整的新问题。

后来,亨德里克森等人改进了贾德的实验。他们把被试分成三组而不是两组:第一组不加任何原理指导;第二组被试学习物理学折射原理,知道水、陆之间物体的位置有折光差异,目标不在眼睛所见位置;第三组则进一步加以指导,给他们解释水越深目标所在位置离眼睛所见位置越远。第一次实验时靶在水深 6 英寸处,第二次靶在水深 2 英寸处。实验结果如表 8-1 所示。

表 8-1 水下击靶迁移实验中水深和练习次数与迁移程度

分组	击中靶所需的练习次数		迁移的进步(%)
	水深 6 英寸	水深 2 英寸	
第一组机械学习	9.10	6.03	34
第二组了解折光原理	8.50	5.37	37
第三组了解折光原理和深浅比例	7.73	4.63	40

这一结果表明在学习打靶时,由于第二、三组被试了解原理,成绩优于第一组的机械练习;而第三组的成绩优于第二组更说明问题解决的学习与应用于新情境中的迁移,在了解原理原则与其实际应用情境的关系时效果会更好。他们不仅进一步证实了贾德的理论,而且指出,概括化不是一个自动的过程,它与教学方法有密不可分的关系,如果教学方法上注意如何概括、如何思维,就会增加正迁移出现的可能性。

拓展阅读

德里克·劳博士是世界著名核弹专家,面对 1998 年世界杯足球赛英格兰在点球大战中再次败于老对手阿根廷,这位英国绅士再也按捺不住心中的怒火,提笔给英格兰足球教练写了下面这封信。

尊敬的霍德尔教练:

请允许一位前诺贝尔物理学奖候选人(1994 年)向您阐明一个浅显的物理学问题。

我对于您率领的英格兰队的情况了解不多,尤其是你们的点球训练方式。但从你们输给阿根廷队这场球来看,你们缺乏一些基本的科学概念。英格兰是由于无知和缺乏教育(贝克汉姆)而被淘汰出局的,可我们实在是一个文化水平很高的传统国家。

从物理学的角度来看,成功率最高的点球应该是紧贴着地面滚入大门的。一个身体素质良好的守门员很容易向上或向左右两侧跳跃,以扑出来球。但是当他用手向下扑球时,他的重心必须急速下降,而手部向下移动的速度平均只有每秒 32 英尺——这种移动受到地心引力的影响,这一速度与皮球前冲的速度相差很远,所以,贴着地面的点球是守门员最难扑出的球。

然而您选择了巴蒂,巴蒂又选择了一种成功几率最低的半高球。或许您不相信,在巴蒂射门的那一瞬间,我已经感到了英格兰的失败——这是一种基本科学知识贫乏的失败。

如果您觉得我的描述是在浪费时间的话,那么我宁愿去陪我母亲聊天,她今年 90 岁了,可还是坚持看完了这场球赛……虽然对她的健康不利。要是你们在赛前进行过一些简单的数理分析,或者对力学有过一点涉猎的话,您应该可以指导队员踢好每一个点球。这样,阿根廷队就不可能再留在法国了。

最后给您举个例子。还记得巴乔的两个点球吗?上届世界杯足球决赛,他想打球门上部死角,结果球打飞了。这次对智利队,他就踢出了一个紧贴地面的球,智利守门员虽然做出了正确的反应,但无法将球扑出——他的腿部力量还无法与地心引力合拍。巴乔以后射点球还会采取这种正确的科学方式。

回国后,您还是和巴蒂一起好好补习一下物理吧。

(转引自:http://blog. sina. com. cn/s/blog_5022d81901009nuj. html.)

四、关系转换理论

关系转换理论是格式塔心理学家 1929 年提出的学习迁移理论。格式塔心理学家从理解事物关系的角度对经验类化的迁移理论进行了重新解释,代表人物是苛勒（W. Kohler,1929）。苛勒用"小鸡啄米实验"证明了关系转换的学习迁移理论。他让小鸡在深、浅不同的两种灰色的纸下面寻找食物。通过条件反射学习,小鸡学会了只有从深灰色纸下才能获得食物奖赏。然后,变换实验情境,保留原来的深灰色纸,用黑色纸取代浅灰色纸。问题是:如果小鸡仍然到深灰色纸下面寻找食物,那就证明迁移是由于相同要素的作用;如果小鸡是到两张纸中颜色更深的那张（即黑色纸）下面寻找食物,那就证明迁移是对关系做出的反应。实验表明:小鸡对新刺激（黑色纸）的反应为 70%,对原来的阳性刺激（深灰色纸）的反应是 30%;而幼儿在做同样的实验时始终对黑色纸的刺激做出反应。

他认为这结果证明是情景中的关系对迁移起了作用,而不是其中的相同要素,被试选择的不是刺激的绝对性质而是比较其相对关系（把在前一种情景中学会的关系即"食物总是在颜色较深的纸下面"迁移到后一种情景中,从而做出了正确的反应）。

苛勒通过实验证明迁移产生的实质是个体对事物间关系的理解。即迁移的产生依赖两个条件:一是两种学习之间存在一定关系;二是学习者对这一关系的理解和顿悟。其中后者比前者重要。习得的经验能否迁移,并不取决于是否存在某些共同要素,也不取决于对原理的孤立掌握,而是取决于个体能否理解各个要素之间形成的整体关系,能否理解原理与实际事物之间的关系,即对情境中一切关系的理解和顿悟是获得一般迁移的最根本要素和真正手段。苛勒认为,人们越能发现事物之间关系,则越能加以概括、推广,迁移越普遍。

五、学习定势理论与迁移

学习定势,是哈洛提出并用以解释顿悟现象的一个概念。哈洛认为:"学习情境的多样化决定我们的基本人格特征,并使在某些人变成会思考的人中起重要作用。这些情境是以同样的形式多次重复出现的。不应以单一的学习结果,而应以多变但类似的学习课题的影响所产生的变化来理解学习。"

学习定势既反映在解决一类问题或学习一类课题时一般方法的改进（学会如何学习）上,也反映在从事某种活动的暂时准备状态（准备动作效应或预热效应）中。学习定势的这两个方面都影响作业的变化。

练习一类课题有助于类似课题的学习,这一现象首先是在实验室用无意义音节进行研究发现的。渥德早在 1937 年报告:被试在记忆数列无意义音节时,前面的练习,影响后面的记忆,且记忆速度越来越快。

哈洛在 1949 年的研究也发现了类似现象。他首先用猴子为被试进行研究,然后以儿童为被试进行重复实验。对猴子进行辨别训练时,在猴子面前呈现两个物体,如一个是立方体,另一个是立体三角形。在一个物体下面藏着葡萄干,以葡萄干为强化物。通过几次尝试,猴子很快"知道"葡萄干藏在立方体下面,不在立体三角形下面。当它解决了这个问题以后,立即给它呈现另一个类似问题,如两个物体均为立方体,但颜色不同,一为白的,另一为黑的。它必须进行新的学习以解决这个新的辨别问题。当它解决了这个问题以后,又呈现一个新的辨别问题,如此继续多次。当猴子解决了许多这样的辨别课题之后,它解决新问题的速度越来越快,尝试次数越来越少。于是,实验者认为,猴子学会了如何解决问题或者说学会了如何学习。哈洛在谈到这个现象时说:"猴子已经获得了解决问题的学习定势。"

类似的学会如何学习的现象,在以儿童为被试的实验中得到了证实。例如,在一个实验中,智力落后的儿童(年龄为 10 岁,智龄只有 4 岁)在解决一个辨别问题时感到非常困难,但先从较容易的问题开始训练,然后转到较难的问题,学习效果就明显提高。实验分三组。课题是辨别油漆在方瓦片上的图形:黑的正方形,黄的空心 T 形。实验中甲组无预备训练,学习成绩很差,虽经 500 次尝试并有反馈,仍不能始终如一选出正确图形。乙组和丙组先做预备训练。乙组在做预备训练时,要辨别的图形(即实验辨别图形)被割掉了一部分(瓦片被切割了一部分),被试可以借助于触觉帮助,辨别的难度降低。当连续 5 次辨别尝试中有 4 次正确以后,转入实验课题,他们的成绩显著高于甲组的成绩。丙组用被切割的红色+图形和绿色+图形做预备训练,也在 5 次选择中达到 4 次正确之后,转入实验课题。虽然丙组在预备训练以后所要解决的课题是新的,但其成绩仍然超过甲组。

学习定势的研究启示我们,在安排练习内容时应由浅入深,循序渐进,练习课题之间要保持一定的同一性,才有助于学习与迁移。

六、认知结构迁移理论

布鲁纳和戴维·奥苏贝尔把迁移放在学习者整个认知结构背景下进行研究,他们在认知结构基础上提出了关于迁移的理论和见解。布鲁纳认为,学习是类别及其编码系统的形成。迁移就是把习得的编码系统用于新的事例。正迁移就是把适当编码系统应用于新事例;负迁移则是把习得的编码系统错误地用于新事例。

认知结构迁移理论指出,学生学习新知识时,认知结构可利用性高、可辨别性大、稳定性强,就能促进对新知识学习的迁移。"为迁移而教"实际上是塑造学生良好认知结构的问题。在教学中,可以通过改革教材内容和教材呈现方式改进学生的原有认知结构变量以达到迁移的目的。

七、产生式迁移理论

辛格莱和安德森认为,学习和问题解决之所以产生,主要是由于先前学习或源问题解决中个体所学会的产生式规则与目标问题解决所需要的产生式规则有一定的重叠。

根据产生式的形成过程,产生式迁移理论将迁移划分为四种:程序性知识向程序性知识迁移;陈述性知识向程序性知识迁移;陈述性知识向陈述性知识迁移;程序性知识向陈述性知识迁移。

根据产生式多项研究的证据,安德森等人对迁移问题得出了如下两个重要结论:第一,迁移量的大小与正负,主要依赖于两个任务的共有成分量,而这种共有成分的量是以产生式系统来考察的;第二,通过变式练习将陈述性知识转化为程序性知识,将孤立的产生式转换为产生式系统,这称为知识的编辑,知识编辑对产生式的获得与迁移有直接影响。

八、元认知与认知策略迁移理论

新近认知心理学对教育教学的研究日益重视元认知在学习中的作用和影响。弗拉维尔(Flavekk,1979)认为元认知是对认知过程和认知策略的认知;具有元认知能力的学习者能自动掌握、控制自己的认知过程。在学习及其迁移中元认知有两种:有关自己已有的思考和有关如何调控自己学习过程的思考,后者又表现为对自己学习过程及所用策略的反思,对自己学习掌握程度及完成情况的判断和预期等。可见,具有较好的元认知技能的学习者,在面临一种新的学习情景时,能主动寻求当前情景与已有学习经验的共同要素或联系,对当前知识与已有知识形成良好建构,形成一定组织,并运用已有经验对当前情境进行分析概括,寻求解决问题的策略。

一般地,具有较高元认知水平的人在学习过程会就如下问题反躬自问:①有关这个主题我已掌握了哪些知识?②我需要花多长时间去学习这个主题?③一个解决该问题的好的计划是什么?④我如何去预测和评估学习的结果?⑤我应该如何时时修正我的学习步骤?⑥如果我出错了,我如何查出来?⑦我理解我刚刚读过的内容吗?

因此,运用元认知技能学习或解决问题的过程就是一种迁移过程。要提高学生元认知能力,就要为学生学习的积极迁移创造条件,而元认知能力的提高又反过来会促进积极迁移的发生。

第三节 为迁移而教

一、影响迁移的因素

有如下一些因素会影响迁移。

(一)个人因素

1. 智力

智力对迁移的质和量都有重要作用,因为广义的智力包括一个人的概括能力、分析能力和推理能力等,智力较高者能较容易发现两种学习情境之间的相同要素及其关系,易于总结学习内容的原理、原则,能较好地将习得的学习策略和方法运用到后来的学习中。

2. 年龄

年龄不同的个体处于不同思维发展阶段,学习间迁移产生的条件和机制有所不同。具体运算阶段的学生,其学习迁移的发生有赖于具体事物的支持和协助,学习迁移更多地表现在先后学习内容间较为具体的相同要素之间的相互影响;形式运算阶段的学生已经具备抽象思维能力,不必依赖两种学习情境间的具体的相同要素支持,就能概括出共同原理、原则,产生学习的积极迁移。

3. 认知结构

认知结构是人在以前学习和感知客观世界基础上形成的、由知识经验组成的心理结构。认知结构质量,如知识经验的准确性、知识经验间联系的丰富性和组织性都影响学生在学习新知识、解决新问题时提取已有知识经验的速度和准确性,从而影响迁移。

4. 学生对学习和学校的态度

一方面,学生学习知识时的态度和心向影响他们把知识应用到社会工作和生活中的学习,如果学习知识时能认识到所学知识对以后生活和学习的重要意义并能联想到当前知识可能的情境,会有助于他们在以后的具体情境中运用已有知识来学习或解决问题。另一方面,学生对学校教师及其他学生的态度影响其学习迁移。如果学生认为学校是令人愉快、能获得有益知识的地方,而且与教师和同伴建立了融洽关系,这对他们的在校学习及其迁移有良好影响。反之,如果学生养成害怕或厌恶学校和教师的态度,这对其学习及其迁移就是有害的。

5. 学习的心向和定势

心向是一种心理准备状态,具有利用已有知识去学习新知识的心理准备状态比没有这种准备状态更有利于已有知识对新学习的迁移。H.B.里德曾经让被试学习无意义音节,结果发现事先被告知用有意义概念去学习的被试学习效果要好得多。

(二)客观因素

1. 学习材料的特性

包括所学知识、技能之间有无共同要素或成分,学习材料或新知识的组织结构和逻辑层次以及知识的实用价值等。那些包含了正确的原理、原则,具有良好的组织结构的知识以及能引导学生概括总结的学习材料有利于学习者在学习新知识或解决新问题时的积极迁移。教材是学生学习的基本材料,其科学的基本结构有助于学习的迁移。布鲁纳认为,基本结构的概念包括学科的基本知识结构和学习态度、学习方法两方面。掌握学科的基本结构不仅便于学生对教学内容的理解和记忆,而且有利于学习迁移。他主张要给学生提供好的教材结构,它可以简化知识,给学生提供获得知识的便利途径,有利于迁移。他强调组织好的教材结构应注意:①教材呈现的顺序要注意从一般到个别的不断分化,这样的教材既便于教师的教,也便于学生的学;②教材的知识结构要从已知到未知逐步系统化。

奥苏贝尔接受了布鲁纳的这些思想,更深入地研究了学生的认知结构对学习迁移的影响。他认为,在有意义学习中,认知结构始终是一个关键因素,现有学习受原有认知结构的影响,原有认知结构由于接收新信息而得到改造,这种改造后的认知结构又会影响后继学习。奥苏贝尔从认知结构的观点看待学习迁移,他对先前学习及其对后继学习的影响作了新解释。认为学习不是经验的一组刺激与反应的联结,而是按照一定层次组织起来的,适合当前学习任务的知识体系。在有意义学习中,先前学习并不直接对后继学习发生影响,而是通过原有认知结构间接影响新的学习或迁移,学习迁移的效果主要不是指运用一般原理于特殊事例的能力,而是指提高了相关类属学习、概括学习和并列结合学习的能力。

2. 教师的指导

教师有意识的指导有利于积极迁移发生。教师在教学时有意地引导学生发现不同知识之间的共同点,启发学生去概括总结,指导学生监控自己的学习或教会学生如何学习,都会对学生学习和迁移产生良好影响。

教师对学生学习的指导包括对学生学习目的、学习态度和学习内容及学习方法的指导。其中学习态度和学习方法指导对迁移有重要影响。学习态度是一种比较稳定的心理反应倾向,帮助学生形成良好学习态度是一项复杂长期的工作。良好学习态度一经形成,就会促进其他方面态度的形成。学习方法是达到学习目的的手段,是制约学习效果的重要因素之一,学习方法的实质是在头脑中形成认知或解决问题的策略。

良好学习方法需要教师指导和个人实践。指导学生学习,就某种意义上说,就是帮助学生学会如何学习。学生会学习、会解决问题,这实际上是一种能力,有了这种能力就会明显促进正迁移。

现代西方教学重点在于指导活动和采用活动型教学程序。他们认为通过活动进行学习比正规上课学习更有意义,更有利于把学生学习迁移到新情境中去。实践证明,学生适当参加与学习有关的活动,可以使学生在错误的尝试中得到益处。如果对学生活动给予必要指导,不仅可以减少错误,还可以增加学习迁移。学生学习态度、兴趣、技能等可以通过活动产生迁移而加以培养。在活动中,教师预先提供正确答案的指导方式,不如在教师的指导下让学生自己发现问题、解决问题学习效果好。因为指导学生自己发现和解决问题,能增加迁移的效能。学习指导可随学生年龄增大和问题难易而有所不同。此外,学生在学习新知识或解决新课题时,为了防止已形成的学习方法或思维习惯的消极影响,教师也应及时给予适当指导,以促进学生的正迁移,防止出现干扰。

3. 定势作用

定势又叫心向,它是由先前心理活动形成的一种准备状态,它决定着同类后继心理活动的趋势。定势这个概念最早由德国心理学家缪勒(G. E. Müller)和舒曼(F. Schumann)1889 年在概括重量错觉实验基础上提出来。20 世纪 50 年代前后,以乌兹纳捷(Д. Н. узнадзе)为代表的格鲁吉亚心理学家们对定势进行了大量实验研究,在此基础上形成定势理论。该理论认为,一定的心理活动所形成的准备状态影响或决定着同类后继心理活动的趋势,即人的心理活动倾向性是由预先准备状态决定的。为了研究定势对学习迁移的影响,心理学家渥德(L. B. Wadd)做了一个实验。结果表明,被试在记忆数列无意义音节时,前面的练习加快了对后面音节的记忆。这说明练习对同一类课题的学习有正迁移作用。在学习过程中,定势可能促进学习迁移,也可能干扰学习,产生负迁移。心理学家卢钦斯(A. S. Luchins)曾做过一个著名的定势实验,让被试设法用大、小不等的容器去取一定量的水。

实验组被试从第 1 题连续做到第 8 题,控制组被试只做 6、7、8 三题。结果表明,实验组被试在做 1—5 题时,形成了一种定势(用 B 减 A 再减 2C 的解题方法),这个定势影响着第 6、7 题的解答,有简便方法而未被用上。在解答第 8 题时则遇到了很大困难。控制组被试因没有形成解答 1—5 题的定势,迅速采用简便方法解答了第 6、7、8 题。实验证明,定势在解答同类课题时可能产生正迁移,而在解答不同类课题时,可能产生消极影响。因为人的认知策略和解题方法都有一个适用范围,超出适用范围,任何一种策略和方法都无效。卢钦斯认为,为了排除定势的消极影响,可采取两种办法:①请固守一种方法处理问题的人说出为什么要这样做,然后让他来考虑是否有其他方法可用;②如果尝试无结果,可稍停一会儿。这样可能打破某些特殊定势,提出新观点或找到解决问题的新途径、新方法。

4. 学习情境的相似性

学习情境是学习时的场所、环境布置、教学或测验人员等,这些方面越相似,学生就越能利用有关线索,提高学习或问题解决中正迁移出现的几率。

5. 迁移的媒体

当两个学习情境不能直接发生联系或产生迁移,需要借助一定媒体才能使两种学习间产生迁移。此时,能否选择能引起正迁移的媒体会对迁移发生及性质产生影响。

二、为迁移而教

"为迁移而教"曾经是西方教育界比较流行的口号,让全世界都感到很有吸引力。按照这个口号进行教学,学生当前学习应对他以后的学习或工作产生较大帮助。因此,学校教学活动应想方设法促进学习迁移实现。

(一)教材选编按照循序渐进原则

教材知识一般分为若干单元,前后两个单元应有适当重叠,使先前学习作为后续学习的准备,后续学习是先前学习的自然延伸。

"不断分化"和"综合贯通"是人的认知组织的原则,这两条原则也适于教材的组织和呈现。

(二)让学生掌握有关的原理或规则

两种学习之间的迁移是因为两个学习中存在共同成分,知识之间、技能之间的共同因素和相同原理是产生迁移的重要条件。学生掌握了扎实的基本知识和基本技能,就为进一步学习新知识和新技能创造了条件,为知识迁移打下了基础。

教师要注意把各个独立的教学内容整合起来,即注意各门学科的横向联系。教师应该鼓励学生把在某一门学科中学到的知识运用到其他学科中去。例如,要学生关注历史与地理、几何与三角、化学与生物、数学与物理学等学科之间的关系。若有必要,教师可做这方面的示范。

(三)提高知识的概括化水平

为了促进原理和规则的教与学,教学中应该引导学生自己总结出原理,让他们准确理解和掌握基本原理,培养和提高概括能力,充分利用原理和规则的迁移,这是训练迁移最有效的方法。

人们关于某一学科的知识在头脑中组成一个有层次的结构,最具有包容性的观念处于这个层次结构的顶点,它下面是包容范围较小和越来越分化的命题、概念和具体知识。根据人们认识新事物的自然顺序和认知结构的组织顺序,教材的呈现也应该遵循由整体到细节的顺序。

(四)强调简单的知识技能与复杂的知识技能以及新旧知识技能之间的联系

教师要促使学生把已学过的内容迁移到新学习内容上去。教师的提问或简单提示,有利于学生利用已有知识,比较容易地学习新的、比较复杂的内容。这就是纵向迁移。一方面,在教学中注意引导学生自己总结出概括化的原理,培养和提高其概括总结的能力,充分利用原理、原则的迁移。另一方面,在讲解原理、原则时,要列举最大范围的例子,枚举各种变式,使学生正确把握其内涵和外延。同时应结合原理、原则的具体运用情境进行讲解和学习,使学生能脱离学习原理、原则的背景把握其实质,并能在遇到该原理、原则适用的背景时,准确地运用原理、原则去学习新知识或解决新问题,即达到对原理、原则的去背景化(deeontextualized),防止学生对某一原理、原则的理解和运用仅局限于习得该原理、原则时情境的情况。尽量创设条件让学生在真实情境中去观察、实践原理、原则的应用,亲自动手操作教学实验、实习、见习;条件不允许或无法亲自观察实践的,教师也应利用直观教具或生动的教学语言、计算机模拟等手段,让学生尽可能增加感性认识。总之,要将所学与所用的情境联系起来。

如果教师教学或教科书不能使学生做到横向联系和融会贯通,容易出现不良后果。如果学生不知道许多表面上不同的术语实际上代表着本质上相同的概念,容易造成认知混乱。如果学生把看似相近或相同而实际上不同的概念、术语看成是同一个概念,也容易导致基本知识错误和误解。

(五)让学生学会学习

在教学中,给予学生教学指导对学生的迁移有重要影响。向学生提供适当指导,可以明显提高学习迁移效果。适当指导可以使学生学会如何学习。

布朗等人(Brown & Palincsar,1982)在阅读理解实验中,用矫正性反馈训练法教给学生元认知策略,结果不仅使学生对阅读理解问题正确反应的百分数明显提高,而且使其学到的元认知策略迁移到了他们的常规课堂的其他学习中。可以说,认知策略和元认知是可教的,教师在教学中有意识地教学生一些认知策略和元认知策略将有助于学生学会如何学习,从而促进学习的迁移。

学会学习包括注重练习。有研究表明,先后学习的内容,必须有充分的联系,才易于迁移,否则先后两项任务因有共同成分而导致混淆。学生可能没有掌握它们的共同产生式规则,只注意了表面上的相似而未发现实质上的差异。如果有充分练习,许多基本技能可以成为自动技能而不必有意识地注意,这样就可能有力促进新任务的学习。

(六)发挥定势的积极作用

在实际教学过程中,教师既要利用定势的积极作用帮助学生迅速掌握解决某一类问题的具体方法,又要变化问题,帮助学生具体问题具体分析,防止定势消极作用。

(七)让学生保持良好的心理状态

在教学中让学生保持良好心理状态,对学习既有满腔热情和信心,又有适当的焦虑和思维活动紧张度,这有利于迁移的实现。教师要注意对学生的评论,当学生用一个学科的知识来解决另一学科问题时,应予以鼓励。如果哪位教师对学生说:"我都被搞糊涂了,我们在讲历史知识,而你却在谈论地理知识。"这会破坏课堂氛围,打击学生探索的积极性,给学生消极暗示,导致学生产生负迁移。学校和教师要结合学生年龄特点,创设和改造学校环境气氛,增加学校对学生的吸引力。教师还可以通过反馈和归因控制等方式使学生形成关于学习和学校的积极态度。在每次学习前,应注意帮助学生形成良好心理准备状态,避免由不良情绪、反应定势等消极心态产生的消极迁移。

"为迁移而教"要求教师在教学和日常生活中都树立促进学生学习积极迁移的观念。教师必须结合具体学科领域的特点和具体教学对象的特点,灵活创设和利用教育契机去促进积极迁移的发生,真正把"为迁移而教"升华为自己的教学思路和教学观念并能结合具体情境灵活运用,这就是"专家型"教师。这样的教师从经验中形成了丰富的教学图式,面临某一教学情境时,会激发自己记忆中的某一图式,并采用合理的教学策略,这也是教师教学知识的一种迁移。

三、迁移研究今后的方向与动态

迁移研究将进一步扩大研究的范围,对知识、技能、态度和品德学习中的迁移现象进行研究,并且对不同领域间的学习迁移现象进行探讨,如研究学习者在一门课程中获得的知识技能和策略方法如何迁移到另一门课程的学习中去。

学习者的动机、情绪的作用研究将得到加强。学习动机的强和弱、情绪的积极与消极都对学习迁移有重要影响,但这方面的研究还很薄弱。因此,要想激发学生学习的积极性,培养学生良好情绪,使学生在积极愉快心境下学习并将此种心境迁移到其他学习情境中去,就必须加强这方面的研究。

学习策略和元认知迁移热点研究将继续深入。许多研究表明,教给学生学习策略、发展学生元认知能力能有效提高学生的学习成绩和自我学习能力,使学生真正学会学习。但是对于如何教给学生学习策略、是教一般策略还是各学科学习的具体策略、用什么方法才能有效提高学生的元认知能力等问题,仍无一致看法,尚需心理学家进一步深入研究。

 **本章小结**

　　学习迁移就是一种学习对另一种学习的影响。迁移与学生解决问题的能力和创造性密切相关。认清迁移的实质和规律，对教材选择和编写、教法的选择以及教学过程的组织都有重要实践意义和理论意义。充分认识迁移发生规律，有助于教师把教学实践中积累的教学经验迁移到新的教学中。任何一种学习，都可以按照基本分类进行衡量，按迁移的性质可将迁移分为正迁移和负迁移；根据迁移产生的情景可把迁移分为横向迁移与纵向迁移；根据学习时间先后，可把迁移分为顺向迁移与逆向迁移；按迁移的内容，可将迁移分为认知迁移、态度迁移和技能迁移。传统的迁移理论有形式训练说、共同要素说、概括化理论、关系转换理论和学习定势理论，当代的迁移理论有认知结构迁移理论、产生式迁移理论和认知策略迁移理论。"为迁移而教"首先要考虑影响迁移的因素，诸如个人智力、年龄、认知结构、学生对学习和学校的态度、学习的心向和定势，也要考虑一些客观因素，诸如学习材料的特性、教师的指导、定势作用、学习情境的相似性和迁移的媒体。要实现"为迁移而教"，教材选编应按照循序渐进原则，引导学生掌握有关的原理或规则，提高知识的概括化水平，强调简单的知识技能与复杂的知识技能以及新旧知识技能之间的联系，让学生学会学习，发挥定势的积极作用，让学生保持良好的心理状态。

思考与练习

　　1. 将现实中学习迁移现象的具体实例运用迁移的类别进行分析，看看属于何种迁移。

　　2. 分析影响学习迁移的主、客观因素。

　　3. 联系教学实际，思考"为迁移而教"的具体策略做法。

参考文献

　　[1]韩进之.教育心理学纲要[M].北京:人民教育出版社,1989.

　　[2]张大均.教育心理学[M].北京:人民教育出版社,1999.

　　[3]韩仁生,李传银,等.教育心理学[M].济南:山东人民出版社,2008.

　　[4]360百科.学习迁移[OL].http://baike.so.com/doc/6122251.html.

　　[5]欧阳骁,胡天硕,等.传统有效学习的在线应用(九):为迁移而教[OL].http://www.jmdedu.com/viewpoint/detail/1155.

　　[6]3edu教育网.学习的原理与方法:学习的迁移[OL].http://www.3edu.net/Lesson/bjgl/Lesson_80915.html.

第九章 学习策略

学习目标

1. 掌握学习策略的含义。

2. 了解学习策略的基本类型及其含义、区别。

3. 知道学习策略的训练原则及影响因素,能有效、灵活运用各种学习策略于自己的学习中。

听中学的一位老师弹《致爱丽丝》,在空旷的琴房里,那感觉很妙,音质之纯美是家中那套音响根本不能演绎出来的。很羡慕,问她,如果我能这样熟悉地演奏这首《致爱丽丝》需要多长时间?她微笑着说:"10分钟。"我说你开玩笑吧。她说不,是真的,不过我说的是每天10分钟。

她是一位语文老师,还是三年前练的琴,那架钢琴是一家私人企业捐赠的,一直放在琴房里。学校曾来过一个音乐教师,不过嫌学校待遇低,走了。于是,她便成了这架钢琴的主人,每次课间10分钟,她就猫到琴房里练练,从最初的音阶开始。不过,她只有10分钟,10分钟之后,上课铃声响,她就得停止。

想起一个故事,有一个小男孩练琴时每天坚持4个小时。她的老师知道后,对他说:"你不能这样练,马上停止。因为长大以后根本没有更多的时间来练琴,你应该养成习惯,一有空闲就练,即使几分钟也行。"他听从了老师的劝告,把练钢琴的时间分解到各个时间段。其他时间他用来写日记、培植标本、到草地上踢足球,而这一切,并没影响他的琴艺。

这个美国小男孩后来成为著名的诗人、小说家和极其出色的钢琴家,他之所以在各个领域取得辉煌的成就,原因在于他能分解自己的爱好到每天的时间中,他即使只有5分钟的空闲也会利用起来,写几句诗,弹一首曲子。

这个故事中的主人公每天坚持10分钟练习钢琴,10分钟的时间并不长,但如果能利用它并能成为一种习惯,这些短短的时间就有可能成就一个人,因为再大的事业和成就所需要的数年和数十年的时间都是由短短的几分钟累加起来的。当然这些应该是毫不拖延并加以充分利用的几分钟。

这是一种很好的时间管理策略,在学习过程中十分有用。在现代知识经济时代,信息爆炸,知识以几何速度快速增长,如何合理地利用时间,提高学习的效率,这是一个人在这个社会立足必须学会的技能。美国未来学家阿尔温·托夫勒早在20世纪80年代初就曾预言:"未来的文盲不是那些没有知识的人,而是那些不会学习的人。"可见,学会学习不仅是适应继续学习的需要,更是适应人的未来生存的需要。如何使学生学会学习,在学好科学文化知识的同时,掌握科学的学习方法,顺利和有效地完成学习的任务,迎接知识经济时代的严峻挑战是当前教育工作者面临的重要问题。而解决这个问题的关键途径就是加强学生学习策略(learning strategies)的研究,指导他们掌握适合自己的学习策略。认知心理学的研究成果充分表明:学习策略是学生"学会学习"的重要指标,是影响学习效率和质量的重要因素。

第一节　学习策略概述

学习策略作为一个完整的心理学概念,是自布鲁纳(1956)提出"认知策略(cognitive strategies)"概念以后开始形成和确立起来的。学习策略是学习者为了提高学习效率与学习效果而有目的、有意识地制定的关于整个学习过程的复杂方案,它不仅包括具体的认知方法,还包括学习者对学习过程的调控行为。从广义上说,能够促进知识高效吸收的所有方法都属于学习策略的范畴。

一、学习策略的构成

许多学者对学习策略的成分和层次进行了理论上的探讨。简单地说,学习策略是由两种相互作用的成分组成的,一种是基本策略,被用来直接操作课本材料,如领会和记忆策略;另一种是辅助性策略,被用来维持合适的学习心理状态,如专心策略。

现在一般认为学习策略包括认知策略、元认知策略(metacognitive strategies)和学习资源管理策略(resource management strategies)三部分。认知策略是指对学习材料进行直接分析、转换或综合的策略;认知策略是加工信息的一些方法和技术,有助于有效地从记忆中提取信息。一般而言,认知策略因所学知识的类型而有所不同,复述、精细加工和组织策略主要是针对陈述性知识的,针对程序性知识则有模式再认策略和动作系列学习策略等。元认知策略是指对学习起间接影响的策略,它包括对自己的认知加工过程进行计划、监控、调节和评估等,有助于学生有效地安排和调节学习过程。学习资源管理策略是辅助学生管理可用的环境和资源的策略,对学生的学习动机的激发具有重要的作用,成功的学生使用这些策略,能帮助他们适应环境以及调节环境以适应自己的需要,对增加学生的学习动机具有重要的作用。如图9-1所示。

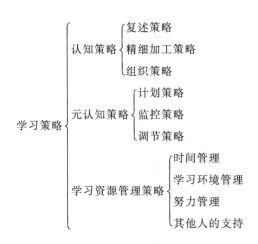

图 9-1 学习策略的构成

二、学习策略的形成过程

奥克斯福德(Oxford,1990)提出学习策略训练的八个步骤表征了策略的形成过程:①确定学习者的需要和有效的学习时间;②选择良好的学习策略;③整体考虑策略的训练;④考虑动机因素;⑤实施完整的策略训练;⑥准备材料和设计获得;⑦评价策略训练;⑧矫正策略训练。前五步为计划和准备步骤,后三步为实施、评价和矫正。

以信息加工的观点来看,学习是将新材料纳入长时记忆网络所做的有意义的联结。在外界新信息经由感觉记忆、短时记忆和长时记忆一系列加工过程中,学习策略要起到协助编码、存储与提取信息的作用。表 9-1 列出了学习策略形成与使用的过程。首先学习者分析与达成目标有关的活动和情境、重要的个人特性和潜在的有效学习程序。其次,学习者制定策略或计划,如根据任务要求和主、客观条件,将如何实现任务目标。接下来的步骤是实施计划、监控目标过程,当达到预期目标时调整方案。

表 9-1 学习策略形成与使用的步骤

步骤	学习者的任务
1 分析	确定学习目标、重要任务、有关个性特质和潜在的有效学习技巧
2 计划	形成计划:明确任务,采取行动,根据评价标准和有关的个性特征来使用相应的技巧
3 实施	运用策略促进学习与记忆
4 监控	评价目标的达成度,并决定采用最佳的策略与方案
5 调整	当评价的结果是肯定的,继续运用原定方案;当评价的结果不充分时,适当修改原定计划
6 元认知	指导各步骤的操作

我国有学者将学习策略的习得过程分为三个阶段:在第一阶段中,学习者获得关于某个策略是什么或怎么样等一般的描述性知识;其次,通过在相似情境和不同情境中的练习、应用,学习者掌握该策略的步骤或程序;第三阶段是要学会在各种不同条件下灵活地运用这一套操作程序,达到自我反省。只有达到第三阶段,学习策略才有可能进行广泛的迁移,学法指导才有可能取得长期效应。学生之所以会出现学习策略僵化或者说应用性缺陷,主要是因为他们在学习策略的掌握上还停留在第二阶段,不具备在不同学习情境中灵活选用学习策略的能力。另外部分学生在已经达到了学习策略习得的第三阶段后,仍然出现学习策略僵化,这与他们的动机、意志、兴趣等非智力因素有关。对于学习策略,这些非智力因素具有不可忽视的影响力。

三、学习策略的特征

(一)学习策略的内隐性与外显性特征

学习策略的学习规则系统、学习调控是内隐的内部意向活动,通过元认知和认知过程完成;学习策略的学习方法技巧的执行是外显的操作过程。学习策略主要是一种内隐的思维活动,它也以一种外显的行为(程序、步骤)显示出来。学习策略是内隐思路和外显行为的结合,是内隐的规则系统和外显的程序、步骤与具体的学习方法技能的统一。

(二)学习策略的通用性与个性化特征

学习活动有一定的规律,对于同一类型的学习,存在着基本相同的计划,这些基本相同的计划就是我们常见的一些学习策略。学习策略可以看成是根据学习活动的发展变化而采取的适合于学习活动规律的方式方法,它是一种程序性知识,包含着一套规则系统和技能,具有通用性。但学习活动是因人而异、千变万化的,学习策略也要随学习情境的变化有相应的改变,学习策略包含的方式方法应该是创造性的方式方法,带有个人特征,是个性化的。

(三)学习策略的主动性特征

学习有主动与被动之分,学习策略是学习者对自己学习活动的一种调节和控制,被动的机械式的学习就无所谓学习策略,只有主动的有意义学习才会重视学习者自身对学习过程的操作和控制,注重学习策略的使用。学习策略并不是一种被动的、按部就班的学习过程,也不仅仅是学习活动的一个环节,它是主动的、超越于一般的学习程序之上的,但又紧紧监控与调整学习活动的一套操作系统。

(四)学习策略的监控性特征

学习策略的监控性特征主要表现为学习者在元认知参与下,对自己学习活动的一种调节和控制。其调控方式有两种：一种是学习者通过改变具体的学习方法直接干预学习环节，达到对学习的自我调节和控制；另一种是学习者通过提高自身的元认知与认知能力，调节与控制学习方法的使用，间接地达到学习目标。

(五)学习策略的对策性特征

学习策略在遵循一般的学习规律的同时，总是针对一定的情境、目的以及材料，有选择地把学习方法加以特殊化、具体化，从而找到相对最优化的方法，最终形成一套有效的对策。学习策略是学习者在面对具体的学习情境时，为解决具体的学习问题而采取的行动方案，它带有很强的目的性、针对性和操作性。

(六)学习策略的知识与应用非同步特征

在实际研究中往往发现，学生的学习策略不仅存在知识缺陷，还存在应用缺陷，虽然已掌握足够的策略知识，但在实际学习中却很少应用。这是因为，学习策略分知识水平与应用水平两个层次。学习策略的知识水平与应用水平差别很大，学习策略知识水平的高低不能代表学习策略应用水平的高低。学习策略应用水平的发展与内部动机、意志、兴趣等非智力因素有关。学习策略培养缺乏长期效应和迁移效应与学习策略的应用性缺陷有重要关系。

四、掌握学习策略的意义

(一)可以改进学生的学习，提高学生的学习质量

在众多影响学习质量的因素中，学习策略是最重要的因素之一。学习活动和认知活动都涉及相应的效率问题，而学习策略能够使学习的效率提高，从而提高学习效果。尽管从掌握学习的理论上说，每个学习者都能够达到对学习材料的掌握，但这种掌握的程度受到学生学习效率的影响。

(二)掌握学习策略是主体性教学的要求，能更有效地促进教师的教学

教师在教学中的主体性表现在教师在教学中的主导作用，现代教学改革的重点之一就是转变学生的学习方式，因此，教师的主体性应体现在积极引导学生主动掌握有效的学习策略上。学生的主体性主要表现在发展的主体性和学习过程的主体性两个方面。从发展的角度来讲，要使教学目标得以实现，学生必须具备相应的知识并会学习。从学习过程来讲，学生是学习活动的主人，他们的学习积极性是保证达到学习目标的基础。只有学生能够主动地学习，主动地对学习内容进行认识，主动地接受教师的指导和帮助，才能实现自己的发展。由此，我们看出，在学生的主体性中，无论是发展的主体性还是学习过程的主体性，都涉及学生对学习策略的掌握。

(三)掌握学习策略是学会学习的必然要求，有利于更好地适应发展

随着个体面临的社会环境日趋复杂，终身学习的压力越来越大，学会学习成为社

会对每个社会成员的必然要求。学习策略有助于提高学习质量和学习效率,因此,现代教学应该将学习策略作为教学的重点,达到"教是为了不教"的目的。

 拓展阅读

学习策略与元认知、学习方法之间的关系

（一）学习策略与元认知

元认知最早是由弗拉维尔(Flavell)在 1976 年提出的,他认为元认知的核心意义就是"关于认知的认知"。元认知实质上是个体以自身认知活动为对象的认知,是对自己认知活动的自我意识、自我体验、自我调节和监控。元认知包括元认知知识、元认知体验和元认知监控三种成分。元认知在学习活动中具有重要的作用,是因为它具有两个重要的功能:①意识性,能使学习者明确知道自己正在干什么、干得怎样、进展如何;②调控性,使学习者能随时根据自己对认知活动的认知,不断做出调节、改进和完善,使认知活动能有效地向目标逼近。

（二）学习策略与学习方法

学习方法与学习策略的日常用法及其表征不同。学习方法是指学习者用在编码、储存、提取、运用等认知过程中的方法或技能,例如记忆术、做笔记、划线等。它是学习策略的知识和技能基础,是学习策略的一个基本组成部分。作为程序性知识的学习方法是以产生式进行表征的,而学习策略作为特殊的程序性知识是以复杂的产生式进行表征的。

学习方法与学习策略的获得过程不同。学习方法和学习策略的学习都要经历从操作的陈述形式向操作的程序形式转化的过程,但策略的获得过程还需要元认知的参与。

学习方法与学习策略的运用过程不同,完成的使命不同。方法的运用无需考虑情境各维度上的变化,而当学习者面对没有经历过的情境时,就需要使用策略,在尝试具体方法的时候,策略就引导学习者对所选方法进行修正或重新选择。

此外,学习方法与策略的迁移程度也不相同。学习者掌握的方法是针对特定情境的,易于迁移到高度类似的情境中,而策略作为一般性的方法,其中还包含着大量的具体方法,可以在更广的范围内进行迁移。

学习策略作为学习的执行监控系统,它是由学习方法、元认知、学习的调节和监控等三个层面的要素组成的。其中学习方法是学习策略的知识和技能基础,元认知是学习策略的核心,学习的调节和控制是学习方法和元认知的"中介"环节。在学习活动中,一个策略型的学习者不仅要掌握一定的学习方法,还要知道根据特定的学习内容、学习情景以及自身的特点来调控和使用学习方法,从而对学习进行自我调节和控制。

第二节　认知策略及其教学

一、认知策略与学习策略

(一)认知策略的概念

认知策略最早是由美国心理学家布鲁纳(Bruner)在其著名的人工概念的研究(1956)中提出的。不同的心理学家对认知策略的定义不同,但是他们都赞同认知策略是处理内部世界的能力,它包括记忆策略、理解策略、信息编码策略、思维策略等。认知策略是加工信息的一些方法和技术,有助于有效地从记忆中提取信息。

(二)认知策略与学习策略的区别

学习策略包括的领域比认知策略要广,除了认知领域外,还包括情感和技能领域;学习策略除了包括认知策略(直接对信息进行加工处理的具体方法),还包括元认知策略(对信息加工过程进行调节和控制的策略),以及对学习资源的管理和调控等。

可见,学习策略与认知策略是包含与被包含的关系,学习策略包含认知策略,认知策略在学习策略中起着核心作用。正是由于认知策略在学习策略中起着核心、关键的作用,有研究者把二者视为因果关系,认为认知策略的改进是学习策略改进的原因。

二、学习中的认知策略

学习活动中的信息加工过程主要包括对信息进行编码、存储和提取等几个步骤。相应地认知策略则有精细加工(elaboration)、合理组织和建构、复述(rehearsal)和保持记忆等策略。下面我们将从信息加工的过程来探讨学习活动中的三种主要的认知策略。

(一)精细加工策略

精细加工策略是一种将新学材料与头脑中已有知识联系起来从而增加新信息的

意义的深层加工策略。精细加工策略有许多种,其中有好多被人们称为记忆术。对于一般的学习,记忆术是一种有用的精细加工技术,它能在新材料和视觉想象或语义知识之间建立联系。这就是说记忆术的基础或者是利用视觉表象,或者是寻找语义之间的联系。在记忆名词、种类、系列或项目组等信息时,记忆术非常有用。比较流行的一些记忆术有位置记忆法、首字联词法、限定词法、关键词法和视觉联想法等。

1. 位置记忆法

位置记忆法是一种传统的记忆术。这种记忆术曾在古代不用讲稿的讲演中被广泛使用,而且沿用至今。西赛罗(在《论讲演》一书中)把这一方法的起源归功于希腊诗人西蒙尼德斯。这位诗人有一次在一个大宴会厅里朗诵一首抒情诗,朗诵完之后,他被在诗中赞美了的卡斯托尔和波拉克斯两位大神叫出宴会厅外。正在这时宴会厅塌了,厅内宾客无一幸存。尸体模糊,亲属莫辨。而西蒙尼德斯却能根据各人在宴会厅里的座位而一一把尸体辨认出来。这使得西蒙尼德斯相信,把要记住的东西按次序地安放在自己熟悉的位置上,是很有用的方法。这个故事可能是想象出来的,但不管位置记忆法的起源如何,这种方法已被证明为一种有用的识记技术,能用来识记若干项目的次序,如讲演中所要谈的要点。古代罗马元老院的政治家们常常用此法记住自己演说的要点。他们常常在自己的身体上、房间里确定出许多特定的点来加以利用。

使用位置记忆法,就是学习者在头脑中创建一幅熟悉的场景,在这个场景中确定一条明确的路线,在这条路线上确定一些特定的点,然后将所要记的项目全都视觉化,并按顺序和这条路线上的各个点联系起来。回忆时,按这条路线上的各个点提取所记的项目。例如,想象在校园里从宿舍到商店的路,路上有书店、邮局、招待所、水房和食堂。现在所要记的项目为奶粉、黄油、面包、啤酒、香蕉,在所记项目和特定位置之间可以进行如下的联想:在书店里到处都弥漫着奶粉,书本上沾满了奶粉;在邮局里人们全用黄油贴邮票;招待所里所有家具全是面包制成的;水房里水龙头流出热气腾腾的啤酒;食堂改成舞厅,香蕉形状的人们正翩翩起舞。这种联想越奇特越好。回忆时,只要按路线上的各特定位置提取所记项目就行了。位置记忆法对于记忆有顺序的系列项目特别有用。

2. 首字联词法

这种方法是利用每个词的第一个字形成一个缩写。比如计算机 BASIC 程序语言就是"Beginner's All-Purpose Symbolic Instruction Code(初学者通用符号指令代码)"各词首字母的联词。又如,前述学习策略系统图中用"MURDER"来表示与心境设置(M)、理解(U)、回想(R)、消化(D)、扩展(E)以及复查(R)等一系列基本策略。此外,与此相类似的还有句子记忆术,利用记忆中每个术语的第一个字母作为一个句子中每个词的第一个字母,我们常常采用一些歌谣口诀和简语来帮助记忆。例如,《辛丑条约》内容为：①要清政府赔款；②要清政府保证禁止人民反抗；③允许外国在中国驻兵；④划分租界，建领事馆。可用"钱禁兵馆"（谐音"前进宾馆"来帮助记忆）。另外一种首字联词法是用一系列词的第一个字描述某个过程的每个步骤，例如，用某一首古诗中每句的第一个字说明某个行动的每一步。

3. 限定词法

学习一种新材料时运用联想假借意义，对记忆亦很有帮助。威廉·詹姆斯曾用比喻来说明联想可有助于学习记忆。他将联想比成钓鱼的钩子，可以将新的知识，像钓水中的鱼一样，用钩子钓起来，挂在一起，就可以保留在学生的记忆系统中。也有人利用视觉表象和语义联想去记住一系列材料，如学生将无意义的数字系列赋以意义，并且化作视觉表象，把有意义的信息或视觉表象当做"衣钩"来"挂住"所要记住的数字。有一次欧洲有一个旅行团到了美国纽约，住在一个宾馆里。出外游览之后回寓，大家都忘了门牌号码，正在着急时，其中有一个科学家记得是 2449 号，因为这个数就是 6 的平方根只少一个小数点，这就是联想便利于记忆的证明。所以教师可鼓励学生在阅读时，运用联想使新旧知识联系，融会贯通，这对于学习、记忆与保留，都有好的促进作用。在记忆电话号码、门牌号时，这种方法很有效。

4. 关键词法

这种方法就是将新词或概念与相似的声音线索词，通过视觉表象联系起来。例如，英文单词"tiger"可以联想成"泰山上一只虎"。这种方法在教外语词汇时非常有用。现在有研究表明，这种记忆术也同样适用于其他信息的学习，如省首府名、阅读理解、地理信息等。当然，值得一提的是这些实验都是在人工的实验条件下做的，学习材料特别适用这些策略，在实际课堂中的应用效果说法不一。

5. 视觉联想

许多记忆术的基础都是通过形成心理想象来帮助人们对联系的记忆。如前面所说的位置记忆法实际上就是一种视觉联想法，利用了心理表象。心理想象是一种非常有效的记忆辅助手段，其他如关键词法、限定词法都利用了视觉表象。联想时，想象越奇特而又合理，记忆就越牢。比如可以使用夸张、动态、奇异的手段进行联想。例如可以将"飞机—箱子"想象为"飞机穿过箱子"，"橘子—狗"可以想象为"一个比狗还大的橘子砸中了一条狗"，将"计算器—书"想象成"计算器印在书的封皮上"等。想象越奇特，加工就越深入越细致。有一种用想象来增强记忆的古老方法，就是创造一个故事，将所有要记的信息编在一起，例如，人们一直在用希腊有关星的神话来帮助回忆星的名字。

6. 寻找信息之间的内在联系，利用信息的多余性

在所学信息之间建立联系是精细加工的基础，这意味着要对所记项目进行意义识

记，寻找信息之间的内在联系。卡图纳（Katonil）曾做过这样的研究，他以数字为学习材料对意义识记和机械识记做了对比实验，下面两行数字，就是实验的材料。

$$5\ 8\ 1\ 2\ 1\ 5\ 1\ 9\ 2\ 2\ 2\ 6$$
$$2\ 9\ 3\ 3\ 3\ 6\ 4\ 0\ 4\ 3\ 4\ 7$$

被试分为两组，一组为意义识记，主试告诉这组被试，这些数字是有组织规则的，努力找出规则来记忆；另一组为机械识记，主试告诉这组被试，学习这些数字的最好方法，就是以三个数为一组来记。这两组在学完后半小时，接受同样的测验，结果是意义识记组保持38％，机械识记组保持33％。但在三周后进行第二次测验，意义识记组保持23％，机械识记组保持为0％。这表明，意义识记有助于长时记忆。在学习时，我们不要孤立地去记东西，而要找出事物之间的关系，这样即使所学信息部分遗忘了，也可以利用信息之间的关系推理出来。这就是所谓的信息的多余性。利用信息的多余性，提取信息的线索和通道会更多一些。

7. 联系实际生活

我们学习的好多信息，往往只能适用于限定的、常常是人为的环境之中，这就是所谓的惰性知识。实际上，这就是我们常常所说的"书呆子""死啃书本"，不能将学校所学的知识技能应用于生活中，例如我们在数学课上学了容量问题，但在生活中不知如何用几个杯子量出一定的水来。生活中产生的许多问题，不是因为我们缺乏相应的知识，而是因为我们不能使用这些知识。我们记住某个信息，并不能完全保证我们能适时地使用它。因此，我们不仅要记住某个信息，而且要知道如何以及何时使用所拥有的信息。学生在学习信息时，教师不仅要帮助学生理解这些信息的意义，而且要帮助学生感觉到这些信息有用。有效的教学要求教学生如何利用信息，以便使他们把这些信息和其他信息联系起来，并在课堂以外的环境中应用它们。

8. 充分利用背景知识

精细加工强调在新学信息和已有知识之间建立联系，可见背景知识的多少在学习中是非常重要的。对于某一事物，你到底能学会多少，最重要的一个决定因素就是你对这一方面的事物已经知道多少。日本科奇玛等人最近做的一个研究很清楚地说明了这一点。这个研究是关于大学生学习棒球和音乐方面的信息。研究结果表明，那些熟悉棒球但不熟悉音乐的学生，棒球方面的信息学得多一些。相反，那些熟悉音乐而不熟悉棒球的学生，音乐方面的信息学得多一些。事实上，背景知识比一般学习能力更能使我们预测学生能学会多少。一个学习者如果非常了解某一课题，那他就有更完美的图式融合新的知识。但是，学习者往往不会使用他们先前的知识来帮助他们学习新的材料。教师一定要把新的学习和学习者已有的背景知识联系起来。

以上所述都是一些基本的精细加工策略，对于比较复杂的课文学习，精细加工策略有说出大意、总结、建立类比、用自己的话做笔记、解释、提问以及回答问题等。这就意味着给所学的信息添加更多的东西，如提供细节、给出例子、和其他问题产生联系或从材料中得出某种推论，这些额外的信息将使所学信息意义更丰富，更容易记忆。例如，有的学习者在信息进入工作记忆后，就会这样对这一信息进行思考：这一新信息意味着什么？与课文中的其他信息以及以前所学的信息有什么联系？他还可能用例子来说明这种新知识。比如，在编码"瑞士在国际关系中是一个政治中立的国家"这一信息时，优秀的学习者把这一信息和瑞士几个世纪来从未卷入战争的历史联系起来，并且可能由中立关系推论出瑞士作为世界银行的角色。总之，和逐字逐句学习材料的学生相比，那些能在学习时进行精细加工的学生一般能更好地理解信息，在必要时能更好地回忆概念。因此学习时要让学生使用一些精细加工策略。

（二）组织策略

关于组织策略，加涅称"组织是一种将信息分成若干子集并标明各子集之间关系的过程"。安德森则指出，精深加工的另一种重要的作用在于对记忆赋予一种有层次的组织。这种有层次的组织将能够使人对记忆的搜寻表现出结构化，并使人能够更有效地提取到信息。简而言之，组织策略就是根据学习材料本身的内在逻辑关系将其建构成一个有序的、条理化的系统结构。现代认知心理学家认为用于组织策略的具体技术最常见的有列课文结构提纲和画网络图，并建议采用如下步骤训练学生列结构提纲：首先，给学生提供较完整的结构提纲，其中留出一些下位的细目空位，要求学生通过阅读或听讲填补这些空位；其次，提纲中只有一些大标题，所有小标题要求由学生完成，或提纲中只有小标题，要求学生写出大标题。

有人认为，记忆能力的增进，是组织的结果，因为学生可以用各类别的标题作为提取的线索，从而减少回忆时的负担。因此，在教学中，教师要教会学生对信息进行分类，以提高他们的记忆能力。在教复杂概念时，教师不仅要有序地组织材料，重要的是要使学生清楚这个组织性的框架。

与组织不良的材料相比，组织良好的材料更易于学习和记忆。在层级化的组织中，具体的问题被归于较一般的主题之下，这种组织方式有助于学生的理解。例如，在鲍尔、克拉克、莱斯格的和温增（Bower，Clark，Lesgold，& Winzenz，1969）所做的一个经典研究中，让第一组学生记忆按特定顺序排列的 112 个矿物质的单词，让第二组学生记忆按等级顺序排列的单词（分为水平 1～4）。实验分四个时段进行：在第一个时段中，教给学生水平 1 和水平 2 中的单词；在第二个时段，教给学生水平 1、水平 2 和水平 3 中的单词；在第三和第四个时段，教给学生水平 1 至水平 4 中所有的单词。实验结果发现，第二组的学生平均能记忆 100 个单词，而第一组的学生仅能回忆出 65 个单词。这表明连贯地、有组织地呈现学习材料是非常重要的。在讲授复杂的概念时，不仅要将材料进行有机的组织,更为重要的是,组织框架本身也应该清晰明了。

(三)复述策略

复述策略是指在工作记忆中为了保持信息而对信息进行反复重复的过程。对于这一策略,学习者都非常熟悉,不过多偏于狭义地理解为"一次又一次地反复"之意。实际上,在教育心理学中复述策略有其特殊的含义,它包括与复述内容紧密联系的具体方法与措施,在具体运用过程中必须灵活机动地选择与组合。运用复述策略必须注意以下方面。

1. 排除干扰

造成遗忘的原因之一是短时记忆容量的有限性,在单位时间内短时记忆只能加工5～9个单元的信息项目,要使学习内容得以保持就必须使信息量保持在其阈限之内。因此,在进行复述时尽可能地排除多余的、不必要的信息的干扰作用。

2. 消除抑制效应与利用促进效应

信息加工心理学认为学习过程中前后信息之间是相互作用的,这种作用表现出消极和积极两种现象。在运用复述策略时要注意克服信息之间的消极作用,同时充分利用信息之间的积极作用。

3. 利用首因效应与近因效应

心理学研究发现,在对一系列学习材料进行学习的过程中,位于学习材料前端的内容和位于学习材料尾部的内容最容易记住,而位于中间位置的内容不容易记住。因此,在运用复述策略时应充分利用首因效应与近因效应。

4. 要及时复习

艾宾浩斯(Ebbinghaus)通过实验总结出遗忘规律为:遗忘从学习结束的一瞬间就开始,遗忘的进程表现出先快后慢的特点。这就要求我们及时复习,不要等到学习内容都遗忘殆尽之时才开始复习。

5. 注意集中复习与分散复习

认知心理学的研究认为,复习时的时间分配也是影响复述策略效果的因素之一。长时间复习的效果并不理想,相反,若将等量的时间分散开来使用,其整体效果大于集中复习的效果。

6. 利用过度学习效应

过度学习效应是指在对同一学习材料进行复习时,如果复习到能够将学习材料回忆出来的程度就停止复习,其效果没有再进行一定量学习的效果佳。例如,如果某一学习内容用10次复述就能够回忆出来了,此时不要停止复述,继续复述3～5次,其保持效果将会大幅度提高。

以上列举了在运用复述策略时必须考虑的一些因素,实际上与此相关的措施与方法还有很多,比如处理好部分学习与整体学习之间的关系,采用自问自答或尝试背诵的策略,注意情境相似性和情绪生理状态相似性的影响等,这需要学习者在具体的学习过程中有意识地去总结与发掘。

经典实验

记忆或遗忘的原因是什么

干扰理论有助于解释人们为什么会遗忘。当某个信息与其他信息相混淆或受到其他信息的排挤时,个体就会产生遗忘。干扰理论论述了产生遗忘的两种情况——倒摄抑制和前摄抑制。

先学习的材料对后学习的材料的识记和回忆起干扰作用称为前摄抑制。在一个实验中,让被试识记 4 个无意义音节表,然后分析对每个字表的遗忘情况。结果是对第一个字表(即首先识记的)遗忘最少,第二个字表次之,第三个字表又次之,对第四个字表遗忘最多。这一结果表明,在对无意义材料的识记中,前摄抑制是造成遗忘的重要原因之一。至于对有意义的材料的识记,由于联系较多,较易分化,受前摄抑制的影响可能较少。

后学习的材料对先学习的材料的保持和回忆起干扰作用称为倒摄抑制。倒摄抑制受前后两种学习材料的类似程度、难度、时间的安排以及识记的巩固程度等种种条件的制约。

研究表明:在先后学习的材料完全相同时,后来的学习即是复习,不会产生倒摄抑制。在学习材料由完全相同向完全不同逐步变化时,倒摄抑制的作用也随之逐渐变化:开始时抑制作用逐步增加,材料的相似性减小到一定程度时,抑制作用最大;此后抑制作用便逐渐减低,到两种材料完全不同时,抑制作用就最小了。

研究表明:在学习两种不同材料时,如果后来学习的材料在难度上不同,倒摄抑制的作用也就不同。在一个实验中被试在熟记词之后去解答算术难题时,结果使后来对词的再现降低 16%,而去进行较为容易的任务(口算乘法)时,对同样一些词的再现就只降低 4%。

前摄抑制和倒摄抑制一般是在学习两种不同但又彼此类似的材料时产生的。但是,在学习一种材料的过程中也会出现这两种抑制现象。例如,识记一个较长的字表或一篇文章,一般总是材料的首尾容易记住,不易遗忘,而中间部分则常常识记较难,也容易遗忘。这是由于识记材料开始部分只受倒摄抑制的影响,识记终末部分只受前摄抑制的影响,而在识记中间部分时则同时受这两种抑制的作用。

为了使记忆巩固,教师在组织学生学习活动时,应当考虑到倒摄抑制的作用,尽量使前后相邻的学习活动在内容方面不同,就会得到较好的学习效果。

 拓展阅读

几种常见学习策略的训练

1. 划线

划线也许是最常用的学习策略,有助于快速找到和复习课文中重要的信息。如果学生能够划出课文中重要的和相关的信息,就能从课文中学到更多的东西。但问题在于大多数学生不能决定什么材料是最关键的,只是一味地划,这将降低对重要材料的回忆。因此,必须教学生学会划线。在教的过程中,应当首先解释在一个段落中什么是重要的,如主题句等;其次,教学生谨慎地划线,也许只划一到两个句子;最后,教学生复习和用自己的话解释这些划线部分。

此外,还可教学生一些圈点批注的方法,与划线策略一起使用。圈点批注的步骤是:①圈出不知道的词;②标明定义;③标明例子;④列出观点原因或事件序号;⑤在重要的段落前面加上星号;⑥在混乱的章节前划上问号;⑦给自己做注释,如检查上文中的定义;⑧标出可能的测验项目;⑨画箭头表明关系;⑩注上评论,记下不同点和相似点,比如"通过力量的平衡来防止战争……",你可能联想并注下"恐怖主义是否也可以用力量的平衡来加以预备呢?"⑪标出总结性的陈述。

2. 做笔记

在阅读和听讲中,用得比较普遍的学习策略是做笔记。表面上看来,笔记仅仅是信息的一种外部存贮,其实,记笔记的意义远不止于这些。它要求学习者对材料的中心思想进行心理加工,它要求学习者决定记什么,因而能促进新信息的精细加工和整合。

笔记的种类将影响整合和组织信息的方法。逐字逐句地做笔记是对材料的一字一句的编码;做总结性笔记是对材料的再组织和整合。有些笔记要求学习者进行高度的心理加工,因而比纯粹笔录阅读材料要有效得多。例如,用自己的话组织和总结讲演中的要点、为了准备教别人而做笔记以及为了找出复杂理论性材料的思想大意而做笔记等等。

教师能促进学生做笔记和复习笔记。例如,讲演慢一点;重复复杂的主题材料;呈现做笔记的线索;在黑板上写出重要的信息;给学生提供一套完整的笔记,让他们观看;给学生提供结构式的辅助手段,如提纲或二维方格表等。

记笔记时,笔记本上不要写得密密麻麻的,不妨在笔记本的右边留出几厘米的空地,除了笔记正文外随时记下老师讲的关键词、例子、证据以及自己的疑问和感想。这种方法不仅有利于在课外查阅参考书后进一步充实完善,更重要的是有利于复习和创造。复习时,扉页上老师讲过的某个生动的例子、实验、术语都会加深对正文的理解和回忆。在我们人生经验中,有时某个人为了说明某个道理讲了一个生动故事,事隔多年以后,抽象的道理可能记不全了,但那个生动的故事我们却牢记在心,俨然融入自己的知识结构中。复习时,看着扉页上的当时记下的疑问和联想,可能会引导我们思考和创造性地解决问题(陈琦,刘儒德,1997)。

虽然做笔记有助于编码加工,但是最有效的运用还应包括复习。有些学生并未意识到这一点,只是做笔记而不复习并不是一种有用的学习策略。复习笔记的益处在于它能允许对材料的进一步精细加工和整合。因此,学生不仅要反复地看笔记,而且还要积极地思考笔记中的观点,并与其他所学的信息进行联系。

值得注意的是,并非所有的学生都能从做笔记中受益,对能力较低的学生和处理听觉信息有困难的学生,做笔记效果较差。这样的学生也许先认真听老师讲演然后看老师的讲义更好些。

3. 提问

提问有助于学生学习课文、讲演以及其他信息。学生要不时地停下来评估自己对课文或老师的讲演的理解。例如,有的学习者在信息进入工作记忆后,就会这样对这一信息进行思考:这一新信息意味着什么?与课文中的其他信息以及以前所学的信息有什么联系?或者他还可能用例子来说明这种新知识。

　　许多研究者曾通过提问训练学生寻找故事中的角色、情景、问题和问题解答。如果学生在阅读时教学生提一些"谁""什么""哪儿"和"如何"的问题，他们能领会得很好。恩格勒（Englert，1991）给学生一张清单帮助他们构思创作，这张清单教学生向自己问以下一些问题："我写给谁看的？""要解释什么？""有什么步骤"等等。基本上就是训练学生在活动中自己和自己谈话，自己问自己或彼此之间相互问老师要问的问题。结果表明，学生能在解数学题、拼写、创作和许多其他课题中成功地教会自我谈话（陈琦，刘儒德，1997）。

　　在介绍教学材料之前提问，有助于学生学习与问题有关的信息，但不利于学习与问题无关的信息。解决这一问题的方法就是提与所有重要信息有关的问题。

　　4. 写提要

　　写提要就是简短陈述所读信息的中心思想。这种策略的效果取决于学习者是如何使用它的。一个有效的方法是让学生每读完一段后用一句话作概括；另外一种方法是让学生准备一个提要来帮助别人学习材料。这些方法使得学习者不得不认真考虑什么重要、什么不重要。

　　5. 生成性学习

　　生成性学习（generative learning）是一种强调积极整合新信息于已有图式的理论（陈琦，张建伟，1996）。建构主义的一个主要假设是所有的学习都是"探索"，即使我们告诉学生某件事，他也要对这些信息进行心理操作，使之变成自己的东西。生成性学习策略是要教学生一些具体的心理加工新信息的方法。例如，可以成功地教学生对所学材料提问题、总结和类比，教学生讲解他所听到的。这些生成性活动都有益于学生的学习和记忆。

　　维特罗克（1986）提出，如果训练学生对他们所阅读的东西产生一个类比或表象，他们的理解就会增强，这些表象可能包括图形、图像、表格和图解等。这种方法最重要的一点，就是需要积极的加工，不是简简单单地记录和记忆信息，而是要改动对这些信息的知觉，把所学的信息和自身的知识和经验联系起来从而产生一个理解（陈琦，1988）。维特罗克列举了一些总结阅读材料的方法。他强调不要从书中寻章摘句或稍加改动，而是要产生：①课文中没有的句子；②与课文中某几句重要信息相关的句子；③用自己的话组成的句子。

当我们逐字逐句学习课文中的材料时，并没有真正理解正在学习的东西。例如，为了应付考试中的名词解释而死记硬背某个定义，但一旦考试稍微把题型一变，还能答出这个题目吗？如果不是逐字逐句地学习课文中的信息，而是用自己的话解释这个定义并且想出一些例子，那么是不是有可能更好地回答这个问题呢？

6. 图式—故事语法

图式是从过去经验中抽象出来的或者从教学中获得的认知结构，它能给新信息以意义，减少所要注意的事件的数量，从而使学习变得相对容易些。具体地说，第一，图式提供了一个新信息能适合的组织性的结构，金字塔式知识结构就很好地表现了这一点；第二，图式促使信息进入长时记忆，因为它能把新信息精细加工成一个有意义的结构。其结果，图式能使人期望从新信息中获得什么。例如，我们知道，一个故事一般至少有一个主人公、一个冲突、一个开始、一个高潮和一个结果。

7. 先行组织者

先行组织者是由奥苏贝尔提出来的，它是指对所学的材料提供框架和组织的引导性信息。先行组织者在学习新课之前呈现信息，使得新课内容更有意义，更易于理解。它把学生引向他们即将学习的材料，并且帮助他们回想那些能用来促进他们整合新信息的相关信息。例如，奥苏贝尔等人曾让大学生阅读一篇有关佛教的文字。他们先给实验组学生提供一段比较佛教和基督教的文字，作为先行组织者，而事先不给控制组任何材料。结果表明，实验组比控制组记住的材料要多一些。奥苏贝尔等人认为这是由于先行组织激活了许多学生的基督教的知识，学生能使用这些知识去融合不太熟悉的宗教的信息。

先行组织者主要包括两类。一种是陈述性组织者，即当学习者认知结构中缺乏适当的上位观念来同化新知识时，则可以设计一个概括水平高于新知识的材料作为组织者，使学生获得一个可以同化新知识的认识框架；另一种是比较性组织者，即当学习者认知结构中具有同化新知识的适当观念，但原有观念不清晰或不巩固，则可以设计一个对新旧知识异同点进行比较的组织者，以增强似是而非的新旧知识之间的可辨别性。

第三节　元认知策略及其培养

元认知策略是学生对自己认知过程的策略,包括对自己认知过程的了解和控制策略,有助于学生有效地安排和调节学习过程。

元认知是美国心理学家弗拉维尔于 20 世纪 70 年代提出来的,如今,"元认知"已成为心理学界使用频率很高的概念,并成为学习策略研究的重要内容。

一、元认知的含义与特点

所谓元认知,就是指个体对自身认知过程的认识和意识。之所以称为元认知,是因为其核心意义是对认知的认知。我们通常所说的感觉、思维或想象就属于认知活动,而元认知则是对感觉、思维……这些认知活动的认知。因此,元认知实质上是个体以自身认知活动为对象的认知,是对自己认知活动的自我意识、自我体验、自我调节和监控。

从元认知的构成成分来看,它包括以下三种成分。

(一)元认知知识

元认知知识是个体具有的关于认知活动的一般性知识,是通过经验积累起来的。元认知知识可分为三部分。①关于个体的知识,指关于自己或他人作为认知加工的一切知识。包括两方面:一是个人认知特点的知识,如个人的兴趣、爱好、能力及其程度;二是个人与他人认知特点的差异,如自己的观察力比别人强,而注意控制程度又较某人差等。②关于认知任务的知识,是指人们对认知活动中任务要求的认识。它包括两方面:一方面指关于任务中有关信息特点的知识,如这种信息是丰富的或贫乏的、熟悉的或生疏的、复杂的或简单的、简约的或冗余的;另一方面指对任务要求和目的的认识。③关于认知策略的知识,即能认识到进行某类认知活动存在哪些策略,各种策略使用的条件与范围,能够根据不同任务、不同情境选用有效策略。

(二)元认知体验

元认知体验是指伴随认知活动产生的认知体验和情感体验。元认知体验时间有长有短,体验内容有简有繁,它可以在认知活动的每一个阶段产生。元认知体验可以是对"知"的体验,也可以是对"不知"的体验。至于产生什么体验,与个体在认知活动中所处的位置、已取得的进展和取得进展的可能性直接相关。元认知体验对认知任务的完成有着重要的作用,如怀疑自己所解的题有错而重新审视,阅读遇到障碍而反复阅读,也可能由于失败或困惑的体验而修改或放弃原有的目标。

(三)元认知监控

元认知监控是指个体在认知活动过程中,能不断评价学习过程,并能适时地调整计划、选用恰当的方法,以保证任务的有效完成。元认知监控是元认知的核心。已有研究表明,在一定的基础知识上,学生学习的自我监控水平已成为影响其学习成功的关键因素。实质上,元认知监控是在元认知体验基础上派生出来的,只有在认知活动中体验到学习情境的变化,敏感地理解或体会到导致变化的原因,才可能有效地对活动进行调节与控制。因此,也有人把元认知监控归入元认知体验。这里单列只是为了强调元认知监控的作用。

从上可见,元认知在学习活动中具有重要的作用,是因为它具有两个重要的功能:意识性,能使学习者明确知道自己正在干什么、干得怎样、进展如何;调控性,使学习者能随时根据自己对认知活动的认知,不断调节、改进和完善,使认知活动能有效地向目标逼近。

二、元认知策略的分类

概括起来,元认知策略大致可分为以下三种。

(一)计划策略

计划策略包括设置学习目标、浏览阅读材料、产生待回答的问题以及分析如何完成学习任务。合理的学习计划是顺利完成学习活动和提高学习效率的重要前提。学习计划的内容包括学习目标、任务、时间、措施等。

给学习制订计划就好比是足球教练在比赛前针对对方球队的特点与出场情况提出对策。不论是完成作业,还是为了应付测验,学生在每一节课都应当有一个一般的"对策"。成功的学生并不只是听课、做笔记和等待教师布置测查的材料。他们会预测完成作业需要多长时间,在写作前获取相关信息,在考试前复习笔记,在必要时组织学习小组,以及使用其他各种方法。换句话说,成功的学生是一个积极的而不是被动的学习者。

一般而言,制订学习计划时应该考虑以下几个方面。

1. 学习目标的制定

学习目标的种类较多,可以从不同的角度对其进行分类,如从学习的层次与类型上可将目标分为记忆的目标、理解的目标、简单应用的目标和综合应用的目标等,从时间上可以将目标分为长期目标、中期目标和短期目标。

目标的制定应该注意以下几个方面。首先,目标应具有可行性,即目标应该是在自己的能力和一定时间范围内能够实现的。要做到这一点就需要做到:一是目标适度,那些可望而不可即的目标和毫不费力的目标均是不适度的目标;二是目标分层次,即将总目标分解为具体的小目标。其次,在学习目标基础上制订的学习计划应有具体性。一般而言,一份好的学习计划应该包括三个"明确",即目标明确、任务明确和时间明确。特别是对于短期目标而言,计划的具体性更为重要。最后,计划应该有一定的弹性。在制订计划时不应该把时间安排得太满、太死,应该有一定的机动时间应付可能出现的临时任务与活动,这样才便于随时根据学习的具体情况进行适度的调整。

2. 学习时间的分配与管理

学习计划包含要完成的学习任务及所需要的时间。在学习时间的分配与管理上,有以下几种策略。①求实策略。要相对准确地确定自己每天的活动内容及所需的时间,这样就可以精确地获得能够用于学习活动的时间总量,然后就可以在学习任务中将其进行分配。关于时间的管理,可以对自己每天的活动进行分类,确定所需要的时间,然后再进行合理分配。②差异策略。要按各种学习任务的轻重缓急分配时间,体现三个"优先":重点任务优先于一般任务;紧急任务优先于不急的任务;见效快的任务优先于见效慢的任务。③充分策略。在一定的时间内,把充足的时间分配在某个具体任务上。这是为了突出主攻方向,确保某个学习目标的实现。

(二)监控策略

监控策略是指在认知过程中,根据认知目标及时检测认知过程,寻找两者之间的差异,并对学习过程及时进行调整,以期顺利实现有效学习的策略。包括阅读时对注意加以跟踪、对材料进行自我提问、考试时监视自己的速度和时间。

这些策略使学习者警觉自己在注意和理解方面可能出现的问题,以便找出来,并加以修改。当你为了应对考试而学习时,你会向自己提出问题,并且会意识到某些章节你并不懂、你的阅读和记笔记方法对这些章节行不通,你需要尝试其他的学习策略。下面说说两种具体的监控策略——领会监控和集中注意。

1. 领会监控

领会监控是一种具体的监控策略。熟练的读者在阅读时自始至终都持续着这一过程。熟练的读者在头脑里有一个领会的目标,诸如发现某个细节、找出要点等,于是,为了该目标而浏览课文。随着这一策略的执行,如果找出了这个重要细节,或抓住了课文的要点,熟练的读者会因达到目标而体验到一种满意感。但是,如果没有找到这个细节,或者不懂课文,则会产生一种挫折感。如果领会监控最终显示目标没有达到,就会采取补救措施,比如重新浏览材料,或者更仔细地阅读课文。

一些研究表明,从幼儿到大学生有许多人都缺乏这种领会监控技能,好多学生总是把重复(如再读、抄笔记等)作为他们的主要策略,从课本或讲演中学习新知识,为了帮助这样的学生,德文(Devine,1987)建议他们使用以下策略以监视并提高他们的领会技能。

(1)变化阅读的速度

对于比较容易的章节读快点,抓住作者的整体观点;对于较难的章节,则要放慢速度。

(2)中止判断

如果某些事不太明白,继续读下去。作者可能会在后面填补这一空隙、增加更多的信息或在后文中会有明确说明。

(3)猜测

当所读的某些事不明白时,养成猜测的习惯。猜测不清楚段落的含义,并且读下去,看看自己的猜测是否正确。

(4)重读较难的段落

重新阅读较难的段落,尤其是当信息仿佛自相矛盾或模棱两可时。最简单的策略往往是最有效的。

2. 集中注意

注意和金钱、能源一样,是一种有限的资源,在某一时刻,只能注意有限的事物。当教师要求学生将他们有限的注意能量全都花在他所说的每一件事上,学生只得放弃对其他刺激的积极注意,只得变换优先度,将其他刺激全部清除出去。

例如,当人们全心注意一个有趣的谈话者时,他们就意识不到细微的身体感觉(如饥饿),甚至充耳不闻视而不见其他刺激。有经验的讲演家知道,听众一旦心不在焉,他们便已经不再集中注意听讲了,可能已经转向注意午餐或其他活动了,因此就要重新抓回他们的注意力。

(三)调节策略

根据对认知活动的结果的检查,如发现问题,则采取相应的补救措施,根据对认知策略的效果的检查,及时更正、调整认知策略。

调节策略与监控策略有关。例如,当学习者意识到他不理解课文的某一部分时,他们就会退回去读困难的段落;在阅读困难或不熟的材料时放慢速度;复习他们不懂的课程材料;测验时跳过某个难题,先做简单的题目等。调节策略能帮助学生矫正他们的学习行为,使他们补救理解上的不足。

元认知策略总是和认知策略一道起作用的。如果一个人没有使用认知策略的技能和愿望,他就不可能成功地进行计划、监视和自我调节。元认知过程对于帮助我们估计学习的程度和决定如何学习是非常重要的;认知策略则帮助我们将新信息与已知信息整合在一起,并且存储在长时记忆中,因此,我们的元认知和认知必须一道发生作用。认知策略(如划线、口头复述等)是学习内容必不可少的工具,但是,元认知策略则监控和指导认知策略的运用。也就是说,可以教学生使用许多不同的策略,但如果他们没有必要的元认知技能来帮助他们决定在某种情况下使用哪种策略或改变策略,那么他们就不是成功的学习者。

三、元认知的培养

(一)训练元认知的主要方法

大量的研究表明,对学生进行专门的元认知训练,可提高其元认知的水平。训练的主要方法有如下几种。

1. 自我提问法

自我提问法就是在元认知训练中,通过提供一系列供学生自我观察、自我监控、自我评价的问题清单,不断地促进学生自我反省而提高问题解决的能力。例如,美国数学家波利亚就解决数学问题的四个阶段,提出了以下一系列供学生自我提问的问题。

理解问题阶段问:未知条件是什么?已知条件是什么?已知条件足以确定未知量吗?多余还是不足?

拟定计划阶段问:过去见过这种题吗?若见过,是否它以稍微不同的方式出现?我能应用一个具有相同或相似未知条件的熟悉问题解答当前题吗?如果不能解答当前题,那么我能从已知条件中产生什么有用的东西?使用了所有的条件和数据了吗?

执行计划阶段问:能清楚地认定每一步都是对的吗?能证明它是对的吗?

回顾步骤问:我能检验结果的正确性吗?我能检验推理过程吗?我能运用这个结果或方法于其他问题吗?

有研究者采用上述波利亚的提问模式,在52名三年级学生中进行训练,发现参加这种训练的儿童比非元认知教学的儿童更能成功地解决困难问题,并且更能说出解决问题的各个步骤。

2. 相互提问法

相互提问法,即将学生每两人分为一组,给每个学生一份类似于上述自我提问的清单,要求学生在尝试解决问题的同时根据提问清单相互提问并做出回答。研究表明,相互提问法能有效地促进学生的思考与竞争,发展元认知。

3. 知识传授法

知识传授法是不同于以上训练的另一种方法。它主要是通过传授学习理论的有关知识,特别是关于元认知的知识,使学生通过学习,认识到元认知在学习中的重要性,自觉地将元认知运用于学习中,生成适当的学习策略,提高学习效果。

以上几种元认知训练,都能一定程度地提高学生的元认知水平,特别是对于复杂困难的问题,元认知的训练就更为有效。

(二)培养元认知的具体途径

1. 提高元认知学习的意识性

要提高元认知水平,首先应提高学生五个方面的意识性。①清晰了解任务的意识性。要求学生准确、全面把握学习任务,明确任务的性质、特点,任务的要求以及要达到的程度。②掌握学习材料特点的意识性。每种学习材料都有自己的特点,应培养学生认真分析每种学习材料的性质、结构、难度、主次,以便能合理分配学习的时间和注意力。③使用策略的意识性。不同学习材料、不同学习要求需要采用不同的学习策略,在解决任务之前,要求学生考虑有哪些策略可供使用,哪种策略解决当前任务最佳,要有意识地选择并运用有效学习策略。④把握自己学习特点的意识性。引导学生充分认识自己的认知特点,例如,自己是善于视觉学习,还是听觉学习;是记得快忘得快,还是记得慢忘得慢。⑤对学习过程进行自我调节的意识性。培养学生在学习过程中,能敏锐判断出现的困难、障碍,准确分析出现的原因,并能适时地进行调整。

2. 丰富元认知知识和体验

已有研究表明,学生元认知水平与其拥有的元认知知识有极大关系。因此教师在教学中要注意元认知知识的传授,并在学习活动中,不断强化这些知识的应用。同时还应通过创设问题情景等方式,诱发学生产生元认知体验,并不断提高这些体验的精确度,以提高元认知水平。

3. 加强元认知操作的指导

根据学习过程特点,按阶段有针对性地进行元认知指导,会收到较好效果。在学习活动之前,着重指导学生对活动进行计划和安排,为学习活动做好各种具体准备。在学习活动中,注重指导学生明确学习的目标以及对象和任务;讲究学习策略,善于根据学习材料的特点和自己的学习特点选择合适的学习方法,并能控制自己排除内外干扰,保证学习计划顺利执行。在学习活动后,注意要求学生对自己的学习状况及效果进行检查、反馈与评价,注重学习中出现的错误,并能认真分析以及时补救。最后要督促学生深入反思和总结,一是积累在以后类似的场合能用的经验;二是吸取教训,避免再犯。

4. 创设反馈的条件与机会

在教学过程中,教师应给学生提供一个和谐的、民主的反馈环境,每个人都可以自由地评价他人的学习方法与策略,也可以为他人畅所欲言地评价。在此基础上,教师应逐步地引导学生从以教师为主导的外部反馈转化为学生自己的内部反馈,并逐渐养成一种良好的学习习惯。学习者将外在的矫正性指示转变为自己的矫正性机能,才可以说真正地学会了元认知学习。

5. 注重引导学生对非智力因素的调控

对学习效果的影响不仅有智力因素,也有非智力因素,而且往往是两者协同作用的结果。因此,教师除了应注重培养学生对学习和认知活动进行调控外,也应重视引导学生对非智力因素中的努力程度、动机激发、本人性格特点、认知风格等诸方面的调控,使学生不仅能自发地调控智力因素,也能有效地调控非智力因素,进而能将两者有机地结合起来进行调控。

总之,对学生元认知的培养若能从以上方面全面进行,通过多种途径共同发挥作用,其效果就会更加明显。

 走进课堂

运用你所了解的学习策略来提高学习和教学

有意识的教师知晓信息在记忆中是怎么样被接收、加工和存储的。他们以现身说法证明了教学不只是讲述;他们帮助学生把新信息和已知的信息联系起来,并鼓励学生在其他情境中运用这些知识。有意识的教师将认知领域的有关研究成果吸纳到课堂教学中,以帮助学生形成持久的、有意义的理解。

1. 我希望学生在课程结束后能了解什么、能做什么,这对于实现课程目标,使学生成为有能力的个体有什么作用?

有意义的信息更容易记忆。对教学目标、目的进行评价,以确保教学计划能够促进学生进行有意义的学习。

例如,在讲授人体结构时,应该更为关注各个器官的功能及其联系,而不是强调对这些器官的识别。如果你在讲授言语的构成,那么你就应该要求学生自己用形容词或副词造句,而不是指出你呈现的例句中的形容词和副词。

2. 在我的教学中,应该考虑学生所具有的哪些知识、技能、需要以及兴趣等?

学生对某个学科了解得越多,越能够有效地组织和吸收新信息。探明学生对你所讲授的主题的掌握程度。

历史课上,你在开始讲授抗日战争这一单元之前,先花些时间画一个图表,标出学生已经知道的有关这场战争的某些知识。你要意识到,学生在学习时所产生的情感体验、学习材料所具有的个人意义以及相关性等都有利于学生深层次地加工信息,更牢固地记忆,你可以让学生讲述曾参加过这场战争的某个亲戚的故事,让大家一起倾听、分享。

在科学课上讲授海洋生物时,你推测学生在开始学习时或许对鲸鱼比较感兴趣。因此你可以与学生一起讨论科学家们是怎样区分各种鲸鱼的,帮助学生构建不同种类鲸鱼所具有的共同特征。你可以指导学生选择某些类型的鲸鱼,让他们列出其相关特征;并布置家庭作业,让学生阅读课文中的有关内容,提出自己的问题,以便下一节课讨论。

3. 我在学科内容、学生发展、学习、动机以及有效教学策略等方面的哪些内容能够用于实验教学目标?

为了使信息有意义并易于记忆,你应该要求学生运用新习得的知识和技能来得出自己的新结果。例如,在讲授外语时,你可以要求学生运用新词语或动词形式去造词或对话。你可以要求学生分小组活动,编一段有关一个男孩、一个女孩、一对夫妇、一群女孩或者一个学校校长的对话,让学生在真实的语境中运用不同的名词、动词和形容词等。

4. 哪些教学材料、技术、辅助手段以及其他教学资源有助于我实现教学目标?

图式理论主张将新信息加入到已有的、由相互关联的观念构成的网络中。你可以与计算机实验室中的教师合作,编写一个软件用于绘图或建立数据库。你可以给学生示范怎样应用这些计算机程序,并给学生提供机会来练习使用这些工具,以便学生建立自己在某个学科领域的档案材料。目前许多软件程序都可以呈现图表和言语材料,这有助于进行多种形式的信息加工,鼓励学生对所学材料进行思考和监控。

5. 我怎样评估学生达成目标的程度?

学生需要展示自己各种不同形式的理解:机械学习、意义学习以及在新情境中运用信息的能力。给学生一些任务,以便你能考察学生应用知识的各种不同形式:他们记住了吗?他们正在迁移知识吗?他们正在运用吗?基于这些结果来调整你的教学。例如,作为高级外语班的教师,你需要评估学生单词回忆的能力、描述语言规则和语法结构的能力以及用外语进行交流的能力。你或许发现学生对单词记忆较好,但是很难用外语表达自己的思想。因此你打算为他们创设一些模拟的场景,比如晚会、参观、机场或者野餐等,让他们进行言语交流。

6. 如果个别学生或全班没有迈上成功之路，我该如何做？我的补救计划是什么？

当学生能够显示出对自己的学习加以调控时，他们就成功了。检查学生是否能够运用自我提问、元认知策略来评价自己的学习。例如，在让四年级学生阅读有关爬行动物的文章之前，你可以让学生在阅读时进行自我提问，并建议他们记下自己的观点和看法。在学生读完之后，询问他们哪一段比较难懂、他们是如何处理这部分内容的。学生的回答能够给你提供这样的信息：他们多大程度上能够主动控制自己的学习。

第四节　资源管理策略

资源管理策略是辅助学生管理可用环境和资源的策略，有助于学生适应环境并调节环境以适应自己的需要，对学生学习的动机有重要的作用。

资源管理策略包括学习时间管理策略、努力和心境管理策略、学习环境设置策略、工具的利用策略以及社会性人力资源的利用策略。

一、学习时间管理策略

(一)统筹安排学习时间

人生犹如一张大的时间表，每个人都应当根据自己的总体目标，对时间做出总体安排。总体时间表必须通过阶段性的时间表来落实，例如，将自己的一生分成不同的时期，其中，又将中学时期的时间表转变为不同的学年时间表、学期时间表、每月时间表、每周时间表以及每天的时间表。

对每一天的活动，都要列出一张活动优先表来。每天能够自由支配的学习时间有限，而学习活动可能较多。因此，必须合理分配学习时间，尽量减少无计划、无节制、无意义的时间。在安排活动时，要分清哪些事情必须做，哪些事情可做可不做。每天都要列出一张活动优先表，要按事情的重要性程度来选择活动，确保每天都在做最重要的事情。这样，即使没有做完某些事，也不会有什么值得后悔的。

在制订学习计划时，要注意将学习计划落实在学习成果上。也就是说，制订学习计划时，要明确确定学习结束时有什么看得见的结果，而不只是规定"读完第二章"。相反，可以规定"读完第二章，标出重要部分，生成一张框架结构图"。

在执行学习计划时，要有效防止拖拉作风。做事拖拉的人总是习惯性地把（不愉快或成为负担的)事情推迟到将来做,他们一般花许多时间思考要做的事,担心这个,担心那个,给自己找借口推迟行动,又为没有完成任务而悔恨,其实他们本来能完成任务,而且应转入下一项学习活动了。为了有效克服拖拉作风,一定要首先确定一项任务是否非做不可,然后做出决策,避免过分追求完美无缺,要有意识地养成好习惯。

(二)高效利用最佳时间

在不同的时间里,人的体力、情绪和智力状态是不一样的,也就是说,学习时间的质可能是不一样的。因此,要在不同质的时间里安排不同的学习活动,例如,要在人生理功能旺盛、精力充沛的时候,从事最重要、最紧张的学习活动,以便最有效地利用学习时间。

首先,要根据自己的生物钟安排学习活动。科学家已证实,人体内存有体力、情绪和智力三种周期。每个周期控制着各自的机能水平。如智力周期控制着人的学习能力、记忆能力和逻辑思维能力,以33天为一周期。人的体力大约23天为一个周期,人的情绪大约28天为一个周期。每个周期中,又区分为高潮期、低潮期和临界期(高潮期和低潮期两段起始的0线)。高潮期也就是最佳时间。人的智力周期的高潮期,脑子清楚,逻辑思维能力强,工作效率高;低潮期反应较迟缓,临界期就更差。

其次,要根据一周内学习效率的变化安排学习活动。一周之中,由于长期的双休制,也形成了智力周期。星期一和星期五临近休息日,智力机能有下降趋势。

再次,要根据一天内学习效率的变化来安排学习活动。在一天中,人的智力也是存在周期的。由于每个人在一天当中的体内新陈代谢状况和大脑机能状况不同,其最佳时间也就因人而异了。有的人是白天型的,早睡早起,一觉醒来,精力充沛,大脑活跃。而有的人则是晚上型的,一般早上状态不佳,到了下午逐渐精神起来,夜幕降临时,脑细胞随之转入兴奋状态,精力专注,尤其到了夜深人静时,大脑异常活跃,学习效率很高。还有的人是混合型的,容易适应生活环境和作息制度,不管任何时候,只要经过充分休息后,就可以达到最佳状态。当然,学生的学习主要是在白天,因此,晚上不宜睡得太迟。

此外,要根据自己的工作曲线安排学习活动。学习时,随着学习的进行,人的精神状态和注意力会发生变化。一般来说,存在三种变化模式:先高后低;中间高两头低;先低后高。每个人要根据自己的模式,安排学习内容,确保状态最佳时学习最重要的内容。

(三)灵活利用零碎时间

零碎时间大多是学习的低效时间,如课余、饭前饭后、等人等车、乘车乘船等。这些时间也可以灵活利用。首先,可以利用零碎时间处理学习上的杂事。学习上有些杂事不得不做,这些事不宜使用整段时间来做,而要利用零碎时间做。例如,削铅笔、收拾用具、整理学习环境、整理书包等。一定要注意,所有与学习有关的东西都必须有条理地放好,什么东西放在什么地方要心中有数,用完归还原处。如果杂乱无章,任拿任放,要用时四处乱找,不仅耽误了学习时间,而且,破坏了学习心境。其次,读短篇或看报刊,拓宽自己的知识面,或者背诵诗词和外文单词,这实际上等于在进行分散复习,可提高记忆效率。此外,可以进行讨论和通讯,与他人进行交流,在轻松的气氛里与人交流,有助于创造性思维的启发。

二、努力和心境管理策略

系统性的学习大都是需要意志努力的。为了使学生维持自己的意志努力,需要不断地鼓励学生进行自我激励。

(一)激发内在动机

对学习本身就有兴趣、好奇心和求知欲是一种重要的内在学习动机,它可以使人持续学习下去,敢于克服障碍,迎接挑战,从学习活动中获得快乐。学习的内在动机是可以自我培养的。例如,可以设法通过某些活动,如参观博物馆、展览会、听讲座、观看影像资料等,了解某一学科知识在现实生活中的意义,以及对将来学习的重要性,激发学生进一步了解相关知识的愿望,并使学生在求知过程中获得愉快的情绪体验。创造各种机会,使学生多与那些热爱并擅长某一学科的老师和同学等来往,分享他们从这一学科知识中所获得的快乐,逐渐使这些学生自己也产生对这门学科的兴趣。同时,为了更好地与他们交流,感到自己在这方面的不足,从而产生学习该门知识的动力。或者,在实际生活中设法应用所学的知识来解决问题。例如,向别人讲述某些现象的原因,设计小小的工具或活动,用所学知识解决一些日常生活问题等。随着应用和学习,学生自己会感到知识上的不足,而后愿意得到更多的相关知识。

(二)树立为了掌握而学习的信念

每个人学习时都带有不同的目的,这些学习目的大致可以归为两类。一类是为了追求好成绩,即所谓的绩效目标。这种人一般特别注重自己在别人心中的地位和形象,生怕别人觉得自己不行。另一类则特别注重自己是否真正掌握,即所谓的掌握目标。这种人敢于迎接学习挑战,克服学习上遇到的困难。学习成绩固然重要,因为它也是学习效果的反映,但学习不是为了回答几个选择题什么的,而是掌握某一门知识。因此,除了要在考试中真实反映出自己的能力水平外,更重要的是,要让学生给自己设立一个内在的标准,来衡量自己的学习是否成功。如此,才能关心老师所规定任务之外的知识,在深度和广度上拓展自己的知识,最终通过不断积累,而提高自己的能力。

(三)选择有挑战性的任务

在挑选学习任务时,要挑选那些具有中等难度的任务。中等难度的任务比太容易或太难的任务更能激励自己。过难，自己怎么努力，也解不出来；过于容易，不需费什么力，没有多大的成就感。一个一心想着掌握、不断追求成功的人往往挑选中等难度的任务；而一个一心为了外在成绩和效果的人则总是设法避免因失败而带来的丢脸和难堪，他们不是选择容易的任务，就是选择特难的任务。因为，容易的任务不会失败，自己不会因失败而丢脸；特难的任务肯定会失败，但别人也难以成功，自己也不会因此被人小瞧。

(四)调节成败的标准

学习时，对于成败，要做到自己心中有一杆秤。有时，即使得了99分，别人觉得你学得不错，但自己并不满意，因为题目太容易了，未能反映出自己的真实水平，或者发现自己还有一处关键地方并未弄懂。相反，有时，即使得了60分，别人觉得你一般，但自己很满意了，因为，相比自己的过去，进步了很多。随着学习的深入和自己能力的变化，要不断调整自己的成败标准。如果标准一直过高，自己总不满意自己，结果会造成自责、自卑和情绪低落。相反，如果标准一直过低，自我感觉过于良好，造成盲目的自信，学习也受到影响。因此，只有适时调整自己内在的成败标准，才能维持自己学习的自信心。

(五)正确认识成败的原因

学习有成功，但也难免失败。人在成功或失败时，肯定会产生相应的情绪反应，但积极或消极的情绪并不直接等于自己能力的高低。因此，在反应过后，需要冷静下来，客观而正确地认识自己成败的原因，以便获取下一次成功，避免下一次失败。一般来说，在学习成败之后，人们总会找这样那样的原因。例如人在成功时，往往倾向归因于自己能力高。而在失败后，自卑的人倾向于认为自己能力不强，过于自我保护的人则可能倾向于找一些主观原因，如，我身体感觉不舒服、我心情不佳、我不喜欢那门学科、我不擅长考试，也可能会找一些客观原因，如老师教得不好、考题不公平合理、复习时间不够、运气不好等。但是，一个人的成败主要还是取决于一个人的努力程度。能力不是一成不变的，更不是天生的，而是通过努力不断积累起来的。如果认为能力是成败的关键，而能力又是天生的、不可改变的，那就会导致两种情况。一种情况是，觉得自己能力高的人，认为自己肯定能成功，不需要努力，努力反而显得自己能力不高，为了显示自己能力，往往不是选择特难的任务就选择特容易的任务，因为这不会导致失败，也就不会丢脸，也就不会对自己能力产生怀疑。另一种情况是，觉得自己能力低的人，认为自己不是学习的料，怎么也不会成功的，努力也白搭，老师和同学也别来帮我，帮我也没用，因为能力是天生的，改变不了。因此，要引导学生学会正确地自我归因。

(六)自我奖励

当学生获得了满意的效果后，要设法让学生对自己进行奖励。奖励的方式多种多样,可以是暗示自己"我真行""我成功了""坚持就能成功"等,也可以是从事一些自己喜欢的活动等。但是要注意,并不是只有获得好成绩后才能获得奖励。每个人的起点不同,但每个人都可在自身的起点上进步和发展。只要自己取得了满意的进步,即使外在分数不高,也值得奖励。因此,要为了掌握而学,要引导学生设立自己的成败标准。

三、学习环境设置策略

学习环境是可以人为地选择、改善与创设的。设置学习环境是为了使周围的环境更有利于学习活动的展开。首先要注意调节自然条件,如流通的空气、适宜的温度、明亮的光线以及和谐的色彩等。其次,要设计好学习的空间,如空间范围、室内布置、用具摆放等因素。如果条件容许,应当有一个相对固定的学习场所,以减少家庭成员间的相互干扰,形成一个相对安静的学习环境。要注意桌面的整洁,各种学习用具要摆放在固定的地方,用完后归还原处。学习时,尽量减少可能的干扰和分心的因素。例如,最好将电话挂断,以免分心和打乱思绪。

四、工具的利用策略

学习工具是学习中所必不可少的学习资源,学会有效利用学习工具对一生来说都是非常重要的。

(一)参考资料的利用

选用参考资料时,要注意所选资料宜精不宜杂;与自己的学习内容相吻合;具有较强的针对性;与自己的现有水平相适应;编写体例要条理清晰;具有一定的权威性。

使用参考资料时,要注意配合教材;有选择性地参考重要内容,不必从头到尾地学习;遇到不懂之处,要对照其他参考资料,或请教老师,或与其他同学讨论。

(二)工具书的利用

工具书是学习时的"无言的老师""案头顾问"。它包括字典词典、百科全书、年鉴以及索引等。选择工具书时,要注意选择最新版本和有权威性的出版社或作者群,以确保知识的科学性和时代性。使用工具书时,一是要注意了解并熟悉检索方式,二是要注意将工具书中的信息与书本上的上下文结合起来理解。

(三)图书馆的利用

进入图书馆,首先要学会根据图书目录查阅所需要的书籍。检索的方式多种多样,如按书名或著者检索、分类检索等,书名或著者既可以按笔画查找,也可按拼音查找。在图书馆看书,要注意做读书笔记和摘要。

(四)广播电视的利用

广播电视不仅可供人娱乐,也能增长人的知识,开阔人的视野。但要注意有选择地收看,如新闻述评、科技常识、军事天地、文艺欣赏、电脑世界以及英语讲座等内容适宜多看。并且,要严格控制时间,可以有计划地连续收看一两项重要内容学习,如"新闻联播"、英语讲座或电脑世界等。

(五)电脑与网络的利用

电脑的使用不仅可增长有关电脑科技方面的知识、电脑操作技能,也同样有助于各科课程的学习。它可用做教学工具和学习工具,比如,可选择一些电脑辅助教学软件来自学、预习、复习所学的课堂知识,也可利用电脑中的一些工具软件(如文字处理、电子表格、画笔以及某些高级编程语言)获取和处理信息、解决问题以及表达自己的思想等。但要注意电脑游戏的影响,可作为学习奖励,但不可多玩。

值得一提的是,电脑网络给学习提供了广阔的前景。可以在国际互联网上探索与学习有关的信息。上网时,要带着一定目的,切不可无限制地漫游。另一方面,要注意利用一些导航工具,指导自己对信息的探索过程,不至于迷失方向。

五、社会性人力资源的利用策略

学习总是需要与人交流,老师和同学是学习过程中最重要的社会性人力资源,必须善于利用。

(一)老师的帮助

老师不仅是一座知识库,而且是学习的引路人和促进者。因此,除了老师的讲授以外,自己一旦有什么疑问无法解答,最好向老师请教。值得注意的是,老师并不一定能给以满意的解答,但这并没有关系,一个人不可能什么事都知道。另外,老师的解答并不一定就是对的,老师也只是从一个角度出发看事物,也只代表一种理解。因此,不要过分迷信老师的权威性,关键是得到老师在知识、解决问题以及学习方法上的启发。

(二)同学间的合作与讨论

同学间的相互合作和讨论有助于彼此相互启发、达成对事物的全面理解。同学间的合作存在许多形式。一种是双方或小组学习同样的内容,相互讨论,彼此提问和回答;另一种是双方或小组共同完成同一项任务。此外,同学间还可以相互辅导。当自己不懂时,可以请教已经弄懂了的同学。由于同学之间背景知识相同,同学根据自己的理解所进行的辅导可能比老师更好懂;当自己弄懂了而别人不懂时,可以主动辅导别人,这不仅仅是一个付出,同时也能有所收获,往往是双方受益。因为,要想辅导别人,自己必须先理清思路,并且还要组织语言表达自己的思想。无疑,这将有助于加深对内容的理解。

第五节　学习策略的训练

　　教育的目标之一就是要帮助学生学会使用有效的学习策略。但是,常常有许多学生把学习中的困难归因于缺少能力,而实际上,他们的问题在于从来没有人教过他们如何学习。国外有一个研究发现,小学教师只用百分之三左右的时间向学生建议一些记忆和理解策略。因此,学生常常没有必要的策略来学习复杂的材料。例如,当教师所提的问题需要学生对材料进行分析后才能回答时,学生逐字逐句地用笔记时,教师的讲演就没有多大意义。而且,学生只是了解各种不同的学习策略还不够,他们必须学会如何与何时适当地使用这些策略,以及愿意(受激励)使用它们。例如,有些学生在参加考试前,把书本阅读两三遍,结果成绩仍不理想。这些学生不会核查他们的理解。他们自以为都懂了,但却不知用什么方法来测查自己是否真懂了,只有到考完了,才知道自己并不懂这些材料。因此,教师的任务不仅是结合教学内容教学生具体的学习策略,而且,要教学生积极地适时地选用有效的学习策略。

一、学习策略的训练原则

　　人们在学习、阅读时常常使用各种不同的策略,但很少有什么学习策略总是有效,也很少有什么策略总是无效。显然,学习策略的价值依赖于其具体情况和使用情况。在进行学习的训练时,教什么策略、怎么教这些策略,可以遵循一定的基本原则。

　　(一)主体性原则

　　主体性原则既是学习策略训练的目的,又是必要的方法和途径,任何学习策略的使用都依赖于学生主动性和能动性的充分发挥(董奇,1996)。如果学生处于一种被动状态,学习目标、过程、方法都由他人包办代替,学习的效果也由他人评价,那么也就无从谈起学会学习了。因此,在培训中,要向学生阐明策略教学的目的和原理,使其领会,同时,要给学生以充分的运用学习策略的机会,并指导其分析和反思策略使用的过程与效果,以帮助其进行有效的监控。

　　(二)内化性原则

　　内化性原则是指训练学生不断实践各种学习策略,逐步将其内化成自己的学习能力,并能在新的情境中灵活应用(董奇,1996)。内化过程需要学生将所学的新策略与头脑中已有的有关策略的知识整合在一起,形成新的认识和能力。

　　(三)特定性原则

　　学习策略一定要适于学习目标和学生的类型。同样一个策略,年长的和年幼的、成绩好的和成绩差的,用起来的效果就不一样。向别人写出阅读提要可能是一种有效的学习方法,但对幼儿则可能相当困难。一年级的学生知道某些学习任务比其他学习任务难,三年级的学生通常知道什么时候他们已经不能理解某些事物。尽管如此,这些年幼的学生在这些方面毕竟能力有限。直到儿童晚期和青少年时期,学生才有能力评价某个学习问题、选择一个策略去解决这一问题并且评价他们的成功。当然,这并不意味着学习策略对这些年幼的儿童并不重要,这仅仅意味着教师要针对学习者的发展水平,确定哪些策略是最有用的。同时,教师还要考虑学习策略的层次,必须给学生各种各样的策略,不仅有一般的策略,而且还要有非常具体的策略。

(四)生成性原则

学习策略是否有效,其最重要的原则之一就是学习者要利用学习策略对学习材料进行重新加工,生成某种新的东西,这需要高度的心理加工。要想使一种学习策略有效,做这种心理加工是必不可少的。生成性程度高的策略有:给别人写内容提要、向别人提问、将笔记列成提纲、图解要点之间的关系、向同伴讲授课的内容要求。生成性程度低的策略有不加区分的划线、不抓要点的记录、不抓重要信息的肤浅的提要等,这对学习都是无益的。

(五)有效监控原则

教学生何时、何地与为何使用策略是非常重要的,但教师却常常忽视这一点,这可能是因为他们没有意识到这样做的重要性,也可能是因为他们认为学生自己能行。如果交代清楚何时、何地与为何使用一个策略,学生就更有可能记住和应用它。学生应当知道何时、如何应用他们的学习策略以及当这些策略正在运作时能将它们描述出来。

(六)个人效能感

即使学生可能知道如何与何时使用策略,但是,如果他们不愿意使用这些策略,他们的一般学习能力也不会得到提高的。那些能有效使用策略的人一般都相信使用策略会影响他们的成绩。教师一定要给学生一些机会使他们感觉到策略的效力。学习策略训练课程必须包括动机训练,学生应当清楚地意识到一分努力一分收获。教师要树立这样一种意识:学生学习某材料时,要不断向学生提问和测查,并且根据这些评价给学生定成绩,如此促进学生使用学习策略,并感到使用学习策略,学习就会有所收获。

二、学习策略训练的方法

学习策略既是促进学习的条件,又是学校教育的重要目标。目前,虽然对学习策略的性质、结构和测量等问题还有待于进一步研究,但是,人们都认识到,学习策略是可教的而且是可能迁移的。许多教育心理学家研发了各种学习策略训练教程,并进行了实验性的训练研究。例如,约翰(John)等人的学习策略指导教程,丹瑟路(Dansereau)学习指导教程,温斯坦(Weinstein)的认知策略教程,赫伯(Herber)的内容指导学习教程等。

(一)指导教学模式

指导教学(Direct Instruction)模式与传统的讲授法十分类似,由激发、讲演、练习、反馈和迁移等环节构成(陈琦,刘儒德,1997)。在教学中,教师先向学生解释所选定学习策略的具体步骤和条件,在具体应用中不断给以提示,让其口头叙述和明确解释所操作的每一个步骤以及报告自己应用学习策略时的思维,通过不断重复这种内部定向思维,可加强学生对学习策略的感知与理解保持。同时,教师在教学中依据每种策略选择许多恰当的事例来说明其应用的多种可能性,使学生形成对策略的概括化认识;提供的事例应从学生的认识水平出发,由简到繁,使学生从单一策略的应用发展到多种策略的综合应用,从而形成一种综合应用能力。

以阅读理解为例,指导教学的内容应包括:策略是什么,涉及策略的含义、关键点和特征;为什么进行策略的学习,涉及策略的目的和作用;如何进行策略的学习,涉及学习策略的分解步骤或成分以及成分之间的关系;何时、何地运用策略,涉及策略的适用条件;如何评价策略的运用情况,涉及对策略运用的效果进行评价以及采取补救措施等(董奇,1996)。

阅读策略指导教学模式的实施可分为三步。第一步,教师有意识地明确教学内容和方法,在具体课程中明确策略知识中的陈述性知识、程序性知识和条件性知识成分,以及指导学习这些知识的方法。第二步,在学科课程或阅读指导课程中进行监控,根据学生水平和具体情境,采取明确、直接的指导,使学生掌握所教的策略知识。第三步,使学生运用阅读策略进行积极的监控,以提高其阅读水平。

其中,第二步是模式的核心部分,可以进一步划分为三步。①直接讲解。教师向学生明确讲解某种策略的三种知识,具体包括策略的含义与特征、作用,如何使用阅读策略,何时、何地运用阅读策略以及如何评价策略的效果。②示范。教师用语言向学生呈现阅读中的策略运用过程,将运用策略过程中不外显的心理活动过程明确地呈现给学生,这样可减少学生的模式认识与猜测,使其能准确、恰当地掌握阅读策略。具体示范的内容为两个方面:一方面是阅读的思维推理过程;另一方面是自我监控过程,即如何有意识地控制策略的运用。在示范中,教师要明确告知学生,他们应当有意识地控制所学的策略和明确所需的条件,寻找策略中所包含的全部心理技能。③辅导学生正确运用阅读策略。在讲解和示范之后,教师还必须提供一定的练习机会,根据学生的具体进展给予适当形式的辅导,如解释或类比等,逐渐使学生熟练掌握所教策略。

在学习策略训练中,指导教学模式日益受到重视,尤其是对幼龄学生,这一模式比较有效。因为,儿童很难自己发现策略知识,有时即使自己发现也不能自动运用这些知识(董奇,1996)。有人分析了几种训练方法,从非常间接的方法(如发现法)到直接而明确的方法,从单一方法(如行为示范)到复合方法(如在示范的同时给以直接的讲解)。结果表明,直接的复合方法比其他训练方法更可能促成有关策略的准确知识。因此,教师应当明确解释策略知识和示范策略运用过程,而且当学生尝试运用策略时给以指导和反馈。

当然,指导教学也有一定的局限性(董奇,1996)。例如,一些学习过程很难进行讲解,还有一些学习活动的具体过程还未确定下来,而且,有时难以确定将一个策略分解到什么程度最为有效。

(二)程序化训练模式

该训练模式的基本思想基于加涅的学习层次理论。所谓程序化训练就是将活动的基本技能,分解成若干有条理的小步骤,在其适宜的范围内,作为固定程序。要求活动主体按此进行活动,经过反复练习使之达到自动化程度。程序化训练的基本步骤是:将某一活动技能,按有关原理,分解成可执行、易操作的小步骤,而且使用简练的词语来标记每个步骤的含义。通过活动实例示范各个步骤,并要求学生按步骤活动。要求学生记忆各步骤,并坚持练习,直至使其达到自动化程度。

(三)完形训练模式

完形训练就是在直接讲解策略之后,提供不同程度的完整性材料促使学生练习策略的某一个成分或步骤,然后,逐步降低完整性程度,直至完全由学生自己完成所有成分或步骤。

完形训练的好处就在于能够使学生有意注意每一个成分或步骤,而且每一步训练所需的心理努力都是学生能够胜任的,更为重要的是,每一步训练都给学生以策略应用的整体印象。

(四)交互式教学模式

交互式教学这种方法,主要是用来帮助成绩差的学生阅读领会,它是由教师和一小组学生(大约6人)一起进行的。旨在教学生这样四种策略:总结,总结段落内容;提问,提与要点有关的问题;析疑,明确材料中的难点;预测,预测下文会出现什么。

交互式教学模式步骤:一开始,教师示范,朗读一段课文,并就其核心内容进行提问,直到最后概括出本段课文的中心大意。教师指定一个学生扮演"教师",彼此提问。

(五)合作学习模式

合作学习模式的基本思想是合作性,这已成为当今基础教育改革所倡导的基本理念。在这种学习活动中,两个学生一组,一节一节地彼此轮流向对方总结材料,当一个学生主讲时,另一个学生听着,纠正错误和遗漏。然后,两个学生彼此变换角色,直到学完所学材料为止。

要使合作能够进行,教师必须注意以下几点:①要有一个有吸引力的主题;②要有可分解的任务;③要有一个有凝聚力的稳定的团队;④要有一个具有激励性、发展性的评价机制;⑤需要在课与课之间、课内与课外之间具有连续性。

在实际教学中,教师不管采用什么方法进行学习策略的教学,都要结合学科知识。教师要善于不断探索优化自己的教学步骤,为学生提供可以仿效的活动程序。同时要根据学生原有的学习方式基础来启发学生的思路,让其有意识地内化有效的学习策略。

【案例分析】

一位语文教师发现班上一名很用功的男同学在背诵课文时很困难,想了解其中的原因,就问他:"你是怎样背诵课文的?"这名学生回答:"我就反复地念。"教师说:"是这样啊,那我知道该怎样帮助你了。我可以教给你一些背诵课文的方法,这些方法对我一直很有帮助。"接下来的日子,老师教给他了一些背诵课文的方法,并选择了一些课文的段落,指定他用某些方法去背诵。他背得比以前快而且保持时间也比以前长了。老师就不再让他做这些背诵练习了,认为他已经掌握了这些方法。

在学习新课文时,老师又要求同学们背诵有关段落。这次,语文老师信心十足地提问他,可是结果令老师很失望,也很费解。他还是像训练前一样,不能流利地背诵。老师就问:"你是怎么背的?"他回答:"反复读。"老师有些生气了,就问:"你为什么不用我教你的那些方法呢?"他不回答,只是沮丧地低下了头。

为什么在教师的指导下已经能够熟练使用的方法自己独立背诵时就不会使用了,仍旧去用以前的"反复读"的办法呢?是他忘记了那些方法吗?是他认为那些方法效果不好,他不想使用吗?他不会对训练阶段的效果没有觉察,也不会在这么短的时间内将老师教的方法忘得一干二净。那么,原因何在呢?

1. 原因分析

该同学在教师的指导下已经能够熟练使用的方法尚没有熟练化,内化成自己的学习策略,以前"反复读"的方法是自己已经熟练应用了的,这是一种习惯化的学习策略,需要改变这种已经习惯化了的学习策略比较难,需要一系列的步骤。

2. 对策

(1)遵循主体性原则

老师教给他一些背诵课文的方法,并选择了一些课文的段落,指定他用某些方法去背诵。这样学生处于一种被动状态,学生只是被动地接受这种背诵方法,不懂得这样背诵的好处。需要告知学生为什么要这样背,让学生领会,发挥主动性。

(2)遵循内化性原则

老师看到这位同学背得比平时快而且保持时间也比以前长了,就不再让他做这些练习背诵,认为他已经掌握了这些方法。实际上,这位同学只是按照老师的要求完成了任务,还没有真正掌握这种方法,而内化成自己的方法,还需要进一步的练习。

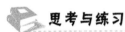 **思考与练习**

1. 观察你周围2～3名学习好的同学,总结他们在学习中都运用了哪些学习策略。

2. 小琳今年刚上高二,她学习刻苦但不得法,因而成绩不理想。假如你是她的老师,你应该如何帮助她?

3. 回顾自己的学习历程,总结自己在学习中自觉或不自觉地运用过哪些学习策略。

参考文献

[1]张大均.教育心理学[M].北京:人民教育出版社,2011.

[2]陈琦,刘儒德.当代教育心理学[M].北京:北京师范大学出版社,2007.

[3]韩仁生,李传银.教育心理学[M].济南:山东人民出版社,2008.

第十章 教 学 环 境

学习目标

1. 理解教学环境的概念。
2. 领会教学环境的功能。
3. 初步了解和分析教学环境的各个构成要素。
4. 学会教学物理环境和心理环境的创设和调控。

行为主义心理学家华生说过:"给我一打健全的婴儿,并在我自己设定的特殊环境中养育他们,那么我愿意担保,可以随便挑选其中一个婴儿,把他训练成为我所选定的任何一种专家——医生、律师、艺术家、小偷,而不管他的才能、嗜好、倾向、能力、天资和他祖先的种族。不过,请注意,当我从事这一实验时,我要亲自决定这些孩子的培养方法和环境。"

行为主义心理学家华生的这句名言体现了环境决定儿童发展的理论取向,中国古代有"孟母三迁""近朱者赤,近墨者黑"等,都充分说明人所处的环境条件在人的成长和发展中起着重要作用。教师和学生置身的教学环境,时时刻刻影响着教学进程和效果,它作为教学系统的一个重要组成部分,成为多年来教育心理学家们十分关注的问题。本章主要探讨教学环境的概念及其分类,研究各种环境因素对学生身心发展的影响及其机制,学会教学中物理环境和心理环境的创设和调控,实现教学环境优化。

第一节 教学环境概述

一、教学环境的概念

人的任何活动,都是在一定的环境中发生、发展的,教学活动也不例外。环境是指存在于人们周围,并能给予人们一定影响的外部条件,包括自然环境和社会环境。自然环境,如适宜的光照、新鲜的空气、干净的水等,不仅为人的生存提供了最基本的生活条件,而且对人的身心发展具有不可忽视的影响。自然环境的恶化和污染,不仅影响人类的发展,也严重威胁着人的身心健康。环境心理学研究发现,阴郁的天气容易加剧人们的焦虑和抑郁情绪,尤其对于一些抑郁症患者或季节性情绪失调的患者,阴沉的天气更容易引起他们情绪失控,增加自杀的风险。社会环境是人类所特有的环境,它是由人们生活于其中的各种社会条件、社会关系、社会文化以及经过改造的自然等因素的综合。社会环境构成了人的身心发展具有重要意义的条件。生活实践已证明,人的身体发育与社会生活条件有着直接的联系。社会生活环境好一些,人的身体发育就快一些,好一些;反之,人的身体发育就会慢一些,差一些,甚至发生疾病乃至死亡。对于人的心理发展,由于心理是人脑对客观现实的反映,而客观现实即人所处的环境,为人提供了丰富的心理源泉和内容,使人的心理得以发生发展。社会环境对人的心理活动内容、方向、速度、发展水平和个别差异具有决定性的作用。世界上出现过狼孩和跟随其他动物长大的孩子,其共同点是智力极其低下,以后即使重返人类社会,他们的智力也无法恢复逆转。这说明社会环境对人的智力发展具有极强的重要性。可以说,智力就是人适应环境的能力。

环境影响人的发展,人也以自身的活动在改造环境,环境与人的发展之间是相互影响、相互塑造的。早期行为主义心理学家坚称环境塑造了儿童及儿童的行为。以班杜拉为代表的社会认知学习理论则把人的发展看做儿童与其环境之间的持续的双向交互作用过程。班杜拉指出,人既不是完全受环境控制的被动反应者,也不是可以为所欲为的完全自由的实体,人与环境是交互决定的。这充分说明人接受环境的影响不是消极的、被动的,而是积极的、能动的过程。人所处的环境在影响人的同时,人通过行为也可以积极改造环境,可以充分发挥环境中的有利因素,克服并消除环境中的不利因素,创造良好的环境,以更好地促进自身的发展。认识到这一点,对于正确把握教学环境的作用及创建良好的教学环境具有重要意义。

20世纪30年代中期,美国心理学家勒温将物理学的"场"概念引进了心理学研究领域,由此拉开了教学环境研究的序幕。在此以后的一段时间内,研究者们从不同角度和层次对教学环境问题进行了广泛研究,并取得了大量的研究成果。那么,究竟什么是教学环境呢?我们一般认为,教学环境是一种特殊的环境,它是有目的地按照人的身心发展特性而组织起来的育人环境,包括一切影响教学活动的各种因素的综合。它包括广义的教学环境和狭义的教学环境两个方面。从广义上来说,社会政治经济制度、科学技术发展水平、家庭以及亲朋邻里等等,都属于教学环境,因为所有这些都在某种程度上制约和影响着教学活动的成效。从狭义上说,教学环境主要是指学校教学活动的时空条件、各种教学设施、校风班风、师生关系、课堂气氛等。

大量的教学实践表明,教学环境是教学活动的一个必不可少的部分,任何教学活动都是在一定的教学环境中进行的。从表面上看,教学环境虽然是相对静止的,并且作为教学活动得以有效运转而搭建的一个"平台",但实质上它却以特有的影响力干预着教学活动的进程,潜移默化地影响着教师的教和学生的学。学生的学习兴趣、学习动机、学业成绩乃至体质的发展等无不深刻地受到教学环境的制约。离开了教学环境,教学目的、教师教的作用和学生的身心发展都无法实现。因此,教学环境的好与坏,是教学取得成功的关键,直接关系到教学质量的高低。

由于教学环境所涵盖的因素的复杂性,可以对教学环境进行多种多样的分类。从环境的存在形态上可以把教学环境分为有形环境与无形环境、静态环境与动态环境;从环境的布局上可以将环境分为室内环境与室外环境、微观环境与宏观环境;从环境的某些局部特点上又可以分为时序环境、信息环境、人际环境和情感环境。根据《国际教学与师范教育百科全书》的观点,把教学环境分为物理环境和心理环境两种类型。但是,不同类型的教学环境,对个体身心发展提供的条件不同,对个体发展的意义和作用也不尽相同,这必须引起人们的足够重视,根据教学需要,区别对待,分别设计。

 拓展阅读

印 度 狼 孩

狼孩是从小被狼攫取并由狼抚育起来的人类幼童。世界上已知由狼哺育的幼童有 10 多个,其中最著名的是印度发现的两个。1941 年美国丹佛大学和耶鲁大学两位教授公布了印度狼孩的记录,轰动了世界。

1920 年 9 月 19 日,在印度加尔各答西面约 1000 千米的丛林中,发现两个由狼哺育的女孩。年长的估计 8 岁,年幼的一岁半。大概都是在生后半年被狼衔去的。

两人回到人类世界后,都在孤儿院里养育,分别取名为卡玛拉与阿玛拉。她们的言语、动作姿势、情绪反应等方面都能看出很明显的狼的生活痕迹。她们不会说话,发音独特,不是人的声音。不会用手,也不会直立行走,只能依靠两手、两脚或两手、两膝爬行。她们惧怕人,对于狗、猫似乎特别有亲近感。白天,她们一动也不动,一到夜间,到处乱窜,像狼一样地嚎叫,人的行为和习惯几乎没有,而具有不完全的狼的习性。

这两个狼孩回到人类社会以后,辛格牧师夫妇俩为使两个狼孩能转变为人,做出了各种各样的尝试,但没有充分的计划性。阿玛拉到第 2 个月,可以发出“波、波”的音,诉说饥饿和口渴了。遗憾的是,回到人间的第 11 个月,阿玛拉就死去了。卡玛拉在两年后,才会发两个单词(“波、波”和叫牧师夫人“妈”)。4 年后掌握了 6 个单词,第 7 年学会 45 个单词。她动作姿势的变化也很缓慢。到 1 年 4 个月时,只会使用两膝步行。1 年 7 个月后,可以靠支撑两脚站起来;不用支撑的站立,是在 2 年 7 个月后;到两脚步行,竟费了 5 年的时间,但快跑时又会用四肢。经过 5 年,她能照料孤儿院的幼小儿童了。她会为跑腿受到赞扬而高兴,为自己想做的事情(例如解纽扣)做不好而哭泣。这些行为表明,卡玛拉正在改变狼孩的习性,显示出获得了人的感情和需要进步的样子。大女孩卡玛拉一直活到 17 岁。但她直到死时还没真正学会说话,智力只相当于三四岁的孩子。

在大脑结构上,这个狼孩和同龄人没多大差别。只是因为狼孩长期脱离人类社会,大脑的功能得不到开发,智力也就低下。从狼孩的故事可以看出,一个人的智力高低,并不完全取决于大脑的生理状态,而更多地受到后天成长环境的影响。

(转引自:http://hn. rednet. cn/c/2005/09/27/125825. html.)

二、教学环境的特点

教学环境是一种熏陶和影响人的育人环境,它有着不同于其他社会环境的特点,有其自身特殊性,具体表现在如下几个方面。

(一)教学环境具有教育性

教学环境不仅仅是教学活动得以进行的物质载体,而且作为学生身心活动的环境,其内容、氛围、人际互动形式、设计理念、构成因素等本身都具有教育意义。教学环境是一个专门化的育人场所,一个人一生中有相当长的时间里是在学校度过的,学校的功能在于为人提供一种经过选择的教学环境,使学生按既定的教育目的实现他们的发展。所以教育者在构建教学环境时,往往选择有利于学生身心发展的各种环境因素,这意味着对教学环境本身的教育功能的需要已远远超越对其物质功能的需求,这也是教学环境不同于其他环境的一个重要特征。如教学环境是否使师生产生和谐、稳定和安全的感受,学校建筑及其布局是否以人为本,是否突出了学生的主体地位,校园环境是否具有审美价值,是否具有教育性等。因此,教学环境的构建必须要考虑到对学生的教育和影响,使学生的所见、所听、所感,都能得到教育,最大限度地实现"环境育人"。

(二)教学环境具有潜在性

由于教学环境是作为主体知觉的背景而存在的,具有一定的暗示性,为学生个体的发展提供了多种可能,因而常常使学生在不知不觉中产生各种潜移默化的影响,这体现了教学环境对人的影响具有潜在性。在很大程度上,教学环境对学生而言犹如空气和水一样"润物细无声"，它时时刻刻影响着学生的学习活动。但是教学环境对人既有积极作用又有消极作用。即使在同一教学环境中，作用于每个学生身心的各种因素的方向、力量和大小都是不相同的，会使学生发展水平存在着巨大的差异，甚至导致截然相反的发展结果。教学环境的各种因素对学生个体发展的作用发挥，主要受学生主动性、积极性的大小而变化。相对而言，主动性强、积极性高的学生能够更好地挖掘教学环境的有利因素，克服和控制环境中消极的不利的因素，从而促进自身的发展。因此，教师应该注重培养学生认识、利用和超越环境的意识和能力。

(三)教学环境具有可调控性

教学环境虽然包含自然环境，但绝大部分并不是自发形成的。它是根据教育教学目标、学生身心发展规律和年龄特征而构思设计的，具有易于调节控制的特点。人们可以通过各种方法和手段，不断对教学环境进行必要的创设、调节和控制，撷取其中对人的身心发展具有积极意义的因素，消除和抑制不符合发展需要的因素，使教学环境向着有利于教学活动顺利进行的方向发展。在这个教学环境中，学生的认知、情绪、学习动机以及自我效能感等心理因素都受到教学环境的调节和控制。在提倡培养学生创新精神和实践能力的素质教育中，教师更应给学生创设一个能支持或容忍标新立异者或偏离常规思维者的环境，让学生感受到"心理安全"和"心理自由"，即给学生创造较为宽松的学习的心理环境，以提高和激发学生的创造性。

(四)教学环境具有系统性

作为一个系统的教学环境，它首先是一个由多要素、多部分或多个子系统构成的有机整体。构成教学环境有机整体的要素有自然条件、教学设施、人际关系、文化及心理气氛等，这使得教学环境是一个复合系统。学校毕竟是社会的一个组成部分，教学环境显然不是封闭的，它随时都与周围世界的各种因素发生着物质的、信息的交换，从这种意义上说，教学环境是一个特殊的开放系统。而且在现代科学技术的推动下，教学环境与周围世界的交换呈现不断扩大的趋势，从而使其开放程度大大提高。这也会使教学环境的复杂程度较以往时代大大地向前发展了。教学环境日益复杂的趋势，是其自身完善的客观要求的体现。因此，伴随着这种复杂化的同时，教学环境的完善程度也得到了增强，说明教学环境是一个日趋复杂、完善的系统。如今，个性化教学、计算机辅助教学、网络化教学等新型教学环境迅速涌现，普遍受到人们的重视和应用。

三、教学环境的功能

就人类整体生活而言，人的环境一般都具有生存和发展价值。作为教学活动的不可缺少的各种因素综合的教学环境，是一种特殊的育人环境，最根本的目的就是促进全体学生全面、和谐、健康发展。教学环境特有的要素结构和环境特点决定了其特有的功能。教学环境的功能具体表现在以下几个方面。

(一)导向功能

这是教学环境的基本功能。教学环境的导向功能是指通过教学环境自身各种环境因素集中、一致的作用,引导学生主动接受一定的价值观和行为准则,使他们朝着教育者所期望的方向发展(李秉德,2001)。如前所述,教学环境是根据学生身心发展的特殊需要和培养人的社会需要而组织、设计的育人环境,它往往体现了一种文化精神和价值取向,体现了教育者对受教育者的一种期望。这些要求和期望渗透在学校的各种环境因素中,形成一种具有教育和启示意义的教育资源,引导着学生的思想,规范着学生的行为,塑造着学生的人格。如学校建筑作为一种造型艺术,不仅提供了师生活动的空间环境,而且蕴涵着某种精神和理想,学生置身其中,能激发潜能,表现自我,改善行为,陶冶性情,给人以无穷的启发和引导。

(二)凝聚功能

教学环境的凝聚功能,主要是指教学环境可以通过自身特有的影响力,将来自不同地理区域、社会阶层和家庭背景的学生聚合在一起,使他们对学校环境产生归属感和认同感。在这样的教学环境中每个学生都能找到自己适当的位置得到应有的尊重,每个人随时受到重视,彼此没有歧视和轻蔑。即使是那些学业成绩不佳、学校适应不良的所谓"问题"学生,团结友爱的集体也会关心他们,结成帮扶对子,为他们创造合适的氛围,使他们独特的才能和特长有表现和施展的机会,以利于他们提高在同伴群体中的自尊感和自信心。这种积极的情感体验,能使学校、班级充满生气和活力,学生提高满足感、幸福感和归属感。只有这样的环境和氛围,他们的才情和禀赋、兴趣和爱好才能得到最佳的发展,激发起学生对学校、班级的无比关心和挚爱,从而产生巨大的向心力和凝聚力。

(三)陶冶功能

教学环境的陶冶功能,是指让学生置身于良好的教学环境中,可以陶冶情操,净化心灵,在潜移默化中养成学生高尚的道德品质和行为习惯。陶冶功能是利用无意识心理学原理来实现的。环境对人的暗示和感染作用,与人的可暗示性密切相关。法国心理治疗学家伯恩海姆认为,可暗示性是大脑接受或者唤起观念的能力,并使之化为行动。个体的思想信念、道德情操和行为习惯总是在一定的社会环境中形成的。经过教育者改善过的环境,给学生的影响作用总是积极的,在青少年道德情感和道德行为的形成中有着自发环境不可替代的重要作用。教学的心理气氛,如良好的学风和舆论,作为教学活动中一种主流的心理状态,它一旦形成,不但会稳定地、经常地、持久地表现出来,而且也会产生如社会心理学所说的"社会助长""从众行为"等心理效应,对群体中每个个体的心理和行为起着不知不觉的感染陶冶作用。它直接或间接地影响每个学生学习的价值取向、努力程度、学习成绩、品德养成和个性发展。因此,有经验的教师优化教学环境时,都会充分重视发挥教学环境对学生的感染陶冶的教育功能。

(四)激励功能

教学环境的激励功能,是指良好的教学环境可以有效地激励学生的学习动机,提高学生学习的积极性。学生的学习活动总是在一定的学习动机的支配下进行的,学习动机是直接推动学生进行学习的一种内在动力,它表现为学习的需要、意向、愿望或兴趣等形式。在教学过程中,学习动机通过发挥自身的指引导向、集中注意和增加活力等作用,对教学效果产生重要影响。教学环境的自身特点,决定了其对学生学习动机产生多方面的影响。热烈的情绪感染,勤奋好学的行为作风,和睦相处、相互激励的人际关系,可使学生心境愉悦舒畅、精神蓬勃充沛、智力活跃开阔,大大提高学习的效率。每个学生都有着充分显示自己聪明才智的机会,当他们感受到教师的信任、喜爱,同学的赞许、肯定时,由此获得心理上的满足。并在这种满足中发展了胜任感和成功欲,激起了积极奋发、进取向上的力量和信心。若是在某种不良的教学情境中,一味地让学生遭受学业失败,就容易造成学生出现"习得性无助"。

(五)健康功能

教学环境的健康功能,是指教学环境能有效地促进学生身体的正常发育,提高他们的身体素质和健康水平。学校教学环境是师生长期工作、学习和生活的环境,特别是青少年正处于身心迅速发育的人生阶段,环境的优劣与他们的身心健康有着密切的关系。身处宽松舒适的教学场所、优雅安全的卫生环境、参加健康且适合其年龄特点的文体活动,对他们的身心健康是一种促进和保证。在良好的教学环境中,和谐的人际关系、共同的目标、团结的集体、丰富的活动,容易形成积极的情感环境,养成学生乐观愉快的情绪,提高机体内部的免疫力,增强对疾病的抵抗能力。学校为学生提供合理的生活作息制度,能使学生有规律地学习和生活,脑力劳动与体力劳动交替进行,学习与休息互相配合,做到有张有弛,促进学生身体的健康发展。

(六)育美功能

教学环境的育美功能,是指教学环境可以激发学生的美感,培养学生正确的审美观和高尚的审美情趣,丰富他们的审美想象,提高他们感受美、体验美、鉴赏美和创造美的能力。审美是人的一种高级心理活动,美的环境对人而言具有愉悦享用价值。人与环境之间有着直接的审美关系。学校是一个丰富多彩的美的世界,生活于其中的学生有意或无意地接受着系统的美的熏陶,不断形成着美的品质。首先,良好的教学环境有助于学生感受美和塑造美的人格;其次,良好的教学环境有助于学生提高鉴赏能力;再次,良好的教学环境有助于学生创造美并逐渐形成美的生活方式。

第二节　教学环境的构成要素

一、教学物理环境的构成因素

(一)教学场所

教学场所是学校的自然地理位置,也是学校建筑物所在的地方,它从整体上规定了学校宏观的环境面貌,是能否进行教学的前提条件,包括校址的选择、占地面积的大小等。其中,校址的选择尤为重要。《中华人民共和国教育法》明确规定,设立学校必须有符合规定标准的教学场所。选址不应设在近污染源处、地质危险地带等,高压线缆、易燃易爆设施、市政道路等不应穿过校园。学校的选址应当避开公共娱乐场所、集贸市场、医院传染病房、太平间、气源调压站、垃圾站等场所。

夸美纽斯曾设想过校园应安排得安静、美观,成为一个有利于学生学习的场所,并因此提出:"学校应在一个安静的地方,要远离尘嚣和令人分心的事物",应有利于学生的生命安全,而且"校内外看上去应富有吸引力"。如果校址选择在依山傍水或远离市区的郊区,充分利用自然条件的种种便利,就可以把我们的校园建设得更加美丽可爱。

(二)空气、温度、光线、声音、颜色、气味

空气、温度、光线、声音、颜色、气味是教学环境的物理因素。这些因素可以直接影响师生的身心活动。一方面,它们可以引起教师和学生生理上的不同感觉,另一方面,它们可以使教师和学生在心理上产生情绪,形成情感。学生智力活动水平,离不开适当的环境刺激。环境心理学的研究成果指出:"环境剥夺者"和"环境干扰者"由于刺激的缺乏或过剩,都使大脑的活动水平下降,情绪急躁不安,严重者伴有幻觉出现。光线、声音、温度等过强或过弱,都会影响学生的认知情绪。颜色对学生的认知情绪亦有较显著的影响,研究发现,浅蓝色和浅绿色可以使学生心情平静,解除大脑疲劳,提高用脑效率;而浅红色和深黄色可使学生情绪激动,大脑兴奋,尔后又趋于抑制。可见,不同的颜色激起不同的心理意识和感情、态度的反应,同时也产生不同的心理效应。

(三)各种教学设施

教学设施是构成学校物质环境的主要因素,是教学活动赖以进行的物质基础。从大的方面讲,学校的物质设施应当包括校园、教室、宿舍、图书馆、办公室、实验室、操场、食堂,各种绿化设施如草坪、花坛、水池等;从小的方面来看,课桌椅、实验仪器、图

书资料、计算机、多媒体、体育器材等,都是教学活动必需的基本设施。作为教学环境的重要组成部分,教学设施不仅通过自身的完善程度制约和影响着教学活动的内容和水平,而且以自身的一些外部特征给师生以不同的影响。如,校园美化、建筑雕塑、室内布置等不仅直接影响师生情绪,而且在一定程度上对校风、班风的形成以及品德的养成起到潜移默化的作用,在一定程度上实现了环境育人。

随着现代科学技术迅速发展,如语言实验室、计算机房、视听室、多媒体教室等,尤其是以计算机为核心的多功能教学设备在教学中的广泛运用,使现代物质教学环境发生了前所未有的变化,为学校提供了良好的教学条件和环境。这就需要学校加大教学投入,改善和完善教学设施,以适应教学环境的转换和变革。

(四)社会信息

教学过程是一个各种信息交流、反馈的过程。教学过程所传递的信息是学校信息的主要部分。但学校不是一个封闭的环境,它与社会随时进行着各种不同方式的交流。特别是近年来,大众传播媒介迅猛发展,各种社会信息通过广播、电视、书报、杂志、互联网等媒介大量涌入学校,给教学活动带来了不可估量的影响。这些影响有积极的一面,也有消极的一面。比如,随着手机在校园里的普及,越来越多的大中小学生拥有手机,不良交友、网络暴力、色情游戏、不良短信,以及"黄赌毒"等严重危害着涉世未深的青少年身心。尤其是黄色信息、黄色网站等对学生具有非常大的诱惑力,严重危害学生身心健康成长。个别学生受不健康内容的影响,以致注意力不集中,成绩直线下降,有的甚至违纪违法,最后走上犯罪道路。这些给学校教学管理带来极大的难度和挑战。因此,正确地处理和利用各种社会信息,有利于学生身心的发展,有利于教学质量的提高,处理和运用不当则会干扰甚至破坏教学活动的正常进行。

二、教学心理环境的构成因素

(一)校风、班风

校风是指学校集体在长期的教育实践中逐步形成的一种具有心理制约作用的自觉的心理倾向。它主要表现为学校的集体行为方式和风尚。校风是一种无形的环境因素,一经形成就成为稳定的教育力量,它对人的影响是看不见、摸不着的,但客观上却在制约着人的思想、情感和行为方式。从心理学角度看,一个学校的校风形成了该校集体的心理定势,集体中的多数成员就会在潜移默化中形成一致的态度和共同的行为方式。因此,一个学校的学风、教风、领导作风、人际关系无不与校风密切相关。良好的校风是一种无形的精神力量,它可以鼓舞人的精神,激励人的志向,规范人的行为,使教师教学态度、治学精神和学生的学习动机、思想情感以及学校管理者的领导作风,都会朝向一种积极向上的方向发展。

班风是班集体成员共同表现出来的一致性的心理面貌，是班级"个性特征"的体现。良好的班风是育人环境的基本组成部分。良好的班风对班级成员具有很强的制约功能和教育功能，并主要以舆论或规范的形式体现。班风的稳定化和凝固化就成为传统。马卡连柯曾指出："任何东西，也不能像传统那样能够巩固集体。培养传统、保持传统是教育工作中最重要的任务。"良好的班风是班集体成员长期相互作用、不断发展的结果。

从其心理机制上看，校风与班风都是以心理气氛的形式出现的，并且这种心理气氛一旦成为影响整个群体生活的规范力量，它将直接或间接地影响每个学生的学习动机、学习成绩、品德养成和个性发展。

（二）课堂教学气氛

课堂教学气氛是指在课堂中师生之间和学生之间围绕教学目标展开的教与学的活动而形成的某种占优势的综合的心理状态。它是我们教学活动顺利进行的心理基础，对教学活动起着动力、催化、维持与定向的作用。我国学者以秩序、参与、交流三个指标为依据，把课堂教学气氛划分为积极的、消极的和对抗的三种类型。积极的课堂气氛主要表现为课堂纪律良好，课堂活动井然有序，师生双方有饱满的热情，目标明确；学生求知欲强烈，注意力集中，思维活跃；师生间往往情感交流充分，双方处于互动积极的状态；师生有实现目标而获得成功的喜悦感。消极的课堂教学气氛通常显得沉闷压抑，教师是绝对权威，学生紧张拘谨，由于惧怕教师而反应迟钝、呆板；师生之间不冷不热，缺乏互动，课堂教学成为教师一人的"独角戏"。对抗的课堂气氛主要表现为课堂秩序混乱，学生各行其是，随意插嘴，故意捣乱；师生关系紧张，纪律松散；正常的教学活动难以开展，教与学的任务常常不能完成。

（三）人际关系

人际关系是人们在社会生活中所形成的对他人的一种心理倾向及其相应的行为，是由认知因素、情感因素和行为因素构成的一个动态系统。它体现的是心理上的距离。学校中的人际关系包括师生之间、领导与教师、教师与教师、学生与学生的关系以及教师与学生家长的关系等，有的是通过自然交往形成的非正式关系，有的是根据教学任务、行政层级而形成的正式关系，它们都在一定意义上构成了教学活动的人际环境。但不管哪种人际关系，都会直接影响教学效果。《学记》认为"独学而无友，则孤陋而寡闻"，这说明学习中的人际关系对学习结果有重要的影响。在学校多种多样的人际关系中，师生之间的关系、学生之间的关系是学校内部两种最重要的关系。

教师是教育者，教师之间平等民主、互帮互助的关系，不仅有助于形成相互学习的教师共同体，也有助于教师个人以饱满而热情的情绪进行教学，同时也会起到榜样示范作用，使学生懂得与人相处是怎样的关系以及如何与人交往。师生关系与学校中其他人际关系相比，师生关系的特殊性在于它蕴涵着教学的因素，这使得师生之间的人际关系是基于任务而建立起来的教学中最基本的也是最重要的人际关系。研究表明，和谐的师生关系给学生提供的是支持、帮助和安全感，而不和谐的师生关系则给学生提供的是压抑、冲突和紧张感。因此，和谐的师生关系是高质量教学的前提和基础。学生之间的关系也是学校中重要的人际关系。学生共同学习和生活，他们之间的交往频率大大高于师生之间交往频率。在对中学生人际互动的一项研究发现，每天学生与学生之间的互动频率是学生与教师之间互动频率的六倍。学生之间的关系质量决定着班集体的凝聚力和心理气氛，直接影响学生学习活动的成败、人格的形成和发展以及身心健康。

第三节　课堂教学物理环境的创设与优化

一、教室的创设和优化

教室是教学活动开展的最基本环境要素。教室应有 6 米×10 米（宽×长）的空间，教室前排课桌椅离黑板的距离应不少于 2 米。最后一排离黑板的距离应不超过 9 米。黑板应保持墨绿色，应平整、无裂缝、不反光。教学设施均应安全可靠，不会损害学生的健康。有条件的话还可以在教室中增设一些用于放置学生个人用品的设施，如书架、小柜子等。在宜人的教室环境中，应有良好的通风、丰富而合适的色彩、适度的光线、适宜的温度、低背景的噪音甚至舒适的座位等，不仅会对人的生理状况产生相当的影响，而且会对学生的态度与行为产生显著影响，进而影响教学与学习活动的开展。

(一)良好的通风

在同一教室里一般有 40～50 名甚至更多学生同时进行学习活动。如果没有良好的通风，没有新鲜空气的流入，教室内的二氧化碳会增加，空气就变得浑浊。在这种环境里长时间学习，不仅使人厌烦，也会影响学习效果。特别是北方冬季、传染病高发的季节，更应定期开窗，保持良好的通风，从而保证学生身体健康。

(二)适宜的温度

温度是影响课堂的一个重要因素。不同的温度对人生理上的反应是增加唤醒，低的唤醒会改进人的作业水平，而高的唤醒则会损害作业水平。温度影响学生学习成绩。根据吉利兰德关于教学环境温度的实验研究表明，最适宜于学生智力活动的室内温度为 20℃～25℃，环境温度每超过这个适宜值 1℃，学生的学习能力相应降低 2％，教室温度超过 30℃以后，智力的活动水平和持续时间就大为降低和缩短。也有研究发现，教室温度超过 35℃时，学生大脑的消耗会明显增加，表现出无精打采，智力活功水平以及活动的持续时间都大大降低或缩短，同时，也会使学生的攻击性行为明显增加。佩普勒研究了美国俄勒冈波特兰装有空调和没装空调的学校。结果发现，在没装空调的学校,温度上升时学生的学习成绩变异加大;在装有空调的学校,最热的季节也没有出现这种情况。

(三)充足的采光

一般来说,采光越好,学生就越容易学习。如果教室以自然光源为主要照明光源,那么教室的窗户应以宽而大为宜;如果教室是以人工光源为主要照明光源,那么,就存在一个照明度的问题。在一般情况下,教室需有300~500勒克司的照度,亮度过强会使学生感到烦躁甚至头晕,影响思维判断能力;过弱则不能引起学生大脑的兴奋,从而无法调动起学习的积极性,也伤害学生的视力。在一些特殊的教学活动中,照明度还有特殊性的规定。此外,照明须避免眩目,因为眩目容易造成视觉的紧张与疲劳.降低视觉的敏感性。为此,教室中应装有窗帘,避免光线直射入内。

(四)宁静的颜色

颜色是人们视感觉的基本特征之一,颜色的不同也会影响到人的情绪、思维、美感和学习效率。青、绿、蓝等冷色调则给人以平和、宁静和凉爽的感觉,易于消除大脑疲劳,使人情绪稳定、心境平和,有利于学生集中注意力,提高学习效率;而深色(如裸红色和裸黄色)则会强烈刺激人的大脑,使人兴奋,也会使人产生一定程度的焦虑。凯查姆(Ketcham,H.)的研究表明,在一所颜色合适、协调的学校中,学生在社会习惯、健康、行为安全和学习语文、艺术、算术、社会学、科学、音乐的才能等方面都会有明显的进步。人们在教室中所进行的主要是智力活动,为了使学生在教室里集中注意力,教室里的墙壁以及课桌椅等一般不宜选择较强烈的颜色且不能过于丰富,宜采用较低亮度的冷色调。

(五)低背景噪音

噪声是引起人烦躁或音量过强而危害人体健康的一类声音。噪声污染主要来源于交通运输、车辆鸣笛、工业噪音、建筑施工、社会噪音如高音喇叭、人的大声说话等。大于70分贝以上的声音即为噪音。在噪音环境里学习,会让学生产生烦躁情绪,注意力分散,记忆力减退,思维发生紊乱。因此,学校应选择在远离喧嚣的区域,教学区与活动区之间有一定的距离间隔,音乐教室应安装隔音设施等。在开展教学活动时,低背景声音则会使人轻松愉快,使人在无意识状态中进入智力活动的佳境,有利于身心的休息和调节。

已有研究表明,来自高速公路、铁路以及飞机的噪声确实能影响儿童的学习成绩和压力水平。在对一项长时间讲座过程的研究中,可以看到作为背景音的排风扇的声音的变化是如何影响学生的疲惫感的。在四场冗长的讲座过程中,研究者每隔一小时收集反映学生疲劳程度与集中注意力的能力的信息。讲座进行的一半时间内,讲座厅里天花板上的排风扇被打开,产生了平均音量为 60～65 分贝的持续的声音。在余下的一半时间内,排风扇被关上。排风扇声音的影响非常明显:学生们报告说,排风扇的声音让他们感到更加疲惫,而且干扰了他们的注意力。

二、座位编排方式

座位编排方式是指为满足教学活动对教学空间的不同需要,将教室内学生座位按照一定的形式的排列,它是一种教学空间环境的组织形式。不同的座位编排方式,直接影响师生在教学活动中的交互作用、学生之间的人际交往、学生参与学习活动的积极性、学习成绩和课堂行为。自夸美纽斯提出班级授课制以来,"秧田式"的座位编排形式一直是教学活动中的一种十分稳定的空间形态。但是,随着教育研究的深入开展,人们越来越认识到这种编排方式的弊端。这种方式过分重视发挥教师的主导作用,可用于教师系统、连贯地向学生传授书本知识。惠尔多(Wheldall,K.)通过对比"秧田式"和"圆桌式"编排方式也证明了这一点。从学生与物理环境关系上看,"秧田式"能够有效利用教室空间,满足班级授课制高效率的需要。但是这种方式也存在不少不足之处,使学生之间几乎没有什么交往活动,不利于发挥学生的积极主动性,不利于学生的社会成长。另外,从空间上突出了教师居高临下的地位,客观上造成师生在空间位置上的不平等,形成所谓的"专制型"教学,因而不利于平等民主的师生关系的建立。

有研究者对座位选择与学习者的关系作了研究分析。研究表明,座位的选择并不是随意的,坐在教室前排座位的学生大多是些在学习上过分依赖教师的学生,可能也有部分学习热情特别高的学生坐在其中,而坐在后排座位的往往是些捣乱和不听讲的。坐在前排和中间的学生的学业成绩要比坐在后排和两边的学生要好一些。坐在前排的学生,由于他们与教师之间的空间距离较短,心理距离也相对较短,这些学生往往能博得教师的表扬和称赞,因而也会以较大的热情投入到学习活动中去,学业成绩也相对较好。而坐在后排的学生则对学习持消极态度,也由于他们与教师的空间距离较远,因而心理距离也相对较长,从而这些学生表现出对自己获得学习上的成功也缺乏信心。研究同时发现,学生参与课堂教学的程度受学生座位的影响相当大,教师与学生之间的交流集中发生在教室前排和前排中间一带的区域,人们一般将这个区域称为"行动区"。处在"行动区"内的学生在课堂上表现活跃,发言积极,与教师交流的机会和次数明显比其他区域内的学生多,因为"行动区"处在教师的视觉监控范围之内,这个区域内学生的一举一动都受到教师的严格控制,从而能在学习上表现出较大的投入。而"行动区"以外的区域是教师视觉上的"盲区",处在这个区域内学生的一举一动,教师都较难以控制,因而捣乱、做小动作的现象也就随之出现了。因此,这部分学生在课堂上的学习并不十分有效。这给我们很大启示:"行动区"与教师的位置有关,教师应尽可能多地在教室里不断走动,积极关注"盲区";定期为学生交换座位,这样不至于使一些学生长久被排在"行动区"之外;允许学生自己选择座位。近期研究成果更进一步证实,情感脆弱、有所欠缺和看不起学校的中学生与大学生,喜欢坐在教室的后面,而最积极的、自我意识强的学生则喜欢坐前面。

针对传统的"秧田式"座位编排方式的不足,从 20 世纪 70 年代开始,国外多采用"非正式座位模式",主要有单矩形、双矩形、单圆形、双圆形、单 U 形、双 U 形(W 形)和开放形等多种模式。它们分别针对不同的教学目的和要求。

在现实教学中,座位的编排要灵活多变,要具体考虑到教学目标,必须与活动的性质和需要相适应,同时还要考虑学生的特点和教师控制课堂的能力。

三、班级规模

班级规模是指某一特定班级或教学单位所容纳的学生人数。在我国,也有人称之为"班额",即一个教学班级内学生人数额度。班级规模作为教学环境的一个组成要素,人们对其的认识与探讨由来已久。多项研究发现,班级规模不仅对学生的学习动机和学习成绩有影响,而且对师生双方的情绪情感、课堂行为以及个性化教学的实施也有很大影响。早在 17 世纪,当班级授课制产生并得以发展时,人们就十分关注这一问题。夸美纽斯曾提出:"一个教师同时教几百个学生不仅是可能的,而且也是必要的,因为,对教师,对学生,这都是一种最有利的制度。教师看到眼前的学生数目愈多,他对于工作的兴趣便愈大。……所以一个教师一次教一大群学生,毫无不便之处。"夸美纽斯的班级授课制成为教育史上持续最长的且是最普遍的教学组织形式。2011 年中国教育蓝皮书《中国教育发展报告 2011》调查显示:大班额(56～65 人)、超大班额(66 人以上)主要集中在县镇与城市,以县镇最多,且超过 50%;从小学到高中,大班额、超大班额逐步增多。根据陕西省 8 市的 35 所初中学校调查,拥有大班额、超大班额及特大班额的学校占 68.6%,其中,76～100 人的特大班额的学校达到 17.1%。也有研究发现,班级规模庞大、空间拥挤不但会造成安全隐患,而且给人的生理和心理造成损害,人们经常表现出焦虑、烦躁、行为异常,心理上产生无助感和压抑感,严重的会诱发各种疾病。

班级规模小型化渐渐成为许多发达国家的教育发展趋势。例如,在美国,1954 年公立小学的平均班级规模在 30 人以上;1976 年,平均班级规模在 22 人左右;到 1986 年,则下降到少于 20 人。缩小班级规模有利于学生积极参与课堂活动,有利于教师对学生学习的指导,有利于提高学生学习成绩。格拉斯(Glass,G. V.)等人在 20 世纪 80 年代初,对 77 篇关于班级规模的实证研究(涉及 725 个大班与小班的比较数据)进行元分析的结果表明,班级规模对学生学业成绩的影响上,小班优于大班,但大班却未必比更大的班好。也就是说,当班级规模超过一定人数时,班级规模对学生学业成绩不再有明显的影响。

格拉斯等人还综合研究了 60 篇关于班级规模与学生学习动机、对学校的兴趣、自我意识、积极性、注意力、创造性和其他类似的情感因素之间的关系的研究报告。这 60 篇报告涉及 172 项小班学生与大班学生在情感方面的比较,其中 147 项或 85% 的研究肯定了小班,也就是说,有 85% 的研究表明,在学生情感方面,小班优于大班。可见,班级规模大小影响着课堂活动中学生的学习与情感。在规模较小的班级中,学生的课堂表现往往更愉悦、活跃。而在人数较多的大班里,个体活动空间受限,易受到他人侵占,往往诱发学生之间发生争吵。我国学者朱家雄(1996)在以幼儿为对象的一项研究中发现,在社会密度高的活动室内,幼儿在活动时更多地发出噪声,更多地与其他幼儿发生身体上的接触。

在以人为本、个性发展的教育中,班级规模不宜过大,应积极探索并保持适中的班级规模,以学生的身心健康发展为确定班级规模的根本性原则。

【案例分析】

田纳西州"学生与教师成绩比率"计划

美国田纳西州的"学生与教师成绩比率"(Student-Teacher Achievement Ratio,简称 STAR)计划始于 1985 年,对田纳西州的幼儿园和小学一、二、三年级的课堂进行研究,为期四年。"学生与教师成绩比率"计划将规模为 13～17 人的小班与规模为 22～26 人以及是否配有额外教学助手的大班进行比较。参与实验的教师没有进行任何有关在小班教学的职业训练。该计划的特点在于,它具有可控制的实验设计的本质特征,在关于缩小班级规模的效果方面依据比较可靠。

● "学生与教师成绩比率"计划中学生测验的事实表明,小班学生的成绩好于大班学生的成绩,不论大班的教师是否配有教学助手。

● 小班的学生不论是在标准化测验(斯坦福成绩测验)还是以课程为基础的测验(主要考查基本技能)中都显著地优于大班的学生。不论是白人学生还是少数民族学生都是如此,而且市中心、市区、郊区和乡村学校都表现出这一结果。

● 最初小班对少数民族学生成绩的积极影响是白人学生的两倍,之后的积极影响基本相同。

● 较小的班级中处于某种水平的学生数较少,可以更早地确定学生特殊的教育需要。

● 较大的班级有没有教学助手都不会对学生的学业成绩产生显著的影响。

后来的研究成果为缩小班级规模具有积极效果,这种认识提供了重要的补充证据。1989 年连续实施了"持续效益研究",以考察那些拥有小班学习经验的学生在进入正常班级后是否有持久的积极作用。研究表明:

● 在四年级,来自小班的学生在所有的学科上与来自大班的学生相比依然保持着优势。

● 在四年级,来自小班的学生的行为表现(即学生课堂努力、主动性和破坏性)优于来自大班的学生。

● 至少要到八年级,来自小班的学生的学业成绩的优势水平才开始下降,但依然保持着明显的优势。

在"挑战计划"(Challenge Program)中,田纳西州将"学生与教师成绩比率"计划的发现用于该州最贫穷的 16 个学区以缩小班级规模。始于 1990 年的这项计划,以人均收入最低和政府提供午餐资助学校比例最高的学区从幼儿园到小学三年级作为方案实施的对象。对这些努力结果的评价是以这些学区在全州学生成绩测验中的排名作为方法。参与"挑战计划"的学区二年级学生其阅读和数学成绩都从接近田纳西州排名的最低部上升到了接近中间水平。此外,当参与"挑战计划"的学区执行了缩小班级规模方案后,年级内的留级学生减少了。

总之,田纳西州的研究已经被视为该领域研究的里程碑,它确定无疑地表明,在小学低年级学生的学习成绩上小班比大班存在优势。在美国有许多研究者将之视为美国教育史上重要的教育实验之一。

批判性思考以下问题:

1. 为什么较小的班级与大的班级成绩会产生差异?

2. 班级规模减到何种程度才适当?

3. 教师能做什么,不能做什么,怎么做效果会更好?

[转引自:金传宝. 美国关于班级规模的实验与研究[J]. 比较教育研究,2004(1):54-57.]

四、信息化教学环境

在现代的教学活动中,信息技术为学校教学创设和提供了丰富的教学环境。多媒体网络教室、校园网、电子阅览室、慕课、翻转式学习等以互联网为平台而建设起来,这些都已成为现代学校教学环境系统的新内容。现代教学环境系统以各种形式与学校外界环境进行信息交流,且信息交流呈现交互性特点,客观上为学生提供了良好的自主学习环境。

多媒体教学能集成文字、图形、图像、声音以及动画等多种环境因素,并且具有很强的交互作用、存储大量信息的能力以及虚拟现实的能力,而网络则提供了信息结构非线性与远程传输能力,这些是传统教学物质设施所无法比拟的,从而营造了一个理想的学习环境,促进现有教学模式从目标、内容、方法到组织形式发生根本性变革,也有助于学生信息素养、媒体素养的培养和提高。

在信息化教学环境中,多媒体信息的呈现,必须以认知负荷理论为其心理学依据。认知负荷是指一项具体任务的执行给个体认知系统所施加的负荷。它可分为三种类型:内在认知负荷、外在认知负荷和有效认知负荷。内在认知负荷是由学习材料的内在特性即材料内部元素的交互性水平所决定的,它不易被教学设计所改变。外在认知负荷是由学习材料的呈现方式及学习活动本身的缺损造成额外的认知加工活动所致,可通过教学设计来优化教学材料的呈现方式,来降低外在认知负荷,从而促进学习者的学习。有效认知负荷指与图式建构和获得以及图式自动化过程的努力程度有关的认知负荷。有效认知负荷也受到教学设计的影响,但外在认知负荷对学习起干扰作用,而有效认知负荷能够对学习起促进作用。教学多媒体的设计与信息呈现,就是要控制好学生的外在认知负荷,增加学生的有效认知负荷,同时保证总的认知负荷在工作记忆容量允许的范围内,即不造成认知负荷过载。为了减少多媒体教学中的学生认知负荷,教师可以使用感觉通道效应、分割效应、独立交互元素效应、元素交互效应及冗余效应等,产生良好的教学效果。

第四节　课堂教学心理环境的创设和调控

一、课堂气氛的创设和调控

制约课堂气氛的因素有多种,主要有教师、学生、教学内容、教法等,但其中最关键的是教师。美国人本主义心理学家罗杰斯说,课堂气氛主要是教师行为的产物。因此,要创设良好的课堂气氛,教师起着举足轻重的作用。教师的领导方式、教师的期望以及教师的教育机智成为创设和调控课堂气氛的重要因素。

(一)教师的领导方式

教师作为课堂教学的组织者和学生集体的领导者,其行使权力与发挥领导作用的行为方式,称为教师的领导方式。勒温等人曾在 1939 年将教师的领导方式按照民主—专制的维度分为三种类型。第一种是民主型。教师以民主的作风进行教学,尊重学生的学习主体地位,重视学生集体作用的发挥,帮助学生确立学习目标,组织和指导学生按照目标进行学习,帮助学生获得学习的成功,根据学生的实际和特点进行恰如其分的表扬和批评。这种领导方式,可以使教师的主导作用和学生的主体作用统一起来,教学活动始终洋溢着民主平等、师生互动、教学相长的心理气氛,师生之间和谐、积极、友好。第二种是专制型。教师采取专制作风组织教学活动,学生的学习要求、学习方法、学习情境,一切均由教师包办,压抑了学生的积极性。对学生的毁誉、贬褒全凭教师个人情感的喜恶进行,教师变成了至高无上的权威,学生只能依教师的命令行事。虽然能够很快而很有效率地达到预期的目标,但对课堂气氛和学生情感方面的影响上很大,学生有可能表现出紧张、敌意和侵犯性等消极的情绪。第三种是放任型。教师在教学活动中放任自流,没有明确目标,对学生的行为不管不问,很少指导和帮助学生,一切活动由学生自己进行。这使学生的学习变得毫无目标、毫无结构和组织,放弃了教师的主导作用。因此,民主的领导方式是教师创设和调控课堂气氛的理想方式。

人们对教师的领导方式进行了大量研究,得到的结果与上述实验研究大体相同。实际上,教师一般并不处于民主—专制维度上的哪一极端,而是两者之间的某一结合点上,他们在不同的情况下会表现出不同的行为。但不可否认的是,优秀的教师都会精心设计和主动创造积极的课堂心理气氛。

(二)教师的期望

教师对学生的期望,是一种无形的环境因素。在课堂里,"教师的期待会转变为向学生传递这些期待的实际行为,而学生也会按期待的方式来塑造自己的行为"。教师对学生积极期望,往往通过言语、姿势、表情等符号作用于学生,对学生表现出更多的关注、理解等积极行为,这可以有效激发学生的学习热情和学习积极性,使他们朝着好的方向去发展。而低期望则会使学生丧失学习动力,使他们的学习变差。在课堂教学中,教师这种将自己的期望有意或无意地传递给学生,学生会按照教师期望的方式影响自己的学习积极性和塑造自己的行为,就是自我实现预言效应。

教师期望对学生的学业成绩及心理发展等诸方面影响都极为显著,这已为许多研究所证实。但是很多研究也指出,许多教师并没有明确意识到自己的期望,也没有特别地调节和控制自己对待学生的行为,只是在不知不觉中表现出自己的期望。所以,教师应该明确地了解哪些行为与高期望相联系、哪些行为与低期望相联系,时刻保持高度的敏感性。在教育过程中,教师应以亲切、和蔼的态度、言语和行为为学生创造温暖的心理气氛,而不应以冷漠、粗暴的态度对待学生;教师应该对学生正确、合理的意见及良好的行为及时予以表扬,对不良行为予以批评,但批评不可过度,如学生在错误回答问题后,更多的应是鼓励而非批评;教师应经常承认、修改、应用、比较或概括学生的意见,采纳学生的意见,不应忽视学生合理的意见;教师应经常向学生提供较多、较难的教材,以提高学生的期望值;教师应经常向学生提出问题,并耐心地等待他回答问题,以增进学生学习的自信心,提高学习自我效能感;教师应与学生密切交往互动,促进期望效应的实现。

经典实验

皮格马利翁效应

1963年,美国著名的心理学家罗森塔尔(Rosenthal,R.)把一群小白鼠随机地分成两组——A组和B组,并且告诉A组的学生实验者说,这一组的老鼠非常聪明,同时又告诉B组的学生实验者说这一组的老鼠智力一般。几个月后,对这两组的老鼠进行穿越迷宫的测试,发现A组的老鼠竟然真的比B组的老鼠聪明,它们能够先走出迷宫并找到食物。但是,分配给两组学生实验者的老鼠都是标准的实验用鼠.且都是随机分配的。这些学生并不是在说谎或是故意歪曲实验结果。他们在训练动物时对动物施加的影响显然是无意识的。

于是罗森塔尔得到了启发,他想这种效应能不能也发生在人的身上呢?1968年罗森塔尔和雅格布森(Jacoboson,L.)在一所小学实施了实验。在开学初,他们在一至六年级各选三个班的学生进行非言语智力测验,并告诉教师这个测验能预测学生未来发展。研究者随机选取20%的学生,然后将学生名单告诉教师,并对教师说:"这些儿童将来大有发展前途。"实际上,教师并不知道该测验并不能够预测学生智力的发展潜能,也不知道所选取的学生与测验分数无关。之后,教师进行正常教学。学年结束时,罗森培尔对所有学生再进行了相同的测验,并计算出每个学生智商的变化程度。数据表明,那些被教师认为智力发展会有潜能的学生,其智商平均提高幅度12.2%,显著高于控制组学生(没有指定为发展潜力者)的8.2%。这个差异在一、二年级的学生中表现最为突出,实验组的成绩几乎比控制组高一倍。

罗森塔尔认为这个结果是因为教师接受了"权威性谎言的暗示",对名单上的学生态度发生了变化,产生了偏爱心理和情感。从而对学生的心理与行为产生了直接影响,并促进了预期期望效果的达成。他借用希腊神话中皮格马利翁(Pygemoliou)的名字,把这个效应命名为"皮格马利翁效应"。后来,人们也称之为"罗森塔尔效应"或"教师期望效应",是指人们基于某种情境的知觉而形成的期望或预言,会使该情境产生适应这一期望或预言的效应。该实验给教师以很大的启示,在教育教学中,教师对学生抱以积极的期望,真的可以取得意想不到的效果。

(三)教师的教育机智

教学环境不是静止的,它会随着教学活动的展开而发生起伏变化。在教学环境中随时发生的意想不到的情况和偶发事件,打破了教学进程,扰乱了正常的教学秩序。这就要求教师应具有驾驭教学环境变化的应变能力,也就是教师的教育机智。

教育机智是教师在教学活动中表现出来的对新的、意外的情况正确而迅速地做出判断并决定合理的处理方式以解决问题的能力。它既体现了教师感知的敏锐性、思维的灵活性、意志的果断性,也反映了教师娴熟的教学技能,在一定程度上说,是一种高超的教育艺术。如果教师缺乏一定的教育机智,既影响教师个人威望,又影响教学效果。俄国教育家乌申斯基说过:"教师缺少了所谓教育机智,无论他怎样研究教育理论,都不可能成为一个优秀的实践的教师。"

教育机智要求教师在教学环境瞬息万变之间,能正确地估计情况、掌握大量的教学信息,并估计自己行为及其后果,保证教学活动成为一个连续、完整和可控的过程。其关键在于教师获取和处理教学反馈信息的能力。足够的教学反馈信息,帮助教师正确地处理教学理想状态与自己教学行为后果的关系,并根据理想目标校正、调节自己的教学行为,还要考虑到教师自己和学生之间已经形成的关系的性质,充分考虑对学生个体或集体造成的影响,提高自己教学行为的敏感性,争取以最小的代价取得最优的教育效果。

教育机智与教师的人格特点是密切相关的。在面对教学偶发事件时,要学会遇事镇静、沉着、安详,善于控制自己的情绪。所以,教师不可忽视自己的人格修养。

二、和谐师生关系的创设和调控

师生关系的好坏是课堂教学心理环境的最重要指标。师生关系是指师生在教育教学和交往中所形成的比较稳定的人际关系,是学校中最基本、最重要的人际关系。师生关系不仅仅是一种教育关系,更是一种心理关系。古人云:"亲其师则信其道。"师生关系不但影响着教育教学活动的进程与效果,而且通过师生之间的情感交流和行为交往对学生自我意识、情绪情感等社会性发展起着重要作用。因此,教师应善于创建和谐融洽的师生关系。教师在与学生建立和发展师生关系的过程中,应做到以下几点。

(一)尊重学生的主体地位

在现实中,受到"教师中心""师道尊严"等旧教育观念的影响,教师往往唯我独尊,独断专行,凭主观印象办事,不设身处地为学生着想,不尊重学生的思想、感情和人格。为此,人本主义心理学家罗杰斯对传统教育进行了猛烈的批判。他认为在传统教育中,"教师是知识的拥有者,而学生只是被动的接受者;教师可以通过讲演、考试甚至嘲弄等方式来支配学生的学习,而学生无所适从;教师是权力的拥有者,而学生只是服从者"。这种观点中,"学生对教师必须保持一种被动状态",教师与学生处于不对等的关系中,不利于建立和谐融洽的师生关系。

教师只有把学生当成积极、主动地发展着的个体来看待,尊重学生与教师交往互动中的主体地位,才可能真正建立起平等、和谐的师生关系。这就要求教师始终要意识到学生是有积极能动性、有思想、有感情的活生生的人;学生是尚未成熟的、正在发展着的人;学生是需要关怀和温暖的人。良好师生关系的建立,必须在理解学生是什么样的人的基础上,充分发挥学生的主动性、积极性和创造性,尊重学生的人格、兴趣和需求,创设出一种鼓励学生积极主动地与教师交往和互动的心理环境。充分信任学生能够发展自己的潜能,尊重学生的个人经验,重视他们的情感和意见,深入理解学生的内心世界,教师只有以这些态度、品质处理教学中的师生关系,才能使学生获得心理上的安全与自由。

(二)积极的情感投入

没有爱,就没有教育。教师应当热爱学生,这是建立良好师生关系的情感基础。情感交流是师生互动的重要内容之一。一个优秀教师必须挚爱自己的职业,对教学、对学生抱以极大的热情,这样他才可能积极投入教学工作中去。这要求教师对学生、学生的活动和与学生形成的关系给予真正关注。有学者研究发现教师在课堂教学中的情感投入主要包括以下三个方面:对学生的责任感;为人师表,不断自我提高;与学生间友好信赖的关系。

罗杰斯认为促进学生学习的关键不在于教学技巧、专业知识,而在于人际关系、情感态度。因此他特别重视建立起"促进者"与"学习者"式的师生关系。他认为这种新的师生关系必须具备三个要素。一是真诚。它是指师生关系中的坦诚如实,思想感情要表里一致,既不掩饰自己的情感,也不粉饰自己的缺点,没有任何装腔作势或虚伪。二是无条件的积极关注。学习的促进者尊重学生的情感和意见,关心学生的方方面面,接纳作为一个个体的学生的价值观念和情感表现。三是同理心。学习的促进者能了解学生的内在反应,了解学生的学习过程。它从对方的角度去理解其思想、情感以及对世界的态度,不对对方做定性评价,而只表示同情、理解和尊重,而且教师或学生要正确、恰当地将这种体验传达给对方,让其感受到这种理解。

在师生交往和互动中,教师表现出对学生的真诚、积极的无条件关注和同理心,学生才会感受到自己在教师心目中是重要的,这无疑为积极师生关系的建立奠定了良好的情感基础。

(三)平等的双向沟通

由于教师常常是师生交往的发起者,与学生在年龄、知识、经验和阅历等方面存在着较大优势,在很大程度上影响着师生交往的内容、方向、水平和质量,这往往造成师生之间的单向交往,学生的平等地位未被彰显。从人格的角度看,学生与教师是平等的同样具有独立人格的个体。教师只有认识到人格上的平等性,才有可能与学生开展充分的双向沟通与交流。

已有研究表明,由于教师在师生关系中处于权威地位,其发起交往的频次比学生高,而对交往行为做出反应的频次比儿童低。可见,如果教师不对学生发起的交往做出积极的回应或不鼓励学生主动地发起交往,就容易形成单向交往的局面,不利于建立平等和谐的师生关系。

因此,教师首先需学会倾听和观察,及时地对学生发起的交往行为给予积极的反应。其次,教师要给学生主动积极地表达的机会,并允许学生犯错误,创造一个宽松的自由的人际氛围。第三,教师有意识地对学生进行有针对性的、及时适宜的指导和帮助,让学生学会正确交往沟通的技能和技巧。这样,教师才能真正成为良好师生关系的创设者、学生主体建构与发展的促进者。

三、课堂教学环境中的问题行为及其调控

在课堂教学环境中,学生常常会发生干扰教学正常进行的各种各样的行为,如上课迟到、交头接耳、窃窃私语、擅换座位和传递纸条、趁教师板书时扔纸飞机、高声喧哗、口出怪声、敲打桌椅、做滑稽表情和怪异动作、故意问一些稀奇古怪的问题引发全班哄堂大笑等,这些行为直接影响课堂教学秩序,破坏正常课堂气氛,使课堂教学效率低下,教学质量得不到保障。为使教学有一个良好的环境,教师必须对问题行为有正确的认识,全面分析并采取适当的措施。因此,正确认识和分析课堂教学环境中的问题行为及其调控,是教学环境心理研究的重要课题。

(一)课堂问题行为及其类型

课堂问题行为是指课堂教学中不能遵守公认的正常学生行为和道德规范,不能正

常与人交往和参与学习的行为。这种行为是严重影响教学环境的消极因素。在教学活动中,学生的问题行为是多种多样、普遍存在的。好学生与差生都有问题行为,只是在数量多少和程度轻重方面有差异而已。既然如此,人们尽量不要给学生贴上"问题学生"的标签,而应该就学生的问题行为进行教育,也不应该依据学生的问题行为去预言其今后的发展。否则,容易伤害学生身心健康发展。

问题行为的表现是多种多样的,但是由于人们对问题行为的认识和研究并不完全一致,因而其分类有较大的差异。美国学者威克曼(Wickman,E. K.)把学生的问题行为分为扰乱性问题行为与心理性问题行为。前者主要指破坏课堂秩序、不守纪律和不道德方面的行为,后者则指退缩、神经过敏等方面的行为。奎伊(Quay,H. C.)等人则将学生问题行为分为人格型问题行为、行为型问题行为、情绪型问题行为三种。人格型问题行为带有神经质特征,常常表现为退缩行为,如在课堂上学生表现出害怕被教师提问,坐在教室里焦虑不安、沉默寡言、胡思乱想等。行为型问题行为具有对抗性、攻击性和破坏性等特征,常常表现为易冲动、缺少耐心,如在课堂上坐立不安、吵嚷起哄、动手动脚等。情绪型问题行为主要指出学生过度焦虑、紧张和情绪多变导致的行为障碍。如常常表现出的漫不经心、情感冷淡、依赖性强等。我国学者张彩云(2007)在以小学生为对象的研究中,将问题行为分为走神、嘲笑别人、多动、随便说话、不参与合作、不跟随任务、妨碍他人、不服从、情绪失控、退缩共 10 个类别。并发现学生在课堂上发生最为普遍的问题行为,教师提到最多的是走神、随便说话和多动,这三类问题行为占了 10 类问题行为的 90%。男生的问题行为更多的是指向他人的行为,而女生更多的是指向自身的行为。对于最让教师头疼的学生,93.3%的教师都提到了男生。这说明男女生之间在问题行为类型上有性别差异。概括人们对问题行为的分类研究,表现在教学过程中的问题行为有以下类型。

1. 外向攻击型和内向退缩型

这是根据学生在课堂活动中行为表现的主要倾向来划分的。外向攻击型问题行为指在教学活动中学生的心理活动和行为过分外倾,妨碍和干扰课堂教学正常进行的那些问题行为。它一般具有公开性、爆发性和破坏性特点,主要表现为行为粗暴、相互争吵、挑衅推撞等对抗性行为,故意不遵守规定、顶撞教师等逆反行为,以及迟到、早退、随意走动等抗拒行为等。内向退缩型问题行为指在教学活动中,学生的心理活动和行为反应严重内倾,对课堂环境丰富的各种刺激采取退缩反应、对课堂教学活动不构成直接威胁,且不易被觉察的问题行为。它一般不影响他人学习,不直接威胁课堂秩序,只是影响个人的学习效果和质量。其主要变现为沉默寡言、孤僻离群、情感淡漠、缺乏自信、逃避退缩、过分依赖、敏感多疑、过度焦虑、烦躁不安等。

从对课堂教学活动的影响来看,外向攻击型问题行为扰乱课堂教学氛围,表露于外,易于被教师感知,从而引起重视;而内向退缩型问题行为主要以消极、被动、依赖的形式表现出来,具有内隐性,不易被教师觉察、辨认和确定。但是,这两种问题行为对学生心理健康和智能发展都具有极大的危险性。而内向退缩型问题行为更为隐蔽,对学生人格发展危害也相当大。所以,更应该引起教师的关注。

2. 心理性问题行为和品德性问题行为

这是根据引起问题行为的原因来分类的。心理性问题行为指主要由心理方面的原因造成的问题行为。如:强迫性行为、歇斯底里行为等矛盾心理引起的神经性问题行为;学校恐惧症、学习焦虑、抑郁症等引起的情绪性问题行为;性格偏执乖僻、性情反复、攻击或过分胆怯、孤独等消极性格因素造成的人格问题行为;注意力缺陷、阅读障碍、多动症、感觉统合失调等引发的问题行为等。品德性问题行为指学生经常发生的违反道德规范的不良行为。如故意违反课堂纪律、惹是生非、不礼貌、骂人、打架、撒谎、作弊、小偷小摸、流氓习性等。但是这两类问题行为的区分是相对的,它们可以相互影响、相互渗透。在一定条件下心理性原因引起的问题行为可导致品德性问题行为;品德性问题行为中也常受情绪、性格异常等心理因素的影响。

(二)课堂问题行为的有效调控

1. 预防为主

用于处理课堂问题行为的时间量与学生的成绩呈负相关,这意味着,在一定单位时间内,花在处理学生的课堂问题行为的时间越多,用于教学的时间就越少,学生学到的知识就越少,成绩就会大大降低。因此,教师必须做到预防为主,提前控制。

为防止课堂问题行为产生,教师要使学生明确应遵守的课堂纪律,课堂纪律应具体、明确、可行;积极营造学习气氛浓郁的课堂环境;教师上课时精神饱满,教学方法得当,通过适当的走动、变换活动吸引学生的注意和激发兴趣,避免问题行为的发生。

2. 满足需要

问题行为在现实中不可能完全消除。学生问题行为的产生与其情绪困扰和需要受阻有很大的关系。德雷克斯等人提出,不管学生有没有意识到,他们做出的不良行为都是为了满足四个基本需要:想引起他人注意、想显示自己的力量、寻求报复和想要逃避失败。因此,在教学活动中,教师尽量满足学生的合理需要和情感需求。同时,教师应积极引导学生正确表达自己的情感,克制其不合理的需要。

3. 暗示调控

暗示是指教师有目的、有针对性地以多种多样、含蓄间接的方式对学生在课堂教学中不良言语、行为进行提醒、纠正的教育技能技巧。具体方式有如下几种。①语言暗示。指通过语言形式进行的暗示。如教学语言的声调就可藏有丰富的潜台词,而每一种语调都可以使对方获得某种附加的信息。②目光暗示。如学生上课交头接耳,教师可用目光示其中止谈话。③氛围暗示。通过创设轻松愉快的课堂氛围,调动学生的积极情感。④活动暗示。有目的、有计划地组织的各种内容与形式的教学活动。如当有的学生注意力分散时,教师可对他提问等。暗示控制学生的课堂问题行为,是一种积极干预的方式,既有效又不需中断上课。

4. 积极行为支持

积极行为支持是一种为有问题行为的学生提供支持的、具有独特技术和价值观的方法。它是20世纪90年代初期,受人本主义思潮的影响,在非厌恶性行为管理技术的基础上逐渐形成的。

其模式大致如下。首先,"发展积极行为"意味着不把惩罚作为应对个体问题行为的首要措施,而采取积极主动地向个体教授与之具有相同功能的替代性行为的策略。第二,"系统改变",一方面是指通过系统分析问题行为的功能,调整环境中的不良因素,另一方面注重为个体提供支持的组织和文化系统因素,重新设计和改变有问题的系统环境因素,如班级和校园环境及文化,使环境对个体的行为发展起到支持的作用。第三,"预防和减少问题行为"是指通过主动的行为教学和安排环境这两种途径,增加个体的积极行为,从而达到降低问题行为的频率或减轻问题行为的严重程度的目的,实现问题行为的风险防范和早期干预。第四,"改善生活质量"是指通过主动开展行为教学,向个体教授积极行为,使个体养成良好的行为习惯和生活方式,为增加个体在未来生活中的满意度和成就感做准备,为个体充分融入社会打好基础(刘宇洁,韦小满,梁松梅,2012)。积极行为支持可以在学生个体、班级群体、全校范围内使用。个人的积极行为支持可为那些有特殊需要的学生提供解决问题行为的方法。以班级为基础的积极行为支持系统全面提升课堂的功能,增加积极行为并且将问题行为减少到最少。学校范围内的积极行为支持系统为提升所有学生的积极行为建立了基础。

此外,有关课堂问题行为的调控方式、方法、策略还有很多,如行为矫正、积极引导、合理使用表扬与惩罚、幽默化解等。

 走进课堂

有一天上午第三节物理课,马老师正讲得起劲。忽然,离教室不远的菜市场的高音喇叭里播送起了小品《卖拐》,当小品播放到高潮时,有几个学生随着发出了笑声。

这下可气坏了马老师。他立即查问:"谁笑的?"没有人承认。马老师怒气冲冲地走出教室,找到了我,说了刚才的情况。我听后不慌不忙地走进教室,眼光朝全班学生扫视一会,才平静地说:"刚才有的同学开小差,听起了小品,但这不能全怪这几位同学。我们的教室离菜市场的高音喇叭太近,就是在办公室的我也不免听几句。这是我们学习的不利条件,我们怎样克服呢?"

说到这里,我停了一下,注视全班学生。这时,有几位学生举手答道:"专心听讲,就能克服。"我肯定地说:"对,专心致志,就可以两耳不闻窗外事,一心听老师讲课。那么刚才几位同学没有这样做,对不对呢?"只见几位学生低下了头,我又继续诱导:"问题不是要批评这几位同学,而是看这几位同学有没有克服这种困难的勇气。"只见最后一张桌子上的两位学生举起了手,站起来惭愧地说:"老师,刚才是我们笑的。"接着又有一位学生站起来承认了。过后,这几个学生又主动到办公室找到马老师承认了错误。

(转引自:张春香. 让学生体面下台. http://www.g12e.com/html/7/52/2006/5/li45739153113560022844-0.shtml.)

请根据本章知识,对上述两位教师课堂教学环境调控的情况按照表格给予回答,并说明教师应该具有的课堂教学环境调控的意识和能力。

	马老师	"我"
教学环境变化状况		
教师态度		
学生反应		
课堂气氛		
教育机智		
师生关系		
调控效果		

本章小结

　　教学环境作为教学活动过程中不可缺少的因素,时时刻刻影响着学生的发展,它直接或间接地参与教学活动,左右着教学的进程和效果。通过了解和掌握教学环境的构成要素分析,认识教学环境因素影响、作用教师教学和学生发展的机制。教学环境对人的身心发展与教育的功能发挥,是通过课堂教学物理环境和心理环境两个方面进行创建和调控,并引导学生积极与环境相互作用来实现的。教师在物理环境创设中,一定结合实际条件,体现教育目标,渗透教育性并使环境尽量为教学和学生发展所用,以最大限度地发挥其功能和价值。心理环境是影响师生更为重要的因素,教育管理者和教师充分认识心理环境的意义,进一步关注和积极营造和谐融洽的心理氛围和人际关系。同时,注意克服重物理环境建设、轻心理环境创设的倾向,并让学生参与到教学环境创设过程中,发挥其主体作用。为此,需要教师树立教学环境创建和调控的意识,提高自身的教学环境素养,掌握科学的教育心理学相关理论,才可能增强教学环境创设、调控和优化的能力和水平。

思考与练习

1. 什么是教学环境?教学环境包括哪些构成要素?
2. 简述教学环境的功能。
3. 如何创设和优化教室?
4. 怎样创设良好的课堂教学气氛?
5. 如何建立和谐的师生人际关系,谈谈你的观点。

参考文献

[1]田慧生.教学环境论[M].南昌:江西教育出版社,1996.

[2]张大均,郭成.教学心理学纲要[M].北京:人民教育出版社,2006.

[3]皮连生.学与教的心理学(第五版)[M].上海:华东师范大学出版社,2013.

[4]李秉德.教学论[M].北京:人民教育出版社,2001:276.

[5]朱家雄.在不同社会密度的活动室中活动的幼儿行为的对比研究[J].心理科学,1996,19(3):183-185.

[6]张彩云.小学教师对学生课堂问题行为的知觉[J].中国特殊教育,2007(8):69-74.

[7]刘宇洁,韦小满,梁松梅.积极行为支持模式的发展及特点[J].中国特殊教育,

2012(5):12-17.

　　[8][美]保罗·贝尔,等.环境心理学(第5版)[M].朱建军,吴建平,等译.北京:中国人民大学出版社,2009.

　　[9][捷]夸美纽斯.大教学论[M].傅任敢,译.北京:人民教育出版社,1984:65.

　　[10][苏联]马卡连柯.论共产主义教育[M].刘长松,等译.北京:人民教育出版社,1981:245.

第十一章 教学设计

学习目标

1. 掌握教学设计的基本程序。

2. 掌握教学设计的基本特征、依据、内容和方法，并能灵活选择有效的方法进行课堂教学设计。

3. 能适当运用信息化教学技术辅助教学。

作为一名高中英语的新教师，劳伦在备课时列了一个粗略提纲。她知道授课时应该覆盖哪些知识点，她也明白学生为了在全州范围的考试中取得好成绩而希望了解的东西，此外她也清楚教学的主要目标是什么。然而，如何教授学生这些内容她却没有把握：是进行常规的教授，还是安排全班活动与讨论，或者把学生分成几个小组分别活动呢？在大学及研究生期间，她的大部分时间用于学习英语语言与文学。虽然选修了几门与实践教学有关的课程，但是她在实际运用所学的这些知识时却无从下手。现在，劳伦尽力回忆她的老师当时是如何在课堂中呈现教学内容的，她发现把学生时代的经验转化为实际的教学计划是一件很棘手的事。

阿米娜是一位专家型教师，劳伦给她打电话征求建议。阿米娜建议劳伦在第一堂课以分组讨论作为开始，以个人活动作为结束。这种个人活动可以在课堂上开个头，然后让学生回家完成。第二天，阿米娜建议一上课先讲授，然后再分组活动。一周当中，阿米娜每天都提出一个不同的呈现教学材料的建议，目的是使学生将注意力集中在学习活动上。这给劳伦留下深刻的印象，她问阿米娜从哪里获得的这些珍贵经验。阿米娜回答在多年的教学中，她尝试了大量的教学方法，通过探索她认识到了哪些教学方法对哪个年龄阶段的学生效果最好。尽管劳伦对教学内容非常熟悉，但她仍然意识到自己在如何最优化地组织教学方面有很多东西要学。

（转引自：罗伯特·J. 斯滕伯格，温迪·M. 威廉姆斯. 斯滕伯格教育心理学[M]. 姚梅林，张厚粲，等译. 北京：机械工业出版社，2012.）

教学是教育活动的一个部分，它是学校实现教育目的、完成教育任务的重要环节，而在教学活动中，如何能够更好地运用系统方法，将学习理论与教学理论等的原理转换成对教学系统要素（教学目标、教学内容、教学方法、教学策略和教学评价等）进行具体计划,创设有效的教与学系统的"过程"或"程序",以解决在实际教学中存在的教学问题,这就需要教师做教学设计(teaching design),通过教学设计将课程转变成学生的活动、作业、任务,更好地促进学生的学习。

第一节　教学设计概述

20世纪50年代开始,系统方法在教育与教学领域中日益受到关注,人们开始将系统方法应用于教学实践的研究,逐渐形成了系统的教学方法,并将其用于教学过程中的各个方面,从而在研究与实践的过程中建立起教学设计的理论和方法体系,使得现代教学设计成为越来越受到广泛重视、应用范围也越来越广阔的研究领域。

到20世纪70年代,在借鉴和吸收了认知心理学等学科领域的许多研究成果的基础上,教学设计的理论与方法得到了进一步的完善和发展,使得教学设计逐步发展成为一门独立的学科。

一、教学与教学系统

"教学"是教学设计研究的前提性的基本概念。教学就是以课程内容为中介,学生在教师的指导下共同开展的学习活动,是由教师的教和学生的学所构成的一种复杂的现象。学生通过自己积极主动的努力,掌握一定的知识和技能,促进自己身心的健康发展,并形成良好的思想品德修养。

教学活动是学校实现其教育目的和培养目标的基本途径,教学在学校各项工作中所处的地位,以及它对人类社会和学习者个体的发展共同决定了学校教学活动的重要意义。

首先,学校教学活动是联系人类认识和个体认识的桥梁。学校在教学过程中通过多门课程使学生获得系统和完整的知识,这是人类长期积累的总体认识的成果。同时学生通过充分调动自己的智慧,发挥自己的特长和潜力,理解、掌握和运用知识,在长期的学习过程中,学生个体性的认识逐渐汇聚成为人类的总体认识。

其次,教学活动促进学生在学校教育过程中积极、健康发展。学生在教学活动中学习和掌握知识的过程,对学生的个体发展的影响是直接而具体的,并在其个性发展的各个方面和各个阶段都有着鲜明的表现。学校教学活动作为促进学生健康全面发展的基本途径,使学生可以集中精力,顺利地获得和掌握人类长期积累的知识技能,它能够使学生的认识活动突破时间和空间以及个体直接经验的局限,同时,学校教学活动可以促进学生的思想道德修养的形成,也为学生的能力的发展和潜能的开发奠定了基础。教学过程中,在促进学生智力发展的同时,教学内容、教学方法、教学组织、教学环境等因素时刻都在影响着学习者的思想、观念、道德、心理等方面的发展。

教学任务是学校教育目的与培养目标的具体体现。从学校教育的意义上说,教学系统的主要任务应包括以下几个方面。

第一,使学生掌握基本的科学文化知识和获得基本的技能。学校教学系统最基本的任务是训练学生掌握知识和进行基本技能的训练。基础知识和基本技能是学生整体智力水平的提高,及良好个性和人格特征形成与发展的重要基石。在基础知识的掌握与基本技能形成的过程中,要引导、发挥学生的积极性和主动性,使学生在学会知识与掌握技能的同时学会学习。

第二,培养学生科学的道德观、价值观,提高学生的素养。教学具有教育性是教学活动的规律,是学校教学的基本任务。基础教育阶段正是中小学生思想道德和价值观念逐步形成的时期,中小学各个学科和各个方面的教学活动都必须充分挖掘其中的教育性因素,因此,教学要教学生学会做人,学会做现代社会的合格公民,真正使教学活动达到教书育人的目的。

第三,培养学生的个性,促进学生人格的全面发展。随着现代教育规模的不断扩大,学生的差异性也不断增强,因此,学校教学活动要关注每一个学生,为每一个学生的发展创造良好的环境,逐步完善每一个学生比较稳定的兴趣、性格、情感、意志等品质。

从前面的阐述我们可以了解到,教学系统就是为了促进有效学习而对教学过程和教学资源所做的系统安排。为了减少教学活动中的盲目性与随意性,就必须对教学过程进行设计。

二、教学设计的定义

教学设计是一个分析教学问题、设计解决方法、对解决方法进行试行、评价实施结果,并在评价基础上修改方法的过程(张祖忻,2006)。

教学设计是教师设计、实施、反思、再设计和再反思的渐进性过程,是为了使学生实现有效的学习而预先对教学进行研究,并做出决策。一定的教学设计体现了一定的教育方式。

教学设计是应用系统方法研究、探索教学系统中各个要素之间的联系,通过一套具体的操作程序来协调、配置教学过程中的问题,使教学中的各个要素有机结合,系统计划过程中每一个程序都有相应的理论和方法作为科学依据,每一步又均从下一步的反馈中得到检验,使教学设计具有理论性、科学性、再现性和操作性等特点。

三、教学设计的内涵

教学设计,一般又称为教学系统设计(instructional systems design)、教学系统开发(instructional systems development)或教学开发(instructional development),即基于对系统的全面分析,针对其中的教学问题,建立解决教学问题的策略方案并进行实践、评价,从而使教学效果达到最优化的系统开发过程,教学设计的本质的意义是将教学的重点由教师的教转到学生的学,以学生的学为导向设计和实施教学。教学设计包括四个方面的内容,即分析教学对象、制订教学目标、形成教学方案以及开展教学评价。教师在做教学设计时要注意:了解学生的起点水平;希望学生达到怎样的水平;怎样让学生达到预设的水平;评价学生是否达到了预设的水平。

对于教学设计的认识,从狭义来说,教学是教育系统中的教学,教学设计是一种系统方法。从广义来说,教学是学生在教师的指导下进行的学习活动,是"教"和"学"相统一的双边活动。

教学设计过程是一种设计,是制订教学计划和进行教学的准备,教学设计既要遵循一定的步骤和方法,又要有创造力,而创造力必然包含一定的艺术性,是设计者艺术的体现,因此,教学设计是科学性和艺术性的结合。

四、教学设计的意义

一般来说,"设计"是指人们在创造某种具有实效性的新事物或解决所面临的新问题之前,所进行的探究性的系统计划过程。从这个意义上说,设计注重的是整体的规划和组织。

具体来说,教学设计有着具体的操作程序,它是根据学生的特点和教师自身的教学观念、教学经验、个性风格,分析教学中的问题与要求,确定教学目标,设计解决问题的步骤,选择和组合相应的教学策略与教学资源,为达到预期的教学效果而制定的教学实施方案的系统的计划过程。

教学设计是教学活动能够顺利实施的基本保证。通过教学设计,教师可以预先对教学活动的基本过程进行整体把握。教学设计为教学活动的有效实施提供科学合理的行动纲领,有利于调动教师和学生双方在教学活动中的积极性、主动性,有利于引导教学活动取得良好的教学效果。

五、教学设计的共性要素

一般来说,教学设计过程的共同特征要素应包括如下几个方面。

第一,学习者及其需要。教学设计过程应该比较全面地分析学习者的兴趣、需要和学习风格,学习者的认知与发展特征,学习者的学习起点水平,学习者的学习动机等。

第二,教学内容。教学内容应包括教学内容的选择与内容的层次关系、教学内容的编排与组织等。

第三,教学目标。包括对教学目标的整体性与层次性分析,教学目标的行为、条件等要素的确定与表述等。

第四,教学策略与教学方法的选择。包括教与学双方活动特征的分析,教学策略的制定,教学方法的优化选择与综合应用等。

第二节　制订教学计划

教学计划(teaching plan)是课程设置的整体规划,它规定不同课程类型之间的结构方式,也规定了不同课程所占的比例及对学习方式的不同要求,同时,对学校的教学、生产劳动、课外活动等做出全面安排,具体规定了学校应设置的学科、课程开设的顺序及课时分配,并对学期、学年、假期进行划分。

【案例分析】

表 11-1　北京某中学 1998—1999 学年第一学期教学进度计划

学科	代数	周学时	3	任课年级	初二	任课教师	＊＊＊
本学期教材分析	九年义务教育三年制初级中学代数第二册包括以下内容:因式分解、分式、数的开方、二次根式。 1. 因式分解是代数式中的重要内容,它与前一章整式和后一章分式联系极为密切。因式分解的教学是在整式四则运算的基础上进行的。因式分解方法的理论依据是多项式乘法的逆变形。因此,在教学中对这部分内容给予足够的重视 2. 这部分的学习是学生将来学习函数和方程等知识的重要基础						
教学目的、要求	1. 使学生了解因式分解的意义及其与整式乘法的区别和联系 2. 使学生正确了解分式和有理式的概念,掌握分式的基本性质并能熟练地进行通分和约分 3. 使学生掌握分式四则运算的法则,能够进行简单的分式运算 4. 了解平方根、算术平方根和立方根的概念,并能用根号表示它们;能用平方与立方运算求某数的平方根和立方根						

学科	代数	周学时	3	任课年级	初二	任课教师	＊＊＊
本教学的重难点	教学重点： 1. 因式分解的四种基本方法 2. 分式的四则运算 3. 平方根、算术平方根的概念与求法 教学难点： 1. 掌握分解因式的诸多方法和技巧，理解因式分解的理论 2. 分式的四则混合运算						
为完成教学任务，根据学生采用的措施教学法	1. 在教学时要按照要求进行教学，防止随意拓宽教学内容，加深题目的难度，对因式分解应采用对比的方法，从多项式乘法出发，根据相等关系，得出因式分解公式和方法 2. 关于分式四则的混合运算，在教学中，除了要讲清关键内容——分式的概念和分式的基本性质，以打好基础做好准备外，对多项式的因式分解、项的符号、系数、字母、指数以及分式四则运算法则、运算顺序等，都应结合讲解和练习，进行必要的复习和详尽的分析，以求突破这个难点						

一、制订教学计划的目的和要求

教学计划是学校管理教学的重要依据，它不仅是指导教学工作的基本文件，可以帮助教师有计划地实施自己对于课程的想法，并能合理完成教学任务，而且它对有关学校的教学、教育活动等各方面做出全面安排，规定了学校的学科设置、各门学科的教学顺序、教学时数以及各种活动等。

教学计划的内容包括确定教学目标、确定课程设置、完善教学形式、实施教学的各个环节、安排教学时间。它包括整个教学活动所需要的时间、为完成某门课程所需要的时间、周学时设计、总学时设计。

制订教学计划最主要的目的是为了提高教学效率和质量，使学生在单位时间内能够学到更多的知识，更大幅度地提高学生各方面的能力，从而使学生获得良好的发展。

制订教学计划的要求有如下几点。

第一，教学计划要科学严谨，具有可实施性，对教学具有指导意义。

第二，教学计划必须以为社会主义建设培养德、智、体全面发展的人才为宗旨。

第三，教学计划要具有明显的专业特色，既能将理论知识很好地传递给学生，又能强化和培养学生的实践能力。

第四，教学计划要具有适应性、针对性、最优化、创新性。

二、制订教学计划的基本内容

在制订教学计划的过程中,根据教学内容,结合学生情况,有目的地研究教学思想、教学方法,明确教学任务、教学的重点难点等方面,以此来制订教学计划,促进学生的学习。

教学计划具有一定的动态生成性,需要根据具体情况"适当调整",但它的目标指向应该是不变的,切不可随意"偏离"甚至"推翻"教学计划。制订正确的计划,教学工作才能有"章"可循,才能有效避免盲目性、随意性。因此,教学计划应包括以下几点。

第一,教材分析。包括:对教材的版本进行分析,对教材内容进行整体分析,教材编排的特点一定要清晰。

第二,学情分析。包括:对班级学生的基本状态进行分析;对学生原有水平分析,对学生原学习成绩分布以及学风情况进行分析,特别对学习成绩较差的学生做详细分析;对学生能力发展的可能性进行分析。

第三,教学目标。包括:知识目标,即基础知识、基本技能的细化要求(如语文学科包括识字量、阅读、写作等);方法目标,即在学习过程中可以提示、培养、建立哪些学习方法(如识字朗读背诵、阅读理解的方法等);情意目标,即情感、态度、价值观的培养(如小学数学低中段,可提出"在他人指导下发现数学活动中的错误并及时改正""能主动参与数学活动"等)。

第四,行动措施。包括:教学资源分析(除教材资源以外的,与本期教学有关的实际资源,如家庭资源、图书室资源、网络资源等);教学方法分析及教师自修安排;实践活动安排。

第五,明确教学总任务及目的和要求。如:"双基"教学要达到的目的和要求,"智能"培养要达到哪些目的与要求。

第六,提出提高教学质量的主要的措施。如:提出备课、上课、改作业、辅导、考查学生学业成绩等的具体措施。

第七,进行教学课时数的分配及进度安排。包括:全学期授课时数,复习考试时数及进度,根据大纲和教学参考书的总体安排,结合学生实际进行恰当的分配处理,并排出进度表。

三、制订教学计划的阶段

制订与实施课堂教学计划的完整过程,包括三个阶段。

第一,教学之前的开始阶段,即在教学之前教师根据自己的理解,并结合教学目标,选择一些有益于教学的材料。

第二,教学之中的执行阶段,在此阶段,先让学生完成开始阶段的教学计划,然后根据学生的反馈,来对教学计划做出适当的调整。

第三,教学之后的再评阶段,教师根据教学效果以及在执行阶段学生的表现,对下一阶段的教学做出决策。

四、制订教学计划的意义

教学设计是指教学过程的动态信息化的过程。因此,教学设计不仅重视教学活动之前的"前设计",也要关注教学活动过程中基于交流进行教学调整的"中设计",更要看好教学过程结束之后基于反思的"后设计"。这种"设计—实施—反思—调整—再设计—再实施"的过程,是新课程教学设计的新走向。所以只有在教学设计过程中落实素质教育的思想观念,才能在教学实践上转化为具体的素质教育行为。

五、影响教学计划制订的因素

影响教学计划制订的因素主要来自三个方面。

1. 教师

对于教学计划的制订,不同的教师之间会存在差异,在理解问题方面存在个人差异,对学生有不同程度的内在想法,有时也会存在理解偏差。

2. 学生

对于教学计划的制订,学生之间也存在个体差异,如学生的学习方式、基础知识的掌握,都存在一定的差异,因此,需要老师设计各种各样的教学。

3. 不同学科

不同的学科都具有各自学科的优点和特色,不同学科内容包括结构化和非结构化的。结构化的知识比较系统、有序,水平逐次递增。非结构化的知识则比较复杂一点,存在一些难以解释的规则和结构,因此需要教师充分考虑,采用一定的模式来设计教学。

 拓展阅读

　　湖北省公安县13岁的聂愿愿在1998年的高考中,以628分的高分考取华中理工大学。整个公安县考分超过600分的只有11人,聂愿愿只比第一名645分少17分,在该县考取华中理工大学的十几位考生中,聂愿愿成绩名列第二,一入校便获得该校二等奖学金。

　　聂愿愿接受的是他父亲的家庭教育。他的父亲聂其文制订了一个详细的教学计划,他的方法突出一个"背"字,不仅要求儿子将语文、英语等课本背得滚瓜烂熟,数学、物理、化学等课程也要求一本一本地背诵。除了公式、公理以外,还要背诵大量的例题。

　　聂愿愿高考成功后,聂其文名声大振,他对记者侃侃而谈,表示:"我想在教学方面实践自己的教学思想,从学前班到高中 13 年,我准备用 10 年完成。只要我能做到这一点,我就比其他学校成功,因为我节省了 3 年时间。"

第三节　选择教学方法

　　教学方法(teaching method)是教师和学生为了实现共同的教学目标,完成共同的教学任务,在教学过程中运用的方式与手段的总称。教学方法包括教师教的方法(教授法)和学生学的方法(学习方法)两大方面,是教授方法与学习方法的统一。教授法必须依据学习法,否则便会因缺乏针对性和可行性而不能有效地达到预期的目的。但由于教师在教学过程中处于主导地位,所以在教法与学法中,教法处于主导地位。

一、教学方法的基本概述

　　由于时代、社会背景、文化的不同,研究者研究问题的角度和侧面的差异,使得中外不同时期的教学理论研究者对"教学方法"概念的界说不尽相同。

(一)教学方法不同界定之间的共同点

　　主要有以下几个方面:教学方法要服务于教学目的和教学任务;教学方法是师生双方共同完成教学活动内容的手段;教学方法是教学活动中师生双方的行为体系。

(二)教学方法的本质

　　教学方法,是教学过程中教师与学生为实现教学目的和教学任务要求,在教学活动中所采取的行为方式的总称。它包括了教师的教法、学生的学法、教与学的方法。

(三)教学方法的基本特点

　　主要有以下几个方面:教学方法体现了教育、教学的理念,体现了实现特定的教学目标的要求;教学方法在一定程度上受到教学内容的制约;教学方法要受到具体的教学组织形式的影响。

二、选择教学方法的基本依据

(一)教学目标

教师可依据具体的可操作性目标来选择和确定具体的教学方法。不同领域或不同层次的教学目标需要不同的教学方法。

(二)教学内容特点

不同学科的知识内容与学习有不同的特点,不同阶段、不同单元、不同课时的内容与要求也不一致。

(三)学生实际特点

学生的实际特点直接影响并制约着教师对教学方法的选择,因此,要求教师能够科学而准确地研究、分析学生的上述特点,有针对性地选择和运用相应的教学方法。

(四)教师的自身素质

任何一种教学方法,只有适应了教师的素养和条件,并能为教师充分理解和把握,才有可能在实际教学活动中有效地发挥其功能和作用。教师在选择教学方法时,还应当根据自己的实际优势,选择与自己最相适应的教学方法。

(五)教学环境条件

教师在选择教学方法时,要在时间、条件允许的情况下,最大限度地运用和发挥教学环境条件的功能与作用。

三、几种常见的教学方法分析

(一)讲授法

讲授法是教师通过简明、生动的口头语言向学生传授知识、发展学生智力的方法。它是通过讲述、描述、讲解、讲读、讲演来传递信息、传授知识、阐明概念、论证定律和公式,引导学生分析和认识问题。教师运用各种教学方法进行教学时,大多都用讲授法,这也是当前我国最经常使用的一种教学方法。选择讲授法时,要注意:①讲授既要重视内容的科学性和思想性,同时又应尽可能地与学生的认知基础建立联系;②讲授应注意培养学生的学科思维;③讲授应具有启发性;④讲授要生动形象、富有感染力,清晰、准确、简练,条理清楚、通俗易懂,音量、语速要适度,语调要抑扬顿挫,适应学生的心理节奏。

优点是教师容易控制教学进程,能够使学生在较短时间内获得大量系统的科学知识。缺点是学生学习的主动性、积极性不易发挥,会出现教师"满堂灌"、学生被动听的局面。

(二)讨论法

讨论法又称问答法,教师按一定的教学要求向学生提出问题,学生以全班或小组为单位,围绕教材的中心问题,通过讨论或辩论活动,获得知识的一种教学方法。一般在高年级学生或成人教学中采用。

讨论法可分复习讨论和启发讨论两种。复习讨论是根据学生已学教材向学生提出一系列问题,通过师生问答形式以帮助学生复习、深化和系统化已学的知识。启发讨论是通过向学生提出思考过的问题,一步一步引导他们去深入思考和探取新知识。

选择讨论法时要注意以下几点。

第一,讨论的问题要具有吸引力。讨论前教师应提出讨论的问题和讨论的具体要求,问题是否具有吸引力,是引起学生注意的关键。

第二,讨论要围绕问题的中心,要善于启发、引导学生,联系实际,让每个学生都有发言机会。

第三,讨论结束时,教师应进行小结,总结讨论的情况,使学生获得正确的观点和系统的知识。

优点是可以培养合作精神,激发学生的学习兴趣,调动学生的积极性,提高学生学习的独立性,培养他们独立思考和语言表述的能力。缺点是有时学生考虑问题不全面,可能会出现社会助长和去个性化的现象。

(三)直观演示法

夸美纽斯指出:"凡是需要知道的事物,都要通过事物本身来进行教学。那就是说,应该尽可能地把事物本身或代替它的图像放在面前,让学生去看看、摸摸、听听、闻闻等。"乌申斯基进一步指出:"一般说来,儿童是依靠形式、颜色、声音和感觉来进行思维的。""逻辑不是别的东西,而是自然界里的事物和现象的联系在我们头脑中的反映。"

直观演示法是教师在教学时,在课堂上通过展示各种实物、直观教具或进行示范性实验,让学生通过观察获得感性认识的教学方法。它是一种辅助性教学方法,要和讲授法、讨论法等教学方法结合使用。

运用演示法要注意:目的要明确;现象要明显且容易观察;尽量排除次要因素或减小次要因素的影响。

优点:直观演示法能使学生获得生动而直观的感性认识,加深对学习对象的印象,把书本上理论知识和实际事物联系起来,形成正确而深刻的概念;能提供一些形象的感性材料,引起学生学习的兴趣,集中学生的注意力,有助于其对所学知识的深入理解、记忆和巩固。

缺点:有时在实际教学中,演示单纯理解为教师演示,忽略学生的主体地位,因此,教师在教学活动中应灵活处理，结合学生和自身实际情况解决问题，选择合适的教学方法，促进学生的学习。

(四)启发式教学法

1.启发式教学法的定义

所谓启发式教学(heuristic teaching)，就是根据教学目的、内容和学生的知识水平，精心设计教学，充分调动学生的学习自觉性，引导学生积极思维，使他们形成一种积极、自信、主动进取的精神状态，从而自觉、主动、创造性地掌握知识、技能和技巧。

2.启发式教学法的基本含义

启发式教学法运用各种教学手段，采用启发诱导的办法传授知识，培养学生独立思考的能力，使学生积极主动地学习，以促进身心发展。在教学和教育活动中启发式教学法发挥着越来越重要的作用。

3.启发式教学法的基本要求

启发式教学就是教师要对教学内容引导转化，把知识转化为学生的具体知识，再进一步把学生的具体知识转化为能力(已知知识→学生具体知识→能力)。教师的主导作用就表现在这两个转化上。在启发式教学法中，"启"是对教师而言，"发"是就学生而论。"启"是教师起主导作用的表现，"发"是学生的学习自觉性主动性的体现。在教与学的过程中，学生的学习自觉性和主动性是起决定作用的，是提高学习质量的内因。

4.启发式教学法的基本特点

(1)在教学观上，确立学生的主体地位。课堂教学不是教师教学生学，而是通过教师启发、诱导，主要依靠学习者自身的活动来实现教学目标。

(2)在教学过程中，注重发挥学生的主体地位。学生不是消极地接受知识，而要靠自己的活动获得活的知识，增加创造能力。

(3)在教学手段上，通过创造良好的学习氛围来激发学习者的学习热情和内在潜能，不断提高教学效果和学生能力，而不是靠死记硬背、题海战术、加班加点等办法来提高学生成绩。

(4)在教学目标上，重视学生的全面发展。知识与能力并重，学习与创造并重，智力因素与非智力因素并重，把学生培养成全方位发展的有创造力的人才。

5.启发式教学法的原则

(1)激发学生的积极思维

在启发式教学中教师要注意激发学生的学习动机，培养学生的学习兴趣，让学生成为学习的主人。在这个过程中，学生要积极进行思维活动，逐步提高分析问题和解决问题的能力。教师在传授知识的过程中,启发学生的思路,启发学生积极开动脑筋,学生通过自我思考,对所学知识融会贯通、理解消化。课堂提问是启发式教学的重要表现,在课堂上如何提问,需要教师在备课过程中深思熟虑,这样才能在讲课时灵活处理出现的各种问题,根据学生的具体反应随机地变地处理课堂教学内容,来取得良好的教学效果。另外,教材内容的编排要遵循循序渐进的原则。

(2)在教学目标上,以坚持实行素质教育、实现人的全面发展为目的

现代教学思想反对那种只注重如何提高学生的应试成绩的观点,强调应该从人的全面发展出发,以培养创新精神和实践能力为重点,注重学生能力的培养,使学生在知识、能力和素质上协调发展。

(3)在教与学的关系上,坚持教师的主导作用与学生的主体作用相结合

教师的"教"是为了使学生更有效地"学",因此,必须改变以教师为中心的教育教学观念,强调学生积极主动参与教学活动的重要性,建立教学相长的伙伴关系。教师要以调动学生的学习主动性、积极性和创造性作为发挥教师"主导"作用的出发点和落脚点。

(4)在教学过程和方法上注重师生之间的交流

现代启发式教学思想反对那种"满堂灌"、"填鸭"式的"注入式"、"单向灌输知识"的教学方式,强调加强师生之间的互动,鼓励学生积极思维,积极思考问题,以取得较好的教学效果,促进学生创新精神的培养。因此,教师要创造民主和谐的良好氛围,形成良好的师生关系和生动活泼的课堂气氛,使民主与科学精神在课堂教学中得到充分的张扬与展现。

(5)启发学生独立思考,发展学生的智力和能力

教师在传授知识的过程中,要善于提问、善于设问,还要注意发展学生的智力和培养学生的能力。叶圣陶先生说的"教是为了达到用不着教"的意思,就是要求我们教会学生独立学习,要求教师有目的、有计划地培养,提高学生对客观事物和所学知识的观察、分析、比较、归纳、综合、抽象、概括、演绎、推理、判断、加工、创造和表达等方面的能力。

(6)让学生动手,培养其独立解决问题的能力

这要求教师要注意培养学生解决实际问题的能力,通过由易到难的各种作业与实际动手操作的活动,来培养学生独立解决问题的能力。总之,在有限的时间内,教师应该最大限度地创设各种教学情境,发掘和依靠课堂教学中的各种积极因素,充分调动学生学习的积极主动性、自觉性和创造性,激发他们的学习动机和学习兴趣,教会学生如何学习,使启发性原则在对学生实施素质教育的过程中充分发挥其深远的影响和积极的作用。

启发式教学法是各种教学方法的灵魂,应渗透在教学活动的各个方面,并贯彻教学过程的始终。启发分为正向启发和负向启发。我们以启发式教学法在历史教学中的应用为例说明。

正向启发:讲"第一次工业革命"时,提出:什么叫工业革命?工业革命为什么首先从英国开始?瓦特为什么要发明蒸汽机?通过这些问题的启发,就抓住了教学的重点,有利于达到教学目标。

负向启发:讲"第一次鸦片战争"时,教材上讲"中国禁烟的消息传来,英国决定发动侵略战争了",这种观点对否?为什么?

教学,是要通过教师的工作使学生爱学、会学。学生的学习是否有学习积极性非常重要,启发式教学的关键就是调动学生的学习积极性。学习积极性就是强烈的求知欲,它表现为兴趣、信念、愿望和焦虑。而求知欲就是学习需要。学习需要是学生在学习时感到对某种知识欠缺不足,而力求获得提高和满足的一种心理状态。因此,启发学生有更强烈的求知欲,更好地促进学生的学习,是启发式教学法的关键。

(五)任务驱动教学法

1. 任务驱动教学法的含义

所谓"任务驱动"就是在学习的过程中,学生在教师的帮助下,紧紧围绕一个共同的任务活动中心,进行自主探索和互动协作的学习,并完成既定任务。任务驱动教学法(task driven teaching method)是一种建立在建构主义教学理论基础上的教学法。学生带着真实的任务在探索中学习,在这个过程中,学生不断地获得成就感,激发求知欲望,逐步形成一个感知心智活动的良性循环,从而培养出独立探索、勇于开拓进取的自学能力。

它将以往以传授知识为主的传统教学理念,转变为以解决问题、完成任务为主的多维互动式的教学理念;将再现式教学转变为探究式学习,使学生处于积极的学习状态,每一位学生都能根据自己对当前问题的理解,运用共有的知识和自己特有的经验提出方案、解决问题。

任务驱动的教与学的方式,能为学生提供体验实践的情境和感悟问题的情境,围绕任务展开学习,以任务的完成结果检验和总结学习过程等,改变学生的学习状态,使学生主动建构探究、实践、思考、运用高智慧的学习体系。

2. 任务驱动教学法基本理论

建构主义学习理论强调:学生的学习活动必须与任务或问题相结合,以探索问题来引导和维持学习者的学习兴趣和动机,创建真实的教学环境,让学生带着真实的任务学习,以使学生拥有学习的主动权。学生的学习不单是知识由外到内的转移和传递,更应该是学生主动建构自己的知识经验的过程,通过新经验和原有知识经验的相互作用,充实和丰富自身的知识,提高自身的能力。

3. 任务驱动教学法基本过程

(1)创设情境

使学生的学习能在与现实情况基本一致或相类似的情境中发生。引导学习者带着真实的"任务"进入学习情境,使学习更加直观和形象化,唤起学生原有认知结构中有关的知识、经验及表象,使学生利用有关知识与经验去"同化"或"顺应"所学的新知识,发展能力。

(2)确定问题(任务)

在创设的情境下,选择与当前学习主题密切相关的真实性事件或问题(任务)作为学习的中心内容,让学生面临一个需要立即去解决的现实问题。问题(任务)的解决有可能使学生更主动、更广泛地激活原有知识和经验,通过问题的解决来建构知识。

(3)自主、协作学习

教师向学生提供解决该问题的有关线索,如需要搜集哪一类资料、从何处获取有关的信息资料等,注重发展学生的"自主学习"能力。同时,教师倡导学生之间的讨论和交流,通过不同观点的补充、修正找到解决当前问题的方案。

(4)效果评价

一方面是对学生是否完成当前问题的过程和结果的评价,即所学知识的意义建构的评价,另一方面是对学生自主学习及协作学习能力的评价。

4. 任务驱动教学法的作用

从学生的角度说,任务驱动是一种有效的学习方法,大大提高了学习的效率和兴趣,培养他们独立探索、勇于开拓进取的自学能力。一个"任务"完成了,学生就会获得满足感、成就感,从而激发了他们的求知欲望。

从教师的角度说,任务驱动是建构主义教学理论基础上的教学方法,将以往以传授知识为主的传统教学理念,转变为以解决问题,将再现式教学转变为探究式学习,使学生处于积极的学习状态,每一位学生都能根据自己对当前任务的理解,运用共有的知识和自己特有的经验提出方案、解决问题,为每一位学生的思考、探索、发现和创新提供了开放的空间。

5. 任务驱动教学法特点

任务驱动教学法最根本的特点就是"以任务为主线、教师为主导、学生为主体"。它改变了以往"教师讲,学生听"的模式,通过实践发现任务驱动法有利于激发学生的学习兴趣,培养学生分析问题、解决问题的能力,提高学生自主学习及与他人协作的能力。

总之,任务驱动的教学模式改变了传统的教与学的结构,使学生真正成为学习的主体,教师改变传统的教学方式,使因材施教真正落到实处,让每个学习者将学习当做一种享受。具体教学过程举例如下。

(1)结合学生特点,精心设计任务

在教学过程中,把教材中每一章的教学目标设计为一个大任务,再将大任务分为若干小任务,每一节又由一个或几个小任务组成。每一个任务的确立都根据学生现有知识状况、教学内容的统筹安排而定。

(2)引导学生分析任务并提出问题

每一个任务中都包含着新、旧知识,学生接受任务后首先思考如何去完成任务,在完成任务的过程中将会遇到哪些不能解决的问题。

(3)根据提出的问题,及时讲授新知识

问题提出后,就需要开始寻求解决问题的方法了,新问题要通过师生的共同探索解决。学生的思路始终跟着老师的授课内容,他们在动手的过程中及时强化所学的知识,完成任务的同时又获得一种成就感。

6. 任务驱动教学法需要注意的几个问题

(1)把好任务设计关

首先,任务设计要有明确的目标,要求教师在学习总体目标的框架上,把总目标细分成一个个小目标,并把每一个学习模块的内容细化为一个个容易掌握的任务,通过这些小的任务来体现总的学习目标。第二,任务设计要符合学生特点。不同学生接受知识的能力往往会有很大的差异,教师进行任务设计时,要从学生实际出发,充分考虑学生现有的文化知识、认知能力、年龄、兴趣等特点,做到因材施教。第三,任务设计要注意分散重点、难点。任务设计时要考虑任务的大小、知识点的含量、前后的联系等多方面的因素。第四,以布置任务的方式引入有关概念,展开教学内容。要以"布置任务→介绍完成任务的方法→归纳结论"的顺序引入有关概念,展开教学内容。

(2)教师必须进行角色转换

任务驱动教学法已经形成了"以任务为主线、教师为主导、学生为主体"的基本特征,因此教师必须进行角色转换。

教师角色转换有两重含义:一是从主体转变为主导;二是从讲台上讲解转变为走到学生中间与学生交流、讨论,共同学习。

任务驱动教学模式要求教师必须明确自己所担当的角色,认识到学生的知识不是靠教师的灌输被动接受的,教师要充分地了解学生。在学生学习遇到困难时,教师应该为学生搭起支架,向学生提供解决问题的线索,引导学生去探究,在任务完成后及时做好评价工作。

(3)提供必要的实践条件

教师应从提高自身素质、明确课程目的入手,处理好课堂教学中任务的设计,注意培养学生学习各门课程的兴趣,树立学生自信心,尝试使用行之有效的任务驱动教学法,积极应对新世纪教育改革所带来的挑战,努力提高教学质量。

【案例分析】

案例背景

任务驱动的教学方式已在信息技术课中广为使用,作为一名信息技术的老师,笔者在这方面也做了些尝试,因为教授十个班的信息技术课,所以可以利用同样的教学内容、不同的班级,对普通教学方法与任务驱动教学法进行对比,实践表明,任务驱动教学法在信息技术这门课中是相当有效的教学方法。

案例主题

应用普通教学法与任务驱动教学法进行对比,检验教学效果。

案例事件

笔者有一堂课是教学生如何申请免费邮箱,并通过自己申请的邮箱发邮件到指定的邮箱。笔者下午一共是两节课,分别是七(2)班、七(3)班的。第一节是七(2)班。在第一节给七(2)班上课的过程中我采用的是传统的讲授法,通过多媒体演示软件,向学生进行屏幕广播,也就是我在教师机上演示,学生在下面观看屏幕,我按照教学步骤,打开传神 2000 虚拟网站,按照申请免费邮箱的步骤一步一步地讲解,学生跟着我的思路走。讲解完毕,学生再自己练习,练习过程中会出现比如"此用户名已存在""您输入的用户名不合法"等小问题,这时我就要给每个同学解释,把自己搞得很累,但一堂课下来效果并不好,到课后只有二十来位同学成功地申请了邮箱并发送了邮件。

因为七(2)班的课教学效果不理想,因此我在接下去的一堂课中想到了任务驱动教学法。在给七(3)班上课的一开始我就提出一个情境:因为大家都是新升入初中的学生,为了学好这门课,同学们可能会对我有一些建议和意见,但是当着我的面可能不太好意思讲,因此可以通过给我发送电子邮件来实现。这样一说,全班同学的学习积极性就调动起来了,课堂的气氛马上就活跃了起来,我马上又指出学习的方法,既可以在课本中找申请的方法,也可以同学间合作探究学习,尝试去申请免费邮箱,看谁能最早完成,给我的邮箱中发送电子邮件。接下去学生就自己开始上机操作,当有某位同学成功发送邮件后我就不止一遍地大声讲我已经收到了某某同学发来的邮件了。然后这样我不断刺激还没有成功发送的学生,此时这些还没有成功申请、发送的学生就迫不及待地询问已经完成的同学,在其他同学的帮助下,全班基本上都成功地发送了电子邮件。最后我还趁着同学情绪高涨的时候,问他们在申请的过程中都遇到了哪些问题,又是如何解决的。这样一来,申请邮箱需要注意的地方基本上都涵盖在所发生的问题中了,学生们都记忆深刻。当下课铃声响起的时候,学生们还在津津有味地探讨刚才的过程,这节课就取得了非常好的课堂效果。

案例分析与启示

通过采用任务驱动和不采用任务驱动的对比实验,证实了在课堂中采用任务驱动教学法的效果较好,在实际授课过程中,教师应该善于去引导、激发学生的学习欲望和乐趣,只要有了乐趣,学生就不会觉得学习是一种负担,而是一个享受的过程。从这个案例中我深刻地体会到两点。

一是在采用任务驱动法的时候一定要给学生创造真实、良好的情境。

要让学生自觉自主地学习,首先要唤起他们的学习兴趣,吸引他们进入学习的境界,这是因为学生的思维活动是建立在浓厚的兴趣和丰富的情感基础上的。另外,从建构主义学习理论的观点来看,学习总是与一定的情境相联系,因此,我在上课的导入时,首先创设一个与当前学习主题相关、具有吸引力的情境,使学生对本节课的内容产生学习的兴趣,并且感觉到与自己的现实生活是密切相关的,是相当重要的。此外还要注意在驱动的过程中,不断地给学生刺激,激发学生通过各种方法去完成任务。

二是任务驱动教学法的关键是设计好任务。

我认为任务驱动教学法的成败就在于任务的设计,好的任务可以大大激发学生的兴趣,顺利完成课堂的教学要求,而失败的任务设计只能让学生有一种望而生畏、无力完成的感觉,这样的任务,不管怎样驱动,学生也很难收到良好的学习效果。我认为一个好的任务设计应该具备以下三点。

首先是科学性。任务的设计不仅要考虑信息技术学科内容的知识结构,同时也要充分考虑到学生的认知结构和学习特点,由浅入深、合理安排,不宜将任务设置得过深、过于繁琐,让学生无所适从。

其次是教育性。任务的教育性体现在任务的实施与完成过程中,通过完成任务的过程,培养学生团结互助、不怕困难的品质,通过完成任务方法的多样性,培养学生灵活处理问题的能力等。

最后是实用性。任务的设计必须贴近学生的生活,让其感到不是在学习很空洞的知识理论,而是在完成现实生活中的一个小问题而已。

在教学过程中还有很多的案例,只要我们肯总结、思索,就能不断提高自己的教学能力,最终定能成为一名名师。

(六)情境教学法

1. 情境教学法的含义

情境教学法(situational teaching method)是指在教学过程中,教师有目的地引入或创设具有一定情绪色彩的、以形象为主体的生动具体的场景,以引起学生一定的态度体验,从而帮助学生理解教材,并使学生的心理机能得到发展的教学方法。情境教学法的核心在于激发学生的情感。

2. 情境教学法的理论依据

情境教学法就是要在教学过程中引起学生积极的、健康的情感体验,提高学生对学习的积极性,使学习活动成为学生主动进行的、快乐的事情,情境教学法要求创设的情境使学生感到轻松愉快、心平气和、耳目一新,促进学生心理活动的展开和深入进行。课堂教学的实践中,也使人深深感到:欢快活泼的课堂气氛是取得优良教学效果的重要条件,学生情感高涨和欢欣鼓舞之时往往是知识内化和深化之时。

传统教学中,无论是教师的讲解,还是学生的练习,以至于机械的背诵,所调动的主要是逻辑的、无感情的大脑左半球的活动,而情境教学,往往是让学生先感受而后用语言表达,或让学生边感受边促使内部语言的积极活动。因此,情境教学可以获得比传统教学更明显的教学效果。

从方法论看,情境教学是利用反映论的原理,根据客观存在对学生主观意识的作用进行的,情境教学所创设的情境,是人为有意识创设的、优化了的,有利于学生发展的外界环境。这种经过优化的客观情境,在教师语言的支配下,使学生置身于特定的情境中,不仅影响学生的认知心理,而且促使学生的情感活动参与学习,从而引起学生本身的自我运动。

300多年前,捷克教育家夸美纽斯在《大教学论》中写道:"一切知识都是从感官开始的。"这种论述反映了教学过程中学生认识规律的一个重要方面:直观可以使抽象的知识具体化、形象化,有助于学生感性知识的形成。情境教学法使学生如临其境,就是通过给学生展示鲜明具体的形象(包括直接和间接形象),一则使学生从形象的感知达到抽象的理性的顿悟,二则激发学生的学习情绪和学习兴趣,使学习活动成为学生主动的、自觉的活动。

情境教学法的一个本质特征是激发学生的情感,以此推动学生认知活动的进行。运用情境教学法首先需用"着眼发展"的观点,提出尽可能全面的教学任务,而后优选教学方案,根据教学任务、班级特点及教师本人素质,选择创设情境的途径。

3. 情境教学法基本途径

(1)生活展现情境

生活展现情境即把学生带入社会、带入大自然,从生活中选取某一典型场景,作为学生观察的客体,并以教师语言的描绘,鲜明地展现在学生眼前。

(2)实物演示情境

实物演示情境即以实物为中心。以实物演示情境时,应考虑到相应的背景,如"大海上的鲸""蓝天上的燕子""藤上的葫芦"等,都可通过背景,激起学生深远的联想。

(3)图画再现情境

图画是展示形象的主要手段,用图画再现课文情境,实际上就是把课文内容形象化。课文插图、特意绘制的挂图、剪贴画、简笔画等都可以用来再现课文情境。

(4)表演体会情境

情境教学中的表演有两种,一是进入角色,二是扮演角色。学生自己进入、扮演角色,课文中的角色不再是在书本上,而就是自己或自己班集体中的同学,这样,学生对课文中的角色必然产生亲切感,很自然地加深了内心体验。

4. 情境教学法在教学中的应用

所谓问题情境,是指个体觉察到的有目的但又不知如何达到这一目的的一种心理困境,也就是当已有知识不能解决新问题时出现的一种心理状态。问题教学是一种发展性教学,可让学生从事系统的、独立的探索活动,在问题情境的创设、问题的提出和问题的解决的基础上构建自己的方法体系。问题情境教学法就是指依据课程标准,结合具体的课时、教学目标,设计与教学内容相关的问题情境,进而引导学生通过讨论、探索的方式,获取新知识的一种教学方法。

运用问题情境法要注意以下几个方面。

(1)精心创设贴近学生生活实际的问题情境,激发学生学习兴趣

问题情境的创设,对学生学习兴趣的激发起着决定作用。教学中,若能联系学生实际生活,通过各种问题情境的设置,在教师的引导下,让学生经过实践、思考、探索、

交流与合作等方式,获取知识、形成技能、发展思维、学会学习,这就要求教师在教学中要深钻教材,深刻领会教材编写意图,密切联系学生实际生活。

(2)积极探索问题情境创设的方法

教师在教学时,要根据学生的实际来创设具有启发性的、能激发学生求知欲望的问题情境,使学生用自己的思维方式积极思考、主动探索、创新教学知识。

第一,在学生已有的认知基础上创设问题情境。学生的学习是以一切现有的认知发展水平为出发点,所以知识的引入只有在与学生的认知水平相适应时才能促进学生的主动建构。因此,在教授新的内容时,教师应注意从学生已有的知识背景出发,提供丰富的感性材料,展现知识产生发展的实际背景,设法激活学生已有的教学知识经验和生活经验,引导和启发学生进行新旧对比,同化新知识,从而使学生看到教学知识的来龙去脉,体验到知识的形成过程。

第二,在学生生活经验的基础上创设问题情境。研究表明,当学习和现实生活密切结合时,学习才是活的,才富有生命力。课堂上,教师设计恰当的贴近学生生活的问题情境,引入新课,学生会倍感亲切,从而激发学习的兴趣,打开思考的闸门,发掘创造的源泉。

第三,利用知识本身的联系进行联想来创设问题情境。在教学中,如果能利用好知识本身的内在联系,让学生在学习中进行对比或者类比,充分进行联想,就可以创造出很多问题情境。

第四,从引发学生观念上的冲突创设问题情境。学生的认知发展就是观念上的平衡状态不断遭到破坏,并不断达到新的平衡状态的过程,所以教师应当十分注意如何去引发学生观念上的冲突,打破学生原有观念上的平衡。

(3)教师要提高自身综合素养,感染学生

教师是每节教学活动的"策划者""导演者",是学生学习的组织者、引导者、合作者,其角色的多样性决定了教师必须不断提高自身修养,扩展知识视野,提高敬业精神,提升教育艺术,努力完善自己的个性,真正成为学生学习的促进者、引导者。"新课改"下的教学,不应该是教师在教,而应是教师最大限度地组织学生积极地开展各种实践活动,要将学生放在主体位置上,教师要主动成为学生学习的伙伴,要有意识、有目的地改善学生的交往圈,使学生形成正确的交往动机,并促成有益于学生发展的课堂气氛和学习环境,达到启发式讲解、赏识性引导、活动中学习、情境中感受的教学效果。

总之,创设问题情境的方式方法还有很多,只要能关注生活,联系实际,不断开拓、创新,一定能创设出许多有助于激起学生的学习兴趣、促进学生全面发展的好问题,培养学生终身学习的本领,全面提高受教育者的综合素质。

5. 情境教学法的优点

(1)符合"新课程"标准的基本理念

情境教学法以促进学生身体、心理和社会适应能力的提高为目标,融入了诸多科学领域的有关知识,使学生健康成长。情境教学法正是通过"情境"的设置,激发学生兴趣,培养学生终身学习的意识。情境教学法符合以学生发展为中心,注重学生的主体地位,让学生扮演情境中的主角,学生在角色中要完成各种学习内容,以达到教师在课前为此预设的目标。它始终把学生主动、全面的发展放在中心,在注意发挥教师主导作用的同时,特别强调学生学习主体地位的体现。

关注个体差异与不同需求,确保每个学生受益。在情境教学中,教师根据学生的个体差异,提出相应的教学评价建议,改变以往呆板的评价体系。让学生享受成功的喜悦,保证大多数学生能完成学习目标,体验学习的乐趣。

(2)有利于学生心理、生理的发展

随着故事情节的发展而逐渐进入角色,使学生沉浸在欢乐中,让学生既动手又动脑,同时完成各个教学内容,达到教学目标。

(3)有利于解决教学内容的重、难点

教师在设计情境时,目的就是要让情境为学生掌握教学内容而服务,让学生根据教学内容的重、难点有目的地进行练习。

(4)能寓教于乐,有利于加强德育教育

情境教学法把思想教育融入教学中,避免了以往"说教式"教学方法的弊端。

(七)案例教学法

1. 案例教学法概述

案例教学法起源于 20 世纪 20 年代,由美国哈佛商学院(Harvard Business School)所倡导。当时是采取一种很独特的案例形式的教学,这些案例都是来自于商业管理的真实情境或事件,透过此种方式,有助于培养和发展学生主动参与课堂讨论的意识,实施之后,颇具绩效。到了 20 世纪 80 年代,案例教学法才受到师资培育的重视,尤其是 1986 年美国卡内基小组(Carnegie Task Force)在《准备就绪的国家:21 世纪的教师》(*A Nation Prepared*: *Teachers for the 21st Century*)的报告书中,特别推荐案例教学法在师资培育课程中的价值,并将其视为一种相当有效的教学模式。而国内教育界开始探究案例教学法,则是在 20 世纪 90 年代以后。案例教学法是一种以案例为基础的教学法,案例本质上是提出一种教育的两难情境,没有特定的解决之道,教师于教学中扮演着设计者和激励者的角色,鼓励学生积极参与讨论。而在传统的教学方法中,教师是一位很有学问的人,扮演着传授知识者的角色。

2. 案例教学法的要求

(1)真实可信

案例是为教学目标服务的,因此它应该具有典型性,且应该与所对应的理论知识有直接的联系。但它一定是经过深入调查研究的,来源于实践,绝不可由教师主观臆测,虚构而作。案例一定要注意真实的细节,这样才有可能锻炼学生搜寻知识的能力。为此,教师一定要亲身经历,深入实践,采集真实案例。

(2)客观生动

真实固然是前提,但案例不能是一堆事例、数据的罗列。教师要摆脱乏味教科书的编写方式,尽可能调动些文学手法。案例旨在引发学生兴趣,应更多地体现在形象和细节的具体描写上。生动与具体同时要服从于教学的目的。

(3)案例的多样化

案例应该只有情况没有结果,有激烈的矛盾冲突,没有处理办法和结论,后面未完成的部分,应该由学生去决策、去处理,而且不同的办法会产生不同的结果。这样就促进了案例的多样化。

(4)相关性

注意所选案例要紧扣教学内容,案例分析的目的是使学生加深对所学理论知识的理解以及提升运用理论知识解决实际问题的能力,因此,所选案例必须是针对课程内容的。

(5)典型性

典型性即案例内容具有一定的代表性和普遍性,具有举一反三、触类旁通的作用,而不是实践中根本不会发生的案例。

3. 案例分析法特点

(1)明确的目的性

通过一个或几个独特而又具有代表性的典型事件,让学生在案例的阅读、思考、分析、讨论中,建立起一套适合自己的完整而又严密的逻辑思维方法和思考问题的方式,以提高学生分析问题、解决问题的能力,进而提高素质。

(2)客观真实性

案例所描述的事件基本上都是真实的,不加入编写者的评论和分析,案例的真实性决定了案例教学的真实性。

(3)较强的综合性

原因有二:一是案例较一般的举例内涵丰富,二是案例的分析、解决过程也较为复杂。学生不仅需要具备基本的理论知识,而且应具有审时度势、权衡应变、果断决策之能。案例教学的实施,需要学生综合运用各种知识和灵活的技巧来处理。

（4）深刻的启发性

案例教学,不存在绝对正确的答案,目的在于启发学生独立自主地去思考、探索,注重培养学生独立思考的能力,启发学生建立一套分析、解决问题的思维方式。

（5）突出实践性

学生在校园内就能接触并学习到大量的社会实际问题,实现从理论到实践的转化。

（6）学生主体性

学生在教师的指导下,参与进来、深入案例、体验案例角色。

（7）过程动态性

在教学过程中存在着老师个体与学生个体的交往,以及教师个体与学生群体、学生个体与学生个体、学生群体与学生群体交往,也就是师生互动、生生互动。

4. 案例分析法的步骤

（1）学生自行准备

一般在正式开始集中讨论前一到两周,就要把案例材料发给学生。让学生阅读案例材料,查阅指定的资料和读物,搜集必要的信息,并积极地思索,初步形成呈现在案例中的相关问题的原因分析和解决方案。

（2）小组讨论准备

将学生划分为由3～6人组成的几个小组。小组成员要多样化,这样他们在准备和讨论时,表达不同意见的机会就多一些,学员对案例的理解也就更深刻。各个学习小组的讨论地点应该彼此分开。小组应以他们自己有效的方式组织活动,培训者不应该进行干涉。

（3）小组集中讨论

各个小组派出自己的代表,发表本小组对于案例的分析和处理意见。发言时间一般应该控制在30分钟以内,发言完毕之后发言人要接受其他小组成员的提问并做出解释,此时本小组的其他成员可以代替发言人回答问题。

（4）总结阶段

在小组和小组集中讨论完成之后教师应该留出一定的时间让学员自己进行思考和总结。这种总结可以是总结规律和经验,也可以是获取这种知识和经验的方式。

5. 案例分析法的优点和缺点

优点有如下几点。

①能够实现教学相长。教师是整个教学的主导者,掌握着教学进程,引导学生思考、组织讨论研究,进行总结、归纳,在教学中通过共同研讨。不但可以发现自己的弱

点,而且从学生那里可以了解到大量感性材料。

②能够调动学生学习主动性。教学中,由于不断变换教学形式,有利于学生精神始终保持良好的积极性。

③生动具体、直观易学。案例教学的最大特点是它的真实性.由于教学内容是具体的实例,加之采用形象、直观、生动的形式,给人以身临其境之感,易于学习和理解。

④能够集思广益。教师在课堂上不是"独唱",而是和大家一起讨论思考,学生在课堂上也不是忙于记笔记,而是共同探讨问题。

缺点有如下几点。

①案例有的不具有代表性,不能推广到其他的地方。

②案例法对学生的基础知识要求比较高,因此,对学生来说有一定的难度。

6. 案例分析中需注意的问题

案例讨论中尽量摒弃主观臆想的成分,引导讨论方向,要注意培养学生能力,不要走过场、摆花架子。

案例教学耗时较多,因而案例选择要精当,开始时组织案例教学要适度。

案例教学一定要在理论学习的基础上进行。

第四节　教学的信息技术化

现今社会,计算机已经成为了人类生活中不可或缺的物品,计算机已经深入我们身边的生活和学习。现阶段很多教育研究都是建立在一个完善的教育体系结构中。教育质量的评判主要是对教育的有效性、教育成果的合格性以及教育时间和场所的评判。智能辅导系统是基于认知学习理论中人类的记忆信息组织设计开发的。因此,教育的信息技术化发挥着越来越重要的作用。

一、多媒体教学

(一)多媒体教学的含义

在教学过程中,根据教学目标和教学对象的特点,通过教学设计,合理选择和运用现代教学媒体,并与传统教学手段有机组合,共同参与教学全过程,以多种媒体信息作用于学生,形成合理的教学过程结构,达到最优化的教学效果。

(二)多媒体教学结构特点

多媒体计算机辅助教学是指利用多媒体计算机,综合处理和控制符号、语言、文字、声音、图形、图像、影像等多种媒体信息,把多媒体的各个要素按教学要求,进行有机组合并通过屏幕或投影机投影显示出来,同时还需要加上声音的配合,以及使用者与计算机之间的人机交互操作,完成教学或训练过程。

所以,多媒体教学通常指的是计算机多媒体教学,是通过计算机实现的多种媒体组合,具有交互性、集成性、可控性等特点。

(三)多媒体教学的意义

1. 掌握多媒体教育技术能适应社会发展的需要

多媒体是信息化的体现,也是社会发展的趋势,信息化的水平已经成为衡量一个国家现代化水平和综合国力的重要标准,多媒体教育是信息化的一个部分,大力促进多媒体教育已成为教育发展的潮流。教师应适应社会发展的趋势,把握现代化信息技术,跟上时代发展的步伐,适应社会发展。

2. 多媒体教学技术是提高教学效益的需要

教学中使用多媒体技术,有利于提高教师的专业水平,有利于教师整合教学资源。多媒体教学技术能弥补传统教学中的不足,是新型的科学教学技术,传统的教学费时又费力,而且不能使学生在轻松的状态下学习知识,提高不了教学效益。将多媒体教学技术充分用于教育中,才能提高教学效益。

3. 多媒体教学技术能提高相关教学技能

实践是提高应用能力的手段,也是学习的目标,教师只有充分利用多媒体教学技术,才能在应用中发现问题、分析问题、解决问题,才能不断总结经验、吸取教训从而学习并提高自己的教学技能。

二、网络教学

(一)网络教学的含义

网络教学(network teaching)即学校利用计算机网络为主要手段教学,是远程教学的一种重要形式,是利用计算机设备和互联网技术对学生实行信息化教育的教学模式。网络教学相比传统教学模式,更能培养学生信息获取、加工、分析、创新、利用、交流的能力。网络教学能够培养学生良好的信息素养,把信息技术作为支持其终身学习和合作学习的手段,为适应信息社会的学习、工作和生活打下必要的基础。网络教学主要实现手段有视频广播、WEB教材、视频会议、多媒体课件、BBS、聊天室、电子邮箱等。网络教学打破了传统教学的时空限制,随着教育信息化进程的推进以及网络教学技术的不断发展,网络教学会因满足教学的需要而将成为21世纪的主流教学方式。网络教学是利用已经普及的电脑和宽带网络等硬件环境,依托专业的网络现场教学平台,实现异地、同时、实时网络教学、互动教学和学习的新的教学模式,是由计算机辅助教学和远程教学发展起来的,以计算机网络为依托的一种新的教学形式,也称网络化教学。是"实地现场教学"模式的强有力的补充,是教育信息化和网络化的总体趋势和目标。在网络教学模式下,教师讲课像以往一样准备讲课稿(word、ppt、pdf 等文件格式),像以往一样按照约定的时间上课。所不同的是,上课的地点不再是集中的固定的现实地点,比如培训中心的固定班级,而是单位在这个网络系统平台上开设的固定班级,是一个网络班级。上课的内容仍然是教师备课好的内容,只需要将讲课稿文件"打开"到讲课板上,整个网络班级的学员都能异地看到内容,当然前提是学生在规定的时间登录到了该班级。

(二)教学特点

1. 校园数字化

随着网络教学的开展,学校将逐步形成依托校园网络的数字化校园环境。包括教学资源的收集、制作、管理系统,教学管理(包括教学计划、课程安排、学生管理、考试成绩查阅、缓考申请等)系统,电子校园(包括实时授课、点播、答疑、作业提交等系统以及数字图书馆等)等。

2. 教材的科学化

根据教学理论和传播理论,充分利用网络的多媒体和超链接的特性,网上教材将趋于多媒体化、非线性化。更为重要的是网络教材更新迅速,能够跟上时代的步伐。这将有利于学习者的意义建构和教学质量的提高。

3. 学生主体化

学生由被动地接受知识变成了认知的主体,从被动地学到主动地学,从生搬硬套、死记硬背地学到带着任务解决实际问题地学习,从按部就班的学习到自定步调、自定目标的学习,这有利于学生创新能力和信息能力的培养。而教师角色将逐步发生变化,由传统课堂教学中的知识讲授者变成信息组织、编制者,成为学生学习的引导者、帮助者、促进者,不是"讲坛上的圣人",而是学生的亲密朋友、"指路人"。

4. 教学组织形式多元化

突破了传统的"班级授课制"这种单一的教学组织形式,使个别化学习、协同学习、课堂教学、远程网络教学等多种形式并存,大大提高了教学质量和教学效益。

5. 学生素质合理化

网络教学的开展有利于学习者创新能力和信息能力的培养,使学生素质结构更为科学合理。

6. 学校开放化

传统的"学校",是限于围墙的学校。广播、电视教学已经突破了这一模式,网络教学特别是远程网络教学的开展更彻底改变了"学校"的概念,使学校成为开放、虚拟、社会化的学校,为全民教育和终身教育提供了条件。

(三)实现方式

1.视频广播

由网络管理中心通过播放视频(实时视频或录像)开展教学。这种形式与电视或播放录像没有太大的区别,学生无法控制,实际上是一种直播课堂式的教学。

2.视频点播

学习者可以根据需要对服务器中的视频进行点播。内容可以是电视教学片,也可以是课堂实况录像。由于是非实时的点播,所以我们可以对其精心设计(插入图文、视频、动画等)。NVP(Network Video Presenter)是 VOD 的一种,它的好处是在教学的视音频信息的基础上同步播放电子幻灯,是普通 VOD 基础上的二次开发,使教学信息传递更为有效。

3.视频会议

视音频多向实时传输的形式。由于设备昂贵,应用不是很普遍,多用于教师答疑。

4.WEB 教材

WEB 教材即把教材内容做成网页的形式。其好处是编制难度不大,运行方便,因而使用普遍。

5.多媒体课件

运用多媒体语言或课件开发工具开发的教材,一般通过下载到本机运行。

6.BBS

师生间、学习者间以电子公告板的形式相互交流和协作。

7.聊天室(教学讨论区)

师生间、学习者间通过文字、语音等形式异地实时交流。

(四)教学模式

网络教学不仅是教学内容的网络化和教学手段的革新,而且是教学思想、教学模式和教学方法的变革,最重要的就是教学模式的网络化。一般包括以下教学模式。

1.同步讲授模式

同步讲授模式是一种模拟真实课堂教学方式的双向实时交互式网络教学。采用这种模式,教师与学生在一个虚拟的空间中进行"真实课堂"教学活动,将教师在教学过程中的语音、数据和视频等信息实时传送到远程教室或学生桌面终端,学生接受教师授课信息,也可与其他学生交流。

目前主要采用数字视频会议技术来实现,价格昂贵,还需要精心组织。使用的设施和设备包括多媒体授课室、多媒体听课室、多点控制器和传输网络等,将教师授课内容及教学场景实时传送到远端听课室,学生在远端听课室听课,向教师提问或回答教师提问,只不过面对的是摄像头和计算机而已。流媒体技术非常适合这种需要进行实时内容同步传输和播放的在线同步授课。

这种模式不适用于面向个人的远程教学。国内一些单位尝试利用软件网络会议解决方案来实现共享白板、共享桌面、文本交互等多种实时交互方式,既能够满足网络教学的基本要求,又经济实用,不存在参与人数受限、视频质量不够高等不足。

2. 异步讲授模式

异步讲授模式是网上提供教学课件,学生可在网络教室集中学习,或在计算机上单独点播教学课件学习,并可通过计算机网络与教师和其他学生进行交流讨论,这种模式需要网络课件或网络课程以及相应的网络教学平台来实现。

这种模式经济实用,既能突破空间限制,又能突破时间限制,真正让学生通过网络随时随地地学习,自主控制学习进程,选择学习时间和学习内容,能更好地满足学生通过网络自学的要求。这种模式投资较小,学生只要具备上网的条件就能参加学习,适合面向个人的远程教学,适合以教师讲解为主、学生自学的网络教学。

最常见的异步讲授方案是采用同步多媒体课件,当学生点播这种课件时,可以同时看到教师的授课录像和讲课要点。视频点播也是一种比较常见的异步讲授方案。其他异步远程教学手段有电子邮件、BBS和新闻组等形式。

3. 自主学习模式

自主学习模式是一种完全以学生为主的学习模式。做法是教师制订教学计划,制作网络学习材料,学生根据自己的具体情况,自主掌握学习进度,选择学习内容,查阅相关资料,完成练习和作业。在学习过程中,学生可以借助于电子邮件、网上答疑系统等及时获得教师的辅导和帮助。

4. 协作学习模式

协作学习模式是指利用网络建立一个相互交流和帮助的环境,为本地的或远程的多个学生提供对同一学习任务彼此交互和使用,用多种不同观点和方法完成学习任务的环境,使学生对教学内容有比较深刻的理解与掌握。协作学习方式有四种,即竞争(多个学生针对同一学习任务通过网络进行比赛式学习)、协同(多个学生共同完成某个学习任务)、伙伴(与伙伴相互交流、相互鼓励)与角色扮演(不同的学生分别扮演学习者和指导者的角色)。在网络学习条件下,师生分离、学习同伴分离会给学生带来很大的不适应,协作学习可以在很大程度上降低这种负面影响。最简单实用、应用最广泛的协作学习手段是BBS,它能实现一种非实时的讨论环境。

三、智能教学系统

智能教学(intelligent teaching)是通过互联网计算机人工模拟技术整合全国工作在一线的特、高级教师和教学专家的教学资源和教研成果,进行科学分析、智能判断及有目的地提供即时、有效、全面且有针对性的教学。

智能教学可以智能发现学生和教师在学习和教学中不易发现的盲点,并智能扫除盲点,可以减轻学生的学习负担,提高教师的教学效率,最终达到提高学生学习成绩的目的。

四、智能辅导系统

智能辅导系统(intelligent tutoring system)是智能程序,知道如何与学习者交互并发挥计算机在教育中的重要作用,以此完成教育和教学的目标。这些系统与人工智能技术能够提高学生的学习效率,降低教师的工作时间。

拓展阅读

虚拟现实与教学

虚拟现实技术,涉及计算机图形学、人机交互技术、传感技术、人工智能等领域,它用计算机生成逼真的三维视、听、嗅觉等感觉,使人作为参与者通过适当装置,自然地对虚拟世界进行体验和交互作用。使用者进行位置移动时,电脑可以立即进行复杂的运算,将精确的3D世界影像传回产生临场感。该技术集成了计算机图形(CG)技术、计算机仿真技术、人工智能、传感技术、显示技术、网络并行处理等技术的最新发展成果,是一种由计算机技术辅助生成的高技术模拟系统。这种系统生成的各种虚拟环境,作用于用户的视觉、听觉、触觉,使用户产生身临其境的感觉,沉浸其中。

虚拟现实技术在教学中的应用有如下几个方面。

1. 知识学习

知识学习是指学生利用虚拟现实系统学习各种知识。它的应用有两个方面。一是再现实际生活中无法观察到的自然现象或事物的变化过程,为学生提供生动、逼真的感性学习材料,帮助学生解决学习中的知识难点。例如,在学习地理知识时,通过虚拟现实系统,将学生带到北极去领略那里的自然风光;在学习物理知识时,利用虚拟现实技术,向学生展示如原子核裂变、半导体导电机理等复杂的物理现象,供学生观察学习。二是使抽象的概念、理论直观化、形象化,方便学生对抽象概念的理解,例如,学习加速度概念时,通过虚拟演示,让学生观察当改变物体的重力大小及方向时加速度的变化情况,使学生加深对加速度概念的理解。

2. 探索学习

虚拟现实技术可以对学生学习过程中所提出的各种假设模型进行模拟,通过虚拟系统便可直观地观察到这一假设所产生的结果或效果。例如,在虚拟的化学系统中,学生可以按照自己的假设,将不同的分子组合在一起,电脑便虚拟出组合的物质。通过这种学习方式,学生很有可能研究出新的物质。利用虚拟技术,学生还可以进行温室效应的探索学习,从而研究出二氧化碳对全球气候的影响规律;还可以进行电路设计的探索学习,从而研究出或设计出新的电路;还可以进行建筑设计方面的探索学习,从而研究出或设计出新的建筑物。利用虚拟现实技术进行探索学习,有利于激发学生的创造性思维,培养学生的创新能力。

3. 虚拟实验

利用虚拟现实技术,还可以建立各种虚拟实验室,如地理、物理、化学、生物实验室,在"实验室"里,学生可以自由地做各种实验。在虚拟物理实验室里,学生可以做重力、惯性等实验;在虚拟的地理实验室里,学生可以做地震波传播、火山喷发等实验;在虚拟的生物实验里,学生可以做各种解剖实验;在虚拟的化学实验室里,学生可以利用各种化学药品和天平、砝码、温度计等工具,做各种不同的化学实验,观察燃烧、爆炸等反应现象。

4. 技能训练

虚拟现实的沉浸性和交互性,使学生能够在虚拟的学习环境中扮演一个角色,全身心地投入到学习环境中去,这非常有利于学生的技能训练。利用虚拟现实技术,可以做各种各样的技能训练,例如军事作战技能、外科手术技能、教学技能、体育技能、汽车驾驶技能、果树栽培技能、电器维修技能等各种职业技能的训练。由于这些虚拟的训练系统无任何危险,学生可以不厌其烦地反复练习,直至掌握操作技能为止。例如:在虚拟的飞机驾驶训练系统中,学员可以反复操作控制设备,学习在各种天气情况下驾驶飞机起飞、降落,通过反复训练,达到熟练掌握驾驶技术的目的。

 **本章小结**

　　本章从教学设计的概述、制订教学计划、选择教学方法、教学的信息技术化四个方面来揭示了在教学活动中如何能够更好地运用系统方法,将学习理论与教学理论等的原理转换成对教学目标、教学内容、教学方法和教学策略、教学评价等环节进行具体计划,创设有效的教与学的系统的"过程"或程序,以解决在实际教学中存在的教学问题,同时对不同课程类型相互结构的方式,也规定了不同课程在管理学习方式的要求及其所占比例。同时,对学校的教学、生产劳动、课外活动等做出全面安排,具体规定了学校应设置的学科、课程开设的顺序及课时分配,并对学期、学年、假期进行划分等教学计划进行了探索,找到了制订教学计划的方法、要求、意义等,阐述了教师的教法、学生的学法、教与学的方法。教学方法包括教师教的方法(教授法)和学生学的方法(学习方法)两大方面,是教授方法与学习方法的统一。教授法必须依据学习法,否则便会因缺乏针对性和可行性而不能有效地达到预期的目的。但由于教师在教学过程中处于主导地位,所以在教法与学法中,教法处于主导地位。同时介绍了当今经济快速发展的社会,教学的信息技术化的发展,如多媒体教学、网络教学、智能教学系统等,阐述了技术带来的优势,促进教学更好地发展。

思考与练习

　　1. 教学设计的内涵及意义是什么?

　　2. 制订教学计划的基本内容有哪些?

　　3. 如何选择有效的教学方法?

　　4. 启发式教学法基本特点有哪些?

　　5. 运用任务驱动法设置一节课的内容。

　　6. 教学的信息技术的前景探析。

参考文献

[1]冯锐.论整体性教学设计的设计观[J].远程教育杂志.2009(5).

[2]付道明,吴玮.教学系统设计的复杂性探索[J].现代教育技术.2008(2).

[3]韩庆奎.教育心理学原理对中学教学改革的指导[J].菏泽师专学报.2000(4).

第十二章　教学评估策略

1. 了解教学评估的基本概念、一般原理及重要意义。
2. 了解教学评估的实质、不同类型评估方法的优缺点。
3. 掌握和运用标准化测验和教师自编测验。
4. 掌握具体的教学评价技术和策略。

曾看到过一则童话:表演马上就要开始了,而剧团的木偶逃跑了,导演非常着急,发动人们四处寻找,结果却把一个"听话的小孩"当做木偶抓了回来。因为这个小孩似乎被一根线牵引着,双眼呆滞地盯着红绿灯,时间一直在流逝,而"听话的小孩"不管周围人群、车辆如何变换,仍一动不动。人们上前询问,小孩说:"必须等绿灯亮了才能走。"这时有人告诉他:"你可以到下个路口等绿灯,或者车停了就走过去啊!"而这个小孩用呆滞的目光看了看周围的人们,说:"我要听妈妈的话,必须要在这个路口等绿灯亮了。"人们告诉导演他们找到了比真正的木偶还听话的孩子,导演试了一下,发现这个孩子确实比真正的木偶还听话,后来,他加入剧团,成了一个非常受观众欢迎的木偶明星。

童话中的木偶是经过夸张的艺术创作之后的一个典型形象,但现实中是不是存在牵引和控制着孩子的"绿灯"呢? 在现实中,家长常将分数当成了"绿灯",他们推崇教育出听话顺从的"乖孩子",为此,常用同样的、统一的评估标准——分数,衡量着智力、爱好、兴趣、经历和基础迥异的学生。作为教师,在思考评估标准的时候,你想到了什么? 实际上,将课堂甚至校园或社会作为评估环境进行讨论时,你会发现目前的评估标准和评估策略远远不止考试分数。爱因斯坦曾说过:"仅用知识教育人是不够的,通过专业教育,学生可以成为一种有用的机器,但是不能成为一个和谐发展的人。"因此,本章引入"教学评估"的理念,它是一个动态的过程,可以真正地激发教师、学生的思考和探索,即通过评估,教师和学生会清晰地理解:要达到什么样的目标,如何达到目标,自己是否已经达到,如何调整自己的方案以更好达到以及达到目标之后可以做什么。希望通过本章的学习促使教师积极思考,理解评估与教学相结合的观点,掌握必要的教学评估技能,确定一个科学、合理、多元的"绿灯",确保学生在知识、能力、社会性等方面的和谐、持续发展。

第一节　教学评估概述

一、教学评估的定义

(一)教学评估

教学评估(instructional assessment)是指收集学生信息及利用信息的过程,具体指对有关的课程、学生、课题、教育政策做出决定,获取使用信息的过程。从定义可以看出,教学评估包含着非常复杂的因素,且评估过程和结果对教师和学生有重要的作用。教师在教学评估上花费了许多的时间和精力,如课堂测验、期中期末考试、教师评语和等级排名等。对学生的评估也从只注重学业成就,扩展到学生的行为、态度和学业成就并重。教学评估不仅是教师根据教学目标调整教学方案的重要依据,而且能够帮助学生检验自己学习策略的有效性,从而影响学生的学习动机和后续的学习效果。

(二)教学测量

教学测量(instructional measurement)主要是指教师或者相关教育机构选择一定的行为样本进行的标准化学业成绩测验或者教师自编测验,并将测验结果进行数量分析,用数字大小来描述学生对知识的掌握。教学测量的目的在于考核教学的实际效果,教学的实际效果一般采用学业测验成绩或者教师自编测验成绩等形式来表示。

需要注意的是测验或测量结果本身并没有任何意义,通常需要将测验分数进行比较,这种比较包括常模参照比较和标准参照比较。常模参照比较一般用以确定学生在其所在群体中所处的水平,常见的常模群体有班级常模、学校常模、地区或国家常模。但常模参照比较结果解释的是学生的相对水平,而学生是否达到了进行下一阶段所需的更深入的学习水平,并没有给予精确测量;同时常模群体的选择十分关键,一旦选择的常模出现了偏差,得出的测验成绩也就失去了意义。标准参照比较则是指确定学生对所学知识与技能的精确掌握水平,测验成绩不是用来与他人比较,而是决定学生的能力是否达到学习更高级知识的要求。如采用 10 道题评估高二学生的概率学习效果,要求答对其中 6 道(标准)才能合格。结果发现,班级内仅有 5 名同学答对了 6 道及以上,而大部分同学没有达到 6 道的标准,这说明大部分同学都需要再进一步加强对概率的学习。但是标准参照比较的局限性也比较明显,即标准的制定需要慎重,如上文所言,标准可以是 6 道正确答案,也可以是 7 道正确答案,这可能需要花费更大的时间和精力制定适用的、科学的标准。表 12-1 对常模参照和标准参照的具体特征和适用情况进行了比较。

表 12-1　标准参照和常模参照的比较

特点	标准参照测验	常模参照测验
适用	测量学生对知识的掌握情况	测量学生在群体中的水平和基本能力
侧重点	任务明确,标准明确,且能完成	反映学生之间的个体差异
结果的解释	将学生的成绩与先前制定的明确标准比较	与群体和他人比较
任务特点	考查知识点比较集中	考查内容较为广泛
选择题目的程序	需要的题目较多,覆盖所要考查的知识点;事先需要确定题目的信效度、难度和区分度	题目需要具备较大的区分度,尽量避免简单的题目
题目设计	详细说明内容要求	经常使用细目表
成绩的确定	有明确的、绝对的标准	常模团体的相对标准

转引自:陈琦,刘儒德. 当代教育心理学(第 2 版)[M]. 北京:北京师范大学出版社,2013:517.

(三)教学评价

教学评价(instructional evaluation)是指借助学生的学业成绩或表现推断其知识与技能的过程。进行教学评价时需要注意以下几点:一是教学评价是一个间接的推断过程,是通过多种测量结果判断学生在特定情形下的表现,即是短期内学生的表现,不能决定学生在未来的发展;二是教学评价应当依据明确的标准,如教学目标等;三是教学评价的结果应当是改进教学模式和方法的基础。

总体而言,教学评估、教学测量和教学评价是三个不同的概念。其中教学测量是采用某种测量工具(如测验)获得学生的数据属性,是量化分析,教学评价则是在教学测量和行为观察的基础上作出的主观判断,二者共同组成教学评估的内容,即对学生的定量描述和定性描述。

二、教学评估的方法和类型

进入 20 世纪,大学入学考试成为国际上的"流行时尚",学业成绩成为大学的准入证,如美国的 SAT 和中国的高考成绩等。但也有人提出质疑:目前大学入学考试测试标准能够真实地反映学生的学习质量吗? 单一的评估方式是否存在其狭隘性和局限性呢? 随着时间的推移,许多研究者逐渐意识到单一评估方式带来的弊端,多元化、层次化的教学评估方式不断出现,他们主张"学生在哪里,评估就在哪里",教学评估要贯穿整个学习生涯中。伴随着多种教学评估方法的出现,了解划分标准和类型特点以更好地应用于实践,也是教师需要解决的问题。

(一)根据教学评估是否预先计划可以分为正式评估和非正式评估

正式评估是指教师根据特定的教学目标,预先告知学生评估的时间和范围,以督促学生做好准备和复习,从而考查学生对某一阶段或某一单元的知识掌握。非正式评估通常是教师对学生行为的日常观察,如我们经常听到的"某某同学上课爱跟旁边同学说话,不认真听课""学生喜欢我今天所讲的话题和内容"等。

(二)根据对评估的运用时间可以分为教学前评估、教学中评估和教学后评估

教学前评估一般是指教师在进行更高水平的正式教学前,通过非正式观察和查看以往资料了解学生已经具备的知识、能力和行为特点,其中,非正式观察包括言语行为和非言语行为。如在新学期伊始,教师往往会查看新接手班级学生的学习档案,以了解学生的知识水平和学习特点。但教师在进行教学前评估时,要防止对某个学生产生期望,因为教师的期望对学生的学习具有巨大的潜在影响。教学中评估即形成性评估,是在教学进程中对学生的知识理解和运用进行检查,从而更好地调整,目的是为了更加细致地提高教学的效能。如教师在讲课过程中发现学生不断做出破坏性行为,这可能是由于课程设计无法吸引学生注意,教师会尽快调整自己的教学策略来提高学生的注意力和学习效率。教学后评估即总结性评估,是指在某个学习阶段的结束,通过测验或者考试检查教学目标的完成情况,多以书面形式进行。总结性评估的结果往往是班级学生成绩等级评定的依据,确定阶段性或最终的学习成就,同时检验教师的最终教学成果,并对今后的教学工作的改善提供方向,如单元测验、期中期末考试等。

(三)根据要求学生完成任务的不同可以分为表现性评估和真实性评估

表现性评估是指让学生利用所学原理进行设计和制作实体作品,在表现性评估中包含着形成性评估和总结性评估。而真实性评估是指利用所学知识解决实际问题的能力,这些实际问题可能非常复杂,需要对知识、技能等进行综合,而且需要思考选择最佳的解决方案。表现性评估并不等于真实性评估,如学生可以在黑板上写出一首乐谱,却不会用任何乐器将其弹奏出来。也就是说虽然学生掌握了识谱的技能,但不会将其适用于现实环境,也就不存在任何意义。或者说当学生识记的这首乐谱与现实世界中的要求不相同时,也不能称之为真实性评估。

(四)根据评估对象规模的大小可以分为团体评估和个体评估

团体评估是指教师将事先准备好的团体测验工具(如试卷)在规定的时间内对一定数量的学生进行施测。而个体评估则是指教师在某一时间内对学生进行的一对一的评估,个体评估的优势在于教师能够在全面了解学生的基础上进行评估。团体评估和个体评估既可以是常模参照,也可以是标准参照。

三、建立优质评估

如果教学评估给出的测验分数是可靠的、有效的和有用的信息,那么教学评估就

达到了优质水平,教师从评估信息中推断出的学生信息就可能存在一致性和准确性。

(一)信度

信度是指测验结果的一致性和可靠性。如学生在周一时进行了一次数学随堂测验,周五时再次完成同样的测验,中间没有任何的数学培训和指导,两次测验的成绩应当保持一致。假设学生的能力是不变的,如果不同时间内的重复测验成绩是稳定的,就说明这份测验可信。而实际上无论什么样的测验,在不同的时间内,学生的成绩不可能完全一样,即会存在误差。可靠性高的测试,误差会很小,测验成绩更多反映的是学生的真实水平。

测验的信度指标通常用信度系数(相关系数)来表示,对一个标准化测验来说,信度在 0.90 以上表示一致性非常好,0.80~0.90 表示良好,0.80 以下表示不够好。确定信度系数的方法一般是通过以下三种:一是重测信度,即不同时间内进行同一份测验,求其成绩的相关;二是复本信度,即同一组学生完成两个等值测验,求其成绩的相关;三是分半信度,即学生完成测验后,将测验的其中一半与另一半进行比较,确定测验的内部一致性,如按奇偶题项将测验分成两部分。

好的测验应该有一个好的信度系数,但它会受到许多因素的影响,如被试特点、主试、测验的内容和难度、测验的环境、测验的长度和时间、测验的频率以及评分的客观性(如主观题和客观题)。因此,研究者在编制测验时应当注意控制无关因素的影响,尽量提高测验信度(虽然高信度不是研究者的追求),使测验的编制符合测量学的基本条件。

(二)效度

如果一个测验的稳定性已经被证实,那么是否就可以根据这个测验分数做出判断和决定这个测验分数是否有效呢?基于测验分数做出的判断能够揭示学生的真实特点才意味着测验是有效的,有效性与否与特定的目的有关。测验的效度是指一个测验能否测量出教师想要测量的学生属性,可能暗含两层意思——测验本身的有效性和推论的精确性。在教学评估中,主要包括内容效度、效标关联效度和结构效度三种不同的效度指标。其中,内容效度是指测验的题目在多大程度上代表所要测量的知识和技能。如语文期中考试题目涵盖了整本书的核心内容,反映了教学重点和教学目标。在教学评估中,通常采用双向细目表考察测验的内容效度。效标关联效度测验分数与学生成绩或未来发展的关系。例如高三最后一次摸底测验成绩与高考成绩一致(该测验具有同时效度),或者利用高考成绩去预测大学第一年学生的各科成绩,若二者存在显著的正相关,则说明高考成绩具有了效标关联效度。结构效度是指测验的目的是测量一些心理特征或者心理结构,即测验题目与已存在的结构维度的吻合程度。但目前而言,心理结构比较难以获得,需要花费较大的时间和精力获得一些得分模式。测验的结果与已经被人们接受的、对同样结构测量的结果相关时,可以认为该测验具有结构效度。目前,许多心理学家认为,结构效度的范围使用最广,内容效度和效标关联效度是判断该测验是否具有结构效度的方法。

一个测验要有效必须先可信,测验的效度高则信度高,但是信度高,效度不一定高。即学生虽然对某个测验产生了较一致的反应,但是并没有测量到想要测量的内容。如五年级学生参加一个数学测验,在不同时间内取得的分数是一致的,但并不能预测学生的"小升初"成绩和其他与数学能力相关的特性。因此,这个数学测验是可信的,但不是有效的。

(三)无偏见

无偏见是教学评估的第三个重要标准。偏见是指"由于所采用的评估工具,学生因为性别、家庭背景、种族或者宗教信仰的不同而感受到了冒犯或不公平对待"。如测验题目是黑人学生受到欺负的内容,黑人学生可能会觉得被冒犯而生气。测验的偏见研究发现,多数标准化测验在预测学生的学业成就方面同样有效,但确实可能存在测验程序上的不公平现象,即有些学生没有平等的机会获得测验考察内容的教育。同时,在测验中也可能存在文化偏见,即所有的测验题目都来自特定的文化背景下。鉴于评估偏见的存在,建立多元评估体系变得非常重要,关注校园文化和群体的多样性,成绩评估综合考虑学生的生活经历和教育经历,这样一来可以避免评估程序带来的教育不公平现象存在。

(四)项目难度和区分度

信度、效度和无偏见是针对整个测验而言的,而难度和区分度则是针对每一个测验项目。项目难度是指测验题目的难易程度,通常以通过率来表示测验的难度,即通过该项目的人数。测验难度的确定依据测验目的。如选拔性测验,项目难度应当接近录取率;仅考查对基础知识的掌握可以不考虑测验的难度。一般而言,项目难度在 0.50 左右时可以最大限度地区分学生,但不能一言概之,项目难度在 0.30 至 0.70 之间皆可。项目区分度是指通过高分组和低分组之间的差异比较明确测验题目对想要测量的心理特性的识别程度。在实际编制测验时也需考虑测验目的以确定区分度。

总之,信度、效度、无偏见、项目难度和区分度是衡量测验的客观指标。教师和研究者在编制测验时,需要在保证信度和效度的前提下,综合考虑无偏见、项目难度和区分度的影响。

四、教学评估的作用

教学评估评什么?为何要进行教学评估?从整体上看,明晰教学评估的作用是制定教育决策和有效教学的关键环节,其调控教学活动的开展,以实现最终的教学目标。具体而言,教学评估的作用主要表现在以下几个方面。

(一)教学评估诊断学习成效,为教师、学生、家长和学校提供反馈信息

首先,对教师而言,通过教学评估,教师可以了解学生的实际学习进展,自己所制定的教学方案是否符合学生需要,采用的教学内容、教学方法和手段是否合理,学生是否掌握了知识的重点和难点等,从而为教学策略和教学方案的改进提供判断依据。其次,对学生而言,教学评估可以使学生明确自己的学习成效、优势和薄弱环节,从而更好地调节自己的学习行为和学习计划。再次,对家长而言,教学评估可以使家长从多个方面了解学生的学习情况,积极与教师沟通,配合教师工作,调整家庭教育模式,促进学生的发展。最后,对学校而言,教学评估结果可以提供学生选拔的资料,修订学生职业指导和发展方案,设计适合学生长远发展的培养方案。

(二)引导和激励学生学习

教学评估会对学生的认知过程产生影响,即学生可以从教师教学评估的内容推断教学的重点和难点,会花费更多的时间和精力学习这些重、难点。当学习的成效较好时,学生可能会获得愉快的情绪体验和满足感,而反馈的评估结果不好时,也会激励学生尽快调整自己的课程计划和学习方法,以避免失败。陈琦、刘儒德(2005)等总结了将教学评估作为诱因时的注意事项:一是评估要与教学目标相一致,具有帮助学生实现目标的关键作用;二是评估要公平、客观;三是要有明确清晰的评估标准;四是对评估结果的解释要依时依地而变;五是对学生评估要经常进行,而且要具有一定的挑战性。

(三)影响学习动机

在学习之前告知学生所学内容要进行评估时会激发学生的学习动机,学生可能会投入更多的时间和精力理解和运用知识,提高学习效率和学习效能。虽然教学评估可以激励学生,但评估通常是外在动机,因此在进行教学评估时需要注意将学生的注意焦点转移到学习目标上。当评估的内容和方式都是对学生能力表现的评价,而不仅仅是检查学习内容是否完全掌握时,教学评估的动机作用会更加明显。

(四)评估本身就是学习经历

回忆自己参与的教学评估,可能会想起自己在某个考试中遇到的"创新型"问题,要求你运用某个原理解决实际的问题情境。而你以前从未想过二者之间存在关联,你可能会束手无策,在考试结束后你会翻阅许多资料,花费许多精力尝试解决这个"遗留的难题"。这样的考试任务不仅考察了你对知识的掌握和运用,还能够激励你进一步地学习。也就是说,完成教学评估材料的过程可以加深学生对知识的理解和掌握,尤其在要求学生对某个问题进行详细阐述时。但需要注意的是教学评估对学生的帮助有限,有可能只对评估的内容有帮助,并且教师在评估内容中若出现错误信息的话可

能会产生消极影响。

(五)促进教学目标的改进

在教学活动中,评估与教学目标密切相连,其最终目的是确定在多大程度上实现了预定的教学目标,判断教学的实际效率和结果。旧的教学目标的达成意味着需要新的教学目标的出现,即教学目标是一个动态、循环不断的上升过程。教学评估以不同的形式和目的贯穿整个过程,制定教学前、教学中和教学后的教学评估可以帮助教师更加及时、准确地掌握正在发展中的学生的学习和发展情况。

(六)评估学校的组织效能、教学效能和教学设备效用

学校的组织管理和教学设备是影响教学成效的基础因素,学校如何将拥有的资源最大化和最优化的利用是保证教学效能的前提,教学评估结果提供的反馈信息可以为学校的运行机制和组织管理提高改革借鉴。同时,教学评估结果也可以反映出学校对办学设备的利用情况,可以更好地促进学校和主管部门提高利用效率,使办学条件和设备不断完善,更好地为学校师生服务。

五、教学评估的规划和教师的责任

教学评估评什么和如何评估同等重要,它是一个动态的过程,体现在教学前、教学中和教学后的过程中。教师在进行教学评估时也不是随心所欲的,一般需要明确的规划和详细的设计。莉萨·博林等人认为,一个全面的评估计划应当包括以下几个方面:学习目标;时间范围;评估类型,如课堂作业、家庭作业、社会实践、考试和课堂评价等;评估标准,如评分标准和每一类型评估所占比重。表 12-2 为初中二年级英语上册单元评估的样例。

表 12-2　某一初中二年级英语上册第一单元的评估计划样本

第一单元	How often do you exercise?
一般学习任务	掌握该单元重点词语(junk food,milk,coffee,等)和句型(how often? 等),及运用其进行自由交际的能力
时间范围	本单元将在一周内完成
形成性评估	a. 家庭作业(随堂练习册) b. Free Talk(小组活动)。要求学生用所学词语、短语和句型进行口语交流,将其运用在实际生活中 c. 基础知识小测验(词汇、短语、句型)于周四下午进行 d. 单元结束后有考试(内容包括听力、词汇、句型、阅读和写作)
总结性评估权重	a. 家庭作业:10% b. 小测试和 Free Talk:30% c. 考试:60%

转引自:[美]莉萨·博林,等.教育心理学[M].连榕,等译.北京:机械工业出版社,2012:375.

教师在教学评估中发挥主体作用,其在动态的教学过程中获得诊断性的和及时性的评估。在教学前、教学中、教学后对教学评估方法的选择、设计和应用都需要制定明确的要求。在教学前,教师的责任主要体现在了解学生的成长背景、个人特点及知识掌握水平,在全面了解学生学习兴趣的基础上制订全面的评估计划。在教学中,采用多种评估形式明确学生的学习进展和学习效果,在此基础上根据教学目标做出教学方案的调整,以更好地激励学生学习。教学后,评估教学的效率、课程内容和结构的有效性,完成学校规定上交的测验分析结果,根据教学评估的最终结论制订未来的教学计划。同时,需要及时与学生家长沟通,获得家长的配合。

六、教学评估的发展趋势

(一)基于效能的评估逐渐成熟

基于效能的评估被认为是从"知道"走向"展示"的过程,它是指开放式的思维与创造活动,不存在固定的标准答案,鼓励学生采用发散思维进行思考。一方面它可以评估高层次思维的发展,另一方面也可以评价学习的实际效果,如利用演讲比赛考察学生的语言表达能力和演讲技巧。

(二)采用多元评估方法体系

在进行教学评估时,出现了许多评估方法,如笔试、面试、选择题、论述题、自评和他评等,教师可以通过多元评估全面了解学生的学业发展。同时,教师可以通过多元评估体系进一步深入了解学生更高水平的认知发展,如问题解决能力、批判性和创造性思维发展能力等。

教学评估是层次化的、一体化的发展,随着其逐渐发展完善,会给教师和学生提供更多的反馈信息,以促进教学效能的提高。

【案例分析】

上周末放假时,初三年级学生的成绩单出来后发放到了学生手中,要求家长签字。今天是星期一,上午你刚开始工作就接到了校长办公室的电话。你所教的数学课上一位名叫李娜的女学生的父母正在校长办公室,要求立刻与你交谈。李娜的家境殷实,父亲是一位成功的商人,母亲是一名医生。他们的女儿这次的数学测验成绩很好,是年级第五名,高于98%的学生。但是你对李娜的课堂成绩评估一直是B和C,因为她很少完成家庭作业,在数学课上经常做出一些破坏性行为,且在理解数学概念方面有困难,在做题时也缺乏耐性,只想寻找解决问题的"捷径"。你曾多次给李娜的父母打电话要求来学校讨论如何引导她的学习,但是他们从未来过,也从未参加过家长会。

你走进校长办公室,对李娜的父母笑了笑,但是没有得到微笑反馈。你坐在了李娜父母对面,刚想开口说话,就听到李娜父亲说:"你好,我女儿的测验分数完全证明了你的错误,你在课堂上给她的评估是你带着偏见做出的。我们听信了你对李娜的评估,认为她数学能力差,现在看来是你的教学评估存在问题,或者说你根本不知道如何评估真正的有才能的人。"

李娜的母亲说:"是的,希望重新考虑对李娜数学能力的评价,你必须重新了解她的真实能力。实际上,"她瞥了一眼校长,又怒目注视着你说,"我们认为,李娜已经达到了初中三年级对数学的要求,作为一名教师,你伤害了你的学生。"

请批判性思考以下问题。

作为一名教师:

你应该怎样与家长沟通?

你将怎样去做这位学生的工作?

你将怎样利用教学评估知识? 你还需要知道哪些关于测验的知识以便处理类似问题?

这些问题将怎样影响你以后对学生的评估?

(转引自:[美]伍尔福克.教育心理学[M]. 何先友,等译. 北京:中国轻工业出版社,2008:608.)

第二节 课堂评估测验

一、标准化测验

你是否记得上幼儿园时参加过的入学准备测验,上高中时参加的高考,上大学时参加的全国英语等级考试,或许还有其他的基本技能和成就测验? 这些都是标准化测验。标准化测验(standardized tests)是具有统一的施测和评分程序,对误差做了严格控制的测验,是一个系统化、科学化、规范化的施测过程。其中"标准化"包括项目的编制标准化、测验的管理标准化、评分计分的标准化、分数解释的标准化等。标准化测验具有常模,而且大多数标准化的测验具有较好的信度和效度。

(一)标准化测验的类型

1. 能力倾向测验

能力倾向测验(aptitude test)用于评估学生的能力倾向,旨在预测学生学习某个技能或通过进一步教育和训练完成某种特殊任务的能力。也就是说能力倾向测验一般测量多年形成的能力,并且预测一个学生在将来学习新知识时会学得怎么样。能力倾向测验包括一般心理能力测验,如智力测验(斯坦福-比奈量表、韦克斯勒智力量表等),还包括用于预测特定学科领域或职业领域取得成功的测验,如能够预测学生在未来数学领域的成功。在这里,我们主要介绍斯坦福-比奈智力测验和韦克斯勒智力量表。

(1)斯坦福-比奈量表

1905 年,比奈和西蒙发表了世界上第一个儿童智力量表,它包括 30 个问题,覆盖的内容包含动作、凭记忆画图和定义抽象概念等。比奈首创了心理年龄(mental age, MA)的概念,心理年龄是指个人相对于他人的心理发展水平。心理年龄也叫智龄(MA),是智力的绝对水平的度量,它说明了一个儿童的智力实际达到了哪种年龄水平。此后不久,威廉·斯登(William Stern)于 1912 年首次提出了智商的概念,智商也叫智力商数(intelligence quotient),常用 IQ 表示。智商代表了个体的智力年龄(MA)与实际年龄(chronological age,CA)的关系。计算智商的公式为:智商(IQ)＝智龄(MA)/实龄(CA)×100。如果智龄和实际生理年龄相同,则该个体的智商为 100。如果心理年龄大于生理年龄,则智商高于 100。例如,如果一个 6 岁儿童(CA＝6)的分数居于所有 6 岁儿童的平均水平(MA＝6),那么这个儿童的 IQ 就是 100,如果一个 6 岁儿童(CA＝6)具有 7 岁儿童的平均水平(MA＝7),那么这个儿童的 IQ 大约为 117(6/7 ×100)。

实际上,一个人的生理年龄是不断增加的,而心理年龄发展到一定水平便会保持稳定,为了将智力发展的认识纳入智力测验之中,比奈智力测验经历了多次修订,其中影响较大是美国斯坦福大学教授推孟于 1916 年对该量表进行的修订,形成了斯坦福-比奈量表。经过多次修订,斯坦福-比奈量表具有了较高的信度,它在各年龄段上的等值性系数一般在 0.90 以上,效度也达到较高的标准。斯坦福-比奈量表适用于两岁到成年的对象,单独施测。题型既包括言语作答题目,又包括非言语题目。斯坦福-比奈量表一直是应用最广泛的测验之一,用来评估学生的智力。

表 12-3　斯坦福–比奈量表中的项目举例

内容范围	问题理解	可能的问题举例
词语理解	描述一个词语与其他另外三个词的差异	从下面的一列词中选择一个与其他的词不相同的词： 缸子　叉子　吸管　杯子 (说明：喝饮料时不会用到叉子,但可能会用到缸子、吸管和杯子)
数量推理	比较一个数列	在下面这个数列后面,最有可能出现的数值是： 3,10,17,24_____
图形/抽象推理	把一些几何图形组合成一个特殊的几何形状	将下面的几何图形组成一个三棱锥 ◁　▽　■　◁
短时记忆	主试说一个句子,被试立即准确地复述该句子	试着跟我复述下面的句子： "安娜跳过一个矮树丛跑到了河边。"

注：问题样例不是实际量表。
转引自：[美]罗伯特·J.斯滕伯格.教育心理学[M].张厚粲,译.北京：中国轻工业出版社,2003.

(2)韦克斯勒智力量表

韦克斯勒智力量表(Wechsler Intelligence Scale)分为三种：韦氏儿童智力量表(WISC,1949),评定 6 至 16 岁少年儿童的智力发展水平；韦氏成人智力量表(WAIS,1955),评定 16 岁以上成人的智力；韦氏学前儿童智力量表(WPPSI,1963),评定 4 至 6 岁半儿童的智力。韦氏量表包括言语和操作两个分量表,其中言语量表包含知识、领悟、算术、相似性、数字广度、词汇 6 个分测验,操作量表包含数字符号、图画填充、木块图、图片排列、图形拼凑 5 个分测验。韦氏量表报告的是言语智商、操作智商、总智商,以及不同分测验的计分,这样更有利于收集较精确的诊断资料并加以解释,更好地反映智力的整体和各个侧面的水平。

韦氏智力量表的一个重要特点是采用了离差智商(deviation IQ)。所谓离差智商就是用标准分数来表示的智商,即让每一个被试与其同年龄的人相比,而不像以前比奈量表所用的智商是和上下年龄的人相比。韦氏量表的 IQ 值都是以 100 为平均数,以 15 为标准差的离差智商。韦氏智力测验需个别施测,测验时限为 1～2 小时。由于测验内容丰富、结果精细,使得测验实施显得尤为复杂,因此主试一定要经过专业培训。

表 12-4　韦克斯勒智力量表中的项目举例

分量表	内容范围	可能的问题举例
言语分量表	一般理解力	人们为什么购买火灾保险？
	数学推理	如果 12 个鸡蛋需要 6 元钱,那么一个鸡蛋需要多少钱？
	相似性	羊毛和棉花在哪些方面相似？

续表

分量表	内容范围	可能的问题举例
言语分量表	数字广度	仔细听。当我说完后,马上把这些数字说出来: 7—3—4—1—8—6 现在我说出更多的数字,希望你按照从前往后的顺序将它们说出来: 3—8—4—1—6
操作分量表	数形替代	编号 △ ○ ◇ ✕ 8 1 2 3 4 5 测验 △ 8 ✕ ○ △ ◇
	拼图	使用这4个图,拼成下面的样子:

转引自:[美]罗伯特·斯莱文.教育心理学——理论与实践[M].姚梅林,等译.北京:人民邮电出版社,2004.

拓展阅读

著名美国学者波林指出:"在测验领域,19世纪80年代是高尔顿的十年,90年代是卡特尔的十年,20世纪头十年则是比奈的十年。"

比奈被称为心理测验的鼻祖。比奈1857年生于法国的尼斯,他初学法律,后改学医学,继而对心理学产生兴趣,后来一直致力于心理测验的研究。1900年,他和他的同事们在探索智力测验的方法上倾注了大量心血,曾尝试测量人的头盖骨的大小来得到聪明和愚笨的指标。结果表明,聪明的儿童大体上稍占优势,但差别很小,在个体智力的差异的评定上几乎没用,不久,比奈放弃了这一方法,着手探讨智力的评价指标。

1903年,比奈的《智力的实验研究》问世,比奈在这本书上所讲的智力的概念是广义的,包括一切高级的心理过程,表现在推理、判断以及运用旧知识解决新问题的能力上。他以他的两个女儿为被试,尝试着运用一些新的测验任务,如词语填充、图片解释等,这些项目也被吸收到后来的量表中。比奈关于智力的观点在当时是对智力本质认识上的一大进步,是超越于前人的。

1904年,一个偶然的机会使比奈的思想得以实践,并由此推动了心理测验的迅速发展。这一年,法国公共教育部决定成立一个由医学家、科学家和教育家组成的委员会,专门研究公立学校中落后儿童的教育方法。比奈作为该委员会的成员,极力主张用测验方法来识别智力落后儿童,与其助手西蒙合作完成了世界上第一个智力测验量表——比奈-西蒙量表。1905 年,他们在《心理学年报》上发表了《诊断异常儿童的新方法》一文,介绍了该量表,史称"1905 年量表"。

该量表的问世,吸引了全世界心理学家的注意,在短时期内迅速传播到世界许多国家。仅在美国,就有好几种修订版本相继问世,其中最著名的首推斯坦福大学的推孟教授在 1916 年修订的斯坦福-比奈量表。这一量表开始采用智商的概念,从此智商这一概念为全世界的人熟悉。

2. 成就测验

成就测验(achievement test)用于测量在特定的一个或多个领域内,学生已经掌握的知识或技能的程度,就是我们通常所说的考试。不同于能力倾向测验,前者的主要功能是预测未来的表现,它们的使用是在教育或训练之前。成就测验则是评估学习成果,它的实施发生在教育、训练过程后。

成就测验按其内容和功能分为两大类。一类是对科目知识和技能"学习程度"的测量,也叫普通成就测验或综合成就测验,如斯坦福成就测验(Stanford Achievement Test)、都市成就测验(Metropolitan Achievement Test)、皮博迪个人成就测验(Peabody Individual Achievement Test)等。另一类是特殊成就测验,也叫单科成就测验,这种测验按其功能又分为两种:第一种只用于评定某一成就的高低,类似于入学的考试,如托福考试;第二种是诊断测验,通常只关注某个具体的内容领域,其功能主要是测量出个体在某个学科领域中的某些技能的优势和不足,从而帮助学生重新构建学习活动,达到掌握技能的目的。

成就测验另一个重要的分类是根据参照标准分为常模参照成就测验和标准参照成就测验。在常模参照测验中,所有参加过测验的个体成绩构成了一个常模,常模作为一个特定团体的表现的典型水平,通过将个体的原始分数与常模进行比较,从而得出个体分数的意义。在标准参照测验中,测验分数不是与常模进行比较,而是与一个给定的标准进行比较,它适用于考察有一组明确目标的内容领域,测量对一个特定目标的实现程度。在教育中经常使用到的期末和期中考试,通常要考查学生对某阶段知识的掌握情况,属于标准参照测验;而如果要考察个体在某团体中的地位,则需要采用常模参照测验。

表 12-5　被普遍采用的标准化测验

测验种类	目的	大体描述	注意事项
学业成就测验	评价学生从教学中掌握的内容	测验题目是为了反映很多学校课程内容。测验分数只能在常模参照意义上表明学生的学业成就	这类测验通常更适合测量一般学业成就水平,而不是决定学生已经掌握哪些具体知识和技能
一般学业能力倾向和智力测验	评价学生一般学习能力,预测短时期内总体学业成就	测验题目一般集中关注学生学会了哪些知识,掌握情况如何,从一般日常经验中可以推断出哪些知识。例如,测验包含逻辑推理、分析几何图形、解释词语等题目	测验分数不能作为长期学习潜力的指标,对于特殊学生应该单独施测
特殊能力倾向和智力测验	预测学生在特定领域的表现	测验题目与一般学业能力倾向测验类似,更关注某个具体内容范围(如语言能力、数学技能)。有些能力倾向测验叫做多重能力倾向测验,可以同时得出几个领域的分数	测验分数不能作为长期学习潜力的指标。测验对学生在某个特定领域的能力预测作用有限,因此只能与其他信息结合使用
入学预备测验	决定学生是否有进入幼儿园或一年级的必备技能	测验题目集中关注基本知识和技能,例如形状和颜色的分辨、数字知识等	测验分数的解释要谨慎。测验主要用于制订教学计划,而并非学生是否做好了正式上学的准备

转引自:[美]简妮·爱丽丝·奥姆罗德. 教育心理学精要:指导有效教学的主要理念(第 3 版)[M]. 雷雳,等译. 北京:中国人民大学出版社,2013:384.

(二)标准化测验的问题

作为一种重要的测验类型,标准化测验具有明显的优势,如客观性,其由专家编制,能够最大限度地减少误差;可靠性,能保证测试对象参加其他相同目标的测试(如测量相同的知识和技能)的结果是大体相同的;计划性,每个项目的选择都要经过实证和判断的程序;可比性,具有统一的参照标准,使得不同考试的分数具有可比性等。

当然,标准化测验也不可避免地存在劣势,一旦忽略某些条件的控制,就会出现大问题,而且标准化测验主要以测查基本技能和知识为目标,忽略了学生解决实际问题的能力。只有了解了标准化测验实施过程中的问题,我们才能对它进行不断的改进,扬长避短。

1. 标准化测验与实际相脱离

首先,标准化测验在实施过程中过分追求高效、简单、易操作,学生需要在统一的时间、地点,回答相同的问题,然后以标准答案去判定学生的成绩,这种做法忽略了每个学生的特点,限制了学生的全面发展。另外标准化测验专注于在某一瞬间个体的知识,有可能扭曲、夸大或明显低估一个人在实际社会背景下所具有的能力,从而容易与实际相脱离。

其次,标准化测验难以给实际的教学活动提供支持。标准化测验与学校课程安排之间的关系往往极不合理,统一的标准化测验只关注要求不高的知识和技能,强调学生的死记硬背,忽略了问题解决和批判性思维等高级认知能力的培养。在教学活动中,教师越来越重视测验所覆盖的知识和技能的教学,将大部分时间花在模拟测验和正式测验上。这种做法缩小了课程内容范围,不利于实际教学水平的提高。

2. 标准化测验的作用被过分夸大

标准化测验并不能完全测量某个领域内的所有知识和技能,只是在事前划定好的范围内粗线条地提供学生的一般信息,并不能对学生的技能、能力、知识水平的全貌进行详细的描述,所以测验的结果只能作为教师对学生的学业进行评估时所依据的一部分信息,并不能由此对学生进行全面评价。而在实际的教学活动中,标准化测验的作用却被过分夸大,成为教学活动的指挥棒和唯一评价标准,教师为了对付考试而进行教学,实际教学的最终目的在于提高学生的标准化测验成绩,这限制了教学,使得教学背离了本来的目标。

3. 标准化测验难以做到真正公平

公平性问题是标准化测验中普遍存在的问题,即使是普遍适用的智力测验或大学入学测验也无法做到对所有群体的完全公平。当测验和测验者所用的语言与学生不同时,当包含更多主流文化群体所熟悉的经验和事实的标准化测验对少数特殊群体的学生施测时,当受测者表达能力不同时,标准化测验的结果都是不公平的。这对我们的启示是,在编制测验时要考虑所适用的文化背景和人群特点,尽可能地照顾到多数人群。

二、教师自编测验

教师自编测验是教师在教学过程中根据自己的教学经验和教学风格,针对教学实际编制,用来考查学生学习进步情况,具有针对性和灵活性,能反映实际教学中遇到的特殊问题。由于教学科目繁多,教学检查需要经常进行,标准化测验无法满足教学过程中的实际需要,教师根据教学内容自行编制测验,针对课堂实际,实用性较强。一般地,教师自编测验操作过程简单,施测方便,可针对性地应用于某个学科,是在实际教学活动中应用最广泛的测验。虽然教师自编测验没有经过标准化,但其编制也遵循了一定的原则。

教师自编测验用于测量学生的学习情况,而标准化测验则用来判断学生与常模相比时所能达到的水平,二者最关键的区别在于,教师自编测验的标准化程度远远低于标准化测验。

表 12-6　教师自编测验和标准化测验的区别

	教师自编测验	标准化测验
施测及计分	没有严格统一的规定	具有标准化施测和计分方法
内容取样	内容及其取样由任课教师决定	内容由课程及教材专家决定,包含对教学大纲、教科书和教学发展计划的深入研究,对教材内容做了系统的取样
编制过程	没有确定的测验计划、题目测试、项目分析或修订。其测验品质可能较差	经过细心策划的编制程序,包括测验编制目标及测验计划。并经过题目测试、项目分析及项目修订和筛选步骤
常模	只采用本班常模	除了本班常模,标准化测验必须具备全国性常模、学区性常模
目的及应用	适用于测量教师设定的特殊教学目标,作为班级内部比较的依据	适用于测量广泛的课程目标,作为班级、学校以及地区性比较的依据

转引自:陈琦,刘儒德. 教育心理学[M]. 北京:高等教育出版社,2005:527-528.

(一)教师自编测验的编制

1. 确定测验目的

在编制测验之前需要明确测验的目的,不同的测验目的决定了测验长度和题目取样的不同,也会影响测验题型的构成。在教学活动中,教师编制测验之前需要确定所要考察的学习结果,考察的学习结果是与教学目标相对应的。也就是说,测验应该与课程目标以及实际教学相一致,例如测验应该考查学生对重要概念和技能的掌握程度,而这些概念和技能也正是重要的教学内容。

2. 制订编制计划

在命题前,应该根据课程标准列出教学内容和行为目标的双向细目表。命题双向细目表是一种测验目标和测验内容之间的列联表。一般地,表的纵向栏表示所要考察的目标,横向栏表示课程的内容和范围。测验目标一般采用布鲁姆(1956)的认知目标分类的六大分类等级,它提供了测验的框架。前三类(知识、领会、运用)通常被称为基础目标,后三类(分析、综合、评价)被称为高级目标。两栏交叉的中间,是不同学习结果和课程内容的考题分数所占的比例。每种题型的比例由教师决定,每一题的比重应当反映知识点的价值和重要性。

在规划一个测验时,不必全部包括布鲁姆的认知目标分类中的所有六大分类等级。测试覆盖范围与测验目标和日常教学中教师强调的重点知识或技能相符合才是最重要的。

双向细目表能够有效指出测验所包含的内容和所要测定的各种目标以及对每个

部分的相对重视程度,在测验的编制中应用广泛。除了双向细目表,在编制具体测验时,还必须依据本次考试的性质、目的,将它具体化,确定题目的取材范围、题目形式、题目数量。

表 12-7　两步应用题考试计划的细目表

学习结果	内容:两步应用题(包括加、减、乘、除)的学习		
	两步应用题的特点和形式(30%)	解答两步应用题(50%)	自己编制应用题(20%)
知识(6%)	两步应用题的形式(6%) 是非题 2 道,填空题 2 道		
领会(16%)	两步应用题的特点和结构(6%) 是非题 3 道	写出简单应用题的条件和解答步骤(10%) 是非题 3 道、填空题 3 道	
运用(35%)	分析两步应用题的机构,理解变量之间的关系(10%) 是非题 2 道	找出应用题的隐藏条件(15%) 填空题 3 道	根据列式,能够自己编出题目(10%) 填空题 3 道
分析(10%)		10% 解答题 2 道	
综合(33%)	知道两步应用题是由两个有联系的一步应用题组成的(8%) 解答题 1 道	解答应用题时,从已知条件入手或者从问题入手(15%) 解答题 3 道	10% 自编题目两道

转引自:陈琦,刘儒德. 教育心理学[M]. 北京:高等教育出版社,2005:528-529.

3. 进行命题准备和搜集

测验计划制订好之后,就要搜集有关资料作为命题的依据。一个测验的好坏与测验材料的选择适当与否有着密切的关系,因此要注意提高命题资料的丰富性和普遍性,资料的搜集越丰富全面,测验内容就越不会有所偏颇,越能够提高样本的代表性。恰当题目的选择对教师提出了一定的要求,教师只有完全理解课程目标,才能正确分辨知识的重要性,使得所编制的试题具有代表性。因此,教师在平时教学中,要随时留意教材的重、难点,并认真做好标记;在批阅日常考试试卷或作业时,要记载学生的常见错误;经常搜集合适的试题并分类储存,建立试题库,这样才有可能编制出可信、有效的测验。

(二)教师自编测验的具体形式

教师自编测验的题型一般分为客观题和主观题。客观题对学生的回答限制得非常严格,评估的结果非对即错,可以对学生的回答迅速进行评分,这种题型主要考查学生的再认和准确回忆能力,主要包括是非题、选择题、填空题、匹配题和课文默写等题型。主观题对学生的限制相对较少,评估的结果无法简单地用对错衡量,评估中需要教师根据评估标准对学生的回答进行判断,这种题型主要考察学生的记忆力、理解力和组织能力,其主要包括作文、论述题等。

1. 是非题

是非题要求学生判断某句话的正误。例如,要求学生判断"北京是中国的首都"是否正确。有时,教师会要求学生在做出正误判断的同时,给出判断的依据。这种题型主要用于考查学生的记忆和再认的能力。

是非题的编制简单,适用于只有两个选项的试题,对学生的阅读能力要求不高,一份测验可涵盖大量内容。计分简单、省时省力,教师在评估时客观、可靠。但是,教师在编制是非题时,可能会直接从文中摘取句子或者稍加修改即可,这会造成题意模糊不清的问题,这样就很难编制出知识和思维水平较高的题目。另一个重要的缺陷是猜测性过强。对于是非题来说,瞎猜对学生分数的影响高于其他任何类型的题目。

教师在编制是非题时,可以参照以下策略。①陈述句表述明确,每句仅有一个核心观点。如果一个是非题中出现多个观点,学生就容易感到混淆,这样会使得学生的答案更容易受到阅读能力而非学习能力的影响。例如,"北京是中国的首都"和"北京是中国的首都,它是位于中国北部的一个城市"这两个题目,第一题优于第二题。②语言表述要简单明了,使用简单的句法结构和词汇。例如,"北京是中国的首都"和"中国的首都是一个叫北京的中国北方城市"两个题目,第一题要优于第二题。③措辞准确,要使句子可以被清楚地判断。正确的表述在何种情况下都正确,不能使用任何修饰语,如"也许""可能"之类的修饰语,也要杜绝使用"很少""经常""很多"等词语。④陈述句中要避免使用否定句,尤其是双重或多重否定句。⑤错误句子的编写应避免提供无关线索。一般来说,包含绝对结构的陈述句可以直接判断是错误的,所以应该避免使用"总是""从不""所有的"等绝对性词语。⑥陈述句的内容应该侧重客观事实的表述,而不是价值观之类的观点。

2. 选择题

选择题主要用于考查学生对知识的再认、回忆、理解和运用的能力,一般由题干和两个或多个选择支组成。题干可以是陈述句或疑问句,可以是完整的句子或以不完整的形式呈现。选择支可以有两个或多个,其中有正确答案和若干干扰项。学生的任务是阅读题干,从选择支中选择正确的答案。例如:

主张整体大于部分之和观点的是哪一个心理学流派?　　(题干)

A. 人本主义　　　　　　　　　　(干扰项)

B. 行为主义　　　　　　　　　　(干扰项)

C. 机能主义　　　　　　　　　　(干扰项)

D. 格式塔　　　　　　　　　　　(正确选项)

　　与是非题相比,选择题也可以进行大范围取样,且评估简单、可靠和客观,除此之外,选择题型还具备以下优点:它的分数受猜测影响的可能性更小;它不仅可以用于测量简单的学习结果,也可以用于测量复杂的学习内容;它的任务本身就具备高度且清晰明了的组织结构;它的干扰项可以作为诊断信息使用。但是,编制好的选择题耗时费力。首先,教师在不熟悉学生要点掌握或持有的错误观点的情况下,很难编制出质量较好的干扰项。其次,选择题难以测量学生在某些问题上的解决能力、表达能力和组织能力。此外,对于质量不高的选择题来说,学生可能会受到自身阅读能力的影响,而无法测量出个体真实的知识水平。不过,教师在编制选择题的过程中若能依据一些策略精心设计,可以很大程度地避免以上的问题。

　　教师在编制选择题时,可以参照以下策略。①选择题的表达上,题目应尽可能地简洁明了,只集中表达一个观点即可。如果可以的话,在陈述事情或者观点时,应尽可能使用肯定形式,应该避免使用双重或多重否定的形式,如果需要使用"不"一词,应该使用斜体形式的字体或者在"不"下加下划线。要将详细情况尽可能地表述在题干之中,这样就使得题干相对较长,各选择项则相对较短,避免出现头重脚轻的问题。在语法上,各选择项要避免出现任何语法错误,并应与题干表述相匹配。编写题目时,要避免使用课文中的原话,以防题目只能考查学生的记忆能力而不能考查理解能力的情况。②选项的编写上,在选项的数量上要给出三个或四个可能的选项;要注意更换正确选项出现的顺序,避免学生随意猜测;要注意避免选项的长度线索,由于要对正确选项进行详细说明,正确选项一般会长于干扰项,因此要注意设置长度相似的正确选项和干扰项。避免过度地使用"上面所有选项"和"上面无任何选项"等的表达方式。

　　选择题有不同的变式,如单选题,即在若干选项中只有一个正确选项的选择题,而多选题则在若干选项中有两个或多个正确选项。在正式测试中,也可以要求学生在做出选择后,给出选择某选项的对应解释,这样有助于减少学生在作答时出现胡乱猜测的情况。

　　3. 匹配题

　　匹配题主要用于考查年龄较小的学生,它要求学生把一组选项与另一组选项进行正确连接。一般来说,典型的匹配题是要求学生依据题意将左右两侧选项进行连接。匹配题型较简单,能够考查学生对知识间关系的掌握情况,有效评估学生对知识的记忆和组织情况。但匹配题只需学生记忆简单的信息联结,这限制了它所能考查的知识范围。

　　匹配题型评分客观,占用空间小,方便教师使用。但是,在使用匹配题型时,教师既要注意题意的清晰表述,也要注意匹配项数量的控制,一般控制在8～10个。

4. 填空题

填空题是一种要求学生根据给出的句子、提问或图形简要作答,从而写出正确答案的题型。例如常见的诗句默写题型。填空题型与是非题、选择题、匹配题这些客观题类似,但它最大限度地避免了猜测因素的存在。由于它只要求学生写出正确答案,因此其对知识技能的应用要求较低,主要用这种题型评估学生对知识的记忆和掌握情况。

填空题作为客观题型的一种,教师在编写这种题目时,既要注意题意的清晰表述,还要特别留意题目的排版问题。题目的排版要恰当,要确保为学生提供足够的作答空间。

5. 论述题

论述题使得学生能更自由地回答问题,它给学生提供需要作答的题目,学生的任务则是写出对应的回答。学生的回答可以是简单的几句话,也可以是论证充分的论述,例如题目"请描述你刚阅读的小说的中心思想"。这种题型主要用于评估学生的理解力、高级思维能力、信息组织能力和写作能力。虽然这种题型可以用于测量学生的高层次能力,但是与客观题相比,作为主观题的论述题阅卷耗费时间,评分的主观性强,评估结果可能并不可靠。学生的写作技巧可能比所掌握的知识发挥的作用更大。学生选择和表述的观点更为自由,但很难把论述的结果和学习成效联系起来。

教师在编写论述题时,可以参照以下建议。①在编写论述题时,要明确告知学生作答的字数要求以及题目的分数。提问的方式要简洁,避免过度玩弄文字游戏。要清晰地建构并阐述学生需要完成的任务,例如在作文写作中,一般会给出"诗歌体裁除外"的提示。②为降低主观题评分的主观性,教师在进行测试或者阅卷前,要列出评分标准,说明可接受答案的组成要素和分数权重,为节省评分所耗费的时间,评分标准尽量不要超过四个。教师在评分时,为避免出现教师主观期望效应,不应该知道所评学生的姓名。为更为客观地进行评估,教师可以集中评估所有学生在某一题上的作答,然后再评估其他题目。对于错误或者不相关回答,也要制定相应的评分政策。

(三)测验编制的注意事项

1. 测验应与教学目标密切相关

测验编制的一个重要原则是,测验应该与课程目标以及实际教学相一致。测验的内容不应超出教学的实际范围,应该评价学生对重要概念和技能的掌握程度,而这些重要的概念和技能也正是重要的实际教学内容。一个合格的测验不应使学生感到陌生和意外,因此测验应与课堂教学内容密切联系,不能脱离课堂实际。另外教学目标是多层次的,测验应该能够代表课程的各个目标,而不只是那些易于被测量的部分。

例如,艺术课的测验应该要求学生对不同艺术作品进行讨论和比较,但若只让学生将艺术家的名字与相应的艺术作品匹配起来,这种测验方法虽然简便,却难以体现整体的教学目标,是一个失败的测验。

2. 测验内容的取样应该具有代表性

测验并不是对学生应该掌握的所有知识和技能都进行评价,而是从所有的学习目标中进行抽样。如果学生事先并不知道考试会出什么题目,那么他们就必须学好整个课程,从而确保自己能够通过考试。测验题目必须能够代表教学中的所有目标和内容。例如,在讲授古代诗歌时,如果教师花了大部分的时间讲授李白的作品,却用了少部分时间讲授同时期的其他诗人作品,那么重点讲授的这部分知识,在测验中所占的比重应多于其他知识。用于考查某一具体目标的题目必须能够反映该目标的核心问题,否则就会偏离课程目标,降低了取样的代表性,造成测验与教学的脱节,无法发挥测验的真正评估作用。

3. 基于测验目的,确定测验题型和结构

测验的题型与结构是与教学目标紧密联系的。例如,在讲授数学问题的解决时,教师的教学目标是使学生能够解决类似的数学问题,这个时候采用选择题作为测验学习效果的形式显然不合适,无法真正测验出学生对解决数学问题的掌握程度。从测验的目的出发,可以将测验分为安置性测验、形成性测验、诊断性测验和总结性测验。目的不同,所需要采用的测验结构也不同。安置性测验的目的在于对学生进行分班、分组;形成性测验是在教学过程中进行,应该与近期的教学内容紧密相连,目的不在于评定学生而是调控教学;诊断性测验能够发现问题,诊断学习困难,并且找到困难的成因;总结性测验用于对学生学习情况的阶段性总结分析,考查了更广泛的知识和技能。最终采用何种测验,取决于测验的目的。

4. 注意测验信度,测验结果的解释要慎重

信度是指两次测验之间的一致性水平,是衡量测验质量的一个重要指标。如果一个学生在两次的测验中的排名相同,那么这个测验就是可信的。教师在编制测验时,信度是必须要考虑的问题,可以通过控制题目的难度、增加题量、减少几乎所有学生都能答对或答错的题目、提高题干表述的清晰度等方法来提高信度。不过,任何测验都不可能是绝对可信的,都会受到各种因素的影响,产生测量误差,如学生情绪因素、猜测因素、应试技巧以及考试焦虑等。任何测验分数都是对学生知识和能力的一种估计,只是大致反映了学生的学习水平,并不能由此判定或者下结论。在对测验的结果进行解释时,尤其要谨慎,要正确看待测验的作用,只将其作为一个参考因素,测验并不是唯一的判定标准。

5. 测验应该能够改善学生的学习

教师自编测验要基于教学实际进行编制,它能够提供学生学习进步情况的重要信息,是教学过程中的一部分。根据测验提供的学生学习的进步和知识掌握情况,教师能够从中得到学生已经掌握的知识与还需要继续讲解的知识,从而制订更加高效的学习计划,更好地引导学生学习。另外,实施测验的过程本身就是对已学知识的一种复习,从这种意义上来说,测验更加需要与教学目标密切结合,通过多种途径发挥其促进学生学习的作用。

第三节　课堂评估策略

在思考课堂评估时,你会想到哪些方式?也许是运用上面所提及的标准测验或教师自编测验进行的考试。然而,考试作为一种传统的课堂评估方式,在考虑将课堂视为教学评估的环境时,就会发现所使用的评估策略不仅仅是考试。课堂评估是课堂教学的一个重要环节,其实质是学校教育中为确定学生在学习中是否有所进步、教师教学效果如何而采取的措施。鉴于课堂评估主要包括教得如何和学得如何两方面,本小节主要从教师教学和学生学习效果两方面介绍课堂评估策略。本节的焦点问题为:进行教师教学评估的方法;除去第二节所提及的评估学生学习效果的传统方法,还出现了哪些非传统方法;同时,在对学生的学习效果进行评估后,如何向学生和学生家长报告和解释学生学习效果的评估结果。

一、教师课堂教学评估

(一)教师课堂教学评估的内容和标准

教师课堂教学评估是指对教师的课堂教学进行的评估,主要是针对教师在课堂教学中的教学行为及其效果所进行的价值判断。为明确客观、科学的教师课堂教学评估方法,有必要明确教师课堂教学评估的内容和标准。教师课堂教学评估的研究由来已久,评估的内容和标准也处于不断变化和发展的课程中。现有的教师课堂教学评估的内容和标准主要有以下三种。

1. 以教学过程和教学结构作为评估内容和标准

刘本固(2000)提出,这种评估内容和标准通常有以下几个方面。①教学内容,主要包括教学目标的明确程度、教学中讲授内容的科学性、重难点的把握和处理、课堂中练习的难易程度等方面。②教学艺术,主要包括教学中使用的语言、板书设计、提供的有关学习方法上的指导、教学中对学生的启发性、考虑到学生个体的个性差异等方面。③课堂结构,主要有课程讲授与练习的比例、各教学环节的设计、复习环节与新课讲授之间的衔接。④课堂管理,主要包括对学生正确评价、对学生严格要求、上下课准时、课堂纪律良好等方面。⑤教学效果,主要包括课时计划是否完成、课堂中学生对知识和技能的掌握程度如何、学生完成作业和练习的质量、学生的课业负担恰当。

2. 以学生活动和学生参与情况作为评估内容和标准

唐晓杰(2000)提出了主要针对课堂教学中学生的课堂行为表现、参与情况和参与水平的评估内容和标准。例如,在课堂教学评估中采取以下评估指标:学生在课堂教学中的参与方式、参与状态、参与实践、参与广度、参与品质和参与效果。这种方式以学生在认知、情感和动作操作技能方面的心理发展为核心,突破原有课堂教学评估所具有的集中关注教师的弊端,但是其对评估指标的定义采用的是传统意义上的模糊综合评定,因此,在可操作性上还需进一步完善。

3. 二者相结合作为评估内容和标准

这种评估内容和标准不仅针对课堂上教师的活动,也针对课堂中学生的活动和师生间的互动情况。刘志军(2002)根据师生间互动情况提出了三个层次的评估内容和标准。第一层次为基础层次。这一层次主要评价师生的以下典型行为:教师有明确的教学目标;教师能根据教学目标合理组织安排教学;教师在以知识结构为中心的基础上,能够创造性地运用教材,灵活地组织教学内容;重视培养学生的动手实践能力;运用多种方式激发学生的学习兴趣和求知欲;学生掌握并能运用知识,较高程度地达成提升学生知识和能力的目标。第二层次为提高层次,评价师生的以下典型行为:教师将学生视为学习的主人,充分调动学生学习的主动性和积极性;教师在课堂中情绪饱满,且注重调动学生的情绪;教师会根据教学的实际情况,有意识地进行课堂节奏的有效调节,为学生积极参与教学活动和实现合作学习提供充分的条件;师生和生生之间在充分的认知和情感情绪交流之中,形成良好的课堂心理氛围;学生在课堂教学中能够认真听讲,积极思考,并踊跃参与课堂活动,积极发言。第三层次为体验层次,主要评价师生的以下典型行为:采取多种措施为学生创造条件,鼓励学生创新;尊重学生间的个性差异,以全体学生为对象;学生在课堂教学中善于提问,敢于发表不同的见解;师生能够共同体验课堂生活中蕴涵的乐趣。

(二)教师课堂教学评估的类型和方法

1. 教师课堂教学评估的类型

教师课堂教学评估的划分依据不同,评估的类型呈现多样化。根据评估目的、评估主题和收集评估资料的手段而明确的教师课堂教学评估的类型,如表12-8所示。

表 12-8 教师课堂教学评估的类型

划分依据	类型	定义	简评
评估目的	奖惩性评估	是一种将课堂教学评估结果与教师奖惩相结合的评估方式,是对教师进行奖励、晋级、降级和解聘等的依据	运用较广泛,但存在无法有效调动教师积极主动性等的弊端
	发展性评估	是一种以实现教师自身专业发展为最终目的,以学校奋斗目标为导向,着眼于未来发展的形成性评估	具有发展性、导向性、主体多元性、动态性、定量和定性分析相结合的特点
评估主体	外部评估	是一种由不参与课堂教学活动的人员对教师课堂教学进行评估的方式	评估者立场不同,评估结果可能会受到评估者主观意志的影响,评估所依据的标准不同
	内部评估	是一种由直接参与课堂教学活动的教师本人和学生主体所进行的评估	
收集评估资料的手段	现场观察评估	评估者直接进入课堂教学现场,实时实地观察课堂教学、听教师讲课授课并及时进行点评	具有时效性和现场体验性强的优点,但存在评估结果易受到评估者主观意志、评估立场和注意力等因素影响的不足,且评估者的出现导致课堂教学中教师和学生心理行为的变化
	监控评估	评估者无需直接进行课堂教学现场,通过单向玻璃或摄像设备等手段进行的实时实地评估,或进行课后评估和分析	与现场观察评估相比,更为自然真实,可以反复观摩,被评估者也可以参与其中,结果更为客观准确,但无法进行全面观察
	问卷评估	采用事先编制好的评估问卷,以课堂教学活动中的教师和学生为调查对象,以对课堂教学中的教学过程和教学效果的主观印象为内容的评估方式	简单易行,经济适用,但易受评估者的影响,有可能存在社会称许性问题

转引自:张大均. 教育心理学[M]. 北京:人民教育出版社,2011:591.

无论采用何种评估主体或何种评估手段进行教师课堂教学评估,评估的目的都是客观评估教师课堂教学,更好地促进教师的专业成长。虽然从评估目的的角度来看,发展性评估是更高水平的教师评估,但是这种评估仍然必须以严格、客观、准确的教师绩效评估(奖惩性评估)为基础(张俊友,2007)。由于我国现阶段的教师管理所面临的最严重问题为科学化水平较低,因此在课堂教学评估中要重视采取恰当的教师评估制度,一方面必须保持教师在绩效上的压力,另一方面也要保持教师的内在激励作用,以促进教师自身的专业发展(张其志,2005)。实践也表明,在不同的课堂教学情况和教学模式之下,为实现评估的客观和科学性,应综合多种评估类型,做到外部和内部评估相结合、定性和定量评估相结合。

2. 教师课堂教学评估的方法

根据收集教师课堂教学评估资料的不同手段,常用的评估方法有评估者直接参与的课堂观察和听课法、评估者未参与的影像评估法、针对教师课堂教学主体进行调查的问卷法(张大均,2011)。

(1)课堂观察和听课法

评估者通过进入课堂,对课堂教学进行实时观察和听课,并同时对教师的课堂教学进行评估。具体操作过程中,可分为定性和定量评估两种模式。

一种模式是定性评估,进行课堂教学的实录和评估。这种模式首先要求对课堂教学进行实录,即在听课时,评估者将根据教学过程这一主线,记录课堂教学进行中师生的行为、语言、互动等,其中注重记录教师在课堂教学中的导入方式和过渡用语、提问的方式和语言措辞、独特见解、对学生提出问题和回答问题或完成课堂任务的反馈等,在对学生对象的记录上,注重记录学生的提问方式和问题、独特的见解、课堂中的典型错误和听课表现等,并记录每项教学活动的时间安排等。听课结束后,及时整理课堂实录,明确教师在课堂教学中的教学结构和教学思路,对教师的课堂教学进行定性评估。这种评估模式充分体现了教育评估重视人文特征的特点,对课堂教学的质的描述提供了充分的信息,但是这种评估方式存在评估标准不统一的问题,最终难以进行教师评估的对比分析。

另一种模式是定量评估,这是指在听课时,使用预先制定的相对完善的课堂教学评估量表对教师教学情况进行评估。这种模式首先要求提前制定课堂教学评估量表,评估量表中评估内容应分为不同指标,按照合理的权重制定,并将具体的指标划分为不合格到优秀五个等级,或可对不同指标赋予不同权重的分数,将教师课堂教学评估的结果以分数的形式呈现。评估量表制定的具体要求可参见上一节内容,在此不再赘述。课堂教学评估量表制定后,评估者可以在听课过程中使用其对教师课堂教学进行评估。这种模式虽能够弥补定性评估造成的评定标准不统一的问题,但是评估量表的有效性和可靠性是影响评估的重要因素。另一方面,评估结果较为单一,即相同的等级或者分数可能在评价指标中有不同的表现。

根据两种课堂教学评估模式的特点,应注重结合定量和定性评估,在依据严格的标准进行定量评估的同时,也应对课堂教学情况进行质的描述,以为教师改善课堂教学情况提供更为客观和充分的有效信息。

(2)影像评估法

评估者借助现代信息化教学技术和多媒体设备,运用录像技术对教师课堂教学进行评估。这种评估方式一般由前期准备、课堂教学过程实录、教师访谈实录和影像内容分析四个步骤组成。

第一步,前期准备。在做前期准备时,不仅需要准备进行课堂教学观察和听课时需要使用的东西,还要为录像的顺利进行做好准备,包括提前调试设备、调整好光线和声音等环境条件等,这是顺利进行影像评估的重要前提条件。

第二步,进行课堂教学过程实录。影像实录数据是进行课堂教学评估的主要资料,因此保证实录资料的内容和质量是关键。在影像实录中,既要对教师进行实录,录下教师进行课堂教学的每个细节,也要对班级授课中的学生进行实录,而且要求录制的学生在课堂中的活动要与教师的活动基本一致,这样才能更为完整地体现出教学活动和教学过程。由于影像录制不可能面面俱到,所以在影像录制时,也可以根据实际条件安排观察员进行现场的观察和记录。

第三步,进行教师访谈实录。在课堂教学实录完成后,将事先拟定的访谈提纲提供给教师,并将教师访谈的整个过程录制下来,以便更为详细地了解教师进行课堂教学的教学内容、教学背景、教学目标、教学设计,以及教师对课堂教学的自我评估。

第四步,影像内容分析。在进行影像内容分析中,为保证分析的可靠性和客观性,首先要将影像内容转化为文字;其次是根据已有的影像资料和整理好的文字资料把课堂教学划分成若干有机环节,并对每一环节进行教学活动的概括描述;再次是根据教学活动和环节、学生活动和教师活动描述,制作课堂教学记录表;最后,对教学活动、教学反馈情况、教师教学的目的与时间安排的关系、学生参与的实际情况进行定量和定性的综合评估。

(3)问卷法

问卷法通过对参与课堂教学的教师和学生进行问卷调查以评估课堂教学。这种方法的关键在于制定分别以教师和学生为对象的调查问卷,即调查问卷由教师自评问卷和学生评估问卷两部分构成。在教师自评问卷中,要涵盖基本教学知识和能力、教学前期备课情况、教学过程创新性、对教学内容的熟悉度、教学氛围、学生的参与情况、教学效果的评估等内容;在学生评估问卷中,既可以包括上述教师自评问卷中的若干内容,也可以包括学生对教师课堂教学的建议和意见等内容。

二、学生课堂学习评估

学生学习评估是指学校对学生学习绩效进行的评估,其主要体现为对学生学习成绩、学生行为表现、认知发展、态度、兴趣和个性等方面的评估。学生学习评估是进行课堂教学评估的重要组成部分,课堂教学的主要目的就是促进学生认知、行为等方面的身心发展。定期的学生评估可以实现以下目的:为教师和学生提供反馈,为家长以及教师选拔和问责提供信息,为学生提供激励。教学目标是把课堂教学和学生评估联系起来的重要手段,根据传统教学目标和学生德智体美发展的新理解,学生学习评估的策略可从传统和非传统评估两方面阐述。

(一)传统的学生学习评估方法

传统的评估方法属于典型的纸笔测验,一般分为客观题和主观题。客观题对学生的回答限制得非常严格,评估的结果非对即错,可以对学生的回答迅速进行评分,这种题型主要考查学生的再认和准确回忆能力,主要包括是非题、选择题、填空题、匹配题和课文默写等题型。主观题对学生的限制相对较少,评估的结果无法简单地用对错衡量,评估中需要教师根据评估标准对学生的回答进行判断,这种题型主要考查学生的记忆力、理解力和组织能力,主要包括作文、论述题等。主、客观题型的异同比较如表12-9所示。

表 12-9　客观题型与主观题型的比较

比较项目	客观题	主观题
测验的编制	测验要求的题量较大。题意表述必须清晰,避免出现歧义或模棱两可。选择题中选择支的选择要在学生接触的范围之内	一个测验仅有几个题目。题目界定要明确,要让学生在限定的范围内自由作答
取样的范围	一份测验的知识涵盖范围较大。由于客观题作答时间短,所以可以有大量客观题。大范围的取样保证了测验的信度较高	一份测验仅涵盖有限范围的知识。对每个主观题,学生需要花费较长的时间思考和组织作答,因此限制了取样的范围。同时,学生在作答时可以回避自己拿捏不准的观点和知识,这也限制了对学生知识能力考查的范围
测量的内容	主要用于测量学生所掌握的事实性知识。主要用于考查个体的记忆力,设计良好的题目可用于测量个体的高级思维能力,如推理、比较、归纳等能力	在测量纯粹事实性信息方面的效果较差。能够用于考查个体的高级思维能力,如推理、比较、综合和观点的组织等能力
答题的方式	要求学生从选项中选择答案,或者在相应位置填写出正确答案	要求学生运用自己掌握的知识和已有的经验组织信息,运用自己的语言表述作答
对学生产生的影响	激励学生广泛地了解知识,一般不要求深入探究所学的知识技能	要求学生深入地探究和理解所学的知识和技能,并要求学生具备有效组织自己所掌握的知识经验以清晰表达自己观点的能力
计分特点	评估结果只有对错之分;评估简单准确,信度高	教师要根据一定的标准对学生的回答做出判断,评估费时;不同的教师评估的主观标准不同,会存在评估者信度较低的问题

转引自:陈琦,刘儒德.教育心理学[M].北京:高等教育出版社,2005:472-473.

(二)非传统的学生学习评估方法

近年来,人们对传统评估方法的指责越来越多。传统评估方法中使用的评估工具,编制相对困难,片面关注学生的作答结果,忽视考查学生对知识的实际运用和自身的思维发展过程。它在评估主体的多元化和被评估者的参与上存在不足,难用于评估学生在现实社会真实情境中运用知识应对生活中实际问题的能力。面对诸多指责,替代性的非传统的评估方法应运而生。这种新的评估方法的主要目的是要求学生能够真实展示自己的学习过程和学习状况,或者是展示自己运用所学知识来完成生活中实际工作的能力。目前常用的替代性评估方法有表现性评估法、档案袋评估法、概念图,这些都属于正式评估方法。教学过程中的非正式评估方法,也能够为了解学生对知识的理解和发展状况提供大量的信息。

1. 表现性评估法

表现性评估法又称为真实性评估法,主要评估学生在现实生活中对知识和技能的真实表现。基于表现的评估除了口头报告、论文、科学实验和角色扮演等类型之外,还包括一些通常被认为是学生实际表现的内容,如在音乐、舞蹈等方面的艺术作品和体育等方面的真实表现等。我们主要从表现性评估法的实施步骤及其优缺点来介绍表现性评估。

表现性评估的实施一般包括以下五个步骤。第一步,确立明确的评估目标。评估目标是要确定评估学生在哪些方面的表现和发展情况,为确定对应的评估类型和评估标准奠定基础。评估目标可以是多样的,如评估学生思维发展中辩证和批判思维发展的能力,评估学生将所学的某些知识应用于实际生活中的能力。第二步,设计具体的评估方法。也就是为完成上一步所确立的评估目标而确定采用的具体任务。第三步,确定可用于观察的评估标准。评估标准是指学生在活动中所需要表现的特定行为及其特定的要求。在评估标准的表述中,要尽量简洁明了,内容明确,在概括性描述活动任务的基础上,详细地表明学生的具体任务,这有助于进行更为系统的、更明确的观察。第四步,制定评分依据,建立量规。在量规法中,师生可以共同参与建立量规,基本的制作步骤有:第一,师生共同观看已有作品通过观看作品,评估作品的质量以及产生该种质量的原因;第二,确定质量等级,明确具体标准。可以确定分值量表,通常数字从大到小代表质量等级从低到高,要具体建立每个等级的作品所具备的具体特征。第五步,实施评估,并给出反馈。根据制定出的结果,评估学生对任务的完成情况,并及时提供反馈结果。

相比传统评估方法而言,表现性评估可以激励学生更高水平的思维发展,能让学生更加积极投入学习,能用于评估教学中真正重要的、需要学生学习的内容,能够将评估及其内容与真实生活经历紧密结合。但是,进行表现性评估通常会比传统评估方法耗费更多的时间。并且,现在的表现性评估基础并不完善,很多表现性评估方法的运用都无法达到教育机构所提出的信度和效度的标准。

2. 档案袋评估法

替代性评估的一种常见的形式是档案袋评估法,这种方法有目的地收集学生在一段时间内的作业和作品,以评估学生在某领域的进步与成绩。档案袋主要有记录学生的成长历程和展示学生在某方面的最佳成就两方面的作用。根据档案袋的不同目的,它主要包括两类档案袋。一类为成长型档案,也称为过程型档案,主要用于收集学生在一段时间内的作业和作品,这些作品中有自己满意的作品,也有最初的、不成熟的作品,反映了学生的变化和发展进步情况。另一类为最佳作业档案,也称为展示型档案,主要用于收集能够反映学生个人突出成就的作品。

在评估中,为有效使用档案需要遵循以下三个步骤。第一步,确定档案的具体用途。根据具体用途,确定使用成长型档案或者最佳作业档案。相比成长型档案,最佳作业档案在学生材料的选择上更为精挑细选。第二步,师生共同选择档案资料,并与学生一起回顾所选择的档案的过程和结果。学生的参与可以发挥鼓励学生进行反思的作用,可以帮助学生更好地规划自己的未来和档案的构建。第三步,制定评估的标准,进行评估。有效的档案要建立在清晰、系统的评估标准的基础之上。根据建立的评估标准,进行档案信息描述或进行具体诊断等评判。

档案袋评估法能够综合概括学生作业、作品的完整性和复杂性。它有助于激发学生的批判性思考,可以为学生自己进行决策和反思提供机会,它在评判学生的进步和成就方面的机制相对完善(傅道春,2001)。但是,档案袋的调整和评估耗时,特有的独特性和复杂性也表明了其难以评估的特点,与传统评估方式相比,信度一般较低。而且,在规模较大的档案袋评估中,所需要承担的经济费用非常昂贵。

3. 概念图

概念图作为现代认知心理学评估方法的一种,主要用于评估学生对陈述性知识的掌握、评估学生的认知结构、评估学生对某一知识点的理解,最终用图的方式来展现概念及其联系。概念图有不同的任务要求,一种要求学生根据已有的概念和给定的连接词画出概念图;另一种要求学生根据仅有的少数几个提示性概念,自主发挥,将自己所掌握的相关概念绘制出概念图。

在使用概念图评估法时,首先,要向学生详细介绍以使得学生能理解概念题题型。要使学生熟悉概念图的绘制步骤、不同概念图间的结构差异、构建概念图的注意事项,以及了解如何运用概念来组织自己所理解的知识。其次,要注意确定合理的评估标准。概念图的结构复杂,制定恰当评估标准的难度较大。一般的评估标准主要有:提供概念的数量,概念与主题的关系,连接词句的正确性,概念图的结构对概念间关系的优化程度。

4. 非正式评估法

非正式评估法是不给评估等级的替代性方法，教师通过多种渠道收集信息，最后做出评估决策。在学习刚开始时，应该进行形成性评估，为学生提供反馈信息而不能仅仅给出评估等级。在单元学习后期再给出等级评估。非正式评估常见的方法有观察法、清单罗列法、提问法、日志法和学生自我评估法等。

除了常用的观察法，日志法也在非正式评估中得到了广泛使用，学生可以定期完成个人或者集体日志。研究中发现，有读写能力的教师使用日志法进行教学主要有三个原因：日志是学生用于表达自己思想、观点的有效交流工具；写日志为学生提供了应用所学知识的机会；通过写日志，还可以鼓励学生创造性地、流畅地使用语言，提升学生的语言表达能力。

教师通过日志能更好地了解自己的学生，以实现在学习中教学和学生的兴趣点、关注点之间更好的结合。在一般的学科教学中，日志法主要通过传达学生对教师提示问题的反应来评估学生的学习。例如，班克斯（Banks，2005）发现一位高中教师要求他的学生在个人日志中回答以下问题：①如果已知斜面所构成的角，摩擦系数你会如何确定？②请你比较电场、磁场和引力场的异同点；③你打算向你的朋友介绍声音的物理概念，你会使用哪种音乐对这个概念进行说明？当教师阅读学生完成的日志后，他就会了解到学生关于摩擦力、速度和加速度等在日常生活经验中所产生的基本假设，这些假设是基于不科学的推理产生的。正是日志法的采用，帮助教师把握学生的特点，正确地对学生进行形成性评估。

本章小结

教学评估是指获取学生相关信息的过程，能够为教学活动提供反馈信息，激励学生有效学习和教师调节教学方案。它主要包括教学测量和教学评价，是有效教学活动的基本要素。根据不同的标准，教学评估可以分为正式评估和非正式评估、形成性评估和总结性评估、表现性评估和真实性评估及团体评估和个体评估。

在具体的教学评估过程中，标准化测验和教师自编测验是常见的定量测量，此外，教师课堂评估策略（如观察法和听课法、影像评估法等）和学生课堂学习评估策略（如档案袋和概念图评估法等）是重要的定性测量。定性和定量测量的结合能够更加全面地进行教学效果评估，告诉我们学生掌握了哪些知识，进一步发展还需要哪些知识。需要记住的是，教学评估是有用的但并非完美的，在使用时需要考虑情境特点、评估本身的科学性等。

思考与练习

1. 什么是教学评估？教学评估可以分为哪些类型，分别有什么特点，适用于什么情况？

2. 教师如何才能编制出合理有效的课堂测验？

3. 在实际教学中，教师应该如何正确看待标准化测验和教师自编测验？

4. 假设你是一名教师，你会如何评估学生的学习？具体实施的步骤是怎样的？

5. 在实际教学中，教师应该如何向家长报告学生的学业成绩？

参考文献

[1]唐晓杰,等.课堂教学与学习成效评价[M].南宁:广西教育出版社,2000.

[2]刘本固.教育评价的理论与实践[M].杭州:浙江教育出版社,2000.

[3]张俊友.客观对待教师绩效评价和发展性教师评价[M].教育学报,2007(1).

[4]张大均,等.教育心理学[M].北京:人民教育出版社,2011.

[5][美]罗伯特·J.斯滕伯格.教育心理学[M].张厚粲,译.北京:中国轻工业出版社，2003.

[6][美]罗伯特·斯莱文.教育心理学——理论与实践[M].姚梅林,等译.北京:人民邮电出版社,2004.

[7][美]简妮·爱丽斯·奥姆罗德.教育心理学精要:指导有效教学的主要理念(第3版)[M].雷雳,等译.北京:中国人民大学出版社,2013.

[8][美]约翰·桑切克.教育心理学[M].周冠英,王学成,译.北京:世界图书出版公司，2007.

[9][美]伍尔福克.教育心理学[M].何先友,等译,北京:中国轻工业出版社，2008.

[10][美]莉萨·博林,等.教育心理学[M].连榕,等译,北京:机械工业出版社，2012.

北京大学出版社
教育出版中心 精品图书

现代教育技术	冯玲玉
青少年发展与教育心理学	张清
课程与教学论	李允
课堂与教学艺术（第二版）	孙菊如 陈春荣
教育学原理	靳淑梅 许红花
教育心理学（融媒体版）	徐凯
高中思想政治课程标准与教材分析	胡田庚 高鑫

21世纪教师教育系列教材·初等教育系列

小学教育学	田友谊
小学教育学基础	张永明 曾碧
小学班级管理	张永明 宋彩琴
初等教育课程与教学论	罗祖兵
小学教育研究方法	王红艳
新理念小学数学教学论	刘京莉
新理念小学音乐教学论（第二版）	吴跃跃
初中历史跨学科主题学习案例集	杜芳 陆优君
青少年心理发展与教育	林洪新 郑淑杰
名著导读12讲——初中语文整本书阅读指导手册	文贵良
小学融合教育概论	雷江华 袁维

教师资格认定及师范类毕业生上岗考试辅导教材

教育学	余文森 王晞
教育心理学概论	连榕 罗丽芳

21世纪教师教育系列教材·学科教育心理学系列

语文教育心理学	董蓓菲
生物教育心理学	胡继飞

21世纪教师教育系列教材·学科教学论系列

新理念化学教学论（第二版）	王后雄
新理念科学教学论（第二版）	崔鸿 张海珠
新理念生物教学论（第二版）	崔鸿 郑晓慧
新理念地理教学论（第三版）	李家清
新理念历史教学论（第二版）	杜芳
新理念思想政治（品德）教学论（第三版）	胡田庚
新理念信息技术教学论（第二版）	吴军其
新理念数学教学论	冯虹
新理念小学音乐教学论（第二版）	吴跃跃

21世纪教师教育系列教材·语文教育系列

语文文本解读实用教程	荣维东
语文课程教师专业技能训练	张学凯 刘丽丽
语文课程与教学发展简史	武玉鹏 王从华 黄修志
语文课程学与教的心理学基础	韩雪屏 王朝霞
语文课程名师名课案例分析	武玉鹏 郭治锋等
语用性质的语文课程与教学论	王元华
语文课堂教学技能训练教程（第二版）	周小蓬
中外母语教学策略	周小蓬

中学各类作文评价指引	周小蓬
中学语文名篇新讲	杨朴 杨旸
语文教师职业技能训练教程	韩世姣

21世纪教师教育系列教材·学科教学技能训练系列

新理念生物教学技能训练（第二版）	崔鸿
新理念思想政治（品德）教学技能训练（第三版）	
	胡田庚 赵海山
新理念地理教学技能训练（第二版）	李家清
新理念化学教学技能训练（第二版）	王后雄
新理念数学教学技能训练	王光明

王后雄教师教育系列教材

教育考试的理论与方法	王后雄
化学教育测量与评价	王后雄
中学化学实验教学研究	王后雄
新理念化学教学诊断学	王后雄

西方心理学名著译丛

儿童的人格形成及其培养	［奥地利］阿德勒
活出生命的意义	［奥地利］阿德勒
生活的科学	［奥地利］阿德勒
理解人生	［奥地利］阿德勒
荣格心理学七讲	［美］卡尔文·霍尔
系统心理学：绪论	［美］爱德华·铁钦纳
社会心理学导论	［美］威廉·麦独孤
思维与语言	［俄］列夫·维果茨基
人类的学习	［美］爱德华·桑代克
基础与应用心理学	［德］雨果·闵斯特伯格
记忆	［德］赫尔曼·艾宾浩斯
实验心理学（上下册）	［美］伍德沃斯 施洛斯贝格
格式塔心理学原理	［美］库尔特·考夫卡

21世纪教师教育系列教材·专业养成系列（赵国栋 主编）

微课与慕课设计初级教程
微课与慕课设计高级教程
微课、翻转课堂和慕课设计实操教程
网络调查研究方法概论（第二版）
PPT云课堂教学法
快课教学法

其他

三笔字楷书书法教程（第二版）	刘慧龙
植物科学绘画——从入门到精通	孙英宝
艺术批评原理与写作（第二版）	王洪义
学习科学导论	尚俊杰
艺术素养通识课	王洪义